侵权犯罪的司法认定与证据适用

QINQUAN FANZUI
DE SIFARENDING YU ZHENGJUSHIYONG

缪树权 刘林呐／著

职务犯罪司法认定与证据适用丛书
ZHIWU FANZUI

中国检察出版社

图书在版编目（CIP）数据

侵权犯罪的司法认定与证据适用/缪树权，刘林呐著. —北京：中国检察出版社，2013.12

ISBN 978 - 7 - 5102 - 1013 - 6

Ⅰ.①侵… Ⅱ.①缪…②刘… Ⅲ.①侵权行为 - 刑事犯罪 - 认定 - 研究 - 中国 ②侵权行为 - 刑事犯罪 - 证据 - 研究 - 中国 Ⅳ.①D924.344

中国版本图书馆 CIP 数据核字（2013）第 229565 号

侵权犯罪的司法认定与证据适用

缪树权　刘林呐　著

出版发行：中国检察出版社

社　　址：北京市石景山区香山南路 111 号　（100144）

网　　址：中国检察出版社（www. zgjccbs. com）

电　　话：(010)68658769(编辑)　68650015(发行)　68636518(门市)

经　　销：新华书店

印　　刷：三河市西华印务有限公司

开　　本：720 mm×960 mm　16 开

印　　张：23.25 印张

字　　数：423 千字

版　　次：2013 年 12 月第一版　2013 年 12 月第一次印刷

书　　号：ISBN 978 - 7 - 5102 - 1013 - 6

定　　价：48.00 元

目　　录

上编　侵权犯罪的司法认定

中编　侵权犯罪的证据适用

下编 侵权犯罪收集证据的程序和方法

上 编

侵权犯罪的司法认定

第一章　非法拘禁罪

一、概念与构成

典型案例一

受害人张某某系河南省灵宝市大王镇人。1995年3月至6月，张某某伙同李某某以开矿为名，先后从李某刊、张某寿手中诈骗现金110余万元挥霍。两人发现上当受骗后，向三门峡市公安局报案，公安机关经过一年的缜密侦查，于1996年10月将张某某和李某某刑事拘留，后因证据不足将两人取保候审。为了讨回被骗的现金，1996年11月28日，李某刊将张某某强行拘禁到其亲戚董某某家中。为防止张某某逃跑，董某某等人用铁丝将张某某双腿从脚脖处捆住，扔在一间四处透风的破房中，长达20余天，时值天寒地冻，再加上血液循环不畅，很快张某某的双腿肌肉开始腐烂坏死。见此情景，李某刊又将张某某送到张某寿的老家。后来，因张某某伤情恶化，李某刊和张某寿不得不将其送至医院。经诊断，因捆绑时间太长，再加上受冻，张某某的双腿肌肉已完全坏死，双下肢自小腿中下段必须截肢，其伤残程度已达三级。双脚被截后，张某某因种种原因直到2003年6月才向公安机关报案。

河南省灵宝市人民法院审理后认为，李某刊、张某寿和董某某为索取债务，非法限制他人自由，并致人重伤，其行为已构成非法拘禁罪。鉴于被害人也有严重过错，可相应减轻三人的法律责任。法院以非法拘禁罪一审分别判处三人有期徒刑5年、4年和3年，并共同赔偿受害人各项经济损失137896元。

典型案例二

2009年6月1日17时许，被告人李某某以帮助被害人文某在平顶山市找工作为由，将文某从湖南省长沙市骗至平顶山市卫东区大营村一租赁房处，并将文某的手机骗走以阻止其与外界联系。在该出租屋内，被告人李某某伙同他人看管文某，并强迫文某参加"网络营销课"。其间，被害人文某曾以绝食等方式抗争，并试图逃跑但均未能成功，直至2009年6月7日被公安机关清查出租房时解救。

法院认为，被告人李某某无视国法，为非法发展"网络营销"而伙同他人非法拘禁公民，剥夺公民人身自由，其行为已构成非法拘禁罪，应予惩处。检察机关指控罪名成立，予以采纳。鉴于被告人李某某归案后认罪态度较好，可对其酌情从轻处罚。依照《刑法》第 238 条第 1 款的规定，判决被告人李某某犯非法拘禁罪，判处拘役 3 个月。

非法拘禁罪是指以拘禁或者其他方法非法剥夺他人人身自由的行为。构成本罪需要具备以下四个要件：

（一）客体要件

非法拘禁罪侵犯的客体是他人的身体自由权。所谓身体自由权，是指以身体的动静举止不受非法干预为内容的人格权，亦即在法律范围内按照自己的意志决定自己身体行动的自由权利。公民的身体自由，是公民正常工作、生产、生活和学习的保证，失去身体自由，就失去了从事一切正常活动的可能。我国《宪法》第 37 条规定："中华人民共和国公民的人身自由不受侵犯。任何公民，非经人民检察院批准或者决定或者人民法院决定，并由公安机关执行，不受逮捕。禁止非法拘禁和以其他方法非法剥夺或者限制公民的人身自由，禁止非法搜查公民的身体。"因此，非法拘禁是一种严重剥夺公民身体自由的行为。

本罪侵害的对象，是依法享有人身权利的任何自然人，包括无辜公民、犯错误的人、有一般违法行为的人和犯罪嫌疑人。

（二）客观要件

非法拘禁罪客观上表现为非法剥夺他人身体自由的行为。这里的"他人"没有限制，既可以是守法公民，也可以是犯有错误或有一般违法行为的人，还可以是犯罪嫌疑人。行为的特征是非法拘禁他人或者以其他方法非法剥夺他人的身体自由。凡符合这一特征的均应认定为非法拘禁罪，如非法逮捕、拘留、监禁、扣押、绑架、办封闭式"学习班"、"隔离审查"等。非法剥夺人身自由可概括为两类：一类是直接拘束人的身体，剥夺其身体活动自由，如捆绑；另一类是间接拘束人的身体，剥夺其身体活动自由，即将他人监禁于一定的场所，使其不能或明显难以离开、逃出。剥夺人身自由的方法既可以是有形的，也可以是无形的。例如，将妇女洗澡时的换洗衣服拿走，使其基于羞耻心无法走出浴室的行为，就是无形的方法。此外，无论是以暴力、胁迫方法拘禁他人，还是以欺诈方法拘禁他人，均不影响本罪的成立。

非法剥夺人身自由是一种持续行为，即该行为在一定时间内处于持续状态，使他人在一定时间内失去身体自由，不具有间断性。时间持续的长短不影响本罪的成立，只影响量刑。但时间过短、瞬间性的剥夺人身自由的行为，则难以认定成立本罪。

剥夺人身自由的行为必须是非法的。司法机关根据法律规定，对于有犯罪事实和重大嫌疑的人采取拘留、逮捕等限制人身自由的强制措施的行为，不成立本罪。但发现不应拘捕时，借故不予释放，继续羁押的，则应认为是非法剥夺人身自由。对于正在实行犯罪或犯罪后及时被发觉的、通缉在案的、越狱逃跑的、正在被追捕的人，群众依法扭送至司法机关的，是一种权利，而不是非法剥夺人身自由。依法收容精神病患者的，也不是非法剥夺人身自由的行为。

（三）主体要件

非法拘禁罪的主体既可以是国家工作人员，也可以是一般公民。从实际发生的案件来看，多为掌握一定职权的国家工作人员或基层农村干部。另外，这类案件往往涉及的人员较多。有的是经干部会议集体讨论决定的，有的是经上级领导同意或默许的；有的是直接策划、指挥者，有的是动手捆绑、奉命看守者。因此，在处理此类犯罪人员时要注意，依法应当追究刑事责任的，只是其中的直接责任者和出于陷害、报复和其他卑鄙动机的人员。对其他人员应实行区别对待，一般不追究刑事责任。

（四）主观要件

非法拘禁罪在主观方面表现为故意，并以剥夺他人人身自由为目的。过失不构成本罪。非法拘禁他人的动机是多种多样的。有的因法制观念差，把非法拘禁视为合法行为；有的出于泄愤报复，打击迫害；有的是不调查研究，主观武断、逼取口供；有的是闹特权、要威风；有的是滥用职权、以势压人；也有的是居心不良，另有所图。不管出于什么动机，只要具有非法剥夺他人人身自由的目的，故意实施了非法拘禁他人的行为，即构成本罪，如果非法剥夺他人人身自由是为了其他犯罪目的，其他犯罪比非法拘禁罪处罚更重的，应以其他罪论处。

二、立案标准

1. 最高人民检察院《人民检察院直接受理立案侦查的渎职侵权重特大案件标准（试行）》（2002 年 1 月 1 日　高检发〔2001〕13 号）（节录）

三十四、国家机关工作人员利用职权实施的非法拘禁案

（一）重大案件

1. 致人重伤或者精神失常的；

2. 明知是人大代表而非法拘禁的，或者明知是无辜的人而非法拘禁的；

3. 非法拘禁持续时间超过一个月，或者一次非法拘禁十人以上的。

（二）特大案件

非法拘禁致人死亡的。

2. 最高人民检察院《关于渎职侵权犯罪案件立案标准的规定》（2006 年 7 月 26 日　高检发释字〔2006〕2 号）（节录）

二、国家机关工作人员利用职权实施的侵犯公民人身权利、民主权利犯罪案件

（一）国家机关工作人员利用职权实施的非法拘禁案（第二百三十八条①）

非法拘禁罪是指以拘禁或者其他方法非法剥夺他人人身自由的行为。

国家机关工作人员利用职权非法拘禁，涉嫌下列情形之一的，应予立案：

1. 非法剥夺他人人身自由 24 小时以上的；

2. 非法剥夺他人人身自由，并使用械具或者捆绑等恶劣手段，或者实施殴打、侮辱、虐待行为的；

3. 非法拘禁，造成被拘禁人轻伤、重伤、死亡的；

4. 非法拘禁，情节严重，导致被拘禁人自杀、自残造成重伤、死亡，或者精神失常的；

5. 非法拘禁 3 人次以上的；

6. 司法工作人员对明知是没有违法犯罪事实的人而非法拘禁的；

7. 其他非法拘禁应予追究刑事责任的情形。

三、司法认定

（一）精神病患者、婴幼儿、醉酒者、昏迷者或熟睡的人能否成为本罪的犯罪对象

典型案例三

2010 年 3 月 9 日下午 6 时许，李某经过宁远县文庙广场路段时，看见一名疯癫的精神病人在玩，遂将其带至家中关押。同年 7 月底的一天上午 11 时许及 8 月 3 日下午 5 时许，被告人李某又分别将两名女精神病人带至家中关押。同年 8 月 14 日晚，三名精神病人被公安机关解救。据李某交代，其带回精神病人的目的是待精神病人的家人找来时，自己能获取报酬。经法医鉴定，三名精神病人均为精神分裂症（现症期），无民事行为能力。在审查起诉阶段本案存在两种观点。

---

① 编者注：指 1997 年刑法条文。

第一种观点认为：李某的行为构成非法拘禁罪。三名精神病人虽为精神分裂症（现症期），无民事行为能力人，但有自由意识，且目前无法律明确规定非法拘禁精神病人就不构成犯罪，根据《中华人民共和国刑法》第238条的规定及罪刑法定原则，对李某应以非法拘禁罪向法院提起公诉。

第二种观点认为：李某的行为不构成非法拘禁罪。精神病人的自由不同于正常人的自由，李某将三名精神病人带至家中，虽不准外出，但室内有一个相对宽广的空间，有卧室、客厅、洗手间等，还购买了电视，三名精神病人可以在其家中自由玩耍，不会意识到自己的人身自由受到限制。因此，李某没有剥夺三名精神病人的人身自由，虽然其对三名精神病人进行了关押，但仍不构成非法拘禁罪。

在司法实践中，有时会有这样的疑问：有的父母为了防止自己的精神病儿子外出伤害他人，而将其锁在阁楼上，而且锁了很长时间；有的父母外出时，为了防止自己的孩子跑到街上发生意外，而将其锁在屋内数小时；有的父母为了让自己的婴儿体形发育良好，而用布条捆住其手脚，将其固定好……这些行为能不能构成非法拘禁罪呢？这也涉及履行监护权和非法拘禁的关系问题。此外，对于醉酒者、昏迷者或熟睡的人能否成为本罪的犯罪对象呢？

解决这一问题需要从以下几个方面考虑：首先，要考虑到民事法律关于公民民事行为能力的规定。我国民事法律将公民的民事行为能力，分为无民事行为能力、限制民事行为能力和完全民事行为能力3种。我们认为，无民事行为能力人一般不能成为非法拘禁罪的行为对象（某些情况下可以成为本罪的对象），而限制民事行为能力人和完全民事行为能力人则可以成为本罪的行为对象。因为，人身自由权利的行使直接受个人意志能力所制约，意志能力的强弱影响着行动自由的程度和范围。无民事行为能力的痴呆人、精神病人和婴幼儿不具备这种意志能力，他们的人身自由必须借助监护人的行动来实现，这种实现的本身意味着在一定程度上对其人身自由的限制甚至在某一场合下的剥夺。其次，考察痴呆人、精神病人和婴幼儿是否属于非法拘禁罪的对象，既要注意保障痴呆人、精神病人和婴幼儿应有的人身自由权，又要注意保障民事法律为监护人所设定的监护权。若监护人为保护精神病人、痴呆人的安全或者为防止其行为危害社会而将其暂时禁闭，则不构成非法拘禁；但如果这种危害已经过去还继续捆绑或关押，则构成非法拘禁，当然，是否构成犯罪，还必须考虑其他情节。至于父母或其他亲属对婴儿手足加以捆扎，包裹起来，以免乱踢乱动或者是为了纠正其腿形的，自然无罪可言，但如果这种行为超出了监护内容的合法性范围，则构成非法拘禁行为。因此，认定非法拘禁的对象要结合其他情况辩证地分析，不能以偏概全。最后，对于监护人和非监护人拘禁精神病人和婴幼儿的情形应该区别对待。如上文所述，监护人在一定情形下对精神病人和婴幼儿的人身自由加以限制，是不构成非法拘禁罪的。对于非监护人来说，如果他为了未成年人、精神病人的利益，或者为了公共利益，在没超出一定限度的情况下限制这类人的自由，应该说也不成立非法拘禁罪，但是如果非监护人为了向监护人索债而抢走精神病人或者婴幼儿（甚至是只有几个月，并没有行走能力的婴儿）的，即使其并没有任何虐待婴幼儿的行为，其仍然可以构成非法拘禁罪。因为我国《刑法》第238条规定，为索债而非法拘禁的，定非法拘禁罪。

同时，本罪中行为的成立并不需要作为本罪对象的被害人意识到自由被束缚，亦即并不需要被害人具有感知能力。只要被害人可能的自由被剥夺，即是对其人身自由的侵犯，而无须再探究其现实意识如何。就此而论，熟睡或酗醉者也能成为本罪的对象。如果行为人将酗醉者、昏迷者或熟睡之人反锁屋中，尽管在其醒来之前就打开了锁，仍属拘禁行为。

根据以上分析，对于典型案例三，我们同意第一种观点，李某的行为构成非法拘禁罪。本案中，三名精神病人虽均为精神分裂症（现症期），无民事行为能力，但没有完全丧失了自由支配自己行动的能力，有依照自己的意志做出行动的自由，李某将其关押在家中剥夺了其获取人身自由的权利，因此李某的行为构成非法拘禁罪。湖南省宁远县人民检察院以李某犯非法拘禁罪向宁远县人民法院提起公诉，宁远县人民法院以非法拘禁罪判处李某有期徒刑2年6个月，缓刑3年。

（二）非法限制他人人身自由行为能否构成本罪

我国1979年刑法在以第143条规定了非法拘禁罪的情况下，还以第144条专门规定了非法管制罪。但我国1997年刑法取消了此一罪名。那么，在1997年刑法施行后，对于非法管制他人的行为应如何处理呢？

我们认为，在必要时完全可以非法拘禁罪定罪处罚。理由如下：首先，"限制"与"剥夺"并没有截然不同的界限，难以作出恰当的区分。"限制"实际上也是一种剥夺，至少是部分剥夺。其次，从目前理论中的通说来看，已不再将非法拘禁罪仅局限于使被害人"完全"失去自由行动的可能，而将限制他人自由的行为也纳入其中。再次，通过刑法解释将"限制"纳入"剥夺"的范畴，并不违背罪刑法定原则。其一，这一解释符合立法原意与立法初衷。刑法中设立非法拘禁罪的目的是保障公民的人身自由不受侵犯。而非法限制他人人身自由的行为也是对他人人身自由的侵犯，当其具有相当社会危害程度时，也有给予刑法规制的必要。其二，通过解释将"限制"纳入"剥夺"之范畴只是一种不违背罪刑法定原则的扩大解释，而并非类推解释。复次，对非法限制人身自由的行为论以非法拘禁罪是有立法与司法依据的。我国1997年《刑法》第241条第3款明确规定，收买被拐卖的妇女、儿童，非法限制其人身自由的，依照本法的有关规定定罪处罚。而最高人民法院《关于执行〈中华人民共和国刑法〉确定罪名的规定》则进一步将该行为解释为非法拘禁罪。最后，从外国刑法理论来看，通常也将非法限制他人人身自由的行为以非法拘禁罪论处。

（三）本罪罪与非罪的界限

1. 一般非法拘禁行为与非法拘禁犯罪的界限

非法拘禁行为，只有达到相当严重的程度，才构成犯罪。因此，应当根据情节轻重、危害大小、动机为私为公、拘禁时间长短等因素综合分析，确定非法拘禁行为的性质。《治安管理处罚法》第40条规定，非法限制他人人身自由，处10日以上15日以下拘留，并处500元以上1000元以下罚款；情节较轻的，处5日以上10日以下拘留，并处200元以上500元以下罚款。根据最高人民检察院的有关司法解释，司法实践中，对具有下列情形之一的，应当作为犯罪处理：（1）非法剥夺他人人身自由24小时以上的；（2）非法剥夺他人人身自由，并使用械具或者捆绑等恶劣手段，或者实施殴打、侮辱、虐待行为的；（3）非法拘禁，造成被拘禁人轻伤、重伤、死亡的；（4）非法拘禁，情节严重，导致被拘禁人自杀、自残造成重伤、死亡，或者精神失常的；（5）非法拘禁3人次以上的；（6）司法工作人员对明知是没有违法犯罪事实的人而非法拘禁的；（7）其他非法拘禁应予追究刑事责任的情形。

2. 违法拘捕与非法拘禁罪的界限

两者的区别主要在于违法拘留、逮捕是违反拘留、逮捕法规的行为，一般是司法人员在依照法定职权和条件的情况决定、批准、执行拘捕时，违反法律规定的有关程序、手续和时限，并不具有非法拘禁的动机和目的。例如，一般的超时限报捕、批捕；未及时办理、出示拘留、逮捕证；未依法及时通知犯罪嫌疑人家属或单位；未先办理延期手续而超期羁押人犯的等，都不构成非法拘禁罪。因各种客观因素造成错拘、错捕的，也不构成犯罪。

（四）本罪与相关犯罪的界限

1. 本罪和绑架罪的界限

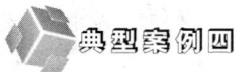

典型案例四

2007年10月24日上午11时许，法院执行人员高某等十余人在汉寿县新兴乡执行"新兴乡联校与新兴村合资建房交付房屋纠纷案",因房屋租赁人宁某态度横蛮,妨害执行,被当即司法拘留。被告人宁某某、宁大某、宁小某、王某等迅速聚集多人在新兴乡政府大院内,不听解释,侮辱、打骂法院执行人员。被告人宁某某提出:"把他(指执行人员)搞到宁某家里去,法院不放宁某,我们就不放他!"于是,被告人宁大某、宁小某、王某及一些不明真相的群众抓住执行人员,扯烂制服,扒掉上衣,并拳脚相加,将执行人员从乡政府会议室劫持至距乡政府2公里左右的宁某家禾场坪,责令其站立,对其殴打、谩骂。县、乡领导前往解救时,仍是在先放宁某回家,并由乡政府、当地派出所答应给付其勒索钱财的条件下,被告人宁某某一伙才将执行人员放回,至此该执行人员被限制人身自由达5个小时。

对该案如何定罪,即对被告人宁某某等人行为的认定,存在三种不同意见。

第一种意见认为:被告人宁某某等人采取强制方法,非法剥夺他人人身自由,且长达5个小时,其行为应构成非法拘禁罪。

第二种意见认为:被告人宁某某一伙采取暴力、威胁方法对办案人员人身进行强制,阻碍国家机关依法执行职务,应构成妨害公务罪。

第三种意见认为,本案应定绑架罪。其理由是:四名被告人在法院司法拘留宁某后,为达到释放被拘留对象目的,采取暴力、胁迫方法劫持执法人员作为交换人质、勒索钱财的条件,侵犯了公民人身权利、公私财产所有权及司法机关的正常活动。

非法拘禁罪和绑架罪有相似之处,在理论上和司法实践中它们的界限常被混淆。两罪的主要区别表现在以下两个方面:

(1)非法拘禁罪的主观方面表现为非法剥夺他人人身自由的故意,而其目的动机在所不问,只是作为量刑的情节。动机经常表现为多种多样,有的是为泄愤报复,有的是为破案立功,有的是为显示权势,刑法学界的通常观点认为动机不影响非法拘禁罪的成立,但可作为量刑的情节;绑架罪的主观方面则表现为直接剥夺他人人身自由的故意,并且具有勒索财物或满足其他不法要求的目的,而且此目的对行为人来说比剥夺人身自由的故意要来得直接,剥夺人身自由是为达到该目的而实施。犯罪目的是绑架罪的构成要件,如果没有特定的犯罪目的就不能认定为绑架罪,这在理论界又称之为"目的犯"。

(2)非法拘禁罪侵犯的客体为单一客体,即公民的人身自由权。绑架罪侵犯的客体是复杂客体,即侵害了他人的人身权利和财产权利。绑架罪中,一般既有绑架的行为,又有勒索财物的行为。绑架罪刚设立时,刑法理论界一致将该罪归入"侵犯财产罪"一章中,认为该罪侵犯的主要权利是他人的财产权利，而人身权利仅为次要客体。新刑法典将绑架罪明确列入"侵犯人身权利罪"一章中，意在强调该罪侵犯的主要权益是他人的人身自由权，这是社会进步和人权思想发展的体现，也是我国重视公民人身权利的结果，而且这样规定可以回避绑架他人作为人质的行为所侵犯的客体并没有财产性权利的例外情况。

对于典型案例四，我们同意第三种意见，理由如下：

第一，从主观方面看，绑架罪主观上具有勒索财钱或其他目的，如出于政治目的交换人质等，非法拘禁则以非法剥夺他人人身自由或索债为目的，而妨害公务以执行人员不能执行职务为目的。本案由于被告人所要达到的目的是释放被拘留人员，勒索钱财，并非只要求执行人员停止其职务或剥夺执行人员人身自由就善罢甘休。

第二，从客观方面看，绑架罪表现为采取暴力、胁迫、麻醉等方法，劫持他人的行为，包括两种情况：一是以勒索财物为目的绑架他人，俗称"绑票"；二是绑架他人作为人质。非法拘禁罪表现为以非法拘留、禁闭或其他强制方法，非法剥夺他人人身自由的行为。本案被告人既实施了绑架行为，又实施了勒索财物行为，其中绑架行为是勒索财物、交换人质的手段行为，而并非仅实施了非法剥夺他人人身自由的行为。本案虽然在一定程度上讲妨害了执法机关执行公务，但妨害公务罪中的执行公务是指国家机关工作人员在法律规定的范围内，运用合法职权正在从事公务。而本案中的执行公务行为在被告人实施绑架行为前已经完毕，对妨害执行人已实施了司法拘留，不是正在进行的公务。

第三，从客体上看，非法拘禁罪客体是公民人身自由，是单一客体；绑架罪的客体是公民人身自由权、公私财物所有权及其他客体，为复杂客体；妨害公务罪的客体是国家机关的公务活动，是单一客体。本案所侵犯客体有两种，即公民的人身自由权和国家机关的正常活动。

如果已经绑架了他人，但还没有勒索赎金或提出不法要求的，应认定为非法拘禁罪还是绑架罪？对此，我们认为，绑架罪中的目的应该是实行行为，绑架罪的客观方面应表现为复合行为，即绑架罪是由绑架行为（或偷盗婴幼儿行为）与勒索财物或提出不法要求行为（当行为人绑架他人作为人质时）两方面组成的。如果仅从法律条文的字面上来解释，把绑架罪的客观行为看为单一行为，显然是违背立法意愿的。首先，按照此标准，行为人一经实行绑架他人或偷盗婴幼儿行为，即成既遂，行为人即使自动放弃勒索财物或提出不法要求的行为，也不能构成犯罪中止，这不仅不合常理，也与刑法鼓励犯罪分子自动放弃本可以继续实施的犯罪的精神相悖。其次，虽然《刑法》第239条将绑架罪规定为以勒索财物为目的，但并不排除有与之相对应的勒索财物实行行为存在，实践中绑架罪中的犯罪分子在实行绑架后往往都有勒索财物的实行行为。当然，把勒索财物作为绑架罪的构成要件，并不是说财物要勒索到手或不法要求得到实现才构成既遂，而是说只要实施了绑架和勒索财物的行为即可成为绑架的既遂，至于行为人勒索财物的目的是否达到，可以作为一个量刑依据加以考虑。事实上，在有充分证据证实行为人是以勒索财物或满足不法要求为目的，实行绑架他人或偷盗婴幼儿行为的，在尚未实行勒索财物或提出不法要求行为时，行为人出于意志以外的原因或自动放弃，应分别认定为绑架罪的未遂或中止形态，但这种情况要严格把握行为人的主观目的。

实践中，索债型非法拘禁罪与绑架罪的区分也是一个难点问题。为索取债务而非法扣押、拘禁他人的，也构成非法拘禁罪，是该罪的一种特殊情况，常被称为"索债型非法拘禁罪"。而绑架罪是指以勒索财物为目的，使用暴力、胁迫或者其他方法绑架他人，或者绑架他人作为人质的行为。二者都是严重危害他人人身自由权利和社会正常秩序的行为。绑架索债型犯罪的定罪往往涉及非法拘禁罪与绑架罪的择一适用问题。区分这两种行为应着重从以下几个方面考察：

（1）犯罪构成上的区别。一是侵犯的客体不完全相同。索债型非法拘禁罪侵犯的是单一客体，主要是他人的人身自由权利；绑架罪侵犯的则是复杂客体，包含了被害人的人身自由权利和他人的财产权益。二是行为目的不同。索债型非法拘禁罪仅仅是为了追索自己的债务而使被害人遭受监禁之苦，在其主观上并无获取他人财物或其他不法利益的企图或要求；绑架罪则通过对被害人的人身自由进行胁迫，意在勒索他人财物或将其他不法利益占为己有。三是在主观上二者也不尽相同。索债型非法拘禁罪是间接故意并以剥夺他人人身自由、索取债务为目的；绑架罪则是直接故意并具有勒索财物或获取其他非法利益的目的。

（2）当事人之间关系的区别。索债型非法拘禁罪的行为与被害人或被要求交付财物的人之间存在债权债务关系，至于这一债务是否确实存在，是否合法，暂且不论。所以，被害人大多为行为人的"债务人"或与之有密切关系的人；而绑架罪行为人为的是"求财"，是夺取属于他人的财物归己所有，为此，犯罪行为侵犯的对象范围更加宽泛，主要选取家境富裕、能支付大量赎金者，而非仅仅局限于自己的"债务人"。

（3）主观恶性和社会危害性强度的区别。索债型非法拘禁罪为的是"索债"，而绑架罪中并不涉及这一"债"的关系，这也是二者最大的区别所在。它决定了行为人的犯罪欲望、主观恶性、行为动机，进而决定了其行为的社会危害性和人身危险性。因为索债型非法拘禁罪的行为人其所有行为的目的都是围绕追回对方"拖欠"自己的债务，实现自己的债权，维护自身的利益，只要这一目的达到了，通常就会罢手，而且索要财物的数额大多不会超出债务范围。但绑架罪则不同，其行为人为的是非法占有他人财物，行为人为了攫取更多的财物，往往会采取暴力强度及危害性更大的手段，并常常伴随着伤害人质人身、生命的故意，甚至可能出现"撕票"等现象，主观恶性和社会危害性明显大于前者。

（4）法定刑及惩处力度的区别。从刑法对两罪设定的法定刑看，两罪相差十分悬殊，如绑架罪的起点刑是10年有期徒刑，致使被绑架人死亡的，处死刑；而非法拘禁罪的一般情节则在3年以下处罚，致人死亡的，处10年以上有期徒刑。对前者惩罚的严厉性明显大于后者。这样规定也是要符合刑法中"罪责刑相应"的原则，对行为危害性大的，就应予以相应程度的惩罚，更有力地剥夺、限制行为人再次犯罪的能力，让其为自己的错误承担相应的责任，感受到一定的痛苦，以更好地教育、改造他，阻碍其继续犯罪。此外，还应注意，"在定性方面，前者在绑架过程中杀害被绑架人的，仍定绑架罪；后者在拘禁过程中使用暴力致人伤残、死亡的，不再定非法拘禁罪，而是定故意伤害罪、故意杀人罪"。

在索债型非法拘禁罪案件中，判定当事人之间的"债务关系"也是一个难点问题，实践中应注意从以下几个方面把握：

（1）合法的债务

典型案例五

湖南省浏阳市溪江乡集镇村民李某某曾向被告人谭某某借款37000元，一直未归还。2008年11月18日18时30分许，被告人谭某某纠集贺某峰、罗某丹（均另案处理）在长沙市汽车西站附近强行将李某某带至浏阳市工业园某某宾馆某房关押起来，轮流看守，逼迫其还钱。次日7时许，被告人谭某某与罗某丹将李某某转移至位于长沙市八一路的某某招待所某房继续关押。11月19日20时许，公安机关接到报警后将李某某解救出来，李某某被非法限制人身自由达25个多小时。

法院认为，被告人谭某某为索取债务，伙同他人以扣押、拘禁的方式非法限制他人人身自由，其行为已构成非法拘禁罪。检察机关指控的罪名成立。被告人谭某某在共同犯罪中起主要作用，系主犯。被告人谭某某系初犯，且认罪态度较好，已主动和被害人达成调解，取得了被害人的谅解，依法可酌情从轻处罚。依照《中华人民共和国刑法》第238条第1款、第27条的规定，判决被告人谭某某犯非法拘禁罪，判处管制一年。

当事人之间的确存在合法的债权债务关系，而且能够通过足够的证据予以证明，行为人实施扣押、拘禁他人的行为就是为了追讨自己的债务，是因日常民商事债权债务纠纷引发的，在力图通过私力救济、解决问题的过程中因为采用了非法途径维护合法权益，具备了相应的犯罪构成，而转化为刑事案件，是比较典型的索债型非法拘禁罪。

（2）非法的债务

典型案例六

2009年5月19日22时许，涉案人员虎某良（在逃）伙同他人以索要非法债务为由，非法限制被害人马某某的人身自由。5月20日上午9时许，虎某良电话纠集被告人胡某飞、胡某磊、张某利、张某冰四人，在某某商务宾馆某号房间看管马某某，当日18时许转移至该宾馆某号房间看管。5月22日20时许，马某某被公安机关成功解救。其间，胡某飞等人曾催促马某某尽快还债。

法院认为，被告人胡某飞、胡某磊、张某利、张某冰以帮他人索取非法债务为由，以强制方法，剥夺他人人身自由，其行为均已构成非法拘禁罪。检察机关指控罪名成立，予以采纳。依照《刑法》第238条第1款、第3款，第25条第1款之规定，判决如被告人胡某飞犯非法拘禁罪，判处拘役3个月；被告人胡某磊犯非法拘禁罪，判处拘役3个月；被告人张某利犯非法拘禁罪，判处拘役3个月；被告人张某冰犯非法拘禁罪，判处拘役3个月。

这一问题在最高人民法院的相关司法解释中已有定论：行为人为索取高利贷、赌债等法律不予保护的债务，非法扣押拘禁他人的，依照《刑法》第238条的规定定罪处罚。即将在民商事范畴内于法无据的债务也纳入到刑事范畴中索债型非法拘禁罪所涉及的"债"的范围内。这样规定，是由于尽管当事人之间的债权债务关系不受法律保护，但行为人在主观上认为这是实际存在的，所以才采取绑架、拘禁的途径来迫使对方清偿债务，属于"事出有因，与那些典型的、无缘无故地扣押、绑架他人勒索财物的行为不可同日而语，这样规定，既符合司法实践突出打击绑架罪的需要，也符合罪刑责相应的原则和立法主旨"。

（3）超过实际数额的债务

当行为人在追索债务的过程中，索取的财物数额大于实际存在的债务时，对行为性质的认定要看超过数额的大小。如果数额太大，则表明此时行为人的主观意图、行为动机已发生了根本性的转化，从最初的、纯粹的追索债务变成了既要追债又想勒索为他人所有的财物，主观恶性变得更为恶劣，已同时触犯了索债型非法拘禁罪和绑架罪，应从一重罪处罚，以绑架罪定罪量刑。反之，如果数额相差不大，说明行为人也许只是对债务的范围和数目在理解、认定上存在误解、异议，其主观恶性并无实质性地改变，所以，仍应认定为索债型非法拘禁罪，这也符合罪责刑相适应原则。

（4）债权债务并不实际存在

有时，当事人间的债权债务关系缺乏足够的证据予以查清；或者行为人的利益确实受到了损失，但这一结果与被害人或被索要财物之人的言行并无明确的因果关系，双方之间并不存在实际的债权债务关系，只是行为人认错了对象，张冠李戴，或没有弄清事情的真相，而是想当然地将二者联系到了一起，在其主观上认定对方拖欠了自己的债务，因而对被害人实施了犯罪行为。此时仍应以索债型非法拘禁罪对其定罪量刑，债权债务关系的明确与否不应是区别两罪的标准。因为在这种情况下，从处罚的合理性考虑，通过扩大非法拘禁罪的范围以缩小绑架罪的范围，如果行为人与被拘禁人间存在既往的民事行为，行为人主观上为了索取债务而扣押、拘禁他人，但债务关系难以查清，处于待定状态，或根本不存在，对此，本着有利于被告人的原则，以非法拘禁罪论处。这样处理应更加符合刑法的立法主旨。

2. 本罪与刑讯逼供罪的界限

典型案例七

被告人张某，男，24岁，某县派出所民警。被告人张某了解到与自己妻子婚前有过两性关系的某冶炼厂工人裴某有赌博行为时，在未受任何领导指派的情况下，于1998年3月15日下午4时许，将裴某传唤到自己的房间里对裴某是否有赌博行为进行讯问，在裴某矢口否认的情况下，张某将裴某的双手反铐在床脚上，对裴某拳打脚踢，并用电警棍触击裴某的身体，裴某忍受不住，大声叫喊，张某便用数张厕所内粘有粪便的手纸堵裴某的嘴。在堵嘴时，裴某提出要解大便，张某将裴某的裤子、鞋全部脱光，拿过一个脚盆让裴某大解，裴某感到不适提出不便。张某见状恼羞成怒，又用电警棍触裴某的生殖器，并问裴某"强奸了几个妇女"，裴某当即否认。下午7时许，张某将裴某从自己的房间拖到办公室，将其双手反铐在长椅上，令裴某光着下身跪在地上继续讯问，并对裴某拳打脚踢，电警棍打头，裴某被打得遍体鳞伤，最后，裴某被迫承认曾参与过两次赌博，被罚款200元后，在深夜12时方让其回家。

张某的行为是构成非法拘禁罪还是刑讯逼供罪？

非法拘禁罪与刑讯逼供罪都属于侵犯人身权利的犯罪，实践中往往互相牵连，容易混淆。两者的区别在于：

（1）主体要件不同。前者是一般主体，后者只能是国家工作人员。

（2）犯罪对象不同。前者是一般公民，后者只能是被控有违法犯罪行为的犯罪嫌疑人。

（3）犯罪行为表现和目的不同。前者是以拘禁或者其他强制方法非法剥夺他人人身自由，后者是对犯罪嫌疑人使用肉刑或者变相肉刑逼取口供。如果两罪一起发生，互有关联的，一般应按牵连犯罪从一重罪处理。非国家工作人员有类似"刑讯逼供"等关押行为的，不定刑讯逼供罪，可以非法拘禁罪论处。

典型案例七中，我们认为张某的行为构成非法拘禁罪，因为两罪区别的关键在于，行为人所实施的行为是利用职权所进行的一种职务活动，还是滥用职权所实施的一种个人行为，而不在于被告人是否具有逼取口供的主观故意，是否实施了肉刑逼供的客观行为。结合本案具体情况我们可以看出，张某虽然身为人民警察，但其对所谓有赌博行为的嫌疑人裴某的审查既没有接受任何指派，又没有掌握其赌博的证据，而是出于对被害人与其妻子婚前曾有过两性关系的仇恨心理，为泄私愤而滥用职权对被害人裴某进行报复的个人行为。这一点，从被告人张某逼问裴某"强奸过几个妇女"的问话中和将自己的宿舍作为刑讯地点足以印证，尤为严重的是，在对被害人用戒具拘禁期间，还采用大便手纸堵嘴的卑劣手段，对裴某进行侮辱摧残。因此，被告人张某的行为完全是假借司法权而非法剥夺他人人身自由，对他人人身权利进行侵害的非法拘禁行为。故按照我国刑法的规定，以非法拘禁罪对被告人张某定罪科刑是比较适宜的。

（五）本罪的一罪与数罪

1. 本罪与故意杀人罪、故意伤害罪、刑讯逼供罪及暴力取证罪的牵连、竞合

典型案例八

2010年3月13日凌晨2时许，易某窜至张某（系某村联防队员）家盗走一辆女式摩托车，张某的邻居何某起床上厕所时发现张某的摩托车不见了，便叫醒张某，并与张某一起四处寻找。两人在附近的公路上遇到欲逃离现场的易某，随即对易某进行盘问，易某承认盗窃了摩托车，并带张某与何某在附近草丛中找到被盗摩托车。张某让何某找来一根粗绳，两人一起将易某捆绑在张某家屋前的水泥电线杆上。随后张某打电话叫来了该村联防队长袁某等人。因易某称自己还有一个同伙，张某便持橡胶警棍殴打易某腿部并审问其同伙的下落，袁某等联防队员也打了易某几耳光。凌晨3时许，村书记杨某来到张某

家，劝说张某、袁某等人将易某交公安机关处理。杨某走后，张某又拿警棍审问易某关于同伙"小李"的下落，并用警棍击打易某的腿部。后来由于天气太冷，袁某等人回去睡觉。

当天上午9时左右，张某、袁某等人一起到易某哥哥家索要"赎金"，要求易某哥哥出2000元把易某赎回去，易某哥哥未同意。下午1时许，有村民发现躺在电线杆边的易某已经生命垂危，赶紧告知张某，张某随即拨打了120和110。当医护人员赶至现场时发现易某已死亡。经法医检验和病理科尸体病理解剖诊断，易某生前患有急性心肌炎，外界因素如暴力打击、剧烈疼痛、急性失血、休克、精神过度紧张等，均可诱发急性心力衰竭及严重的心律失常而死亡。死者遭受的暴力打击对一般健康人而言不足以致死，但对患有急性心肌炎的病人能诱发死亡。暴力所致肉体及精神伤，以及死者自身存在的疾病构成死亡的联合因素。

对于张某等人定非法拘禁罪还是故意伤害罪，以及应在何种量刑幅度内量刑，产生了三种不同的意见。第一种意见认为，对张某等人应适用《刑法》第238条第1款，定非法拘禁罪，因为具有殴打情节，应在3年以下有期徒刑、拘役、管制或者剥夺政治权利的量刑幅度内从重处罚。第二种意见认为，张某等人的行为属于《刑法》第238条第2款规定的非法拘禁致人死亡的情形，应处10年以上有期徒刑。第三种意见认为，张某等人的行为构成故意伤害罪（致人死亡），应在10年以上有期徒刑、无期徒刑或者死刑的量刑幅度内量刑。

典型案例九

2003年11月15日，被告人蒋某、李某、蒋某某及任某因怀疑曾到其经营的某镇"休闲酒吧"内玩耍的女青年秦某某偷窃其手机，遂共同预谋劫持秦某某，逼其承认偷窃了手机并将手机交出。后于当晚8时许，四被告人租乘一辆面包车，到了市区秦某某所开的理发店，将秦某某骗至车上，强行将秦某某劫持到其"酒吧"。在酒吧二楼一包间内，四被告人强行脱光秦某某的衣服，用胶带封嘴、捆绑手腿，被子蒙头，将其摁倒在沙发上，先对其言语威胁，后用电线头插到电源上轮流电击秦某某的身体各部位，同时用下流语言、动作对其进行侮辱、猥亵，反复折磨，逼其承认偷手机之事。秦某某被电击疼痛求饶，被迫承认是其偷的手机。至次日凌晨，蒋某某在包间内看管秦某某时，又对秦某某猥亵、奸淫。次日白天，四被告人又轮流看管秦某某，限制其人身自由。当晚，四被告人因发现秦某某欲逃脱，又用胶带封嘴、捆绑手腿，被子蒙头，再次轮流用电线电击秦某某的身体各处，向秦某某的下体内倾倒液体。后蒋某对秦某某进行审问并录音，逼迫秦某某承认偷手机及有卖淫行为等事实。蒋某以"要把录音带及给秦某某拍裸照并交给派出所"等对秦某某相要挟，逼秦某某交出手机，再拿出1万元钱，否则需拿2万元钱。后蒋某将秦某某挟持到另一房间内，给其拍摄了各种姿势的裸体照片数张。之后又指使李某与秦某某以各种下流方式发生性关系，蒋某在场又拍摄淫秽照片数张。当晚蒋某某在包间内又将秦某某强行奸淫。至17日上午，四被告人挟持秦某某，搭乘出租车先到秦某某的理发店取走其男友陈某的银行储蓄卡，后押解着秦某某到市区农行储蓄所，从自动提款机上取出现金5000元。蒋某又逼秦某某当场写了1份"欠李某现金5000元"的欠条，后将秦某某放回。至此秦某某共被非法限制人身自由约40余小时。蒋某、李某将所劫取5000元钱用于购买手机、吃喝等共同挥霍。后四被告人在酒吧内被公安机关当场抓获。被害人秦某某经法医鉴定，其全身因电击致63处烧伤灶及碰撞致多处皮下出血，其伤情程度属轻伤。

检察机关以被告人蒋某、李某、蒋某某、任某犯强奸罪、抢劫罪、故意伤害罪、强制猥亵妇女罪，向法院提起公诉。

一审法院经审理后认为，被告人蒋某、李某、蒋某某、任某无视国家法律和社会伦理道德，因无端怀疑被害人偷窃其手机，为逼迫被害人承认该事实，经预谋后公然强行挟持被害人并对其限制人身自由，实施非法拘禁达40余小时，在非法拘禁过程中，各罪犯共同对被害人采取电击等方式进行伤害，致被害人受轻伤；罪犯蒋某指使罪犯李某奸淫被害人并当场拍摄淫秽照片，罪犯蒋某某单独强行奸淫被害人；三罪犯还分别采取拍裸照、淫秽下流的手段强行对被害人进行多次猥亵，后又强行挟持被害人持储蓄卡到银行取款，劫取被害人现金5000元，四被告人的行为侵犯了公民的人身健康权利和合法财产权利，严重扰乱了社会秩序，社会危害严重，蒋某、李某、蒋某某均构成抢劫罪、强奸罪、强制猥亵妇女罪、非法拘禁罪。任某构成抢劫罪、强制猥亵妇女罪、非法拘禁罪。其均犯数罪，依法应予并罚。根据四被告人的犯罪事实、性质、情节和对于社会的危害程度，依据《刑法》及有关法律规定，以抢劫罪、强奸罪、强制猥亵妇女罪、非法拘禁罪，数罪并罚，分别判处蒋某有期徒刑20年，附加剥夺政治权利2年，并处罚金人民币2000元。判处李某有期徒刑16年，附加剥夺政治权利1年，并处罚金人民币1000元。判处蒋某某有期徒刑17年，附加剥夺政治权利1年，并处罚金人民币1000元。判处任某有期徒刑6年，并处罚金人民币1000元。

宣判后，在法定期限内，四被告人均未提出上诉，检察机关未提出抗诉，判决已发生法律效力。

非法拘禁罪与故意杀人罪、故意伤害罪的牵连，通常表现为在非法拘禁过程中，行为人对被害人进行暴力加害，或者行为人用非法拘禁方法故意使被害人因冻饿等原因而死亡、受伤等。对于在非法拘禁中对被害人加害的情况，应当注意，《刑法》第238条第2款明确规定，非法拘禁"使用暴力致人伤残、死亡的"，依照故意伤害罪、故意杀人罪定罪处罚。因此，一方面对于这种情况只应按一重罪即故意伤害罪或故意杀人罪定罪处罚；另一方面要注意其适用的条件：必须是在非法拘禁中"使用暴力"且"致人伤残、死亡"。这里的"伤残"不包括轻伤，而是指重伤，但不限于肢体残废的情形，而是包括各种对于人身健康有重大伤害的情形在内。至于上述后一种情况，即行为人目的即在于故意伤害、故意杀害被害人，只不过其方法采用了非法拘禁而已，自然应按牵连犯的处罚原则，从一重罪定罪处罚，即按故意伤害罪或故意杀人罪定罪处罚。非法拘禁罪与刑讯逼供罪、暴力取证罪形成牵连犯形态或想象竞合犯形态的情况，表现为司法工作人员非法将犯罪嫌疑人、被告人或证人拘禁，在此过程中又进行刑讯逼供或暴力逼取证言的行为。对于这种情形，应按刑讯逼供罪或暴力取证罪对行为人定罪处罚。当然，如果行为人在拘禁他人进行刑讯逼供、暴力逼取证言过程中致人伤残、死亡的，应以故意伤害罪、故意杀人罪定罪处罚。

再来看典型案例八，在普通的非法拘禁致人死亡案件中，被害人死亡的原因一般比较单一，或者是犯罪人使用暴力致人死亡，或者是被害人因自身疾病原因死亡，抑或是被害人在被非法拘禁期间自杀身亡等，对被告人应定非法拘禁罪还是故意伤害罪或者故意杀人罪一般比较明确。而本案被害人的死亡原因比较特殊，即暴力所致肉体及精神伤与死者自身存在的疾病构成死亡的联合因素，且难以查清暴力因素与疾病因素哪一个在被害人的死亡原因中所占比例更大。在此种情况下，对被告人应如何定罪量刑便产生了分歧。

我国《刑法》第238条第1款规定："非法拘禁他人或者以其他方法非法剥夺他人人身自由的，处三年以下有期徒刑、拘役、管制或者剥夺政治权利。具有殴打、侮辱情节的，从重处罚。"第2款规定："犯前款罪，致人重伤的，处三年以上十年以下有期徒刑；致人死亡的，处十年以上有期徒刑。使用暴力致人伤残、死亡的，依照本法第二百三十四条、第二百三十二条的规定定罪处罚"，即按照故意伤害罪、故意杀人罪定罪处罚。持第一种意见的人认为，张某等人甚至易某本人都不知道易某患有急性心肌炎，张某等人的轻微暴力行为对一般健康人而言根本不足以致死，在无法预见易某会死亡的情况下，易某的死亡结果属于意外事件，张某等人不具有伤害或杀人的故意或过失，故不构成非法拘禁罪的结果加重犯，也不能转化为故意伤害罪或故意杀人罪，对张某等人应适用《刑法》第238条第1款之规定。我们认为，根据刑法理论的通说，成立结果加重犯必须具备三个条件：（1）具有一个基本犯罪行为，这是成立结果加重犯的前提条件；（2）在基本犯罪行为的基础上造成了加重结果；（3）基本犯罪与加重结果之间存在因果关系。只要这三个条件齐备，就应认定结果加重犯成立。本案中，虽然易某生前患有急性心肌炎是其死亡的重要原因，但是没有张某等人的非法拘禁和殴打行为，易某便不会死亡，张某等人的拘禁和殴打行为与易某的死亡结果之间存在直接的因果关系，符合结果加重犯的构成要件，仅仅以一般的非法拘禁罪定罪处罚难以做到罪刑相适应。持第三种意见的人认为，《刑法》第238条第2款规定"使用暴力致人伤残、死亡的，依照本法第二百三十四条、第二百三十二条的规定定罪处罚"，按照字面解释，只要行为人在非法拘禁过程中对被害人使用了暴力，并发生了致人伤残或死亡的结果，就应当以故意伤害罪或故意杀人罪定罪处罚。我们认为，这种观点过于僵化，没有完全理解立法本意。此处的"致人伤残"应当是指致人重伤或者残疾，不包括致人轻伤的情形。因为转化犯一般是由一个较轻的犯罪向一个较重的犯罪转化，即行为人在实施某一犯罪的过程中，由于主观故意的内容和客观行为发生变化，而由刑法明文规定以另一个较重的犯罪定罪处罚的情形。非法拘禁过程中使用暴力致人轻伤的，完全可以适用《刑法》第238条第1款之规定，不宜转化为故意伤害罪。本案中，经法医检验，被害人易某身上除腿部有瘀伤和一些因捆绑产生的软组织挫伤外，没有其他的伤痕，如果易某没有死亡，这些伤害应该只构成轻伤。综合判断，易某应当是在盗窃被抓的情况下精神高度紧张，当天天气又比较寒冷，加上被捆绑和殴打的疼痛，诱发了急性心肌炎最终导致死亡。以故意伤害（致人死亡）罪对张某等人定罪处罚，我们以为不妥。

我们同意第二种意见，张某等人的行为构成非法拘禁罪的结果加重犯。本案中，被害人易某生前患有急性心肌炎，疼痛、精神过度紧张等因素都可以诱发疾病的发作，张某等人的暴力行为对于一般人来说只能致人轻伤，对于易某的死亡结果，张某等人主观上是出于过失，故应当以非法拘禁罪的结果加重犯确定量刑幅度。此外，虽然以故意伤害（致人死亡）罪定罪量刑也可以做到罪刑相适应，但是从被告人角度来看不利于息诉服判，因为张某等人辩称自己并无重伤或杀害易某的故意，认定为非法拘禁罪的结果加重犯，被告人更容易接受，从而取得较好的法律效果与社会效果。

而在典型案例九的讨论过程中，对各被告人认定分别犯有抢劫罪、强奸罪、强制猥亵妇女罪不持异议，但对各被告人在非法限制被害人的人身自由过程中，采取电击等暴力方式致被害人受轻伤的行为如何定性，存在一定的分歧意见，检察机关对此是以单独的故意伤害罪提起公诉。法院认为应认定构成非法拘禁罪，同时将故意伤害罪吸收，以非法拘禁一罪从重处罚，应改变检察机关对该罪的定性，分别以非法拘禁罪，判处前三名被告人相应幅度法定最高刑3年，判处任某有期徒刑2年，理由如下：

本案是一起典型的与故意伤害犯罪有关的转化型犯罪，涉及结合犯、想象竞合犯、牵连犯等罪数形态问题。我国《刑法》第234条明确规定，故意伤害行为"本法另有规定的，依照规定"。据此，凡刑事法律其他法条对故意伤害行为另有罪名规定的，依照各该条定罪处罚，而不另行定故意伤害罪。如以暴力方法绑架、抢劫、强奸等，暴力即使是故意伤害行为，给被害人造成了一定的伤害后果，乃至造成被害人死亡，也只属于结果加重犯，而被绑架罪、抢劫罪、强奸罪所包容，以一罪从重处罚，而不应再另行加上故意伤害罪实行并罚。

本案中，四名被告人出于特定动机，以暴力、胁迫的手段强行劫持被害人，并非法限制被害人人身自由达40余小时，其行为显然已触犯《刑法》第238条第1款的规定，已构成非法拘禁罪，均应对其以该罪给予相应的刑事处罚。此点应无异议。但对其在拘禁过程中共同以暴力手段致被害人轻伤的行为是否应再定一个故意伤害罪名呢？该条款中规定，具有殴打、侮辱情节的，从重处罚。此处是指对虽有暴力行为，但未造成伤害或造成轻微伤及以下伤情的，显然是以非法拘禁一罪从重处罚，但是否包括致人轻伤的后果呢？我们认为也应包括在内。理由是：故意伤害罪中致人受轻伤的，量刑的刑种和幅度是处3年以下有期徒刑、拘役或者管制，非法拘禁罪中一般情节的量刑刑种和幅度是处3年以下有期徒刑、拘役、管制或者剥夺政治权利，显然非法拘禁罪对非法行为的涵盖面要比故意伤害的轻伤行为略大，对在非法拘禁犯罪中实施的故意伤害致人轻伤的行为在刑事可罚性上已足以包容，据此成为吸收犯，从而作为从重情节在最终处理上以一罪处罚，完全符合法条立意和刑法罪责刑相适应的一般原则。从《刑法》第238条第2款上来看，"犯前款罪，致人重伤的，处三年以上十年以下有期徒刑……"其罪状的表述起自重伤，显然已将轻伤排斥在该处罚范围之外，而自然应纳入第1款的量刑幅度"三年以下有期徒刑、拘役、管制或者剥夺政治权利"之内。因此，可以肯定地说，对在非法拘禁过程中以暴力手段致被害人轻伤的行为不应再另行定一个故意伤害罪予以单独处罚，更不能数罪并罚，而只能以非法拘禁罪一罪据情在法律幅度内给予从重处罚。

同理，在该法条中，对于非法拘禁过程中因非暴力性的过失行为导致被害人受轻伤的，当然也应按《刑法》第238条第1款的量刑规定给予处罚；对于因非暴力性的过失行为导致被害人受重伤或死亡的，如被害人自伤、自残或自杀，突发严重疾病或猝死等情形，则仍按同样罪名即非法拘禁罪定罪处罚，但量刑上分别提高一个或两个档次，即对于出现重伤后果的，判处 3 年以上10 年以下有期徒刑，出现死亡后果的，判处 10 年以上有期徒刑。

从本案中延伸出的另外一个问题是，犯非法拘禁罪，使用暴力致人伤残的，是否包括致人轻伤但形成残疾的情形？根据《刑法》第 238 条第 2 款中的规定："犯前款罪……使用暴力致人伤残、死亡的，依照本法第二百三十四条、第二百三十二条的规定定罪处罚。"即在非法拘禁过程中以暴力手段将被害人造成伤残或死亡的，出现结果加重情形，行为的性质已发生变化，对此应直接改变罪名，以故意伤害罪、故意杀人罪处罚，其中对造成死亡的，容易理解和认定，在此不再赘述；但在实践中，对被害人有的使用了暴力造成了重伤且形成残疾，有的造成了重伤但已痊愈未留下任何残疾，有的造成了轻伤却形成了残疾，在以上三种情形中，除第一种情形外，对另外两种情形是否也应以故意伤害罪定罪处罚呢？这里首先就需要弄清"伤残"的含义。在刑法条文当中，有大量的"致人伤残"的词语表述，我们认为，从刑法意义上讲，所谓"致人伤残"只能指致人重伤和残废，而不应包括致轻伤和残疾。理由是：就刑法中对于故意伤害罪、非法拘禁罪、刑讯逼供罪、暴力取证罪、虐待被监管人罪等罪名而言，从法条结构上看，均是既有本罪一般情节的量刑规定，又有"致人伤残、死亡的，以故意伤害罪、故意杀人罪定罪处罚"的规定，而致人轻伤的故意伤害罪之法定刑，与一般情节的非法拘禁罪、刑讯逼供罪、暴力取证罪、虐待被监管人罪的法定刑基本相同，因此对该些罪名中致人轻伤的非法拘禁、刑讯逼供、暴力取证、虐待被监管人行为，各依其一般情节的法定刑处罚完全能够做到罪责刑相适应，无须再另行定故意伤害罪。对"伤残"用语进行体系性解释可知，"伤残"也是不能包括轻伤在内的。有人也许会说，所谓"伤残"，是"伤"和"残"的组合，而"伤"自然是包括轻伤和重伤在内的，我们认为这种理解是片面的。"伤残"，是"伤"和"残"的组合，而非一个独立的词汇（即仅指残废之伤害），这是应当肯定的。但是如果把这个"伤"毫无限制地理解为包括轻伤和重伤在内，则是不符合刑法立法原意的。从整个刑法规范中的相关条文作比较分析可见，"伤残"一词都是用于表述非常严重的、与轻伤显著有别的危害后果，前述非法拘禁罪、刑讯逼供罪、暴力取证罪、虐待被监管人罪等罪名中规定的"致人伤残"的情形，都是作为由轻罪（本罪）转化为另一重罪（致人重伤的故意伤害罪）的因素和条件。而将致人轻伤的量刑刑种和幅度隐含在本罪的一般量刑情节中，予以包容和吸收，只是出于立法的简洁考虑未予重复叙明而已。而且实践当中，致轻伤并形成残疾的，残疾程度等级一般也比较低，对被害人的身体损害今后影响也相对较小，因此，所谓"致人伤残"，应仅是指致人重伤和残疾，而不应包括致人轻伤以及轻伤并形成残疾的情形。

综上所述，本案中被告人蒋某等四名被告人非法限制被害人的人身自由达40余小时，其行为已构成非法拘禁罪，且具有殴打、侮辱情节，以暴力手段造成被害人轻伤，手段、情节恶劣，危害性较大，应依法对其从重处罚。据此，一审法院改变检察机关对于故意伤害罪部分的指控，而以非法拘禁罪从重判处三人有期徒刑3年，一人有期徒刑2年，定性是正确的，量刑是适当的。

2. 本罪与妨害公务罪的想象竞合

妨害公务罪，是指以暴力、威胁方法阻碍国家机关工作人员依法执行职务，以暴力、威胁、方法阻碍全国人大和地方各级人大代表依法执行代表职务，或者在自然灾害和突发事件中，以暴力、威胁方法阻碍红十字会工作人员依法履行职责的行为。除故意阻碍国家安全机关、公安机关依法执行国家安全工作任务造成严重后果的行为构成妨害公务罪，不需要"暴力、威胁方法"外，暴力、威胁方法是其他妨害公务行为构成犯罪必备的行为方法条件。妨害公务罪中的暴力，一般是指对国家机关工作人员等特定人员的身体实行打击或强制，例如殴打、捆绑等。司法实践中，往往有以捆绑等非法拘禁的方法妨害公务的案件发生。这实际上是一个行为同时触犯两个罪名，属于想象竞合犯，对此应择一重罪从重处罚。但是，本法对非法拘禁罪和妨害公务罪基本构成的法定刑设置基本相同，这就涉及究竟应以哪个罪名对行为人定罪处罚的问题。我们认为，应以妨害公务罪定罪处罚，这样可以更好地反映行为的整体性质和本质特征。当然，如果在非法拘禁妨害公务中过失致人重伤或死亡的，应当依照非法拘禁罪定罪处罚，因为本条对非法拘禁致人重伤、死亡的规定了结果加重犯的法定刑（不过，如是故意致人重伤、死亡，则对行为人应定故意伤害罪或故意杀人罪，不再以非法拘禁或妨害公务罪定性）。

3. 本罪与暴力干涉婚姻自由罪的想象竞合

典型案例十

自诉人诉称：2005年8月23日晚，我和姐姐坐畜力车回家时，被告人及其同伙在中途阻止，并用摩托车、汽车强行把我带到外地，强迫我同意与被告人结婚，同时非法限制了我的人身自由。经法医鉴定我的伤情为轻微伤。因被告人的犯罪行为，我在身心上遭受痛苦，并造成经济损失1427元。因此，请求法院对被告人的犯罪行为依法给予刑事处罚并判令被告人赔偿医疗费、误工费、护理费及交通费、鉴定费共计1427元。

自诉人的诉讼代理人认为：被告人明知自诉人不同意与其结婚，且已同意与他人结婚，而事先策划，不顾自诉人反抗，强行将自诉人带到外地，强迫自诉人同意与被告人结婚的行为构成暴力干涉婚姻自由罪。因此，应当依照刑法有关规定追究被告人的刑事责任并判令被告人赔偿自诉人的经济损失。

被告人辩称：我与自诉人于2004年3月相识，我们约定结婚后，我的父母给自诉人家送去了彩礼。过了一段时间后，自诉人的父母给我们退回了彩礼并说不同意与我结婚。又过了10天，我的朋友给我说：听说自诉人要与其他人结婚。我想因为以前她同意与我结婚，就准备抢婚。自诉人与其姐姐回家路过时，我们用摩托车把她带到乡，之后用汽车带到县。在此过程中，我没有实施不正当的行为，只是劝她与我结婚。我们已经具备结婚的条件，我想办理结婚证与她结婚。我同意赔偿自诉人的经济损失。对我的行为没有必要给予处罚。

辩护人提出的辩护意见是：自诉人与被告人案发前是恋人关系，自诉人曾同意与被告人结婚。被告人的父母也给自诉人家送过彩礼。虽然彩礼被退回，但是这可能是自诉人父母所为，并不证明自诉人不同意与被告人结婚。被告人抢婚行为情节轻微，实施行为的时间很短。因此，被告人的行为不构成犯罪。

审理查明的事实：

被告人的父母和自诉人的父母约定让自诉人和被告人成亲，被告人的父母给自诉人家送去了礼品。因自诉人不同意与被告人结婚，遂退回了礼品。2005年8月23日晚，自诉人和姐姐坐畜力车从姑姑家回家时，被告人及其朋友在中途阻止，不顾自诉人尽力反抗，用摩托车、汽车强行把自诉人带到外地，强迫自诉人同意与被告人结婚。在实施强抢过程中，自诉人因反抗，其右腿被摩托车排气管烫伤。经自诉人的父母向公安机关报案，8月25日凌晨，公安人员解救自诉人并抓获被告人。自诉人右腿因烫伤，在县人民医院住院治疗7天，为此花去治疗费为557元、检查费280元、交通费100元、鉴定费280元、误工费105元、护理费105元。法医鉴定自诉人的损伤为轻微伤。

本案在处理过程中，对行为人的抢婚行为如何定性，存在不同意见。第一种意见认为，抢婚行为不构成犯罪；第二种意见认为，行为人的抢婚行为，构成非法拘禁罪；第三种意见认为，行为人的抢婚行为，构成暴力干涉婚姻自由罪。

暴力干涉婚姻自由罪与非法拘禁罪的竞合问题，在表现上也大致相同于妨害公务罪的情况，所不同的是，暴力干涉婚姻自由罪在我国刑法上规定为"告诉的才处理"，而非法拘禁罪却无此规定，这样，当两个罪名在特定情况下发生竞合关系时，应分不同情况予以分析：

（1）如果以非法拘禁干涉他人婚姻自由，尚未造成严重后果，且被害人未向司法机关告发的，不宜追究被告人的刑事责任。由于本法规定了告诉才处理的原则，在处理暴力干涉婚姻自由罪与非法拘禁罪的想象竞合时，如果当事人未告诉，就不宜按通常的处理原则适用非法拘禁罪；如果当事人已告诉，则应按想象竞合犯处理，以非法拘禁罪论处。

（2）如果以非法拘禁方法干涉他人婚姻自由，引起被害人死亡的，应以想象竞合犯的原则追究被告人的刑事责任。这是因为，《刑法》第257条规定，暴力干涉他人婚姻自由引起被害人死亡的，不在"告诉的才处理"之列。因此，出现这种情况的，应以想象竞合犯的原则处理。不过《刑法》第238条规定非法拘禁致人死亡的，处10年以上有期徒刑，《刑法》第257条规定暴力干涉婚姻自由致人死亡的，法定刑为2年以上7年以下有期徒刑，二者相比较，前者为重，因此应适用非法拘禁罪的条款。但是，考虑到前者重得多，而且考虑到《刑法》第257条的立法精神，在适用非法拘禁"致人死亡"的法定刑时，可适当取其轻者。

（3）以非法拘禁方法干涉他人婚姻自由，致人重伤的，应视当事人是否告诉而分别处理：第一，当事人向司法机关告诉的，应按想象竞合犯的原则，以非法拘禁罪的基本构成的法定刑追究被告人的刑事责任，而不能以非法拘禁"致人重伤"的法定刑处理。这时因为《刑法》第257条虽未指明暴力干涉婚姻自由致人重伤的应如何处理，但从该条第2款的规定看，只把"致使被害人死亡"这一情节作为加重构成，所以根据其立法原意，致人重伤的，也包括在《刑法》第257条第1款即暴力干涉婚姻自由罪的基本构成中，属于"告诉的才处理"的范畴。第二，如果当事人未告诉的，就不应追究行为人的刑事责任。

根据以上分析，对于典型案例十，我们认为行为人的行为构成暴力干涉婚姻自由罪。另外，应区分本罪与少数民族地区抢婚的界限。在有些少数民族，有抢婚的习俗，这是一种结婚的方式。对于这种抢婚方式，不应当作犯罪处理。但是，在本案发生地没有抢婚的习惯。在司法实践中，有的人向女方求婚，遭到拒绝，于是纠集多人，用暴力手段把女方抢到自己家中，其情节严重或引起严重后果的，应以暴力干涉婚姻自由罪论处。

该案法院作出如下判决：（1）被告人犯暴力干涉婚姻自由罪，判处有期徒刑6个月。（2）被告人赔偿自诉人医疗费、误工费、护理费、交通费、鉴定费损失1427元。

四、刑事责任

《刑法》第 238 条规定，犯本罪，处 3 年以下有期徒刑、拘役、管制或者剥夺政治权利。具有殴打、侮辱情节的，从重处罚。

犯前款罪，致人重伤的，处 3 年以上 10 年以下有期徒刑；致人死亡的，处 10 年以上有期徒刑。使用暴力致人伤残、死亡的，依照本法第 234 条、第 232 条的规定定罪处罚。

为索取债务非法扣押、拘禁他人的，依照前两款的规定处罚。

国家机关工作人员利用职权犯前三款罪的，依照前三款的规定从重处罚。

五、法律依据

（一）刑法规定

第二百三十八条 非法拘禁他人或者以其他方法非法剥夺他人人身自由的，处三年以下有期徒刑、拘役、管制或者剥夺政治权利。具有殴打、侮辱情节的，从重处罚。

犯前款罪，致人重伤的，处三年以上十年以下有期徒刑；致人死亡的，处十年以上有期徒刑。使用暴力致人伤残、死亡的，依照本法第二百三十四条、第二百三十二条的规定定罪处罚。

为索取债务非法扣押、拘禁他人的，依照前两款的规定处罚。

国家机关工作人员利用职权犯前三款罪的，依照前三款的规定从重处罚。

（二）司法解释

最高人民法院《关于对为索取法律不予保护的债务非法拘禁他人行为如何定罪问题的解释》（2000 年 7 月 19 日 法释〔2000〕19 号）

为了正确适用刑法，现就为索取高利贷、赌债等法律不予保护的债务，非法拘禁他人行为如何定罪问题解释如下：

行为人为索取高利贷、赌债等法律不予保护的债务，非法扣押、拘禁他人的，依照刑法第二百三十八条的规定定罪处罚。

（三）法律法规

1.《中华人民共和国宪法》（2004 年修正）（1982 年 12 月 4 日）（节录）

第三十七条 中华人民共和国公民的人身自由不受侵犯。

任何公民，非经人民检察院批准或者决定或者人民法院决定，并由公安机关执行，不受逮捕。

禁止非法拘禁和以其他方法非法剥夺或者限制公民的人身自由，禁止非法搜查公民的身体。

2.《中华人民共和国民事诉讼法》（2012 年修正）（1991 年 4 月 9 日）（节录）

第一百一十七条　采取对妨害民事诉讼的强制措施必须由人民法院决定。任何单位和个人采取非法拘禁他人或者非法私自扣押他人财产追索债务的，应当依法追究刑事责任，或者予以拘留、罚款。

3.《中华人民共和国国家安全法》（2009 年修正）（1993 年 2 月 22 日）（节录）

第三十二条　国家安全机关工作人员玩忽职守、徇私舞弊，构成犯罪的，分别依照刑法有关规定处罚；非法拘禁、刑讯逼供，构成犯罪的，分别依照刑法有关规定处罚。

4.《中华人民共和国人民警察法》（2012 年修正）（1995 年 2 月 28 日）（节录）

第二十二条　人民警察不得有下列行为：

……

（五）非法剥夺、限制他人人身自由，非法搜查他人的身体、物品、住所或者场所；

……

第四十八条　人民警察有本法第二十二条所列行为之一的，应当给予行政处分；构成犯罪的，依法追究刑事责任。

5.《中华人民共和国海关法》（2000 年修正）（1987 年 1 月 22 日）（节录）

第七十二条　海关工作人员必须秉公执法，廉洁自律，忠于职守，文明服务，不得有下列行为：

……

（二）非法限制他人人身自由，非法检查他人身体、住所或者场所，非法检查、扣留进出境运输工具、货物、物品；

……

第九十六条　海关工作人员有本法第七十二条所列行为之一的，依法给予行政处分；有违法所得的，依法没收违法所得；构成犯罪的，依法追究刑事责任。

6.《中华人民共和国劳动合同法》（2012 年修正）（2007 年 6 月 29 日）（节录）

第八十八条　用人单位有下列情形之一的，依法给予行政处罚；构成犯罪的，依法追究刑事责任；给劳动者造成损害的，应当承担赔偿责任：

......

（三）侮辱、体罚、殴打、非法搜查或者拘禁劳动者的；

......

7. 最高人民检察院《对违法办案、渎职失职若干行为的纪律处分办法》（1998 年 5 月 25 日　高检发〔1998〕12 号）（节录）

五、因办案人员玩忽职守、非法拘禁、刑讯逼供等致人死亡的，对直接责任人员，按照《检察官纪律处分暂行规定》第十四条、第十六条、第十七条、第二十三条的规定给予降级、撤职或者开除处分，构成犯罪的，依法追究刑事责任。对严重失职、渎职的部门负责人、主管副检察长、检察长，依照法定程序，给予撤职处分。

（四）其他

1. 公安部、最高人民检察院、最高人民法院《关于在商业贸易活动中发生非法拘禁案件情况的通报》（1990 年 9 月 8 日　公通字〔1990〕89 号）（节录）

一、各地公安机关要严格执行一九八九年三月公安部《关于公安机关不得非法越权干预经济纠纷案件的处理的通知》（〔89〕公（治）字 30 号），不得受理经济纠纷案件，严禁公安机关和公安干警以收审、拘押人质等非法手段插手经济纠纷案件的处理。如遇有投诉，不能立即判明案件的性质是属于经济纠纷还是经济犯罪的，可以做必要的调查了解，但不得随意采取限制人身自由的各种强制措施；明确案件性质后，对属于经济纠纷的案件，应当立即移送有管辖权的机关处理。各地人民检察院要严格执行最高人民检察院《关于查处在商贸活动中以绑架、扣押人质等方法逼还债务非法拘禁他人的案件的通报》（高检法发字〔1990〕第 2 号），严禁检察机关和检察干部以任何形式为企事业单位追索债务而直接办理诈骗、投机倒把等非自侦案件，不得非法绑架、扣押人质。人民法院在审理经济纠纷案件中发现经济犯罪，必须及时移送给有管辖权的公安机关或检察机关侦查、起诉。

二、对以绑架、扣押人质等方式逼还债务、非法拘禁他人的案件，公安、检察机关一定要严格依法查处，尤其对公安、司法人员和其他国家工作人员或冒充公安、司法人员非法拘禁他人的，要依法从严查办，以确保公民人身自由权利不受侵犯。

在查处绑架、扣押人质等非法拘禁他人案件的同时，对产生的其他问题也应做认真处理。如属于经济纠纷案件，应当告知当事人到人民法院或其他主管机关解决；如属于经济犯罪，则应当由有管辖权的公安或检察机关立案、侦查、坚决打击诈骗等经济犯罪活动，使犯罪分子得到应有的惩处，使当事人的合法权益得到保护。

三、公安机关、人民检察院、人民法院一旦发现正在发生的非法绑架、扣押人质或拘禁他人的案件，要立即设法解救出人质，并采取必要的措施，防止发生意外，然后再区别性质、情况，移送主管机关查处。

2. 最高人民检察院《关于严肃查处非法拘禁人大代表犯罪案件的紧急通知》（2000 年 2 月 23 日　高检发法字〔2000〕第 4 号）

各省、自治区、直辖市人民检察院，军事检察院：

近年来，全国各级检察机关依法查办了一批国家机关工作人员非法拘禁人大代表的犯罪案件，对保护人大代表的人身权利、民主权利，保障人大代表依法履行职责，发挥了重要作用。但是，此类案件仍然不断发生，有的非法拘禁人大代表的案件情节严重，影响恶劣。对此，各级检察机关必须予以高度重视，采取坚决有效措施，切实加大查办非法拘禁人大代表犯罪案件的力度。

一、要充分认识查办非法拘禁人大代表犯罪案件的重要性。我国各级人民代表大会代表是依照法律选举产生的国家权力机关组成人员，代表人民的利益和意志，依照宪法和法律赋予的各项职权参加行使国家权力。我国法律明确规定，县级以上的各级人民代表大会代表，非经本级人民代表大会主席团许可，在人民代表大会闭会期间，非经同级人民代表大会常务委员会许可，不受逮捕或者刑事审判；如果因为是现行犯被拘留，执行拘留的机关应当立即向该级人民代表大会主席团或者其常务委员会报告；对县级以上的各级人民代表大会代表采取法律规定的其他限制人身自由的措施，应当经该级人民代表大会主席团或者其常务委员会许可。县级以下的人民代表大会代表被逮捕、受到刑事审判，或者被采取法律规定的其他限制人身自由的措施，执行机关应当立即报告该级人民代表大会。各级检察机关要充分认识，保护各级人民代表大会代表的合法权利，捍卫法律的尊严，是法律赋予检察机关的重要职责，是加强我国社会主义民主法制建设的需要，是实践依法治国，建设社会主义法治国家的必然要求。各级检察机关务必把这项工作摆上重要位置，抓紧抓好。

二、要切实加大非法拘禁人大代表犯罪案件的查处力度。坚决查办非法拘留、逮捕，或者其他严重限制人大代表人身自由的犯罪案件，特别是对那些长时间、多人次非法拘禁人大代表的案件，对那些非法拘禁情节恶劣、后果严重、社会影响极坏的案件，要及时发现，及时查处，发现一件，查处一件，不管涉及到谁，都要一查到底，决不姑息。对压案不查、瞒案不报的，要坚决追究有关人员的责任。

三、查办非法拘禁人大代表的犯罪案件过程中，要注意对人大代表的司法保护。一旦发现有非法拘禁人大代表的案件，要先依法释放，再行查处；凡人大代表向检察机关的投诉，都要认真受理，及时查办；要采取措施，依法保护被非法拘禁的人大代表的人身安全；案件的查处进展情况要及时向人大常委会通报，征询意见。

四、查办非法拘禁人大代表的犯罪案件要紧紧依靠党的领导和人大的支持。非法拘禁人大代表是国家机关工作人员实施的一种侵权型职务犯罪，查处干扰多，阻力大，调查取证困难，各级检察机关要积极争取党委的领导和人大的支持，主动汇报工作，必要时可提请党委和人大出面做好协调工作，确保查处工作依法顺利进行。

五、严格依法办事，正确区分罪与非罪界限，坚持办案程序、办案规范和办案纪律要求。同时要有针对性地加强宣传和预防工作，积极探索杜绝发生非法拘禁人大代表案件的措施与途径。

六、要加强领导，各级检察院检察长要高度重视非法拘禁人大代表犯罪案件的查处工作，直接抓，亲自抓，做好指挥、协调工作，对办案中遇到的问题及时研究解决。上级检察院要加强督办、指导，支持下级检察院的查办工作，遇有干扰多、阻力大的案件，上级检察院要提上来办。各地检察机关发现和查办非法拘禁人大代表犯罪案件的情况要及时层报最高人民检察院。

第二章　非法搜查罪

一、概念与构成

典型案例一

2004年9月1日晚，当时身为本溪某派出所巡长的董某带领"线人"王某，在没有经过领导批准、身着便装、未携带工作证件和任何法律手续的情况下，进入本溪市平山区一歌厅准备抓嫖娼卖淫现行。他们没有表明身份就将歌厅门外一个小房间的房门踹开并进入，导致正在房间里休息的歌厅业主的女儿小玲（化名，20岁）受惊吓而住院治疗。经辽宁省精神卫生中心鉴定：小玲为急性应激障碍，其发病与2004年9月1日被惊吓心理创伤有直接因果关系。

法院认为，被告人董某和王某已经构成非法搜查罪。董某、王某属于共同犯罪，董某身为司法工作人员，滥用职权，应从重处罚。法庭分别判处二人有期徒刑3年、2年，并共同赔偿附带民事诉讼原告人小玲医疗费、护理费、交通费、误工费等123374元，扣除已给付的6000元，还需赔偿117374元。审判机关同时驳回了附带民事诉讼原告人要求董某所在单位赔偿经济损失的诉讼请求。

典型案例二

2001年5月2日，受害人仪某的儿子小吴骑摩托车与当地一名老师发生交通事故，双方协商后达成谅解。而此后，该县公安局城关第一派出所原副所长姜某却带领联防队员多次闯入仪某家中，以找其儿子处理撞车事故为名进行搜查，并且将仪某打成轻微伤。汶上县人民检察院认为，姜某带着空白的搜查证进入居民家中搜查，其行为已经构成了非法搜查罪，遂向汶上县人民法院提起公诉。庭审中，被告姜某答辩认为，他去仪某家不是搜查，而是传唤其儿子小吴。他认为自己"工作有失误"并对原告仪某"表示歉意"。姜某的辩护人称，公安人员在执法上具有难度，治安案件当事人不会主动到公安机关接受处罚，时任派出所副所长的姜某的行为属于强制传唤，并非搜查。山东省汶上县人民法院判决姜某非法搜查罪成立，情节轻微，免予刑事处罚，同时判决姜某赔偿受害人经济损失 3000 余元。

非法搜查罪，是指非法对他人的身体或住宅进行搜查的行为。构成本罪需要具备以下四个要件：

（一）客体要件

非法搜查罪侵犯的客体是他人的隐私权。所谓隐私权，是指自然人享有的住宅和个人生活不受侵扰，与社会无关的个人信息和个人事务不被不当披露为内容的人格权，包括个人信息的控制权、个人生活的自由权和私人领域的占有权。具体包括以下几个方面：（1）姓名、住址、肖像、私人电话号码等个人信息不被公开的权利；（2）储蓄或者其他财产状况，非有正当理由不得调查和公开；（3）社会关系（包括亲属关系、朋友关系）非有正当理由不得调查、刺探和公开；（4）档案材料应在合理范围内使用；（5）住宅不受非法侵入或侵扰；（6）个人生活不受监视或骚扰；（7）通信、日记或其他私人文件不得刺探和公开；（8）夫妻合法的性生活不受非法干扰、调查和公开，婚外性关系非关系社会利益，不得任意公开；（9）不愿让他人知道的有关经历和纯属个人私事，非有正当理由不得予以公开；（10）其他与社会公益无关的个人信息，如生活缺陷、健康状况、婚姻状况、宗教信仰等，非有正当理由亦不得刺探和公开。搜查是司法机关对刑事案件进行侦查过程中采取的一项收集证据、查获犯罪人的措施，是对他人隐私权的一种妨害，必须依法进行，否则就构成对他人隐私权的侵犯。

（二）客观要件

非法搜查罪在客观方面表现为非法搜查他人身体和住宅的行为。所谓搜查，是指搜索检查，既包括对他人身体的搜查，如摸索、掏翻等；又包括对他人住宅的搜查，如搜索、翻看、检查、挖掘等。

非法搜查是合法搜查的对称。我国《刑事诉讼法》第 134 条至第 138 条对享有搜查权的人员、搜查的对象、地点以及程序作了明确的规定：（1）享有搜查权的人员是侦查人员，即经合法授权或批准依法对刑事案件执行侦查、预审等任务的侦查人员，包括公安机关和国家安全机关的侦查人员以及人民检察院自行侦查案件的侦查人员；（2）搜查的对象为犯罪嫌疑人以及可能隐藏罪犯或者证据的人；（3）搜查的地点包括上述人的身体、物品、住处和其他有关的地点；（4）搜查的程序有四：一是出示搜查证，在一般情况下，进行搜查必须向被搜查人出示搜查证，除非在执行逮捕、拘留时遇紧急情况，才可以无证进行搜查；二是要求被搜查人或其家属、邻居或其他见证人在场；三是只能由女工作人员搜查妇女的身体；四是搜查的情况应当写成笔录，笔录应由侦查人员和被搜查人员或他的家属、邻居或其他见证人共同签名或者盖章。如果拒绝签名盖章，应当在笔录上注明。符合上述规定的搜查，即为合法搜查。

在司法实践中，非法搜查主要有三种情况：第一种是无搜查权的机关、团体、单位的工作人员或其他个人，为了寻找失物、有关人或达到其他目的而对他人的身体或住宅进行搜查的；第二种是有搜查权的人员，未经合法批准或授权，滥用权力，非法进行搜查的；第三种是有搜查权的机关和人员不按照法定的程序、手续进行搜查的。具备上述情形之一的就属于非法搜查。

搜查的对象，根据《刑法》第245条的规定，仅限于他人的身体和住宅。如果不是针对身体或住宅搜查，而是非法搜查机关或其他单位的办公室、仓库、车辆、船只、飞机等场所，则不能以本罪论处。构成犯罪的，可以他罪如妨害公务罪、抢劫罪、盗窃罪、故意毁坏财物罪等论处。如果是在上述场所对他人的人身进行搜查的，仍可构成本罪。至于住宅，则是指公民居住、生活的场所，既包括公民长期居住的生活场所，如私人建造的住宅、公寓等，又包括公民临时居住、生活的场所，如较长时间租住的旅店；还包括公民居住、办公两用的房间以及以船为家的渔民船只等。搜查住宅，不仅指搜查住宅内，而且还包括和住宅紧紧相连、构成住宅整体的庭院以及构成整个住宅组成部分的其他用房间如储藏室等。

典型案例三

2002年4月30日晚上23时左右，被告人刘某某伙同其姨父高某某、姨李某某、伯父刘某和（三人均已判刑）、弟刘某宗、妹刘某等人一起，以与妹刘某、弟刘某宗乘坐泌阳县王店街余某的三轮车时，刘某某将装有现金4000元和26400元存折的提包遗忘在了三轮车内为由，来到余某家向余某追要丢失的提包，并强行在余某屋内及院子里进行寻找、搜查，长达4个小时。

法院认为，被告人刘某某伙同他人私自搜查公民住宅，其行为已构成非法搜查罪。检察机关指控被告人非法搜查罪，事实清楚，证据确实、充分，法院予以支持。被告人伙同他人共同犯罪中所起作用相当，不宜划分主、从犯，应以共同犯罪认定。被告人坦白自己的犯罪事实，认罪态度好，有悔罪表现，判处缓刑不致再危害社会。辩护人认为被告人具有认罪态度好等条件要求对被告人从轻判处理由成立，法院予以采纳。根据《刑法》第245条第1款、第25条第1款、第72条第1款、第73条第2款、第3款之规定，判决如下：被告人刘某某犯非法搜查罪，判处有期徒刑6个月，缓刑1年。

典型案例四

王某某，男，1974年12月8日生，汉族，大专文化，2002年6月至2004年5月任通州市城南派出所指导员，2004年5月至2005年3月任城东派出所民警，2005年3月任通州市城管局城管监察大队队员。

2005年11月28日，王某某因涉嫌非法搜查罪被通州市人民检察院决定取保候审。2005年11月25日，通州市人民检察院以王某某非法搜查罪提起公诉。

法院经审理查明，2004年4月16日，通州市丰杰印染有限公司（以下简称丰杰公司）总经理陈某向被告人王某某（时任通州市公安局城南派出所指导员）报告该公司仓库失窃。王某某接警后与所长助理王某赶到现场。陈某反映公司仓库被窃少了布，公司外来人员多，建议派出所加强对外来人员管理，此次失窃不要求立案处理。王某某回所后向所长严某某作了汇报，所长在所务会上决定对在丰杰公司工作的外来人员进行一次清查（主要查身份证、暂住证、有无贵重物品、管制刀具）并要求王某某与金沙镇通灵桥村村干部及丰杰公司联系，请他们派人配合。2004年4月22日晚，王某某受所长指派具体负责当晚的清查行动。王某某召集了本所民警王某、曹某某，保安队员3人，通灵桥村干部2人赶到丰杰公司。在丰杰公司主管后勤和安全的黄某的办公室，与配合行动的丰杰公司6名行政管理人员（含职工）一起开会，落实任务。王某某明确当晚重点清查外来人员有无身份证、暂住证、管制刀具及贵重物品，配合行动的丰杰公司的黄某同时强调要参加行动的本公司人员注意发现被查户是否有本公司的布，如发现有该拿回的要拿回。王某某将人员分成三组后，于当晚8时许开始行动。王某某在村干部瞿某某带路下与保安队员叶某、丰杰公司值班干部李某某、职工黄某某5人一组负责对通灵桥村东片租住在10村民家中在丰杰公司打工的外来人员曹某某、廖某某、徐某某、张某某、杨某某等20余人住所的清查。王某某在逐户检查外来人员的身份证、暂住证时，在没有合法搜查手续的情况下，令被查的外来人员打开自己存放衣物的箱包、橱柜进行检查，丰杰公司的人员乘机查找是否有厂里的布。在清查到外来人员杨某某住所时，王某某要收缴杨妻张某玲的过期身份证并与张某玲发生了争执，丰杰公司的李某某、黄某某欲将查到的两块布带回公司检验时亦与杨某某发生了争执。整个"清查"行动于当晚9时结束。王某某负责的东片行动组共从外来人员住所查出布料9块。

法院认为，公民享有其个人住宅和个人生活不受非法侵扰的权利。王某某身为国家机关工作人员，在履行公务中，利用职务之便，在明知没有合法搜查手续的情况下，对多家住宅进行了搜查，其行为侵犯了公民的住宅权利，造成了一定的负面影响，王某某的行为已构成了非法搜查罪。究其原因：一是王某某严格执法意识淡薄，不按法定程序进行；二是王某某在明知公安机关对丰杰公司失窃布尚未立案的情况下，公司有关领导有利用派出所对外来人员清查之机乘机查布的意思而未予明确制止；三是王某某在检查外来人员的身份证、暂住证时，明知随行的丰杰公司人员对被查户在故意查布而放任其为之，因此王某某对本案的发生具有不可推卸的责任和过错，应当受到法律的追究。事发后王某某能主动到检察机关投案，如实交代犯罪事实，有自首情节，其犯罪行为是在履行对外来人员检查的公务中没有严格执行法律法规的规定而发生，有别于为私利而滥用职权，又属初犯、偶犯，犯罪后自愿认罪有一定的悔罪表现，采纳控辩双方提出对王某某免予刑事处罚的意见。

2005 年 12 月 13 日，通州市人民法院依法判决王某某犯非法搜查罪，免予刑事处罚。

（三）主体要件

非法搜查罪的主体是一般主体。凡达到刑事责任年龄且具备刑事责任能力的自然人均能构成本罪，无论其是否是有搜查权的侦查人员。也有人认为本罪是特殊主体，即有搜查权的侦查人员。理由是：搜查是法律赋予侦查人员的特有权力，本罪正是为防止其滥用这一权力而规定的。实际上，无搜查权的人擅自对他人的身体或住宅进行非法搜查，亦构成本罪，有搜查权的侦查人员作为司法人员，其滥用职权，实施本行为，依《刑法》第 245 条第 2 款的规定从重处罚。

典型案例五

被告人张某某是一名被派出所聘用的协警员。

2005 年 9 月，阜南县洪河镇村民唐某之妻孟某向法院提起离婚诉讼。同年 10 月 25 日上午，因孟某外出未归，唐某怀疑妻子孟某躲藏在与其有不正当关系的同村村民殷某家，便带领十多人到殷某父亲家寻找未果，并引起双方争执。唐某即向当地派出所报案，要求派出所来人处理。

被告人张某某在派出所接警后，即向所长报告有村民打架。所长便安排另一协警员李某开车与张某某同去现场处理。两人到达现场后，唐某告诉张某某，孟某被殷某藏于其弟或其舅父家中，要求张某某搜人。殷某之弟被人找回后否认孟某在其家中，并要求张某某、李某出示搜查证和相关证件。双方相持期间，派出所所长两次电话安排二人回所，并让李某通知张某某，没有搜查证不能搜查，但张某某执意要搜查。

双方经过一个多小时的僵持，殷某之弟无奈提出如搜不出人，由张某某买鞭炮燃放，为其恢复名誉。张某某同意，即与李某及该村妇女主任一同到屋内搜查，结果并未见到孟某。此后张某某又带人到殷某舅父住处，见房门紧锁，李某劝张某某返所，张某某不听，李某开车离开。至当日中午殷某舅父返家后，张某某即让其打开房门，并告知进屋搜查原因，结果在此依然未能搜到孟某，随后撤离。

法院认为，张某某超越权限，不听劝阻，在无任何法律手续的情况下，执意对公民住宅进行搜查，构成非法搜查罪，判处其拘役6个月。

（四）主观要件

非法搜查罪在主观方面表现为直接故意，不能由间接故意或者过失构成。其动机可以是各种各样的，如：有的是为了搜寻控告对方的"罪证"；有的是为了查找失窃的财物；有的是为了寻找离家出走的亲人等，但动机如何不影响本罪的成立。

二、立案标准

1. 最高人民检察院《人民检察院直接受理立案侦查的渎职侵权重特大案件标准（试行）》（2002年1月1日　高检发〔2001〕13号）（节录）

三十五、国家机关工作人员利用职权实施的非法搜查案

（一）重大案件

1. 五次以上或者一次对五人（户）以上非法搜查的；

2. 引起被搜查人精神失常的。

（二）特大案件

1. 七次以上或者一次对七人（户）以上非法搜查的；

2. 引起被搜查人自杀的。

2. 最高人民检察院《关于渎职侵权犯罪案件立案标准的规定》（2006年7月26日　高检发释字〔2006〕2号）（节录）

二、国家机关工作人员利用职权实施的侵犯公民人身权利、民主权利犯罪案件

（二）国家机关工作人员利用职权实施的非法搜查案（第二百四十五条）

非法搜查罪是指非法搜查他人身体、住宅的行为。

国家机关工作人员利用职权非法搜查，涉嫌下列情形之一的，应予立案：

1. 非法搜查他人身体、住宅，并实施殴打、侮辱等行为的；

2. 非法搜查，情节严重，导致被搜查人或者其近亲属自杀、自残造成重伤、死亡，或者精神失常的；

3. 非法搜查，造成财物严重损坏的；

4. 非法搜查 3 人（户）次以上的；

5. 司法工作人员对明知是与涉嫌犯罪无关的人身、住宅非法搜查的；

6. 其他非法搜查应予追究刑事责任的情形。

三、司法认定

（一）本罪罪与非罪的界限

1. 非法搜查与合法搜查的界限

对于有合法依据，严格依照法定程序，由有搜查权的人对犯罪嫌疑人以及可能隐藏罪犯或者罪证的人的身体、住宅等进行搜查的，就是合法的搜查行为。因此，对搜查合法与否的认定，应当从搜查主体、搜查的法律依据及搜查程序三方面来认定，只有上述三项内容均符合法律规定时，搜查才是合法的，缺一不可，否则就是非法搜查的行为。

典型案例六

张某在担任山东省某市烟草专卖局管销所副主任兼机动中队中队长期间，在进行烟草专卖检查时，8 次进入郭某、韩某等多户居民的住宅内，采取"打开大衣柜翻看"、"掀开床单查看床下"、"登上床铺查看顶棚"等手段查找卷烟，没有找到卷烟则离开住宅，找到卷烟则予以登记保存。

对张某的行为是否构成非法搜查罪，存在以下两种不同意见。第一种意见认为，张某的行为不构成非法搜查罪。我国《烟草专卖法实施条例》规定烟草专卖执法人员可以检查烟草"经营场所"，居民家中存储了香烟，这时的住宅就被视为存储场所，可以检查。故张某的行为是依法行使检查权，不是非法搜查。第二种意见认为，张某的行为构成非法搜查罪。理由是：首先，从"搜查"的法律含义看，指侦查人员依法对犯罪嫌疑人以及可能隐藏罪犯或者罪证的人的身体、物品、住处和其他有关地方进行搜寻、检查的一种侦查行为。"搜查"不同于"检查"，"检查"不具有特定的法律含义，而"检查权"则是行政执法机关的一项权力。从"搜查"与"检查"行为的方式和强度上看，"搜查"可以打开箱柜翻看、查找，具有较大的强度，而"检查"则仅限于对摆放于表面上的目标物进行查看、复制，不允许翻看、查找，在强度上明显弱于"搜查"。根据本案事实，张某的行为显然属于"搜查"，而不是

"检查"。其次，从"搜查权"的权力主体看，我国刑事诉讼法严格限定了搜查权的主体是侦查人员，包括公安机关、国家安全机关的侦查人员以及人民检察院自行侦查案件的侦查人员，并规定有严格的搜查程序。可见，搜查权是一项专属权力。行政执法人员不具有这一权力，也就是说，行政执法人员包括烟草执法人员，无论在居民的住宅还是非住宅，都无权进行"搜查"。最后，从"检查权"的行使要求看，张某的行为超越权限。根据我国《烟草专卖法实施条例》第49条规定，烟草专卖执法人员可以检查违法案件当事人的烟草"经营场所"，也可以理解为违法案件当事人"生产、销售、存储烟草专卖品的场所"。但根据依法行政原则中"职权法定"原则的要求，行政权力必须有法律明确授权才能行使，特别是涉及对抗公民人身权利、民主权利时，应由"法律"授权方可实施。因此，在没有法律明确授权的情况下，不能也无权将"存储场所"扩大解释为"包括住宅"。因此，行政执法人员在行使执法检查权时，有权检查居民住宅以外的其他场所，而对居民住宅进行检查则是超越法律界限的违法行为，至于超出了"检查"强度进行"搜查"，更是法律所禁止的。

我们同意第二种观点。

2. 本罪与非法搜查违法行为的界限

非法搜查罪是行为犯，但并非所有非法搜查的行为都构成犯罪，对于情节显著轻微，危害不大的，不以犯罪论处。所谓"情节显著轻微、危害不大"是指非法搜查没有造成被搜查人或者其近亲属自杀、自残造成重伤、死亡，或者精神失常的；没有造成财物严重损坏；非法搜查不足3人（户）次；司法工作人员对不明知是与涉嫌犯罪无关的人身、住宅进行的非法搜查等情形。

（二）本罪与相关犯罪的界限

1. 本罪与非法搜查为手段的其他犯罪的界限

非法搜查罪一般是以目的行为不构成犯罪（如为了查找欠物）为前提的，如果行为人出于其他犯罪目的（如为了抢劫）而对他人人身或住宅进行搜查的，应以目的行为吸收非法搜查行为，按目的行为定罪，如定抢劫罪。

2. 本罪与非法侵入住宅罪的界限

两者常常具有一定的牵连关系。当行为人非法侵入他人住宅的目的是为了进行非法搜查时，一般以后一行为吸收前一行为，定非法搜查罪。但是，如果前一行为情节恶劣而后一行为情节一般，则以前一行为吸收后一行为，定非法侵入住宅罪。

3. 本罪与抢劫罪、盗窃罪、侮辱妇女罪等的界限

典型案例七

被告人：林某，男，1975 年 1 月 20 日生，汉族，浙江省绍兴县人，初中文化，农民。

被告人：任某某，男，1967 年 6 月 13 日生，汉族，浙江省绍兴县人，初中文化，农民。

绍兴市越城区人民检察院指控称，2004 年 6 月 19 日晚 22 时许，被告人林某怀疑其所驾车上丢失的钱系搭其车的被害人黄某某所窃，遂与被告人任某某合谋在绍兴市区 104 国道线北海桥附近，采用强制手段搜查黄某某的身体，并采用推、打等暴力手段，强行从被害人黄某某裤袋中搜出人民币 1890 元，并将其中的人民币 640 元据为己有，且造成黄某某轻微伤的损伤程度。2004 年 6 月 26 日上午，被告人林某、任某某向绍兴县公安局兰亭派出所投案。案发后，赃款已被追回发还被害人。为证明上述事实，公诉人当庭宣读并出示了被害人黄某某陈述；证人茹某某、施某某证言；损伤检验报告；扣押、发还清单；抓获经过证明；照片等证据。公诉机关认为被告人林某、任某某无视法纪，采用推、打等暴力手段非法对他人的身体进行搜查，应当以非法搜查罪追究其刑事责任，且两被告人系共同犯罪，属自首。提请本院依照《中华人民共和国刑法》第 245 条第 1 款、第 25 条、第 67 条第 1 款之规定处罚。

被告人林某、任某某对公诉机关指控的犯罪事实和罪名均无异议。两被告人之辩护人均辩称两被告人系自首，他们系在要求被害人先去派出所解决而被害人不同意的情况下才实施上述行为，并主动退清了赃款，主观恶性较小，被告人林某之辩护人提出要求对被告人林某从轻处罚，被告人任某某之辩护人认为被告人任某某在整个共同犯罪中处次要地位，要求本院从轻处罚、减轻或者免除处罚。

绍兴市越城区人民法院经审理查明：2004 年 6 月 19 日晚 22 时许，被告人林某驾车在绍兴市经济开发区华能供销超市附近搭识被害人黄某某，后与被告人任某某一道驱车在绍兴市区稽山路与延安路交叉口处一摊点吃夜宵，其间，被告人林某曾下车，并从车内拿了所放的部分钱款，将黄某某一人留于车内。后被告人林某怀疑车上丢失的钱系被害人黄某某所窃，遂与被告人任某某合谋采用强制手段搜查黄的身体并质问黄某某，且声称"去派出所解决"，黄某某不愿前往。次日凌晨 1 时许，当被告人林某驾车途经绍兴市区 104 国道线北海桥附近时，因被害人黄某某欲下车逃离，被告人林某、任某某以被害人黄某某

偷窃林某 600 元钱为由，采用推、打等暴力手段，强行从被害人黄某某裤袋中搜出人民币 1890 元，并将其中的人民币 640 元据为己有，且造成被害人黄某某轻微伤的损伤程度。2004 年 6 月 21 日上午，被害人黄某某向绍兴市公安局越城区分局塔山派出所报案，同月 26 日上午，被告人林某、任某某向绍兴县公安局兰亭派出所投案，并如实供述自己的犯罪事实。案发后，赃款已被追回发还被害人。

绍兴市越城区人民法院认为：被告人林某、任某某无视法纪，合伙采用推、打等暴力手段非法对他人的身体进行搜查，其行为已构成非法搜查罪，且系共同犯罪。检察机关指控的罪名成立，本院予以支持。鉴于被告人林某、任某某在案发后能主动向公安机关投案，并如实供述自己的犯罪事实，属自首，可依法从轻处罚，同时考虑到两被告人系在要求被害人先去派出所解决，被害人不同意的情况下才实施上述行为，并主动退清了赃款，主观恶性相对较小等具体情节，可对两被告人适用缓刑，两辩护人据此提出要求对两被告人从轻处罚的意见，本院予以采纳。被告人任某某在共同犯罪中积极实施搜身行为，与被告人林某所起作用基本相当，其辩护人认为被告人任某某在犯罪过程中属从属地位，要求对其从宽处罚的意见，与事实和法律不符，法院不予采纳。

绍兴市越城区人民法院依照《中华人民共和国刑法》第 245 条第 1 款、第 25 条第 1 款、第 67 条第 1 款、第 72 条之规定，作出如下判决：

（1）林某犯非法搜查罪，判处拘役 6 个月，缓刑 1 年（缓刑考验期限，从判决确定之日起计算）；

（2）任某某犯非法搜查罪，判处拘役 5 个月，缓刑 10 个月（缓刑考验期限，从判决确定之日起计算）。

本案根据法院的审理，二被告人的犯罪行为最终被认定为非法搜查罪，根据《刑法》第 245 条的规定，非法搜查罪是非法对他人身体或住宅进行搜查的行为，关键落脚点在于非法实施搜查，至于是出于什么目的则在所不问。而本案中两被告人搜查被害人的目的在于寻找财物，最终将被告人身上的 1890 元搜出并占有，随后虽退还 1250 元，但占有 640 元的事实可以认定，对这种暴力劫取他人财物的行为是否应当构成抢劫罪呢？对二被告人以非法搜查罪论处并判处较轻的刑罚是否违背罪刑相适应原则呢？此案在侦查阶段即被公安机关认定为抢劫，案件进入起诉阶段后，检察机关初始倾向性意见是认定为抢劫，经过对证据的再三分析，最终以非法搜查起诉。法院在审理起初也存在以上疑问，并在作出最后判决之前进行了深入分析论证，确定将此案定性为非法搜查。

非法搜查行为和抢劫罪都具有暴力性特征，同时非法搜查行为也可能有搜查财物的情形，抢劫罪中也可能包含非法搜查的情节，但二者的本质区别在于犯罪目的以及侵犯的客体不同，非法搜查的目的主要在于非法获知他人隐私权，侵犯的主要是他人的隐私权，而抢劫罪的目的主要在于用暴力手段非法劫取他人财物，侵犯的主要是他人的人身权和财产权。本案中，林某等二被告人对被害人实施暴力尽管最终非法占有了一定财物，但其主要目的明显不在于非法获取财物，而在于通过非法搜查手段"拿回"自己丢失的财物，即两人实施暴力的直接指向并非劫财，而是所谓"拿回"财物，在这过程中由于非法搜查他人身体，侵犯了他人的隐私权。

本案最终将林某等二被告人人定性为非法搜查主要基于以下几个方面的考虑：

第一，犯罪主客观相一致原则。科学的犯罪理论认为，犯罪是主客观相一致的统一体，任何犯罪必须同时具备主观方面和客观方面，既要防止主观归罪，也要防止客观归罪。在本案中，如果单从行为的结果来看，林某等二被告人采用暴力手段搜查被害人并强行占有其财物，符合抢劫罪的特征，尽管事后归还了一部分，但抢劫犯罪是结果犯，暴力劫财行为完成后即可成立既遂，退还赃款仅是一种能酌情从轻处罚的考虑情节。根据现有证据分析，林某等二被告人是出于寻找林某丢失财物的目的而采取暴力搜查手段并最终占有被害人财物的，这可以从被害人陈述、证人证言以及事后返还大部分财物的行为得到验证，因此，林某等二被告人并不具有抢劫罪的主观特征。所以本案若认定为抢劫，会因缺乏主观性要件而陷入客观归罪的境地，明显不妥。

第二，轻刑化的现代司法理念。现代法治社会并不主张重刑化，并强调刑罚是作为最终调整手段来采用的，在能不利用刑罚或者能利用较轻刑罚作为回复公平的功能载体的前提下，尽量不用或用轻的刑罚。在本案中，如果从行为的表现过程而言，后果有一定的严重性，因为被害人被林某等二被告人以暴力殴打并强行搜查，同时财物亦被强行占有，其人身权益和财产权益损失都较大，但在本案中，林某等二被告人是在蒙受了一定财产损失并在怀疑被害人窃取财物的前提下实施暴力搜查并占有财产犯罪的，其核心仍在于通过不正当的犯罪手段来实行所谓的"自我救济"，这与抢劫犯罪完全地采用暴力非法获取他人财物的本质特征是完全迥异的，因此不能以抢劫这种重罪来评价其行为。根据刑罚谦抑性的原理，对行为人行为评价应当尽量采取有利于犯罪人的原则，适用刑罚也趋向轻刑化考虑，本案中林某等二被告人的行为实际上可以定性为通过非法搜查的手段来实现"自我救济"，无劫财型犯罪的主观恶性，应当主要对其手段的违法性是否构成犯罪进行评价，经分析现有证据，林某等二被告人的行为实际上构成了对他人隐私权的侵犯，应当从这一角度进行评价。

第三，与"索债绑架"案的类比。最高人民法院发布的司法解释中对民间中常见的"索取合法债务绑架当事人"的案例明确定性为非法拘禁罪，即认定此类行为定性不直接强调绑架行为，而是认真考虑引发行为发生的原因，强调萌发绑架犯罪的主观因素，对"索债绑架"行为仅评价索债绑架过程中非法限制他人人身自由行为的非法性。本案中林某等二被告人的行为性质与此类犯罪有类似的地方，即获得财物均系处于一种"自我救济"的考虑，而缺乏其行为是否正当的理性考虑，所以，类比此类案件，对林某等二被告人的行为应当从其获得财物手段的非法性来评价，不能认定为抢劫罪。

在定案过程中还存在一个问题，即综合现有证据无法认定被害人窃取了林某的财物，单凭林某等人的主观臆断是否能肯定其二人的行为属于"自救"行为？实际上，根据现有证据可以认定林某等二被告人确属为追讨林的"失窃款"而实施非法搜查他人并占有财产行为的。假设被害人并未窃取林某的财物，那么从法律意义上而言，林某对谁窃取款物存在认识上的错误。

具体而言，林某等二被告人对自己行为的实际性质发生错误认识，把事实上暴力占有他人财物的行为当作合乎情理的"自救"行为，根据刑法原理，行为人对客观存在的危害性应当存在错误认识，虽然暴力占有他人财物行为表面上符合抢劫罪的特征，但林某等缺乏构成此罪的故意要件。同时，从行为的全过程来说，因林某等对非法搜查他人身体的危害性有明确认识，应当按照非法搜查罪定罪处罚。据此，对林某等二被告人认定为非法搜查罪并定罪处罚是合理的。①

典型案例八

2009 年 9 月 2 日上午 10 时许，驻马店经济开发区金河办事处安排联防队员熊某某、黄某、罗某、胡某某（均已判处刑罚）到辖区进行治安巡逻。四人行至驻马店市驿城区十三香路北段时得知有传销人员在进行非法传销活动，遂由被告人崔某带领到十三香路昝庄东队徐某某家，五人对在此租房进行传销活动的人员进行搜查、驱散，共从传销人员陶某某等 25 人身上搜出现金 3000 余元、手机 24 部、自行车 3 辆占为己有。经鉴定涉案 24 部手机价值 3930 元。案发后部分赃物、赃款已退还被害人。

2009 年 9 月 5 日 20 时 30 分许，被告人崔某、董某某按照驻马店市驿城区小界牌村委安排巡逻至驻马店市驿城区昝庄附近时，发现传销人员麦某某、唐

---

① 国家法官学院、中国人民大学法学院编：《中国审判案例要览》（2005 年刑事审判案例卷），人民法院出版社 2006 年版，第 203 页。

某某，遂对二人采用威胁、殴打方式进行搜查，搜走手机两部（经鉴定价值460元）。后巡逻至驻马店市驿城区十三香路附近时，采取同样方式对传销人员吴某、张某某、李某某进行搜查，搜走吴某现金100元。案发后部分赃物、赃款已退还被害人。

法院认为，被告人崔某、董某某身为基层组织招聘的联防队员，属于受委托从事公务的人员，在履行公务活动中，无搜查权力而擅自对他人身体进行非法搜查，该二被告人行为构成非法搜查罪。检察机关对该二被告人的犯罪指控罪名成立，法院应予支持。被告人崔某、董某某在其参与的共同犯罪中均起主要作用，系主犯，应对本案承担与其责任相当之处罚。二被告人当庭认罪态度较好，可以酌情从轻处罚。依照《中华人民共和国刑法》第245条第1款，第25条第1款，第26条第1款、第4款之规定，判决被告人崔某犯非法搜查罪，判处有期徒刑1年。被告人董某某犯非法搜查罪，判处有期徒刑8个月。

抢劫罪、盗窃罪、侮辱妇女罪等犯罪在客观方面亦可能采取非法搜查的行为，此时非法搜查仅是实施其犯罪的手段行为，如盗窃犯罪分子在侵入他人住宅后非法翻箱倒柜、盗走他人珍贵物品的，就包括了非法搜查的牵连行为，此时，如果构成他罪的，应择一重罪即后者定罪科刑。倘若不构成他罪，如非法搜查后仅是盗取少量财物，但情节恶劣构成犯罪的，则可以以本罪论处，而把其他行为作为本罪的一个量刑情节予以考虑。

4. 本罪与伪造、变造、买卖国家机关证件罪，盗窃、抢夺国家机关证件罪的界限

一般情况下，本罪与后者不会发生混淆。但在伪造、变造或者买卖司法机关的搜查证后又进行非法搜查的，其即触犯本罪与后罪，对之，可以牵连犯择一重罪处罚的原则进行处理。如果行为人出于非法占有的目的，在伪造司法机关的搜查证后又冒充司法人员进行搜查，且劫取他人财物的，则应以抢劫罪定罪科刑，而不是构成本罪，亦不是构成伪造国家机关证件罪等。

四、刑事责任

《刑法》第245条规定，犯本罪，处3年以下有期徒刑或者拘役。

司法工作人员滥用职权，犯前款罪的，从重处罚。

五、法律依据

（一）刑法规定

第二百四十五条　非法搜查他人身体、住宅，或者非法侵入他人住宅的，

处三年以下有期徒刑或者拘役。

司法工作人员滥用职权，犯前款罪的，从重处罚。

（二）法律法规

1.《中华人民共和国宪法》（2004年修正）（1982年12月4日）（节录）

第三十九条 中华人民共和国公民的住宅不受侵犯。禁止非法搜查或者非法侵入公民的住宅。

2.《中华人民共和国人民警察法》（2012年修正）（1995年2月28日）（节录）

第二十二条 人民警察不得有下列行为：

……

（五）非法剥夺、限制他人人身自由，非法搜查他人的身体、物品、住所或者场所；

……

第四十八条 人民警察有本法第二十二条所列行为之一的，应当给予行政处分；构成犯罪的，依法追究刑事责任。

3.《中华人民共和国海关法》（2000年修正）（1987年1月22日）（节录）

第七十二条 海关工作人员必须秉公执法，廉洁自律，忠于职守，文明服务，不得有下列行为：

……

（二）非法限制他人人身自由，非法检查他人身体、住所或者场所，非法检查、扣留进出境运输工具、货物、物品；

……

第九十六条 海关工作人员有本法第七十二条所列行为之一的，依法给予行政处分；有违法所得的，依法没收违法所得；构成犯罪的，依法追究刑事责任。

4.《中华人民共和国劳动合同法》（2012年修正）（2007年6月29日）（节录）

第八十八条 用人单位有下列情形之一的，依法给予行政处罚；构成犯罪的，依法追究刑事责任；给劳动者造成损害的，应当承担赔偿责任：

……

（三）侮辱、体罚、殴打、非法搜查或者拘禁劳动者的；

……

第三章　刑讯逼供罪

一、概念与构成

典型案例一

2002 年 7 月 12 日凌晨 2 时许，唐山市南堡开发区友爱楼住户郭某夫妇在家中被人致重伤。唐山市公安局南堡开发区分局在侦查过程中，将时任冀东监狱二支队政治部主任的李某某确定为犯罪嫌疑人，并于该案案发当晚，在李某某家搜出钢珠手枪一支。2002 年 7 月 16 日，南堡开发区分局以涉嫌私藏枪支罪将李某某刑事拘留。

一审法院审理查明，2002 年 7 月 21 日上午，南堡分局办案人员经唐山市刑警支队一大队大队长聂某某同意，将李某某提至该大队三楼办公室讯问。因李某某坚称"7·12"案与自己无关，聂某某示意使用本队的磁性手摇电话机对李某某进行电击。南堡分局局长王某某、副局长杨某组织卢某某、黄某某、张某某、宋某某等人，让李某某背铐坐地，将 4 把木椅分别坐上人背靠李某某，将其挤在中间，将手摇电话机导线拴在李某某的脚趾和手指上，轮流摇动电话机进行电击逼取口供。李某某痛得大声喊叫，张某某就用拖布堵住他的嘴。7 月 21 日夜间，李某某受刑不过，承认"7·12"案系其所为。审讯期间，有的民警还给李某某戴过噪音耳麦。2002 年 8 月 26 日晚，王某某、杨某等人将李某某提到玉田县刑警大队一楼审讯室，继续讯问"7·12"案的情况。在实习民警刘某、毕某（均另案处理）的配合下，王某某、杨某强行给李某某灌辣椒水、方便面调料，抹芥末油，并连续灌李某某 10 多瓶矿泉水，打其耳光。直至 9 月 3 日，将李某某送回玉田县看守所。

2003 年 11 月 26 日，唐山市中院以故意杀人罪和非法持有枪支罪判处李某某死刑，缓期 2 年执行，附带民事赔偿 102976.58 元。李某某提出上诉。2004 年 8 月 11 日，河北省高院以证据不足为由，撤销一审判决，发回重审。

在此期间，"7·12"案出现戏剧性变化：河北警方接到浙江省温州警方协查通报，温州市瓯海公安分局看守所在押人员蔡某某供述称：自己曾在 2002 年 7 月 12 日凌晨闯入冀东监狱家属区郭某家中抢劫伤人。蔡某某的供述被查证属实。2004 年 11 月 26 日，李某某被无罪释放。与此同时，唐山市 7 名民警因涉嫌参与刑讯逼供罪被提起公诉。

2004 年 11 月 26 日，河北省河间市人民法院一审宣判，唐山市公安局南堡开发区分局原局长王某某、原副局长杨某被判犯刑讯逼供罪，分别被判处有期徒刑 2 年；唐山市刑警支队一大队原大队长聂某某、原副大队长张某某、原侦察员宋某某，南堡开发区公安分局刑警大队原大队长卢某某、原教导员黄某某被判犯刑讯逼供罪，免予刑事处罚。

典型案例二

2004 年 12 月 14 日上午 6 时许，甘肃平凉市崆峒公安分局干警正在询问一起治安案件的证人，所长郑某某推门进屋，对证人韩某训话，认为韩某没有如实作证，并用拳击打韩某的头部，抓住韩某的头往墙上撞，致使韩某硬脑膜下广泛性出血，于同年 12 月 16 日死亡。

2005 年 1 月 1 日，平凉市崆峒区检察院对郑某某以涉嫌暴力取证罪立案侦查，1 月 24 日侦查终结，平凉市中级人民法院一审判处郑某某无期徒刑，剥夺政治权利终身。

刑讯逼供罪是指司法工作人员对犯罪嫌疑人、被告人使用肉刑或者变相肉刑逼取口供的行为。构成本罪需要具备以下四个要件：

（一）客体要件

刑讯逼供罪侵犯的是复杂客体，即公民的人身权利和国家司法机关的正常活动。我国法律严格保护公民的人身权利，即使是被怀疑或者被指控犯有罪行而受审的人，也不允许非法侵犯其人身权利。刑讯逼供会造成受审人的肉体伤害和精神损害，因此，直接侵犯了公民的人身权利。而按照刑讯逼供所得的口供定案，又往往是造成冤假错案的原因，因此，又妨害了司法机关的正常活动，破坏了社会主义法制，损害了司法机关的威信。

本罪侵害的对象是犯罪嫌疑人和被告人。所谓犯罪嫌疑人，是指根据一定证据被怀疑可能是实施犯罪行为的人。所谓被告人，是指依法被控诉有罪，并由司法机关追究刑事责任的人。证人不能成为本罪侵害的对象，如果对他们刑讯逼供构成犯罪的，按暴力取证罪论处。

（二）客观要件

刑讯逼供罪在客观上表现为对犯罪嫌疑人、被告人使用肉刑或者变相肉刑，逼取口供的行为。首先，刑讯逼供的对象是侦查过程中的犯罪嫌疑人和起诉、审判过程中的刑事被告人。犯罪嫌疑人、被告人的行为实际上是否构成犯罪，对本罪的成立没有影响。其次，刑讯方法必须是使用肉刑或者变相肉刑。所谓肉刑，是指对被害人的肉体施行暴力，如吊打、捆绑、殴打以及其他折磨人的肉体的方法。所谓变相肉刑，是指对被害人使用非暴力的摧残和折磨，如冻、饿、烤、晒等。无论是使用肉刑还是变相肉刑，均可成立本罪。最后，必须有逼供行为，即逼迫犯罪嫌疑人、被告人作出行为人所期待的口供。诱供、指供是错误的审讯方法，但不是刑讯逼供。

典型案例三

2001 年 2 月 23 日上午，杨某因被举报有盗窃行为，被派出所干警传唤至该所接受审查，干警唐某对杨某进行讯问。次日上午，唐某再次讯问杨某，问其是否还有其他盗窃犯罪事实，杨某坚持说没有了。唐某认为杨某态度不好，便叫一实习人员拿来手铐，将杨某双手反铐，同时强迫杨某跪下，杨某刚跪下一只脚，唐某便朝杨某踢了一脚，刚好踢到杨某阴囊处。杨某仍然坚持说已经交代完了，唐某认为杨某态度恶劣，便用一根编织绳将杨某吊在铁栏杆上。约半小时后，唐某看确实问不出什么结果才将杨某放下，办理了治安拘留手续后将其送到看守所。入所后约 3 个小时，杨某无法正常排尿，被送往医院抢救。经法医鉴定，杨某伤情为轻伤。

对唐某的行为如何认定有不同意见：

第一种观点认为，唐某的行为既不构成故意伤害罪，也不构成刑讯逼供罪。理由是：杨某盗窃一案，公安机关是以治安案件立案的，之后作出治安拘留处罚。所以杨某只能是行政处罚的相对人，而不是受刑事追究的犯罪嫌疑人，故不符合刑讯逼供罪的客观要件。

第二种观点认为，对唐某的行为应以故意伤害罪论处。

第三种观点认为，对唐某的行为应以刑讯逼供罪追究其刑事责任。

我们同意第三种观点。理由是：

1. 刑讯逼供的行为人是以逼取犯罪嫌疑人、被告人口供为目的，故意伤害的行为人是以损害他人身体健康为目的，这是两者最本质的区别。

唐某在审讯杨某时，自始至终目的都是为了逼取杨某的口供，而不是为了伤害杨某的身体。刑法意义上的刑讯逼供不要求以给被害人的身体健康造成损害为犯罪构成的必要条件，对被害人的伤害程度不是认定构成本罪的唯一依据；而故意伤害罪则要求以被害人的身体健康受到一定程度的损害为犯罪构成的必要条件，且这种伤害系行为人故意所致。杨某的损伤是在唐某逼取口供时产生的，不是唐某出于故意伤害杨某的身体所致。

当然，刑讯逼供可以转化为故意伤害罪，但必须是因刑讯逼供行为造成重伤、残疾，或因刑讯逼供行为直接导致被害人死亡的情况。

2. 根据《刑法》第 247 条规定，刑讯逼供罪是指司法工作人员对犯罪嫌疑人、被告人实行刑讯逼供的行为。那么，这里该如何理解"犯罪嫌疑人"的内涵呢？

我们认为，公安机关在受理举报后，对举报材料进行审查时，并不能完全确认案件的性质以及犯罪情节的轻重（也就是说无法确定是治安案件还是刑事案件），只有通过立案后进一步地调查取证，讯问被举报人、询问证人等来确认犯罪事实是否成立，案件的性质，犯罪证据是否充分以及犯罪情节的轻重，才能确认是否应当按照刑事案件追究刑事责任。因此，在此阶段所讯问的被举报人有可能是行政处罚相对人，也有可能是犯罪嫌疑人。此种人员在案件未查清之前实际上是按犯罪嫌疑人的身份接受调查的。因此，公安人员对此种人员的审讯应该视为对犯罪嫌疑人的讯问，所实施的刑讯逼供行为符合刑讯逼供罪的构成要件。应该说，刑讯逼供罪在立法本意上并不是关注于司法工作人员所讯问的人是否构成犯罪、是否属于刑事案件还是治安案件，而主要是通过处罚司法工作人员对被讯问人使用肉刑或者变相肉刑逼取口供的行为，保护公民的人身权利，维护司法公正。因此，对唐某的行为应以刑讯逼供罪定罪处罚。

（三）主体要件

刑讯逼供罪的主体是特殊主体，即司法工作人员。刑讯逼供是行为人在刑事诉讼过程中，利用职权进行的一种犯罪活动，构成这种主体要件的只能是有权办理刑事案件的司法人员。

典型案例四

1997 年 12 月 9 日，山西省某某铁路公安处某某站派出所接到女青年赵某控告某建筑工程队队长许某某对其"要流氓"的报案，时任该派出所副所长的被告人赵某某即安排该所民警持《治安传唤证》将许某某传唤至派出所。当日 22 时许，赵某某对许某某拳打脚踢，并威胁说："如不好好交代，我让你把牢底坐穿。"此后，赵某某经与某某铁路公安处刑侦大队探长娄某某商量，安排刑侦大队侦察员李某某、尉某某与某某站派出所民警翟某某（另案处理）、贾某某（另案处理）将许某某带到某某站值班室进行讯问，赵某某借故离开。翟某某、贾某某采用警棍、木棍殴打等方法对许某某进行讯问。次日凌晨 1 时许，赵某某在听取翟某某、贾某某的讯问汇报后，指示翟某某、贾某某继续讯问，并表示："如果许某某不好好交代，就楔他（意思是打他）。"在此后的讯问中，翟某某、贾某某采取"压杠子"的手段逼取口供。当日 16 时左右，某某铁路公安处刑侦大队探长娄某某向赵某某转达了某某铁路公安处法制科关于许某某的行为属于流氓行为的意见，赵某某即让该所民警贾某某整理"许某某案"的材料，并填写了《治安案件受理、立案表》、《治安案件破案表》、《治安管理处罚审批表》。17 时许，赵某某让人将许某某铐在派出所的一棵桐树上，并对许某某拳打脚踢。20 时许，赵某某让许某某的妻子交保释金 7000 元，责令许某某按讯问笔录内容写了书面检查后，才让许某某离开派出所。许某某随即被其亲属送往医院治疗。后经鉴定，许某某的伤情构成轻伤。

山西省某某铁路运输法院经审理认定，被告人赵某某犯刑讯逼供罪，判处免予刑事处罚。宣判后，被告人赵某某未提出上诉，检察机关也未提出抗诉。该判决遂发生法律效力。

此后，原审被告人赵某某就此案向某某铁路运输法院提出申诉，其申诉理由主要是：其作为派出所的负责人，在处理"许某某案"中自始至终行使的是治安管理权而非侦查权，故其并非刑法规定的司法工作人员，因此，其不符合刑讯逼供罪的主体资格；且许某某是违反行政管理秩序的违法行为人而非刑事诉讼中的犯罪嫌疑人。所以，原审判决"定性不准，适用法律错误"。

某某铁路运输法院经再审于 2004 年 6 月 21 日作出裁定，维持了原审判决。原审被告人赵某某以上述裁定"再度认定事实不清，定性不准，适用法律有误"为由，向北京铁路运输中级法院提出上诉。北京铁路运输中级法院经二审审理后认为原审被告人赵某某的上诉理由缺乏事实和法律依据，依法驳回了赵某某的上诉，维持了原审判决和再审裁定。

我们认为，派出所民警能否成为刑讯逼供的主体，对此不可一概而论。如果派出所民警的行为实际超越了治安管理工作的范围，即将治安案件中违法行为人等同于刑事诉讼中的犯罪嫌疑人，通过实际行使刑事侦查职能来达到治安管理的目的，则派出所民警应该成为刑讯逼供罪的主体。

就本案而言，原审被告人赵某某的一系列行为表明其实际将犯罪对象许某某视为"犯罪嫌疑人"（许某某在派出所的经历更无异于事实上的犯罪嫌疑人），并按照普通刑事案件来处理"许某某案"，虽然最后以"治安案件"结案，但实际行使的是刑事侦查权。所以，在办理"许某某案"的过程中，赵某某完全可以视为刑法意义上的"司法工作人员"，符合刑讯逼供罪的主体资格。因此，赵某某申诉所称原审判决"定性不准，适用法律错误"是不能成立的。

◆ 典型案例五

某市公安局刑侦大队接到一名由当地某派出所移送的涉嫌盗窃的犯罪嫌疑人王某，值班民警接收该犯罪嫌疑人后，安排民警赵某和当时在此实习的某公安大学学生李某对王某进行审讯。李某和赵某就将王某带至审讯室，并用手铐将其反铐在铁窗栏杆上后对其进行审讯。审讯过程中，赵某由于紧急情况出警，就叫李某先停止审讯并监视王某，但李某却单独继续审讯，为了让王某如实交代其所实施的全部盗窃行为，李某不仅一直将王某脚尖着地挂铐在栏杆上，还对王某进行殴打，甚至不给其吃饭。下午4时许，王某脸色发白，浑身瘫软，李某才发觉王某体力已经有所不支，遂将其手铐打开，并拿了杯水给他喝。但是王某终于还是支持不住，下午5时被送往医院急救。由于长时间挂铐，王某的双手血管遭到破坏，已经失去了知觉。后经法医鉴定王某伤情为轻伤。

本案应如何认定有不同意见：

一种意见认为，李某还是在校学生，只是在实习，并不是正式的司法工作人员，因而构成故意伤害罪。另一种意见认为，李某构成刑讯逼供罪。

我们同意第二种观点。理由如下：

根据刑法和其他有关法律法规的规定，刑讯逼供的主体司法工作人员也属于国家机关工作人员，而且根据《人民检察院刑事诉讼规则（试行）》，刑讯逼供案件也是人民检察院直接受理立案侦查的，从犯罪构成上看刑讯逼供案件和渎职犯罪案件有相似之处，故我们认为，刑讯逼供也是一种广义上的渎职。2002年12月28日，第九届全国人大常委会第三十一次会议通过了《关于〈中华人民共和国刑法〉第九章渎职罪主体适用问题的解释》（以下简称《解释》），其主要内容有："在依照法律、法规规定行使国家行政管理职权的组织中从事公务的人员，或者在受国家机关委托代表国家机关行使职权的组织中从事公务的人员，或者虽未列入国家机关人员编制但在国家机关中从事公务的人员，在代表国家机关行使职权时，有渎职行为，构成犯罪的，依照刑法关于渎职罪的规定追究刑事责任。"《解释》的基本精神即对渎职罪的主体以职责论（以主体从事的活动是否是公务活动、是否在履行国家机关的管理职能，并以此作为评判其能否构成渎职罪的决定性因素）而非以身份论（即以主体是否是国家机关的工作人员来评判其能否构成渎职罪的最主要的依据）进行界定。故我们认为《解释》的精神应当同样适用于非法拘禁、刑讯逼供等由人民检察院直接受理立案侦查的国家机关工作人员实施的侵犯公民人身权利和民主权利的犯罪。

就本案而言，李某主观上有刑讯逼供的故意，客观上实施了刑讯逼供的行为，并且造成了犯罪嫌疑人轻伤的后果，其社会危害性比普通的故意伤害更加严重，不能仅仅因为李某的身份不是正式的司法工作人员，而对其行使司法工作人员职权的刑讯逼供行为不予认定。因此，我们认为，本案中李某构成刑讯逼供罪。

（四）　主观要件

刑讯逼供罪在主观上只能是故意，并且具有逼取口供的目的。至于行为人是否得到供述，犯罪嫌疑人、被告人的供述是否符合事实，均不影响本罪的成立。如果行为人对犯罪嫌疑人、被告人使用肉刑或者变相肉刑不是为了逼取口供，而是出于其他目的，则不构成本罪。犯罪动机如何不影响本罪的成立。司法实践中有人主张，犯罪动机是"为公"的（如为了迅速结案），就不应以犯罪论处；犯罪动机是"为私"的（如为了挟嫌报复），才应以犯罪论处。我们认为，这种观点不妥当。不管是为公还是为私，刑讯逼供行为都侵犯了他人的人身权利，具有犯罪的社会危害性。上述不同动机只能影响量刑，不能影响定罪。

二、立案标准

1. 最高人民检察院《人民检察院直接受理立案侦查的渎职侵权重特大案件标准（试行）》（2002 年 1 月 1 日　高检发〔2001〕13 号）（节录）

三十六、刑讯逼供案

（一）重大案件

1. 致人重伤或者精神失常的；

2. 五次以上或者对五人以上刑讯逼供的；

3. 造成冤、假、错案的。

（二）特大案件

1. 致人死亡的；

2. 七次以上或者对七人以上刑讯逼供的；

3. 致使无辜的人被判处十年以上有期徒刑、无期徒刑、死刑的。

2. 最高人民检察院《关于渎职侵权犯罪案件立案标准的规定》（2006 年 7 月 26 日　高检发释字〔2006〕2 号）（节录）

二、国家机关工作人员利用职权实施的侵犯公民人身权利、民主权利犯罪案件

（三）刑讯逼供案（第二百四十七条）

刑讯逼供罪是指司法工作人员对犯罪嫌疑人、被告人使用肉刑或者变相肉刑逼取口供的行为。

涉嫌下列情形之一的，应予立案：

1. 以殴打、捆绑、违法使用械具等恶劣手段逼取口供的；

2. 以较长时间冻、饿、晒、烤等手段逼取口供，严重损害犯罪嫌疑人、被告人身体健康的；

3. 刑讯逼供造成犯罪嫌疑人、被告人轻伤、重伤、死亡的；

4. 刑讯逼供，情节严重，导致犯罪嫌疑人、被告人自杀、自残造成重伤、死亡，或者精神失常的；

5. 刑讯逼供，造成错案的；

6. 刑讯逼供 3 人次以上的；

7. 纵容、授意、指使、强迫他人刑讯逼供，具有上述情形之一的；

8. 其他刑讯逼供应予追究刑事责任的情形。

三、司法认定

（一）如何理解本罪的主体和对象

按照刑法罪刑法定的原则，对于刑讯逼供罪犯罪主体和犯罪对象应作狭义的理解，而不能随意扩充。

1. 关于刑讯逼供罪的犯罪主体，应严格限定在刑法规定的司法工作人员当中，其主要理由是：（1）刑讯逼供作为一种借助国家机关权力侵犯公民人身权利的犯罪，必然要求犯罪主体手中掌握有一定的国家权力，而能够"刑讯"就必然要求主体具有"审讯权"这一前提。只有依法具有审讯权的人对他人的讯问才是有法律依据的，才是合法的。不具有合法审讯权的国家工作人员对他人进行所谓的"审讯"本身就是非法的。国家机关、企业事业单位依法处理行政、经济、社会治安方面违法乱纪的工作人员行使的是行政法赋予的调查询问权，而非刑事诉讼法赋予的司法讯问权。所以他们不具备刑讯逼供罪的主体资格。（2）刑法明确规定刑讯逼供罪的对象为犯罪嫌疑人和被告人。在刑事诉讼法中，犯罪嫌疑人是指在公诉案件中同涉嫌犯罪正在被立案侦查和审查起诉的刑事当事人。被告人是指同涉嫌犯罪而被检察机关提起公诉或者被自诉人提起自诉的刑事当事人。也就是说，一旦某人在案件中被称为"犯罪嫌疑人"或"被告人"，那么就说明此案已经进入刑事诉讼程序，他所面对的办案人员只能是公安机关的侦查人员、检察机关负责审查起诉或提起公诉的人员以及人民法院的审判人员。因此，必然不可能再处于司法工作人员以外的其他国家工作人员，诸如保卫、纪检监察、工商税务、海关等处理行政、经济等违法乱纪行为的工作人员的工作范围。这些依法处理行政、经济等违法乱纪行为的工作人员的工作对象只能是违法人员而非犯罪人员，因此他们自然不可能成为刑讯逼供罪的主体。所以刑讯逼供罪的主体只能是司法工作人员。

依法对违反行政、经济法规享有处理权的国家工作人员，在办理案件过程中对违法人员施以肉刑或变相肉刑，对其不再以刑讯逼供罪定罪处罚，但并不意味着不追究其刑事责任。一旦发生了上述情况可视具体情节依《刑法》第

234 条故意伤害罪或第 238 条非法拘禁罪之规定定罪处罚，这样既不会放纵犯罪，又可罚当其罪。

2. 关于本罪的犯罪对象，根据现有法律的规定应仅限于犯罪嫌疑人和被告人。也有学者对刑法的有关规定提出了不同的看法，认为刑讯逼供罪侵犯对象范围可以归纳为：行政司法、刑事司法过程中一切有违法嫌疑和违法行为的相对人，包括治安案件、行政案件当事人，被采取强制措施的一切犯罪嫌疑人、被告人，自诉案件中的被告人等，而不应该是仅限于刑事诉讼中的犯罪嫌疑人和被告人两种。我们认为这种观点有一定的道理，但是需要立法或司法机关的解释加以确认，在此之前，应严格按照罪刑法定的原则，把本罪的对象限定在犯罪嫌疑人和被告人的范畴之中。

（二）如何理解和认定"致人伤残、死亡"

刑讯逼供致人伤残或者死亡，以故意伤害罪、故意杀人罪定罪，不是没有条件的，必须符合故意杀人罪、故意伤害罪的基本构成条件。即以行为人对被逼供人的伤残、死亡主观上至少存在放任的意志态度为必要；如果是出于过失致人伤残、死亡，则应以刑讯逼供罪的结果加重犯处理。结合《刑法》第 247 条的规定，可将司法实践中发生的种种因刑讯逼供致人伤残、死亡的情形，分别以下几种情况加以处理：

1. 刑讯逼供过程中，行为人对犯罪嫌疑人、被告人被刑讯致残、死亡结果具有放任乃至希望心理的，应定故意伤害罪或故意杀人罪，并从重处罚。

2. 刑讯逼供过程中，行为人对犯罪嫌疑人、被告人身体受到伤害具有希望或放任心理，但出乎意料因伤重而导致当场死亡或经抢救无效死亡的，应定故意伤害（致人死亡）罪，而不应定故意杀人罪。

典型案例六

周某，原系新疆维吾尔自治区精河县公安局刑警大队侦察员。1997 年 10 月 5 日 20 时许，周某与一名公安干警赶赴一盗窃案现场途中，见 312 国道旁许某和白某正在等车。周某怀疑这两人是另一盗窃案的犯罪嫌疑人，即将这两人带回派出所予以扣留。次日凌晨 1 时许，周某与永集湖派出所的 3 名干警对许某进行讯问。在讯问过程中，周某用一根长约 80 厘米、粗约 20 毫米的白色塑料管击打许某的臀部。1 时 30 分许，周某让两名干警去休息，由其本人与一名干警留下继续讯问许某。在此期间，周某用一根长约 60 厘米、两指宽、一指厚的木板击打许某的背部、双腿及臀部等处，造成许某的双腿内外侧皮下大面积淤血，深达肌层。4 时许，周某指使两名干警接替其继续讯问，讯问了两个多小时仍无结果，便将许某关押。次日上午 11 时许，在把许某带往现场辨认的途中，周某发现许某神情不对，即把许送往医院。许某经抢救无效，于当日 12 时 35 分死亡。侦查阶段法医鉴定认为："许某生前患有心腔内血栓且肺、气管、心包等处感染，在受到多次皮肤、皮下组织挫伤出血、疼痛等因素的刺激下，激发了心内血栓断裂出血而死亡。"二审期间法医鉴定认为："许某的死亡原因为生前被人用钝性物体击打致胸背、腰部、臀部及四肢大面积组织损伤造成创伤性休克而死亡。"周某归案后，能坦白交代犯罪事实，认罪态度较好。

对于周某的行为如何定罪量刑，理论上和实践上都存在较大分歧：

第一种意见认为：周某的行为构成故意杀人罪，但情节较轻，应当判处 3 年以上 10 年以下有期徒刑。

第二种意见认为：周某的行为构成故意杀人罪，应当判处死刑、无期徒刑或者 10 年以上有期徒刑。理由是，《刑法》第 247 条属于拟制规定，因此本案应定故意杀人罪。但是，刑讯逼供致人死亡不属于情节较轻的故意杀人罪，因为该条规定"致人……死亡的，依照本法……第二百三十二条的规定定罪从重处罚"，明确指出了这种情形属于情节较重的故意杀人罪。

第三种意见认为：周某的行为构成故意伤害（致人死亡）罪，应当判处 10 年以上有期徒刑、无期徒刑或者死刑。如果行为人实施刑讯逼供行为又希望或者放任伤亡结果的发生，行为的性质就不再是刑讯逼供，而是典型的故意伤害、故意杀人行为，完全符合故意杀人罪和故意伤害罪的犯罪构成特征，刑法才规定按该两罪定罪量刑。

本案中，周某有伤害故意，但对死亡结果持过失心态，而不属于间接故意杀人。因为，一方面，周某侦查的只是一个普通盗窃案，并没有特别巨大的破案动力和压力所驱使。另一方面，虽然从打击的强度和持续时间看，周某具有明显的伤害故意，但明显没有杀人故意。从周某刑讯逼供所持的凶器来看，并没有特别的危险性，其打击的部位也主要是双腿及臀部等非致命部位，并未对特别致命部位实施打击，持续的时间也有限，而且在发现可能出现严重问题后就立即将许某送往医院抢救，其反对死亡结果发生的心理是很明显的。

3. 刑讯逼供过程中，被害人自杀身亡的，行为人对此一般都是过失或者意外，不能认定为故意杀人罪，一般仍应认定为刑讯逼供罪。

4. 刑讯逼供过程中，行为人对犯罪嫌疑人、被告人的伤残、死亡具有过失心理的，属于刑讯逼供罪结果加重的情形，但由于刑法没有规定刑讯逼供罪的结果加重犯，对此可以按照想象竞合犯的处理原则进行处断。

5. 行为人对刑讯逼供致人死亡具有故意心理的案件中，并非一律对行为人只定故意杀人罪一罪，也存在对行为人以刑讯逼供罪和故意杀人罪实行数罪并罚的可能。这种情况不具有刑讯逼供罪向故意杀人罪转化的必备特征，完全是两个犯意，实施了两个独立的行为。当然，按这种情形处理的案件极少。另外，认定行为人对伤残、死亡结果是出于故意还是过失，不能仅凭行为人的说明，还主要应考虑案件的各种客观因素进行综合衡量。

（三）本罪罪与非罪的界限

1. 本罪与一般刑讯逼供行为的界限

二者的区别主要在于情节的轻重不同。最高人民检察院《关于渎职侵权犯罪案件立案标准的规定》可作为刑讯逼供行为罪与非罪界限的重要参考。即：（1）以殴打、捆绑、违法使用械具等恶劣手段逼取口供的；（2）以较长时间冻、饿、晒、烤等手段逼取口供，严重损害犯罪嫌疑人、被告人身体健康的；（3）刑讯逼供造成犯罪嫌疑人、被告人轻伤、重伤、死亡的；（4）刑讯逼供，情节严重，导致犯罪嫌疑人、被告人自杀、自残造成重伤、死亡，或者精神失常的；（5）刑讯逼供，造成错案的；（6）刑讯逼供3人次以上的；（7）纵容、授意、指使、强迫他人刑讯逼供，具有上述情形之一的；（8）其他刑讯逼供应予追究刑事责任的情形。

2. 刑讯逼供行为与某些错误的审讯方法以及其他一些特定条件下的审讯方法的界限

使用肉刑或变相肉刑的逼供行为是成立刑讯逼供罪的前提。如果某审讯方法虽属错误但并非刑讯行为，则不构成刑讯逼供罪。如对犯罪嫌疑人采取引供、劝供、诱供、指名问供的方法等，它与刑讯逼供罪虽然都是为了获取口供，但由于其在客观方面并没使用肉刑或变相肉刑，即没有采用刑讯方法，实属一种错误的违法的审讯方法，虽然应当依法予以严厉的批评教育甚至给予必要的处分，但不能认定构成犯罪。此外，一些特定条件下的审讯行为虽然形似于刑讯的某些地方，但实为合法的必要的审讯方法，也不能认定为刑讯行为。如突击审讯行为，就是特殊情况下，对重大案件的犯罪嫌疑人，为了及时捕获其他共犯以破获全案，防止证据被毁或串供，有必要集中时间、集中人力进行突击讯问，其目的是弄清案情，并非为逼取有罪的口供，而且也未使用肉刑或变相肉刑，这种情况下虽然在客观上可能会一定程度地影响受审人的休息，给其造成一定的肉体或精神上的痛苦，但其与刑讯所惯用的"车轮战"有明显的不同。

（四）本罪与相关犯罪的界限

1. 本罪与非法拘禁罪的界限

刑讯逼供罪和非法拘禁罪具有一些相似之处，如犯罪客体都包括公民的人身权利，客观方面都可能给他人造成一定的肉体伤害，在主观方面都是故意犯罪。但二者有着本质的区别，主要表现在：

（1）犯罪客体不同。刑讯逼供罪的犯罪客体是复杂客体，既侵犯了公民的人身权利，又侵犯了司法机关的正常活动；而非法拘禁罪的犯罪客体是单一客体，即公民的人身自由权利。

（2）犯罪对象不同。刑讯逼供罪的犯罪对象具有特定性，仅为犯罪嫌疑人或刑事被告人；而非法拘禁罪的犯罪对象不受任何限制，可以是任何公民，犯罪嫌疑人、刑事被告人当然也可以成为非法拘禁罪的犯罪对象。

（3）客观方面不同。刑讯逼供在客观上表现为司法工作人员利用职权对他人使用肉刑或变相肉刑逼取口供的行为。实践中常见的手段主要有罚站、罚跪、冻饿、曝晒、吊打、不准休息、滥用械具等；而非法拘禁罪在客观上表现为非法强制剥夺或限制他人人身自由的行为，主要手段有强行关押、捆绑、禁闭、隔离审查、监护审查等。

（4）犯罪主体不同。刑讯逼供主体是特殊主体，只有司法工作人员才能构成；而非法拘禁罪的主体属于一般主体，即无论是否为司法工作人员均可构成。在这里，有两类主体值得注意：一是机关、团体、企业、事业单位的保卫干部；二是乡、镇、村干部和武装部长、民兵连长。这些人员既不是司法工作人员，也没有合法的审讯权力，因而也不能成为刑讯逼供罪的主体。

（5）犯罪目的不同。两罪虽然都是故意犯罪，但犯罪目的不同：刑讯逼供罪的目的是为了获取有罪、罪重的口供；非法拘禁罪的目的是为了剥夺他人人身自由。在实践中应注意，虽然有的行为人对他人非法拘禁，甚至采取肉刑或变相肉刑的方法，以获取其有罪的口供，但由于犯罪主体、犯罪对象等方面不具备刑讯逼供罪的条件，其行为也只能以非法拘禁罪定罪，而不能以刑讯逼供罪定罪。

2. 本罪与暴力取证罪的界限

典型案例七

被告人熊某，男，原系新建县公安局治安大队副大队长。

被告人程某，男，原系新建县公安局治安大队干警。

被告人蔡某，男，原系新建县公安局治安大队临时司机。

2003年9月19日晚10时许，新建县居民夏某因与妻子吵架后离家，便打电话给在县城某按摩店认识的按摩小姐谌某，要其出来陪他散步。11时许，谌某与夏某见面后，夏某告诉谌某，他与妻子吵架了，不想回家。20日凌晨，两人走到新建县城某旅社登记住宿，因两人均未带身份证遭拒绝时，适遇在此的新建县公安局治安大队副大队长熊某及其聘请的在治安大队开车的司机蔡某。熊某觉得夏某、谌某二人可疑，在表明身份后，要将他们带至新建县公安局治安大队办公室问话，谌某表示可打电话叫人送其身份证来，但熊某不让，强行用警车将夏某、谌某两人带至新建县公安局治安大队。在上楼前，谌某趁熊、蔡二人不注意时将自己身上的两只避孕套抛进草丛里，但还是被发现，因夜色黑暗当场未找到。凌晨 2 时许，在熊某的安排下，由治安大队的干警郭某对夏某进行讯问，由程某对谌某进行讯问，但熊某在场，程某对谌某进行讯问过程中，因谌某未承认系按摩小姐，并交代其与夏某系朋友关系并非卖淫。随后蔡某则拿手电筒到楼下草丛寻找到谌某抛弃的两只避孕套。程某、蔡某据此要谌某承认卖淫的事实，谌某仍不承认，程某、蔡某先后打其脸部后，又强行将谌某按跪在地上，用脚对谌某进行踢踩。熊某见状也上前扯谌某的头发，并说事实摆在面前还不交代，随后又来到讯问夏某的办公室要求夏某交代问题。之后，熊某到审讯夏某和谌某两办公室中间的办公室睡觉。程某、蔡某见谌某拒不承认卖淫，便轮流对谌某的腿部踢踩，并用手铐和毛巾将谌某的双手分别绑在办公室防盗窗的铁框上，使得谌某脚尖点地，谌某被打、吊后一直大声地哭喊。蔡某又用笔录纸卷成筒状挠谌某的颈部、腋下、肚皮等处。程某还用毛巾堵住谌某的嘴，以防谌某哭喊。谌某被吊时间持续约半小时，仍未承认卖淫，且因不堪折磨一直哭喊，已不能行走。至当日凌晨 5 时许，程某便拿来郭某讯问夏某的笔录，照此造了一份相适应的谌某的笔录，要谌某签字，谌某不肯时，程某又捉住谌某的手捺了手印，审讯才告结束。20 日上午，夏某叫朋友交罚款 3000 元后被释放。上午 10 时许，郭某和程某又将按摩店的老板娘王某叫到治安大队问话，经请示熊某，也交了罚款 4000 元才离开。因店老板无钱替谌某交罚款，至下午 2 时许，谌某与夏某联系，由夏某代交了 3000 元罚款，才由夏某背其离开县公安局。经司法鉴定中心鉴定，谌某外伤性内踝骨折，损伤程度为轻伤乙级。熊某等人得知按摩店老板告状，通过中间人，于 9 月 27 日以程某个人之名与当事人王某、谌某签订了赔偿 15000 元（含退回罚款 10000 元）了结的协议。

本案在一审、二审的审理过程中，对治安案件中逼取口供的行为如何定性存在三种不同意见：

第一种意见认为，应定暴力取证罪。虽然本案的被害人谌某是治安案件的当事人，但被告人主观上认定夏某和谌某两人是卖淫嫖娼的关系，对谌某采取暴力逼取陈述时，欲进一步证明按摩店的老板属"容留妇女卖淫"的事实。最后也是以夏某"嫖娼"，谌某"卖淫"，店老板娘王某"容留妇女卖淫"作治安罚款了结。所以，谌某既是治安案件的当事人，又是证实店老板"容留妇女卖淫"的证人，具有双重身份，故被告人的行为可定暴力取证罪。

第二种意见认为，虽然谌某具有双重身份，正如共同被告人供词可以相互印证一样，逼取被告人的口供的行为，总不能定暴力取证罪，由于谌某不是证人，所以，不能定暴力取证罪。但本案被告人的行为给被害人造成了伤害，且达到了构成犯罪的程度，故应定故意伤害罪。

第三种意见认为，本案当事人不能扩大理解为证人，故不能定暴力取证罪，但也不能定故意伤害罪。刑讯逼供和暴力取证均会造成当事人不同程度的伤害，只有造成的伤害达到伤残的程度，才构成重罪吸收轻罪的故意伤害罪，本案显然没有达到该程度，故不能定故意伤害罪。被告人的主观和客观行为表现，均是暴力逼取被调查人的口供，符合刑讯逼供罪的特征，应定刑讯逼供罪。

刑讯逼供罪和暴力取证罪被规定在同一条文中，其两者主体、主观罪过相同，采用的手段也相似，在客观方面都可实施暴力行为，主要区别有：

（1）犯罪对象不同。刑讯逼供罪的犯罪对象是犯罪嫌疑人或刑事被告人；暴力取证罪的犯罪对象则是证人。这里的证人不限于刑事诉讼中的证人，也包括民事、行政案件中的证人。

（2）行为方式不完全相同。刑讯逼供罪的行为方式包括采取肉刑和变相肉刑两种，即既可以采取暴力方式，也可以采取非暴力方式；而暴力取证罪则只能采取暴力方式。

（3）行为方式的时空条件不同。刑讯逼供罪只能发生在刑事诉讼中；而暴力取证罪则既可以发生在刑事诉讼中，也可以发生在民事、行政诉讼中。

（4）犯罪目的不同。刑讯逼供罪的目的在于逼取口供；而暴力取证罪的目的则在于逼取证人的证言。

再来看典型案例七。我们认为，刑讯逼供罪与暴力取证罪的区别仅是侵害的对象不同，刑讯逼供罪侵害的对象是犯罪嫌疑人、被告人；暴力取证罪侵害的对象是证人。其他特征完全相同。刑讯逼供和暴力取证过程中致人伤残、死亡的才依照故意伤害或故意杀人定罪处罚。刑讯逼供罪和暴力取证罪的被告人都没有对当事人单纯故意伤害的目的和动机，只是在刑讯或取证过程中，采取了暴力手段，而造成了伤害的后果，逼取犯罪嫌疑人、被告人口供和逼取证人证言必然造成对象上的伤害，否则也谈不上"逼供"、"逼取"，因此，刑讯逼供和暴力取证的罪责，都包含造成伤残、死亡以外的损伤罪则。本案只造成了侵害对象的轻伤，故不能定故意伤害罪。如定故意伤害罪，则不能包含被告人行为时的主观内容。

《刑法》第247条中规定，刑讯逼供罪、暴力取证罪侵犯的对象分别是犯罪嫌疑人、被告人及证人，是否限定于刑事诉讼案件中的对象，法条中没有限定，也没有司法解释规定。但根据全部刑法条文来看，有的条文已限定为在"刑事诉讼中"（如《刑法》第305条伪证罪、第306条伪造证据罪）。有的正如《刑法》第247条一样没有限定为在"刑事诉讼中"（如《刑法》第308条妨碍作证罪、打击报复证人罪），既然本法条没有限定为在"刑事诉讼中"，就可以理解为司法工作人员在有关诉讼活动中，采取暴力逼取口供或证人证言的行为，均可构成刑讯逼供罪或暴力取证罪。由于民事诉讼活动是由权利主张人举证，司法工作人员不可能发生逼取口供或逼取证人证言的问题。因此，刑讯逼供罪或暴力取证罪大多发生在刑事诉讼活动中，甚至"被告人"的对象只能发生在刑事诉讼活动中。而本案侵害的对象显然不是"被告人"。本案被侵害的对象，是界定为"犯罪嫌疑人"还是"证人"，这是本案定罪的关键。"证人"是指知道案件情况而向司法机关作证的人，对于不知道案件情况或者知道案件但拒绝作证的人，也属"证人"。本案被告人怀疑谌某是卖淫人员，采取暴力逼取其口供，显然不是要其证实他人的违法事实，应属当事人，不应界定为"证人"范畴。故本案不应定暴力取证罪。谌某既不是"被告人"，又不是"证人"范畴，那么可否界定为"犯罪嫌疑人"呢？从字面上理解好像也不符合。"犯罪嫌疑人"只是在刑事诉讼法中的对象和称谓，但"犯罪嫌疑人"不能作狭义理解，刑讯逼供罪不以嫌疑人是否属犯罪对象为前提，也不以逼取嫌疑人口供的属性是否犯罪为要件，"犯罪嫌疑人"是一个广义对象和称谓，否则本法条也应限定为在"刑事诉讼中"。修订前的刑法关于刑讯逼供的对象称"人犯"，修订后的现行刑法关于刑讯逼供的对象，与先行修订的刑事诉讼法中"犯罪嫌疑人"、"被告人"相适应，采取了列举式，立法本意也没有限制。

　　"犯罪嫌疑人"不是以行为人事前主观认定的标准而定，也不是以事后能否确定为"犯罪嫌疑人"而定。对有些案件，司法工作人员不经司法审查，很难确定对象违法的性质。司法工作人员，在查处任何一个案件时，只有通过司法调查后，才能给案件定性，才会对案件中的当事人有一个正确的称谓，刑事案件也不能例外。有的以刑事案件司法调查后，却发现是民事纠纷案件。有的民事纠纷案件，经调查后却发现是刑事案件。治安案件也是如此，案件的对象随着调查的深入也可能发生性质改变。如本案中的按摩店老板娘被定为"容留妇女卖淫"，就是刑事犯罪问题了，虽然只作了罚款处理，但实际存在处理正确与否的问题。综上所述，治安案件中逼取口供的行为，也是侵犯公民人身权利的行为，如果发生被害人重伤、死亡的后果，对逼取口供的行为人必定会按照故意伤害或者故意杀人罪来定罪处罚，因为此种情况下的故意伤害或故意杀人罪已经依法条涵盖了其逼取口供的行为，不易产生定罪的异议。同理，对逼取口供行为情节严重者，也必须绳之于法。

3. 本罪与故意伤害罪、故意杀人罪的界限

典型案例八

2002年1月19日上午8时许，受害人李某兴在海钢公司矿建市场看摆卖东西时，失主陈某燕向正在该市场执行巡逻的石碌矿区公安局巡警队员陈某二、张某平、蔡某坤报案，称其装有60多元的钱包被扒窃，并指认是李某兴所为。陈某二等三名巡警上前从李某兴后背将其绊倒，用手铐将其双手反铐在背后，李某兴向陈某二等人申辩说"你们抓错人了"，但陈某二等人不听李某兴的申辩，将李某兴押往矿区公安局巡警大队，李某兴仍申辩抓错了人，遭到一些巡警的殴打。巡警队长令队员对李某兴搜身，经请示该局领导，于9时许将李某兴押往矿区河北派出所。在家休息的被告人庄某忠接到通知即赶到派出所，庄某忠向陈某二、蔡某坤等人了解李某兴被抓的情况后，问李某兴是否扒窃钱包，李某兴否认并说你们抓错人了，陈某二、魏某革、庄某忠等人听后认为李某兴嘴硬，对李某兴拳打脚踢，庄某忠用巴掌打李某兴脸部，用双腿夹住李某兴的脖子并用肘击李背部，而后，庄某忠把李某兴带到办公室的一墙角处再问李某兴有否扒窃，李否认，庄某忠便用拳头打李，当李某兴想避开庄某忠的拳头时左耳被击中，经昌江县公安局法医鉴定，结论为李某兴的左耳损伤属轻伤。

案发后，被告人庄某忠等人向李某兴赔礼道歉，并于同年2月3日签订协议，由庄某忠等人赔偿李某兴的经济损失17500元后，由李某兴向检察机关撤回控告。

某自治县人民检察院指控原审被告人庄某忠犯刑讯逼供罪。法院认为，被告人庄某忠身为人民警察在盘问治安案件犯罪嫌疑人时，无故殴打他人致轻伤，其行为已构成故意伤害罪。检察机关指控被告人庄某忠犯罪的事实清楚，证据确实、充分，但指控被告人庄某忠犯刑讯逼供罪，定性不妥，应予纠正。被告人庄某忠犯罪后认罪态度好，且赔偿了受害人的经济损失，有悔改表现。为严明国法，保护公民人身权利不受侵害，依照《中华人民共和国刑法》第234条第1款、第72条之规定，以故意伤害罪判被告人庄某忠有期徒刑1年6个月，缓刑2年。

刑讯逼供罪和故意伤害罪、故意杀人罪都是故意侵犯公民人身权利的犯罪，都有可能对他人的健康乃至生命造成侵害，有一定的相似之处。但从刑法理论上分析，刑讯逼供罪与故意伤害罪、故意杀人罪的区别还是比较明显的：

（1）侵犯的客体不同。刑讯逼供罪侵犯的是复杂客体，即公民的人身权

利和司法机关的正常活动；而故意伤害罪与故意杀人罪侵犯的都是简单客体，即分别为公民的健康权与公民的生命权。

（2）侵犯的对象不同。刑讯逼供罪的犯罪对象是特定的，即仅限于犯罪嫌疑人和被告人；而故意伤害罪、故意杀人罪的犯罪对象是不特定的，可以是任何公民。

（3）发生的时空条件不同。刑讯逼供罪仅能发生在刑事诉讼活动领域；而故意伤害罪、故意杀人罪发生的时空条件没有任何限制。

（4）犯罪客观方面表现不同。本罪在客观上要求利用职务之便，对被害人使用肉刑或变相肉刑，但是否给被害人的身体健康造成损害不是本罪构成的必要条件；而故意伤害罪、故意杀人罪没有任何方法及时空条件的限制，只要是对公民的人身实施伤害或对公民的生命予以剥夺，并使被害人的身体健康受到一定程度的损害或致使被害人死亡即构成犯罪。

（5）犯罪目的不同。刑讯逼供罪的目的是为了逼取口供，动机常常在于尽快破案；而故意伤害罪、故意杀人罪目的是伤害公民的健康或剥夺他人的生命。

（6）犯罪主体不同。刑讯逼供罪是特殊主体，即仅限于司法工作人员；而故意伤害罪、故意杀人罪则是一般主体，即任何达到刑事责任年龄并具有刑事责任能力的人都可构成。

四、刑事责任

《刑法》第 247 条规定，犯本罪，处 3 年以下有期徒刑或者拘役。致人伤残、死亡的，依照本法第 234 条、第 232 条的规定定罪从重处罚。

五、法律依据

（一）刑法规定

第二百四十七条　司法工作人员对犯罪嫌疑人、被告人实行刑讯逼供或者使用暴力逼取证人证言的，处三年以下有期徒刑或者拘役。致人伤残、死亡的，依照本法第二百三十四条、第二百三十二条的规定定罪从重处罚。

（二）法律法规

1. 《中华人民共和国国家安全法》（2009 年修正）（1993 年 2 月 22 日）（节录）

第三十二条　国家安全机关工作人员玩忽职守、徇私舞弊，构成犯罪的，分别依照刑法有关规定处罚；非法拘禁、刑讯逼供，构成犯罪的，分别依照刑法有关规定处罚。

2.《中华人民共和国国家安全法实施细则》（1994 年 5 月 10 日　国务院令第 157 号）（节录）

第二十七条　国家安全机关工作人员玩忽职守、徇私舞弊、非法拘禁、刑讯逼供，构成犯罪的，依法追究刑事责任。

3.《中华人民共和国监狱法》（2012 年修正）（1994 年 12 月 29 日）（节录）

第十四条　监狱的人民警察不得有下列行为：

……

（三）刑讯逼供或者体罚、虐待罪犯；

……

监狱的人民警察有前款所列行为，构成犯罪的，依法追究刑事责任；尚未构成犯罪的，应当予以行政处分。

4.《中华人民共和国法官法》（2001 年修正）（1995 年 2 月 28 日）（节录）

第三十二条　法官不得有下列行为：

……

（四）刑讯逼供；

……

第三十三条　法官有本法第三十二条所列行为之一的，应当给予处分；构成犯罪的，依法追究刑事责任。

5.《中华人民共和国检察官法》（2001 年修正）（1995 年 2 月 28 日）（节录）

第三十五条　检察官不得有下列行为：

……

（四）刑讯逼供；

……

第三十六条　检察官有本法第三十五条所列行为之一的，应当给予处分；构成犯罪的，依法追究刑事责任。

6.《中华人民共和国人民警察法》（2012 年修正）（1995 年 2 月 28 日）（节录）

第二十二条　人民警察不得有下列行为：

……

（四）刑讯逼供或者体罚、虐待人犯；

……

第四十八条　人民警察有本法第二十二条所列行为之一的，应当给予行政处分；构成犯罪的，依法追究刑事责任。

第四章　暴力取证罪

一、概念与构成

典型案例一

周某某，男，27岁，河南省某县人，原系某县公安局滔河镇派出所民警，住该县某某村。1999年4月19日被辞退，同年5月20日被逮捕。1998年12月11日中午，某县公安局滔河镇派出所接到一名群众报案称被他人抢劫。当晚10时许，该所民警周某某等人在副所长贾某某的带领下，前往滔河乡孔家峪村传讯涉案嫌疑人许某亭。许不在家，即传唤许的妻子鲁某到滔河镇派出所，由被告人周某某、协理员赵某将鲁某带到周某某的办公室由周进行询问。在询问过程中，鲁某以制作的笔录中一句话与其叙述不一致为理由拒绝摁指印，被告人周某某经解释无效，即朝鲁某的腹部踢了一脚，并辱骂鲁某。当时鲁某已怀孕近两个月，被踢后其称下腹疼痛，被告人周某某即喊在其床上睡觉的赵某把鲁某带到协理员住室。次日上午8时许，鲁某被允许回家，出派出所大门，即遇到婆母范某芝，鲁某向她诉说自己被踢后引起腹疼。当日下午，鲁某因腹部疼痛不止，即请邻居毕某焕帮忙，雇车将她拉到滔河镇派出所，又转到滔河乡卫生院治疗。后鲁某经保胎治疗无效，引起难免流产，于1998年12月23日做了清宫手术。经某市中心医院刑事医学鉴定，鲁某系早孕期，外伤后致先兆流产，治疗无效发展为难免流产。又经某县人民检察院检察技术鉴定，鲁某的伤构成轻伤。

1999年7月6日，某县人民检察院以被告人周某某犯暴力取证罪向某县人民法院提起公诉。被告人周某某辩称，我只在鲁某的腿部踢了一脚，我的行为与鲁某的流产无直接因果关系，不构成暴力取证罪。其辩护人认为，鲁某在1998年9月10日做过流产手术，同年12月不可能怀孕，某市中心医院刑事医学鉴定是建立在错误诊断基础之上，不应作为依据。并当庭出示了以下证据：（1）死婴验尸报告，以证明鲁某在1998年9月10日做过流产手术。（2）赵克忠主编《妇产科学》教材关于内分泌系统变化显示："卵巢功能恢复时间不一，不哺乳产妇平均产后4~8周月经复潮，约产后10周恢复排卵。"（3）滔河乡计生所 1999 年 3 月 24 日健康检查证明：鲁某怀孕两个月。（4）滔河乡卫生院妇产科医生杨某卫、王某证明：当时做的是不全流产清宫手术，清除残留部分胎盘组织，所以无法检查出怀孕时间。

某县人民法院经公开审理后确认，本案事实清楚，证据充分。被害人鲁某陈述：被告人周某某在对她询问的过程中，朝其下腹部踢了一脚，致下腹疼痛，难免流产。这一事实有某市中心医院刑事医学鉴定结论证实；证人贾某某、肖某波、赵某、毕某焕等人的证言，也证实被告人周某某具有作案时间，同时排除了鲁某有受其他损伤的可能。以上证据经当庭出示、质证、查证属实，形成一条完整的证据链条，本院予以采信。被告人虽然供述踢在鲁某腿部，但其供述实施行为的时间、原因、主观动机与被害人的陈述一致。被告人的辩护人所提供的死婴验尸报告和有关教材，从时间上不能排除鲁某在 1998 年 12 月怀孕的可能性；而提供的鲁某在 1999 年 3 月 24 日已怀孕两个月的证明，恰恰印证了鲁某在流产一个月后即能受孕的事实。辩护人所提供的证据，不能否定滔河乡卫生院医生的证言、病历、处方及诊断证明。被告人及其辩护人也不能举出证据证明鲁某的难免流产系其他原因所致。因此，被告人的辩解与辩护人的辩护意见，本院不予采纳。

某县人民法院认为，被告人周某某身为公安干警，在执行职务中，使用暴力逼取证人证言，其行为已构成暴力取证罪。某县人民检察院指控的罪名成立，本院予以支持。被告人及其辩护人的辩解理由与事实不符，不能成立，本院不予采纳。据此，该院依照《中华人民共和国刑法》第 247 条、第 72 条第 1 款的规定，判决如下：

被告人周某某犯暴力取证罪，判处有期徒刑 2 年，缓刑 2 年。

宣判后，被告人周某某不服，以"鲁某没有怀孕，构不成轻伤，我的行为不构成犯罪"为理由，提出上诉。

某市中级人民法院经过二审审理后认为，原审判决认定事实清楚，适用法律正确。被告人周某某在向鲁某取证时，朝鲁某的腹部踢了一脚，致使鲁某流产，构成轻伤，这一事实有被害人鲁某的陈述予以证实，还有滔河乡卫生院对鲁某的诊断证明、清宫手术证明、B 超报告单、某市中心医院的刑事医学鉴定书、某县人民检察院的检察技术鉴定予以佐证。因此，被告人周某某辩称"鲁某没有怀孕，构不成轻伤"的上诉理由不能成立。被告人周某某身为司法工作人员，在调查取证过程中，当场使用暴力逼取被害人鲁某的证言，致使鲁某流产，构成轻伤，其行为符合暴力取证罪的构成要件，被告人辩称其行为不构成犯罪的上诉理由亦不能成立。据此，该院依照《中华人民共和国刑事诉讼法》第 189 条第（一）项的规定，作出刑事裁定如下：

驳回上诉，维持原判。

典型案例二

2000 年 1 月，李某某和练城乡政府工作人员娄某西（在逃）对一起盗窃案的证人厉某玲进行询问。询问过程中，李某某二人对厉某玲拳脚相加，致使其双腿部分皮下出血。1 月 29 日晚，李某某带人又将厉某玲带到派出所询问，询问过程中，厉某玲浑身发抖，出现呼吸困难。1 月 31 日，厉某玲因医治无效死亡。

2000 年 4 月 5 日，某县人民检察院以涉嫌暴力取证罪对李某某提起公诉，该县人民法院一审以故意伤害罪判处李某某有期徒刑 10 年。李某某不服，他提出的上诉和申诉先后被某市中级人民法院驳回；李某某仍不服，再向某省高级人民法院提出申诉。接受该省高级人民法院指定审理的某县法院以证据不足为由对李某某作出无罪判决。某县人民检察院收到判决书后审查认为，法院判决不当，遂依法抗诉。某市中级人民法院在二审中采纳了该院的抗诉理由，以暴力取证罪判处李某某有期徒刑 3 年。

暴力取证罪是指司法工作人员以暴力逼取证人证言的行为。构成本罪需要具备以下四个要件：

（一）客体要件

暴力取证罪侵犯的客体是公民的人身权利和国家司法机关的正常活动。本罪的犯罪对象为证人。所谓证人，是指司法工作人员和案件当事人以外的了解案件情况的人。

（二）客观要件

暴力取证罪在客观方面表现为司法工作人员使用暴力逼取证人证言的行为。所谓暴力，既包括捆绑悬吊、鞭抽棒打、电击水灌、火烧水烫等直接伤害证人人身使其遭受痛苦而被迫作证的肉刑，亦包括采取长时间罚站、不准睡觉、冻饿、曝晒等折磨证人身体、限制证人人身自由而迫其作证的变相肉刑。证人是当事人以外的了解案件情况并向司法机关进行陈述的诉讼参与人。其知道案件情况，还未向司法机关陈述，有关人员使用暴力欲逼取其证言，亦应视为本罪的证人。证人，有的认为仅限于刑事诉讼中的证人。我们认为，其不仅包括刑事诉讼中的证人，而且还包括民事诉讼含经济纠纷的处理、行政诉讼中的证人，但不包括诉讼活动以外的证人，如仲裁活动、纪律检查机关、行政机关调查取证活动中的证人。依照《刑法》第 247 条规定，逼取证人证言，致人伤残、死亡的，依本法第 234 条关于故意伤害罪、第 232 条关于故意杀人罪的规定，从重处罚。

（三）主体要件

暴力取证罪的主体为特殊主体，即司法工作人员，与刑讯逼供罪相同。

（四）主观要件

暴力取证罪在主观方面表现为直接故意，且具有明确的逼取证言的目的。

二、立案标准

1. 最高人民检察院《人民检察院直接受理立案侦查的渎职侵权重特大案件标准（试行）》（2002 年 1 月 1 日　高检发〔2001〕13 号）（节录）

三十七、暴力取证案

（一）重大案件

1. 致人重伤或者精神失常的；

2. 五次以上或者对五人以上暴力取证的。

（二）特大案件

1. 致人死亡的；

2. 七次以上或者对七人以上暴力取证的。

2. 最高人民检察院《关于渎职侵权犯罪案件立案标准的规定》（2006 年 7 月 26 日　高检发释字〔2006〕2 号）（节录）

二、国家机关工作人员利用职权实施的侵犯公民人身权利、民主权利犯罪案件

（四）暴力取证案（第二百四十七条）

暴力取证罪是指司法工作人员以暴力逼取证人证言的行为。

涉嫌下列情形之一的，应予立案：

1. 以殴打、捆绑、违法使用械具等恶劣手段逼取证人证言的；

2. 暴力取证造成证人轻伤、重伤、死亡的；

3. 暴力取证，情节严重，导致证人自杀、自残造成重伤、死亡，或者精神失常的；

4. 暴力取证，造成错案的；

5. 暴力取证 3 人次以上的；

6. 纵容、授意、指使、强迫他人暴力取证，具有上述情形之一的；

7. 其他暴力取证应予追究刑事责任的情形。

三、司法认定

（一）如何理解暴力取证罪中"证人"的范围

典型案例三

某刑警大队接到举报，称辖区内一歌舞厅有人卖淫嫖娼，队长遂派被告人甲某、乙某前去处理。经审讯，该名男子承认准备嫖娼，但由于公安人员的到来而未能实现。随后两名警察又将该歌舞厅小姐传唤到公安分局，经审讯，小姐不予交代。两名警察又将该歌舞厅一服务员传到公安分局，让其证实歌舞厅小姐有卖淫行为及该歌舞厅的营业性质。因服务员未能证实，两名警察即对服务员实施暴力，对其进行踢打。后因该服务员一直未能证实，便将其放走。当晚该服务员到医院就诊，被诊断为头面部被打伤、双手挫伤。检察机关以暴力取证罪提起公诉。本案事实清楚，但在认定是否构成暴力取证罪上涉及一个焦点问题，即治安案件的证人能否成为暴力取证罪的犯罪对象。

关于暴力取证罪的对象范围，主要有以下几种分歧意见：

1. "证人"不仅包括刑事诉讼中的证人，还包括民事诉讼含经济纠纷的处理、行政诉讼中的证人，但不包括诉讼活动以外的证人，如仲裁活动、纪律检查机关、行政机关调查取证活动中的证人。

2. 对"证人"作广义理解，包括被害人、鉴定人、不具有作证资格的人、不知道案件真相的人、民事诉讼中的证人。

3. "证人"单指刑事诉讼中的证人、被害人。

4. "证人"的范围仅限于刑事诉讼中的证人。

本罪只要求行为人通过暴力手段逼取其认为是证人的证言的行为足矣，至于客观上是不是证人，司法人员主观上是否发生认识上的错误，即把本来不符合上述规定的人错误地当作证人，都不影响本罪的成立。事实上，本罪所侵害的主要客体是公民的人身权利，所侵害的次要客体是司法机关的正常活动，这就告诉我们，只要在诉讼活动中，司法人员使用暴力逼取了他们认为是证人的证言的行为就可以构成本罪。此外，刑事案件中的被害人作为诉讼当事人，其诉讼地位虽然不同于证人，但被害人的陈述与证人证言一样，都是刑事诉讼中重要的证明案件情况的言词证据，且作为犯罪行为的直接受害者，被害人所作的陈述较为全面地反映了案件情况。为保证被害人的人身权利，对暴力取证罪的对象"证人"应当作扩大解释，即应当将其理解为包括被害人在内。

因此，暴力取证罪中的"证人"应作广义理解，主要包括：（1）一切与案件有关或者了解案情，并向司法机关提供自己所知道的案件情况的人，这些人中，也包括犯罪嫌疑人、被告人，以及知道或者了解案件，但不愿作证或者拒绝作证的人；（2）刑事案件中的被害人；（3）与案件无关或者不了解案情，被误认为与案件有关或者了解案情，而让其作证的人。

（二）如何理解暴力取证罪中的"暴力"

典型案例四

2000 年 12 月 16 日上午，某县某镇派出所民警蔡某等人在某旅社查房时，发现一对农村男女在旅社奸宿，遂带回派出所审查。

当晚 8 时许，某旅社业主高某欲拿回当事人穿走的拖鞋，赶到派出所，当即被该派出所副所长徐某和实习生刑某带至二楼办公室，进行讯问调查。

当晚至次日凌晨 1 时左右，犯罪嫌疑人徐某伙同刑某用手、脚和警棍多次殴打高某，其间，还用警棍塞住高某的嘴，并强令高某脱掉上身的衣服两件，用手铐反铐其双手，进行侮辱，导致高某全身多处受伤，身心受到严重创伤。

后经法医鉴定，高某挫伤面积占体表总面积的 7.56%，损伤程度为轻伤。

根据法律规定，暴力取证罪中的暴力应当解释为轻伤以下的暴力，否则，就会违背罪刑法定和罪责刑相适应的刑法基本原则。《刑法》第 247 条明确规定："……逼取证人证言的，处三年以下有期徒刑或者拘役。致人伤残、死亡的，依照本法第二百三十四条、第二百三十二条的规定定罪从重处罚。"可见，法条已经把严重的暴力行为造成被害人伤亡后果的，按照故意伤害罪或者故意杀人罪定罪处罚，实际上所判处的刑罚都会高于本罪的最高法定刑 3 年有期徒刑。所以，本罪的暴力是不能超出轻伤害的程度的，即狭义"暴力"说是可取的。此外，应当将"使用暴力"与"使用肉刑或者变相肉刑"区别开来。使用肉刑当然是暴力手段，但变相肉刑未必都能视为暴力，如罚跪、罚站、不许睡觉等，都属于精神上的摧残，是不能称之为暴力的。

（三）本罪罪与非罪的界限

暴力取证罪是行为犯，行为人只要实施了暴力取证的行为，就构成既遂。但是如果情节显著轻微，危害不大的，应当依照《刑法》第 13 条"但书"的规定，不构成犯罪，只是一般的违法行为，如为获取证言只是轻微的拳打脚踢，未造成证人、被害人的身体伤害，同时，也没有造成恶劣影响，未造成冤假错案的，可不认定为犯罪。在区别本罪罪与非罪的界限时，要注意避免两种错误的观点：一是只要不造成他人身体伤害的后果，一律不认定为犯罪；二是只要对证人、被害人实施了暴力行为，就一律构成犯罪，而不问是否存在情节显著轻微的情况。

（四）本罪与相关犯罪的界限

1. 本罪与刑讯逼供罪的界限

二罪被规定在同一条文中，其两者主体、主观罪过相同，采用的手段也相似，在客观方面都可实施暴力行为，主要区别有：

（1）犯罪对象不同。刑讯逼供罪的犯罪对象是犯罪嫌疑人或刑事被告人；暴力取证罪的犯罪对象则是证人。这里的证人不限于刑事诉讼中的证人，也包括民事、行政案件中的证人。

（2）行为方式不完全相同。刑讯逼供罪的行为方式包括采取肉刑和变相肉刑两种，即既可以采取暴力方式，也可以采取非暴力方式；而暴力取证罪则只能采取暴力方式。

（3）行为方式的时空条件不同。刑讯逼供罪只能发生在刑事诉讼中；而暴力取证罪则既可以发生在刑事诉讼中，也可以发生在民事、行政诉讼中。

（4）犯罪目的不同。刑讯逼供罪的目的在于逼取口供；而暴力取证罪的目的则在于逼取证人的证言。

2. 本罪与故意伤害罪、故意杀人罪的界限

典型案例五

2004 年 12 月 14 日，某省某市某区公安分局某乡派出所干警在询问一起治安案件的当事人时，所长郑某某推门进屋对证人韩某录问话。在问话中，郑某某认为韩某录没有如实作证，就用拳击打其头部，并抓住其头往墙上撞，致使韩某录硬脑膜下广泛性出血，三天后韩某录死亡。某市中级人民法院以暴力取证罪一审判处郑某某无期徒刑，剥夺政治权利终身。

本罪和故意伤害罪、故意杀人罪都是故意侵犯公民人身权利的犯罪，都有可能对他人的健康乃至生命造成侵害，有一定的相似之处。但从刑法理论上分析，本罪与故意伤害罪、故意杀人罪的区别还是比较明显的：

（1）侵犯的客体不同。本罪侵犯的是复杂客体，即公民的人身权利和司法机关的正常活动；而故意伤害罪与故意杀人罪侵犯的都是单一客体，即分别为公民的健康权与公民的生命权。

（2）侵犯的对象不同。本罪的犯罪对象是证人；而故意伤害罪、故意杀人罪的犯罪对象是不特定的，可以是任何公民。

（3）犯罪客观方面的表现不同。本罪表现为司法工作人员使用暴力逼取证人证言的行为，但是否给被害人的身体健康造成损害不是本罪构成的必要条

件；而故意伤害罪、故意杀人罪没有任何方法及时空条件的限制，只要是对公民的人身实施伤害或对公民的生命予以剥夺，并使被害人的身体健康受到一定程度的损害或致使被害人死亡即构成犯罪。

（4）犯罪目的不同。本罪的目的是为了获得证言，动机常常在于尽快破案；而故意伤害罪、故意杀人罪目的是伤害公民的健康或剥夺他人的生命。

（5）犯罪主体不同。本罪是特殊主体，即仅限于司法工作人员；而故意伤害罪、故意杀人罪则是一般主体，即任何达到刑事责任年龄并具有刑事责任能力的人都可构成。

结合上述分析，我们认为典型案例五中法院的判决是值得商榷的，行为人虽然动机是取得证据，但是从其行为方式来推断其主观上已经具有了故意伤害他人身体的故意，而且也发生了伤害致他人死亡的后果，因此，我们认为应当认为是故意伤害（致人死亡）罪。

四、刑事责任

《刑法》第247条规定，犯本罪，处3年以下有期徒刑或者拘役。致人伤残、死亡的，依照本法第234条、第232条的规定定罪从重处罚。

五、法律依据

刑法规定

第二百四十七条　司法工作人员对犯罪嫌疑人、被告人实行刑讯逼供或者使用暴力逼取证人证言的，处三年以下有期徒刑或者拘役。致人伤残、死亡的，依照本法第二百三十四条、第二百三十二条的规定定罪从重处罚。

第五章 虐待被监管人罪

一、概念与构成

典型案例一

被告人：刘某，男，25 岁，汉族，河北省遵化市人，民警。

被告人：薛某，男，24 岁，汉族，江苏省常州市人，民警。

被告人：胡某某，男，25 岁，汉族，上海市人，民警。

被告人：孙某某，男，52 岁，汉族，安徽省芜湖人，民警。

上海市徐汇区人民检察院指控称：

1995 年 2 月 24 日 11 时许，被收容审查人员王某某在监房内数次喊叫，被告人刘某经征得主管教人（被告人）孙某某同意后，即伙同被告人薛某、胡某某两人对王某某进行体罚虐待，用电警棍电击王某某的身体和用尼龙警棍抽打王某某的臀部等处，约 15 分钟，在刘、薛、胡 3 人对王某某施行体罚虐待行为时，被告人孙某某曾到现场察看过。此后，王某某在监房内还多次遭到同监房其他收容审查人员的殴打和限制其饮食，致其大小便失禁和身体虚弱，于 1995 年 2 月 28 日 7 时 20 分死亡。经法医学鉴定，王某某系由体罚虐待、殴打导致急性肾功能衰竭而死亡。

上海市徐汇区人民检察院认为：被告人刘某、薛某、胡某某身为司法工作人员违反监管法规，对被监管人王某某实行体罚虐待，是造成被监管人王某某死亡的主要原因，其行为情节严重，触犯了《中华人民共和国刑法》①第 189 条的规定，已构成体罚虐待被监管人罪，且是《刑法》第 22 条规定的共同犯罪。被告人孙某某身为主管教人的司法工作人员，无视国家监管法规，竟同意对被监管人员施行体罚虐待的非法管理，并放任被监管人员对同监房的被监管人员进行殴打，事后又对遭受体罚虐待致伤的被监管人放任不管，故其对其主管下的被告监管人遭受体罚虐待、殴打而导致死亡的严重后果应负直接责任，其行为已触犯了《中华人民共和国刑法》第 187 条的规定，构成玩忽职守罪。

---

① 编者注：指 1979 年刑法，下同。

现提起公诉，请依法判处。

被告人刘某、胡某某、孙某某均对检察机关指控的犯罪事实无异议；被告人薛某对指控的部分犯罪事实有异议，否认他曾用尼龙警棍抽打王某某臀部以外的部位和用脚蹬踏王某某的胸部。

被告人刘某、薛某、胡某某的辩护人要求法院对三被告人从轻判处，其理由分别是：（1）王某某的死亡是由多种原因造成的，被告人刘某实施的体罚虐待行为既不是唯一原因，也不是主要原因；被告人刘某大学毕业后担任民警工作至案发仅7个月，平时工作期间表现较好。（2）被告人薛某在整个作案过程中所起作用最小，情节最轻。从对被害人尸体检验的鉴定结果看，被告人刘某、胡某某用电警棍电击王某某的行为是致王肾功能衰竭的主要原因。（3）被告人胡某某是出于帮助刘某工作的目的而参与对王某某施行体罚虐待行为的；王某某的死亡是多因一果的事件，尚无有力证据可以证明主要原因是刘、薛、胡三被告人的体罚虐待行为所致。

上海市徐汇区人民法院经公开审理查明：

1995年2月24日11时许，被告人刘某因被收容审查人员王某某在308监房内多次大声喊叫，即向该监房的主管教人（被告人）孙某某提议，对王某某使用电警棍予以处罚。孙某某明知对被监管人员施行这种"处罚"方法是违反监管法规的体罚虐待行为，竟不加制止，反而予以支持，表示同意。刘某遂与被告人胡某某各自拿了一根电警棍至308号监房之外，对手已被手铐铐于铁栅栏上的王某某使用电警棍击打。但电警棍电力不足，打击力不强，刘、胡二被告人又另拿了一根尼龙警棍和一根电警棍进入监房之内，由胡某某打开了王某某的手铐，刘某令王某某趴下，王某某不从，刘某即指挥数名其他被收审人员上前将王某某面朝下按倒在地，刘、胡则用电警棍电击王某某的身体。此时，也进入监房内的被告人薛某见王某某仍然不服，下令其他被收审人员将王某某的裤子扒下，然后从刘某手中要来尼龙警棍朝王的臀部等处用力抽打。打后，王某某要求休息。刘某闻之又从薛某手中接过尼龙警棍，朝着王某某的臀部等处用力抽打。同时，胡某某也用电警棍继续电击王某某的身体。刘、薛、胡三被告人对王某某体罚虐待约达15分钟。被告人孙某某在刘、薛、胡三被告人对王某某实施体罚虐待的期间内，不仅填写了"徐汇三所羁押对象处罚审批表"，并且亲自到308监房的现场目睹察看过。此后，王某某在监房内又多次遭受同监的被收审人员的殴打。到2月26日，王某某已大小便失禁，而其同监的被收审人员却对其限制饮食，到2月28日上午7时许王某某死亡。经法医学尸体检验鉴定，结论为：王某某系遭受钝器打击，手足遭电击后，仍不断受到其他打击和被限制饮食，又没有得到及时、有效的诊治，最终导致创伤性休克和急性肾功能衰竭而死亡。

上海市徐汇区人民法院认为：

被告人刘某、薛某、胡某某身为司法工作人员，故意违反监管法规，对被监管人王某某实行体罚虐待，造成王某某受伤害。他们的体罚虐待行为是导致王某某死亡的主要原因。他们的行为情节严重，均已构成体罚虐待被监管人罪，且系共同犯罪，依法应予惩处。

被告人孙某某身为监房主管教人的司法工作人员，明知体罚虐待被监管人是违反监管法规的行为，竟向被告人刘某表示同意对王某某实施这种"处罚"行为，并且事后对受体罚虐待的王某某的伤害情况，置之不管，未予及时治疗护理，其玩忽职守的行为，对造成被监管人王某某死亡的严重后果负有直接责任，情节严重，已构成玩忽职守罪，依法应予惩处。四被告人在归案以后尚能认罪和如实交代犯罪事实，悔罪态度较好，均可酌情予以从轻处罚。

上海市徐汇区人民法院根据《中华人民共和国刑法》第189条、第187条、第22条、第67条，作出如下判决：刘某犯体罚虐待被监管人罪，判处有期徒刑2年；薛某犯体罚虐待被监管人罪，判处有期徒刑2年；胡某某犯体罚虐待被监管人罪，判处有期徒刑1年，宣告缓刑1年；孙某某犯玩忽职守罪，判处有期徒刑1年，宣告缓刑1年。

虐待被监管人罪是指监狱、拘留所、看守所、拘役所、劳教所等监管机构的监管人员对被监管人进行殴打或者体罚虐待，情节严重的行为。构成本罪需要具备以下四个要件：

（一）客体要件

虐待被监管人罪侵犯的客体是复杂客体，即被监管人的人身权利和监管机关的正常活动。对被监管的人进行体罚虐待，往往施用肉刑，捆绑打骂，侮辱人格，进行精神折磨，侵犯公民的人身权利。

（二）客观要件

虐待被监管人罪在客观方面表现为违反监管法规，对被监管人进行殴打或者体罚虐待，情节严重的行为。监管法规主要是指《看守所条例》以及其他法律、条例中有关的监管规定。所谓被监管人，是指依法被限制人身自由的人包括一切已决或未决的在押犯罪嫌疑人和被告人，及其他依法拘留、监管的人。这些人包括在监狱、劳动改造管教队、少年犯管教所中服刑的已决犯，在看守所、拘留所关押的犯罪嫌疑人和被告人，以及因违反治安管理处罚法等被拘留或者其他依法被监管的人。殴打，是指造成被监管人肉体上的暂时痛苦的行为。体罚虐待，是指殴打以外的，能够对被监管人肉体或精神进行摧残或折磨的一切方法，如罚趴、罚跑、罚晒、罚冻、罚饿、辱骂，强迫超体力劳动，不让睡觉，不给水喝等手段。需要指出的是，本罪中的殴打、体罚虐待，不要求具有一贯性，一次性殴打、体罚虐待情节严重的，就足以构成犯罪。至于行为人是直接实施殴打、体罚虐待行为，还是借被监管人之手实施殴打、体罚虐待其他被监管人的行为，只是方式上的差异，不影响本罪的成立。行为人默许被监管人殴打、体罚虐待其他被监管人的，亦应视为"指使被监管人殴打或体罚虐待其他被监管人"的行为。殴打、体罚虐待被监管人的行为只有在情节严重时才构成犯罪。所谓情节严重，一般是指使用酷刑摧残，手段恶劣；一贯殴打、体罚虐待被监管人，屡教不改的；殴打、体罚虐待多人多次，影响很坏的；等等。监管人员实施殴打、体罚虐待的行为，致使被监管人伤残、死亡的，依现行《刑法》第234条关于故意伤害罪、第232条关于故意杀人罪的规定定罪从重处罚。

在典型案例一中，犯罪人对被监管人王某某施以体罚虐待，最后致其死亡，而法院判决对犯罪人刘某、薛某、胡某某3人的犯罪情节都没有认定为特别严重，却认定为情节严重，并依照1979年《刑法》第189条规定的第一个量刑幅度处罚，都处以3年以下有期徒刑，这是因为本案有一个比较特殊的情况，即被监管人王某某的死亡是由多种原因导致的。从尸体检验鉴定结论来看，刘、薛、胡三犯罪人对被监管人王某某的体罚虐待行为是造成王某某死亡的主要原因，但不是唯一的原因，还有同监房其他收容审查人员对王某某的殴打、限制其饮食、对其没有及时有效地给以治疗等，是多种原因的共同作用之下造成的。因此，法院根据查明的事实和证据，实事求是地认定，犯罪人刘某、薛某、胡某某的体罚虐待行为是导致被监管人王某某死亡的主要原因，但不是唯一原因；他们犯罪的情节虽是严重的，但还不是特别严重的，且在归案后均有悔罪表现的酌定从轻情节，依照1979年《刑法》第189条规定的第一个量刑幅度对他们均判处3年以下有期徒刑，体现了罪刑相适应的刑法原则，应予肯定。

（三）主体要件

虐待被监管人罪的主体是特殊主体，即监狱、拘留所、看守所等监管机构的监管人员。所谓监狱，是指刑罚的执行机关。所谓拘留所，即关押被处以司法拘留、行政拘留的人的场所。所谓看守所，即羁押依法被逮捕、刑事拘留的犯罪嫌疑人、被告人的场所。

典型案例二

尚某某，男，案发时32岁，系某监狱管教干事。因涉嫌虐待被监管犯罪人于 2004 年 10 月 21 日被某市某区人民检察院立案侦查。此案是派驻检察干警在日常检察过程中听到有在押人员反映：管教干警尚某某经常打骂在押人员，在押人员十分害怕尚某某。派驻干警对此高度重视，展开了相关调查取证，查明：2003 年 11 月到 2004 年上半年，因所管犯人未完成任务等原因，尚某某先后使用橡皮棒殴打等方法对被监管人员朱某某等 6 人实施虐待。2005 年 4 月 13 日，某区人民检察院将该案向某区人民法院提起公诉。2005 年尚某某因犯体罚虐待被监管人罪被某区人民法院判处拘役 6 个月，缓刑 6 个月。

对本罪主体的认定，在司法实践中，并不以直接对被监管人实施体罚虐待者为限，有的司法工作人员未直接动手实施体罚虐待，而是在执行管教过程中，违反监管法规，指使、授意、纵容或者暗示某个或某些被监管人对其他被监管人实施体罚虐待，情节严重的，亦可构成本罪的犯罪主体。在这种情况下，实施体罚虐待的被监管人并非监管人员，固然不能单独构成本罪的犯罪主体，但他们是体罚虐待行为的直接实施者，仍可构成本罪的共犯。但由于被监管人有可能是在胁迫或诱骗之下参与的，所以应视其所起的作用和地位，按照共同犯罪的有关规定，在量刑上予以酌情考虑。

（四）主观要件

虐待被监管人罪在主观方面表现为故意，过失不能构成本罪，即监管人员对其实施的体罚虐待及违反监管法规的行为是故意。犯罪目的一般是为了压服被监管人。犯罪动机各种各样，有的是为泄愤报复，有的是逞威逞能等。不管出于何种动机，都不影响犯罪的成立。但是，犯罪动机是否恶劣，可作为量刑轻重的情节考虑。

二、立案标准

1. 最高人民检察院《人民检察院直接受理立案侦查的渎职侵权重特大案件标准（试行）》（2002 年 1 月 1 日　高检发〔2001〕13 号）（节录）

三十八、虐待被监管人案

（一）重大案件

1. 致使被监管人重伤或者精神失常的；

2. 对被监管人五人以上或五次以上实施虐待的。

（二）特大案件

1. 致使被监管人死亡的；

2. 对被监管人七人以上或七次以上实施虐待的。

2. 最高人民检察院《关于渎职侵权犯罪案件立案标准的规定》（2006 年 7

月 26 日　高检发释字〔2006〕2 号）（节录）

二、国家机关工作人员利用职权实施的侵犯公民人身权利、民主权利犯罪案件

（五）虐待被监管人案（第二百四十八条）

虐待被监管人罪是指监狱、拘留所、看守所、拘役所、劳教所等监管机构的监管人员对被监管人进行殴打或者体罚虐待，情节严重的行为。

涉嫌下列情形之一的，应予立案：

1. 以殴打、捆绑、违法使用械具等恶劣手段虐待被监管人的；

2. 以较长时间冻、饿、晒、烤等手段虐待被监管人，严重损害其身体健康的；

3. 虐待造成被监管人轻伤、重伤、死亡的；

4. 虐待被监管人，情节严重，导致被监管人自杀、自残造成重伤、死亡，或者精神失常的；

5. 殴打或者体罚虐待 3 人次以上的；

6. 指使被监管人殴打、体罚虐待其他被监管人，具有上述情形之一的；

7. 其他情节严重的情形。

三、司法认定

（一）本罪中的"监管机构"应如何理解

典型案例三

犯罪嫌疑人姜某，某人民法院司法警察。2008 年 1 月 11 日中午，某村支书郑某陪同该村村委会主任董某到某人民法院执行庭办理案件执行事宜，与执行庭庭长索某发生言语冲突。后索某经请示领导后指示司法警察郭某和犯罪嫌疑人姜某将当时没有缴纳执行款的董某押到地下室的暂看室里暂押，由于郑某进行阻拦，索某认为郑某妨碍执行、影响工作秩序，遂指示姜某将郑某也押到地下室另一暂看室内。郑某、董某被暂押没有正式书面法律手续。后姜某在暂押室内用配发的电警棍分别对郑某、董某进行电击，造成郑某电烧伤，经法医检验鉴定为轻微伤。

本案中，对姜某在民事执行程序中的司法警察身份是否符合虐待被监管人罪的主体要件，存在争议。一种意见认为，人民法院的司法警察不是监狱、拘留所、看守所、拘役所、劳教所等监管机构的监管人员，不符合虐待被监管人罪的主体要件。另一种意见认为，姜某符合虐待被监管人罪的主体要件。

现行《刑法》第248条所规定的监管机构除了监狱、拘留所、看守所之外，还包括其他监管具有犯罪嫌疑人或已被判决有罪之人的机构（如对被判处管制、缓刑和被假释的罪犯实行监管的机构）和监管因实行一般违法行为被强制收容之人的机构（如劳动教养所、强制戒毒所、对卖淫嫖娼人员的收容教育所等依法成立的强制收容教育机构）。

针对典型案例三，我们同意后一种意见。姜某应被认定为是"监管人员"，其行为符合虐待被监管人罪的犯罪构成。

1. 从立法渊源看，1979年《刑法》将虐待被监管人罪的主体规定为司法工作人员，使得实践中出现的劳教工作人员体罚、虐待劳教人员的行为无法作为犯罪处理。而《关于劳教工作干警适用刑法关于司法工作人员规定的通知》明确规定了"劳教工作干警违反监管法规，体罚、虐待劳教人员，情节严重的依照刑法第一百八十九条之规定处理"。在这一背景下，现行刑法将本罪的主体修改为"监狱、拘留所、看守所等监管机构的监管人员"，这就意味着现行刑法对上述情况已经予以考虑，不再将本罪的主体限定于从事刑事犯罪案件处理工作的司法工作人员，而是包括从事一般违法案件处理工作的人员。

2. 刑法条文在列举三种监管机构时还以"等"进行了概括，所以，监管机构不应限于法条所列举的几种机构，而是具有监禁、管理职能的机关或场所。

3. 人民法院、人民检察院的司法警察具有法定的监管职责，有关规定分别明确了司法警察的"提解、押送、看管"等监管职责，司法警察履行监管职责的暂时看押场所，应当认定为监管机构的监管人员。

4. "监管机构"的"监管"不仅包括刑事监管，还应当包括行政监管、司法监管，"机构"不仅包括监狱等典型的监管机关，还应当包括具有临时监管职能的场所，人民检察院、人民法院因工作需要设置的暂时看押场所也应当认定为监管场所，在此监管机构中履行监押、管理职责的司法警察或其他人员，均应当认定为监管人员。

综上，我们认为，本案中人民法院司法警察姜某违法使用械具虐待被监管人的行为构成虐待被监管人罪。

（二）在监管机构中担任警戒任务的武装警察能否成为本罪的主体

我们认为，虽然监狱法明确规定由武装警察负责监狱的武装警戒，但在实践中，武装警察履行监管职责的情况也客观存在，因此，如果武装警察单纯地担负监管机构的警戒护卫任务，其工作性质与对违法犯罪人员的监管这一带有监视、监督、教育性质的活动有本质的不同，因而在其具有殴打或者体罚、虐待被监管人行为需要作为犯罪处理时，应以其他犯罪论处，而不能以本罪论处。但如果其担任的工作带有监管的性质时，对被监管人具有殴打或者体罚、虐待行为，情节严重的，应以本罪论处。

（三）如何理解"殴打、体罚、虐待"

本罪中的"殴打"是指对于那些同时具有力度较强、时间较迅疾（一次动作）、工具为钝器（也包括手掌、拳头、脚、头、肩部等身体的能够用来击打的较大部位）、击打部位较大等特点的打击。此外，理解本罪中的"殴打"，还应注意以下两个问题：（1）构成本罪的殴打行为，并不要求是多次或连续多次实施，也不要求殴打的时间要很长，行为人即使只进行一次殴打行为且时间比较短暂，但如果其行为达到情节严重的程度，也足以构成本罪。（2）应把可能构成本罪的殴打行为与不构成本罪的打击被监管人身体的行为区别开来。后者仅限于监管人员为了实行防卫、避险行为而实行的情况，在这种情况中，如果监管人员的防卫、避险行为属于正当防卫、紧急避险，自然不构成犯罪；如果其防卫、避险行为过当，可能构成其他犯罪，但不能构成本罪。

本罪中的"体罚"是指依靠一定的强制力量，使被监管人的身体或身体的某一部分在一个较长的时间内处于特定的运动或静止的状态，并因此造成被监管人心理痛苦或身体极度疲劳或疼痛的行为。

本罪中的"虐待"是指针对被监管人采用殴打、体罚之外的非人道手段侵害其人身权益，使其遭受身体或心理痛苦的作为或不作为。理解本罪中虐待的含义，应注意以下两个问题：（1）对这里的"非人道"，一般应理解为违反有关法律、法规以及各监管机构内部或其上级主管部门制定的规章制度中关于被监管人监管方面的禁止性规范或命令性规范。在法律、法规或规章制度没有规定的情况下，应将"非人道"理解为从社会伦理或道义上看不应当对被监管人实行的作为或不作为。（2）在有关监管人员不具有给予被监管人以法律、法规或规章制度要求的生活、生产等方面待遇的能力因而产生"虐待"被监管人的后果时，不能认定构成本罪。从实践中看，虐待行为主要表现为滥用械具、侮辱人格、有病不给治疗、克扣囚衣囚粮等生活用品或使被监管人挨饿、挨渴、受冻、受热，居住在卫生、采光、通风等环境条件恶劣的房舍或其他建筑物中，等等。

（四）构成本罪是否要求行为发生在行为人履行监管职责活动的过程中

现行《刑法》第248条将本罪的主体限定于监管机构的监管人员，表明设立虐待被监管人罪的意旨除了要保障被监管人的人身权益外，还具有惩治监管人员亵渎职务以保障监管工作正常顺利进行的目的。因此，强调监管人员殴打或体罚虐待被监管人的行为须发生在其履行监管职责过程中，并将其作为本罪客观构成要件中的一个构成要素就非常必要。但是，把握这一要素时，应当注意以下两个问题：（1）这里所说的在履行监管职责过程中，其时间范围应自监管人担任监管职务或拥有监管职权时起到监管人被解除监管职务或监管职权时止。只要其殴打或者体罚虐待被监管人的行为发生在此期间内，就具备了本罪的客观构成要件，即使该行为系在其下班或休假期间，也应当如此认定。因为虽然其在行为时并不对被监管人进行监管，但其担任的职务并没有解除，由此其行为已经亵渎了监管人员的监管职责，并在被监管人中造成了恶劣的影响，进而影响了监管工作的正常顺利进行。也即行为人的行为已侵害了刑法所要保护的法益，没有理由不作为本罪处理。（2）殴打或体罚虐待的被监管人只能是行为人担负的监管职责范围内所监管的人员。如果监管人员对本人所监管范围之外的其他被监管人员实行殴打或体罚虐待，不能单独构成虐待被监管人罪。如果对其他被监管人具有监管职责的人员存在容许、默许甚至指使行为人实行殴打或体罚虐待行为，而行为人对此明知的，两者构成虐待被监管人罪的共犯；如果不存在该种情况的，对行为人的行为不能认定为虐待被监管人罪，构成故意伤害罪、侮辱罪、非法拘禁罪等其他犯罪的，按相应的犯罪定罪处罚。

（五）本罪罪与非罪的界限

《刑法》第248条规定，本罪的处理是以"情节严重"为构成要件的，所以，是否情节严重是区别本罪与虐待被监管人一般违法行为的关键。实践中，监管人员对被监管人仅有一般的殴打行为，不能构成犯罪。"情节严重"的标准可参照最高人民检察院《关于渎职侵权犯罪案件立案标准的规定》。

典型案例四

邓某某从1998年起从事公安工作，担任上杭县看守所监管人员。2006年5月9日，邓某某到上杭县人民检察院投案，交代在管理被监管人员过程中，曾打过不服从管教和达不到看守所管理要求、纪律要求的被监管人员，表示愿意接受对其定罪处罚。

上杭县人民检察院随后对邓某某涉嫌虐待被监管人员的事实进行立案侦查。6月28日，上杭县人民检察院指控邓某某犯虐待被监管人罪向上杭县人民法院提起公诉。7月4日，上杭县人民法院公开开庭审理了此案。

法院查明，2005年2月至11月，邓某某在履行职务管理被监管人员期间，对不遵守监规或不服从管理的被监管人员游某等6人用殴打、罚跪等体罚手段进行处罚，迫使其服从。

法院经审理认为，邓某某在担任上杭县看守所管教民警期间，工作态度粗暴、工作方式简单，对被监管人进行殴打、体罚虐待，其行为已构成虐待被监管人罪，但其系以履行职责、管理被监管人为目的，犯罪主观恶性小，犯罪手段一般，犯罪情节较轻，且属自首，遂依法判决免予刑事处罚。

（六）本罪与相关犯罪的界限

1. 本罪与刑讯逼供罪的界限

两罪的区别是：

（1）犯罪对象不同。本罪的犯罪对象是被监管人，刑讯逼供罪的犯罪对象是犯罪嫌疑人、被告人。

（2）犯罪主体不尽相同。本罪的犯罪主体是监管人员，刑讯逼供罪的犯罪主体是司法工作人员，监管人员属于司法人员。

（3）犯罪目的不同。刑讯逼供罪的目的是逼取口供，本罪则不要求犯罪目的。

2. 本罪与侮辱罪的界限

两罪均为故意犯罪，都包括暴力侮辱及其他侮辱方法。两罪的区别主要表现在：

（1）犯罪主体不同。本罪是由特殊主体构成，即监狱、拘留所、看守所等监管机构的监管人员。侮辱罪的犯罪主体则为一般主体。

（2）犯罪的主观方面虽然都是故意，但是本罪则或是出于报复，或是出于取乐。

（3）客观方面不尽相同。本罪的行为包括殴打、体罚虐待，既有肉体上的折磨，也有精神上的虐待。侮辱罪在客观上可分为暴力侮辱和其他方法的侮辱。

（4）两罪的犯罪对象不同。本罪的犯罪对象是被监管人，侮辱罪的犯罪对象可以是任何人。

3. 本罪与故意伤害罪的界限

二者的区别是：

（1）犯罪主体不同。本罪的犯罪主体是特殊主体，即监狱、拘留所、看守所等监管机构的监管人员。而故意伤害罪的犯罪主体是一般主体。

（2）侵犯的客体不同。本罪侵犯的客体是复杂客体，既侵犯了他人的人身权利，也妨害了监管机关的正常活动。而故意伤害罪侵犯的客体是单一客体，即仅仅侵犯了他人的身心健康。

（3）二者在客观方面的表现不尽相同。本罪的殴打、体罚虐待行为往往是持续或连续的，而故意伤害的行为一般是一次性的。

（4）二者与职务活动的关系不同。本罪中的殴打、体罚虐待行为是监管人员在执行职务活动过程中，利用执行监管职责的职务之便，违反监管法规，对被监管人员实施的渎职犯罪行为，它与职务活动紧密相连；而故意伤害罪则与职务活动毫无关系，如果监管人员对被监管人员实施殴打等犯罪行为与其执行的职务活动无关，则构成故意伤害罪，而不属于渎职犯罪。

典型案例五

被告人郭某为辽宁省马三家劳动教养管理所试工大队一分队分队长。被告人乔某炎、刘某成均为该分队劳教人员。2004 年 3 月 4 日上午，被告人郭某带领本分队 20 余名劳教人员在试工大队院外劳动。收工时，该分队劳教人员商某林与另一劳教人员张某丰发生口角，商某林持镐拍打张某丰头部。被告人刘某成将被害人商某林扑倒在地，并与被告人乔某炎分别踢打商某林头部数下。被告人郭某见状上前制止，将商某林带回大队接受处理。之后被害人商某林被带回试工大队副大队长刘某富（在逃）的办公室接受处理。在说教中，刘某富用脚踢被害人商某林头部数下，后被告人郭某与乔某炎将商某林带回自己的办公室。被告人郭某用手掌击打商某林面部 5 下，被害人商某林昏倒在地。12 时许，被告人郭某让劳教人员将商某林抬到宿舍。其间，被告人郭某进入宿舍查看时用脚踢商某林人中，商某林无反应，郭某未组织对商某林进行救治。次日 12 时许，看护商某林的劳教人员第二次向刘某富反映商某林的伤情，刘某富决定将商某林送入医院治疗。被害人商某林因头部外伤致颅骨骨折、硬膜下血肿、脑挫裂伤、蛛网膜下腔出血。经鉴定，商某林为重伤，伤残等级为一级。

法院经审理认为，被告人郭某犯故意伤害罪、虐待被监管人罪，决定执行有期徒刑 15 年，剥夺政治权利 4 年。被告人乔某炎、刘某成犯故意伤害罪，分别判处有期徒刑 14 年，剥夺政治权利 4 年。

4. 本罪与虐待罪的界限

两罪在客体、主客观方面大体相同，因此，二者容易混淆。两者的区别主要是：

（1）侵害的对象不同。本罪侵害的是依法被国家监管机构监管的有违法犯罪行为的人员；而后者侵害的则是与行为人共同生活的家庭成员，他们大都是遵纪守法的人员。

（2）犯罪主体不同。本罪的犯罪主体是在监狱、看守所、拘留所等监管机构中行使监管职责的工作人员，是特殊主体；而后者的犯罪主体则是与被害人共同生活的家庭成员，是一般主体，可以是任何公民。

四、刑事责任

《刑法》第 248 条规定，犯本罪，情节严重的，处 3 年以下有期徒刑或者拘役；情节特别严重的，处 3 年以上 10 年以下有期徒刑。致人伤残、死亡的，依照本法第 234 条、第 232 条的规定定罪从重处罚。

监管人员指使被监管人殴打或者体罚虐待其他被监管人的，依照前款的规定处罚。

五、法律依据

（一）刑法规定

第二百四十八条　监狱、拘留所、看守所等监管机构的监管人员对被监管人进行殴打或者体罚虐待，情节严重的，处三年以下有期徒刑或者拘役；情节特别严重的，处三年以上十年以下有期徒刑。致人伤残、死亡的，依照本法第二百三十四条、第二百三十二条的规定定罪从重处罚。

监管人员指使被监管人殴打或者体罚虐待其他被监管人的，依照前款的规定处罚。

（二）法律法规

1.《中华人民共和国监狱法》（2012 年修正）（1994 年 12 月 29 日）（节录）

第十四条　监狱的人民警察不得有下列行为：

……

（三）刑讯逼供或者体罚、虐待罪犯；

……

监狱的人民警察有前款所列行为，构成犯罪的，依法追究刑事责任；尚未构成犯罪的，应当予以行政处分。

2.《中华人民共和国人民警察法》（2012 年修正）（1995 年 2 月 28 日）（节录）

第二十二条　人民警察不得有下列行为：

……

（四）刑讯逼供或者体罚、虐待人犯；

……

第四十八条　人民警察有本法第二十二条所列行为之一的，应当给予行政处分；构成犯罪的，依法追究刑事责任。……

3.《中华人民共和国看守所条例》（1990 年 3 月 17 日　国务院令第 52 号）（节录）

第四条　看守所监管人员，必须坚持严密警戒看管与教育相结合的方针，坚持依法管理、严格管理、科学管理和文明管理，保障人犯的合法权益。严禁打骂、体罚、虐待人犯。

4.公安部《关于看守所使用戒具问题的通知》（1991 年 6 月 17 日　公通字〔1991〕38 号）（节录）

六、各级公安机关对所属看守所使用戒具的情况，要经常进行检查监督。对使用不符合规定的戒具或者滥用戒具的，要及时纠正，严肃处理；滥用戒具造成严重后果的，对有关责任人，要分别情节轻重，给予行政纪律处分；构成犯罪的，要依法追究刑事责任。

第六章　报复陷害罪

一、概念与构成

典型案例一

1994 年至 2007 年，张某某利用其担任某县副县长、某市某区区委书记等职务便利或职权、地位形成的便利条件，为 30 个单位或个人在承揽工程、职务晋升等方面谋取利益，先后 52 次索取或收受有关人员钱款折合人民币 359 万余元。案发后，张某某的亲属退缴绝大部分赃款。此外，2007 年 8 月，张某某为报复举报其违法违纪问题的某市安曙房地产开发公司董事长李某某，编造举报李某某存在经济犯罪等问题的信件，指使时任某市某区人民检察院检察长的汪某借用该信件，指令下属人员立案侦办，并以贪污、受贿等罪名对李某某逮捕和提起公诉，张某某还指使汪某安排办案人员对李某某的妻子袁某平、女婿张某豪以帮助毁灭证据罪、贪污罪和窝藏罪提起公诉。2008 年 3 月 13 日，李某某收到起诉书后自缢身亡。后检察机关对袁某平、张某豪作出撤诉等处理。

某市中级人民法院认为，张某某身为国家工作人员，利用职务便利为他人谋取利益，利用职权、地位形成的便利条件为他人谋取不正当利益，索取或收受他人钱款，其行为构成受贿罪。张某某受贿数额巨大，有索贿的法定从重处罚情节，且为他人谋取不正当利益，犯罪情节特别严重。张某某伙同汪某，利用职权对举报其犯罪的李某某及其亲属捏造罪名以刑事追究方法进行报复陷害，两人的行为构成报复陷害罪，且造成举报人自杀等严重后果，亦应依法从严惩处。某市中级人民法院依法判决：张某某犯受贿罪，判处死刑，缓期 2 年执行，剥夺政治权利终身，并处没收个人全部财产；犯报复陷害罪，判处有期徒刑 7 年，两罪并罚，决定执行死刑，缓期 2 年执行，剥夺政治权利终身，并处没收个人全部财产。汪某犯报复陷害罪，判处有期徒刑 6 年。

报复陷害罪，是指国家机关工作人员滥用职权、假公济私，对控告人、申诉人、批评人、举报人实行报复陷害的犯罪行为。构成本罪需要具备以下四个要件：

（一）客体要件

报复陷害罪侵犯的客体是公民的民主权利和国家机关的正常活动。这里的民主权利是指公民的批评权、申诉权、控告权和举报权。这些权利是我国公民享有的重要的民主权利，是公民行使管理国家权利的一个重要方面，受到国家法律的严格保护。我国《宪法》第41条规定："中华人民共和国公民对于任何国家机关和国家工作人员，有提出批评和建议的权利；对于任何国家机关和国家工作人员的违法失职行为，有向有关国家机关提出申诉、控告或者检举的权利，但是不得捏造或者歪曲事实进行诬告陷害。对于公民的申诉、控告或者检举，有关国家机关必须查清事实，负责处理。任何人不得压制和打击报复。"为了切实保障宪法赋予公民的上述权利的实现，刑法对侵犯公民的上述权利的行为规定了报复陷害罪。报复陷害是同国家工作人员滥用职权、假公济私联系在一起的，因此，不仅侵犯了公民的民主权利，而且还严重损害了国家机关的声誉，破坏了国家机关的正常活动。

报复陷害罪侵害的客体是复杂客体。本罪侵害的对象，只限于控告人、申诉人、批评人、举报人这四种人。所谓控告人，是指向司法机关和其他党政机关告发、检举国家工作人员违法失职的人。控告人既可以是一般公民，也可以是国家工作人员。所谓申诉人，是指对于自己所受的处分不服，向原处理机关或其上级机关提出申诉意见，要求改变原来处分的人，也包括不服法院已经发生法律效力的判决或裁定，向原审法院或上级法院提出再审请求的人。申诉人并不限于受处分的公民本人，还包括为他人申诉的其他公民。所谓批评人，是指对国家机关和国家机关工作人员工作上的缺点、错误或思想作风，提出批评意见的人。所谓举报人，是指揭发、检举国家机关或其工作人员违法、犯罪事实的人。这里的控告人、申诉人、批评人与举报人，并不限于对实施本罪的国家机关工作人员进行控告、申诉、批评与举报的人。例如，被害人向国家机关工作人员甲提出控告，国家机关工作人员乙滥用职权进行报复陷害的，仍然构成报复陷害罪。又如，被害人控告某国家机关工作人员子女的犯罪行为，该国家机关工作人员滥用职权进行报复陷害的，也构成报复陷害罪。因为一切公民的控告权、申诉权、批评权与举报权都是受法律保护的，要做到这一点，就不能允许国家机关工作人员对任何控告人、申诉人、批评人与举报人进行报复陷害，否则就不利于保护公民的民主权利和国家机关的正常活动。

根据《宪法》第41条的规定，上述控告人、申诉人、批评人、举报人在提出控告、申诉和批评意见时，不得捏造事实进行诬告陷害，否则，不仅不属于《刑法》第243条的保护对象，如果情节严重，还应当依照《刑法》第243条以诬告陷害罪论处。

（二）客观要件

报复陷害罪在客观方面表现为滥用职权、假公济私，对控告人、申诉人或批评人、举报人实行打击报复陷害的行为。行为人必须是滥用职权、假公济私，即违反有关规定，超出职权范围，假借公事名义，陷害他人，在这个意义上说，报复陷害行为是一种渎职行为。报复陷害的方式多种多样，如制造种种理由或借口，非法克扣工资、奖金，或开除公职、党籍，或降职、降薪，或压制学术、技术职称的评定等。如果所采取的报复陷害行为与行为人的职权没有关系，则不构成本罪。如行为人对控告人进行身体伤害的行为，就不是滥用职权，因而不构成本罪。

（三）主体要件

报复陷害罪的主体是特殊主体，即国家机关工作人员。国家机关工作人员，是指在国家机关从事公务的人员。非国家机关工作人员是不可能滥用职权报复陷害他人的，如果实施了报复陷害行为，应根据其行为的性质和侵犯的客体，构成什么罪，就以什么罪论处。

（四）主观要件

报复陷害罪在主观方面表现为直接故意，并且具有报复陷害他人的目的。如果没有报复陷害的目的，而是由于政策水平不高、思想方法主观片面、工作作风简单粗暴、对事实未能查清等原因，对控告人、申诉人、批评人、举报人处理不当，致使其遭受损失的，属于工作上的失误，不构成犯罪。

二、立案标准

1. 最高人民检察院《人民检察院直接受理立案侦查的渎职侵权重特大案件标准（试行）》（2002 年 1 月 1 日　高检发〔2001〕13 号）（节录）

三十九、报复陷害案

（一）重大案件

1. 致人精神失常的；

2. 致人其他合法权益受到损害，后果严重的。

（二）特大案件

1. 致人自杀死亡的；

2. 后果特别严重，影响特别恶劣的。

2. 最高人民检察院《关于渎职侵权犯罪案件立案标准的规定》（2006 年 7 月 26 日　高检发释字〔2006〕2 号）（节录）

二、国家机关工作人员利用职权实施的侵犯公民人身权利、民主权利犯罪

案件

（六）报复陷害案（第二百五十四条）

报复陷害罪是指国家机关工作人员滥用职权、假公济私，对控告人、申诉人、批评人、举报人实行打击报复、陷害的行为。

涉嫌下列情形之一的，应予立案：

1. 报复陷害，情节严重，导致控告人、申诉人、批评人、举报人或者其近亲属自杀、自残造成重伤、死亡，或者精神失常的；

2. 致使控告人、申诉人、批评人、举报人或者其近亲属的其他合法权利受到严重损害的；

3. 其他报复陷害应予追究刑事责任的情形。

三、司法认定

（一）本罪罪与非罪的界限

国家工作人员滥用职权，实行打击报复，但情节显著轻微，危害不大的，一般不以犯罪论处，可予批评教育，或者给予相应的行政纪律处分。但报复陷害，致使被害人的人身权利、民主权利或者其他权利受到严重损害的；手段恶劣的；致人精神失常或自杀的；以及造成其他严重后果的，应当以报复陷害罪论处。

本罪的主观方面是直接故意，并且意图报复、陷害他人。如果行为人无此目的，只是由于工作不负责任，因失职致使控告人、申诉人、批评人、举报人的人身权利、民主权利或者其他合法权利受到损害的，或者因工作方法不当，采取措施不得力，处理问题不恰当等导致他人的合法权益受到损害的，属于工作上的失误，不应当以本罪论处。

（二）本罪与相关犯罪的界限

1. 本罪与诬告陷害罪的界限

这两种犯罪都侵犯了公民的人身权利、民主权利和国家机关的正常活动，都有陷害他人的故意。其主要区别在于：

（1）主体要件不同。报复陷害罪的主体只能是国家机关工作人员，而诬告陷害罪的主体则可以是任何公民。

（2）犯罪目的不同。报复陷害罪的目的是打击报复陷害他人，而诬告陷害罪的目的则是意图使他人枉受刑事追究。

（3）犯罪手段不同。报复陷害罪必须是基于职务，滥用职权或假公济私，诬告陷害罪则不要求必须利用职权。

（4）陷害的对象不同。报复陷害罪只限于控告人、申诉人、批评人、举报人这四种人，而诬告陷害罪可以是任何干部和群众。

2. 本罪和打击报复证人罪的界限

（1）犯罪客体不同。打击报复证人罪侵犯的客体是复杂客体，即国家司法机关的正常活动和公民依法作证的民主权利。证人，是案件得到合法、公正处理的关键性因素之一，有些案件特别是刑事案件，证人的作用尤为重要。对证人进行打击报复必然会导致证人不敢作证或推翻原来所作出的证言，从而破坏司法机关执法活动的进行。因此，本罪属于妨害司法罪之类。报复陷害罪侵犯的客体是公民依法享有的控告、申诉、批评、检举等民主权利，同时也妨害了国家机关的正常管理活动。

（2）犯罪的客观方面不同。打击报复证人罪的客观表现为对证人进行打击报复的行为。既可以是行为人利用手中职权，假公济私，对证人进行打击报复，也可以是行为人没有利用职权而对证人采用恐吓、行凶、伤害等手段进行报复。打击报复证人罪侵害的对象只能是依法作证的证人。这里的证人是指知道的案件事实情况并向司法机关提供证词的人。报复陷害罪的客观方面则表现为行为人利用手中的职权，假公济私，对他人进行报复陷害的行为。其侵害的对象只限于控告人、申诉人、批评人、举报人。

（3）主观方面不同。两罪的主观特征都表现为直接故意，但行为人具体的故意内容不同。打击报复证人罪的行为人出于报复证人的目的，明知自己的行为必然会妨害国家司法机关的正常活动和侵害证人的合法权益，却希望这种结果的发生。报复陷害罪的行为人则出于报复陷害控告人、申诉人、批评人、举报人的目的，明知自己的行为会侵害上述人等的民主权利，妨害国家机关的管理活动，却希望其结果的发生。

（4）两者的主体要件不同。打击报复证人罪的主体为一般主体，凡年满16周岁具有刑事责任能力的人都可构成本罪，行为人既可以是国家工作人员，也可以是一般的公民；而报复陷害罪的主体则为特殊主体，即只有国家机关工作人员才能构成本罪。

3. 本罪与滥用职权罪的界限

所谓滥用职权罪是指国家机关工作人员超越职权，擅自决定，处理其无权决定处理的事务，或者故意违法、违纪处理公务，致使公共财产、国家和人民利益遭受重大损失的行为。本罪与报复陷害罪的主要区别表现在以下几个方面：

（1）侵犯的客体不同。滥用职权罪侵害的客体是国家机关的正常管理活动。报复陷害罪侵害的客体则主要是我国公民依法享有的控告权、申诉权、批评权、检举权等民主权利，同时也妨害了国家机关的正常管理活动。

（2）客观方面不同。滥用职权罪的客观方面表现为行为人滥用职权，并导致了公共财产、国家和人民利益遭受重大损失的行为。两个方面缺一不可。报复陷害罪的客观方面要求行为人必须滥用职权，假公济私，对他人进行报复陷害。其滥用职权的表现形式可能与滥用职权罪相同，但并不以造成重大损失为要件。报复陷害罪侵害的对象仅限于控告人、申诉人、批评人、举报人；滥用职权罪侵害的对象则既可是物，也可是人，被侵害的人没有身份限制。

（3）主观方面不同。滥用职权罪的主观方面是故意，既可以是直接故意，也可以是间接故意。其故意的具体内容是行为人明知自己滥用职权的行为会造成公共财产、国家和人民的利益遭受重大损失的结果，而希望或放任该结果的发生；报复陷害罪的行为人，则主观上具有报复陷害控告人、申诉人、批评人、举报人的目的，明知自己的行为会侵犯上述人等的民主权利和妨害国家机关的正常管理活动，却希望这种结果的发生，只有直接故意才能构成此罪。

4. 本罪与诽谤罪的界限

典型案例二

李某是某国家机关的处长，因下属高某曾向有关领导检举其大吃大喝，为此心怀不满，两人平时关系也不好。为报复高某，李某向公安机关作虚假匿名举报，诬告高某曾在一歌舞厅嫖娼，并伪造了"陪侍女"于某的证言以作证。在公安机关查实的过程中，李某在公开场合多次渲染高某嫖娼的"事实"，并捏造了高某在外嫖娼的"小字报"广为散发。由于李某的行为致高某夫妇失和，最后离婚，且给其本人和家庭名誉都带来了不利的影响，在当地造成了十分恶劣的影响。

李某的行为构成何罪？

一种观点认为，李某身为国家机关工作人员，且系领导干部，其滥用职权、假公济私，对举报人下属高某实行报复陷害的行为，构成报复陷害罪。

另一种观点认为，李某捏造并散布高某"嫖娼"的事实，并四处广为散播，败坏他人名誉，情节严重，构成诽谤罪。

报复陷害罪和诽谤罪都属于侵犯公民人身权利罪。报复陷害罪是指国家机关工作人员滥用职权、假公济私，对控告人、申诉人、批评人、举报人实行报复陷害的行为。《刑法》第254条的规定，犯报复陷害罪的，处2年以下有期徒刑或者拘役；情节严重的，处2年以上7年以下有期徒刑。该罪的犯罪构成要件是：（1）犯罪的客体是侵害了公民的控告权、申诉权、批评权、检举权和国家机关的正常活动。（2）犯罪的客观方面表现为滥用职权、假公济私，对控告人、申诉人、批评人、举报人实行报复陷害的行为。利用职权是本罪的必备条件。所谓滥用职权，即是指利用职权之便并超越职权或胡乱使用职权。所谓假公济私，是指以例行公事之名而行报私怨之实。报复陷害的手段、方法多种多样，如栽赃陷害，进行政治迫害；制造借口停止他人工作；扣发他人工资；等等。本罪的对象仅限于控告人、申诉人、批评人、举报人，但控告、申诉、批评、举报并不限于针对行为人而为。（3）犯罪的主体为国家机关工作人员。（4）犯罪的主观方面为直接故意。

诽谤罪，是指故意捏造并散布虚构的事实，足以贬损他人人格，破坏他人名誉，情节严重构成犯罪的行为。该罪的犯罪构成要件是：（1）本罪的客体是公民的人格和名誉。（2）本罪的客观方面表现为捏造并散布某种虚假事实，足以败坏他人名誉的行为。捏造，即无中生有，凭空杜撰，编造谎言。捏造的事实在别人看来是否可信及可信的程度如何，并不影响诽谤的性质。散布，就是向他人公布，使相当范围内的人了解和知道，并产生一定的社会影响。散布的行为，可以通过一切足以使别人感受了解那种虚假事实的方式方法，如利用报纸、杂志、大小字报、广告、著作等书面文字形式；利用演讲、讲课、讲述、沿街叫骂等非文字形式。诽谤必须是针对特定的人进行的。特定的人既可以是一人，也可以是数人。特定的人不要求指名道姓或真名真姓，只要根据行为人捏造、散布的事实、情节等具体情况，他人可以推知是某个人即可。诽谤行为只要求足以败坏他人名誉就可成立犯罪，而不必有败坏他人名誉的实际结果。（3）本罪的主体为一般主体。（4）本罪的主观方面表现为直接故意。捏造事实诽谤他人的行为必须属于情节严重的才能构成本罪。虽有捏造事实诽谤他人的行为，但没有达到情节严重的程度，则不能以本罪论处。所谓情节严重，主要是指多次捏造事实诽谤他人的；捏造事实造成他人人格、名誉严重损害的；捏造事实诽谤他人造成恶劣影响的；诽谤他人致其精神失常或导致被害人自杀的等等情况。《刑法》第 246 条规定，以暴力或者其他方法公然侮辱他人或者捏造事实诽谤他人，情节严重的，处 3 年以下有期徒刑、拘役、管制或者剥夺政治权利。前款罪，告诉的才处理，但是严重危害社会秩序和国家利益的除外。

报复陷害罪与诽谤罪的主要区别：

（1）侵害对象不同。前罪的侵害对象是特定的，仅限于控告人、申诉人、批评人、举报人；而后罪的侵害对象可以是任何公民。

（2）犯罪手段不同。前罪中的行为人必须是滥用职权；而后罪则不要求行为人利用职务之便。

（3）犯罪主体不同。前罪的犯罪主体只能是国家机关工作人员；而后罪的犯罪主体是一般主体。

（4）主观目的不同。前罪的主观目的一般只是让他人受到政治、经济或人身方面的某种损害，而后罪则不以此为限。

实践中，对于国家机关工作人员以诽谤的方式进行打击报复的，应按牵连犯的处罚原则择一重罪从重处罚。典型案例二中，李某"诬告高某曾在一歌舞厅嫖娼"的行为不构成犯罪，因为李某诬告的是"违法行为"，不是"犯罪事实"；他"在公开场合多次渲染高某嫖娼的事实"的行为构成诽谤罪，因为李某是捏造虚假事实损毁他人名誉，符合诽谤罪的犯罪构成，且法律对诽谤罪的处罚要重于报复陷害罪。

四、刑事责任

《刑法》第 254 条规定，犯本罪，处 2 年以下有期徒刑或者拘役；情节严重的，处 2 年以上 7 年以下有期徒刑。

五、法律依据

（一）刑法规定

第二百五十四条 国家机关工作人员滥用职权、假公济私，对控告人、申诉人、批评人、举报人实行报复陷害的，处二年以下有期徒刑或者拘役；情节严重的，处二年以上七年以下有期徒刑。

（二）法律法规

1.《中华人民共和国宪法》（2004 年修正）（1982 年 12 月 4 日）（节录）

第四十一条 中华人民共和国公民对于任何国家机关和国家工作人员，有提出批评和建议的权利；对于任何国家机关和国家工作人员的违法失职行为，有向有关国家机关提出申诉、控告或者检举的权利，但是不得捏造或者歪曲事实进行诬告陷害。

对于公民的申诉、控告或者检举，有关国家机关必须查清事实，负责处理。任何人不得压制和打击报复。

由于国家机关和国家工作人员侵犯公民权利而受到损失的人，有依照法律规定取得赔偿的权利。

2.《中华人民共和国全国人民代表大会和地方各级人民代表大会代表法》（2010 年修正）（1992 年 4 月 3 日）（节录）

第四十四条 一切组织和个人都必须尊重代表的权利，支持代表执行代表职务。

有义务协助代表执行代表职务而拒绝履行义务的，有关单位应当予以批评教育，直至给予行政处分。

阻碍代表依法执行代表职务的，根据情节，由所在单位或者上级机关给予行政处分，或者适用《中华人民共和国治安管理处罚法》第50条的处罚规定；以暴力、威胁方法阻碍代表依法执行代表职务的，依照刑法有关规定追究刑事责任。

对代表依法执行代表职务进行打击报复的，由所在单位或者上级机关责令改正或者给予行政处分；国家工作人员进行打击报复构成犯罪的，依照刑法有关规定追究刑事责任。

3.《中华人民共和国教师法》（2009年修正）（1993年10月31日）（节录）

第三十六条 对依法提出申诉、控告、检举的教师进行打击报复的，由其所在单位或者上级机关责令改正；情节严重的，可以根据具体情况给予行政处分。国家工作人员对教师打击报复构成犯罪的，依照刑法有关规定追究刑事责任。

4.《中华人民共和国审计法》（2006年修正）（1994年8月31日）（节录）

第五十一条 报复陷害审计人员的，依法给予处分；构成犯罪的，依法追究刑事责任。

第七章　破坏选举罪

一、概念与构成

典型案例一

被告人：岑某作，男，49 岁，广东省恩平市人，个体工商户。

被告人：岑某柏，男，48 岁，广东省恩平市人，原系某公司副经理。

1994 年 8 月中旬，被告人岑某作得知恩平市江洲镇将于同年 9 月 13 日补选镇长，即产生用贿赂镇人大代表的方法当选江洲镇镇长的念头。此后，岑某作勾结被告人岑某柏，先后多次纠集岑某良、岑某灵、岑某亨、岑某慈、张某联 5 人（另案处理），到江洲镇海景舫酒家和岑某作家中等地方，密谋策划贿赂江洲镇第十一届人大代表，让代表选举岑某作当江洲镇镇长。岑某作表示愿意出钱贿赂镇人大代表，岑某柏表示愿意积极串联和发动他人协助进行贿赂，岑某良、岑某灵、岑某亨、岑某慈、张某联表示愿意积极帮助岑某作分别贿赂东北雁管区、永华管区、中安管区、锦江糖厂等单位的镇人大代表。并商定在江洲镇 47 名人大代表中必须贿赂半数以上的代表，以确保岑某作能当上江洲镇镇长。同年 9 月 10 日，两被告人通知岑某良等 5 人到岑某作家中，将岑某作预先准备好的内各装有人民币 1000 元的 22 个信封交给岑某良等 5 人。随后岑某良等 5 人分头贿赂各自联系的代表 22 人（其中两名代表拒收），同时岑某作亲自贿赂镇人大代表 6 名，并要求代表选举他当镇长。两方面合计行贿金额 34500 元。9 月 13 日，江洲镇召开第十一届人大第三次会议补选镇长，其选举结果：47 名代表投票，镇长候选人岑某远得 23 票，岑某作得 15 票，无效票 6 票也写上"岑某作"的姓名，弃权 2 票，另一票把岑某作的名字写错一个字，虽未作废，但实际并无此人。这样，使江洲镇镇长无法选举产生。破案后，追缴贿赂款 24700 元。

恩平市人民法院经公开审理认为，被告人岑某作、岑某柏无视国家法律，违反选举法的规定，为了使岑某作能当选镇长，用金钱贿赂镇人大代表，致使江洲镇第十一届人大第三次会议无法选举产生该镇镇长，其行为均已构成破坏选举罪。在共同犯罪中，被告人岑某作起主要作用，是主犯，应从重处罚；被告人岑某柏起次要作用，是从犯，应比照主犯从轻处罚。该院依照《中华人民共和国刑法》①第142条、第23条、第24条、第60条的规定，于1995年1月7日作出刑事判决：以破坏选举罪分别判处被告人岑某作有期徒刑2年；判处被告人岑某柏有期徒刑1年；随案移送的赃款人民币24700元予以没收，上缴国库。

宣判后，被告人岑某作、岑某柏均未提出上诉。

典型案例二

1999年11月，四川省重庆市城口县的一名副县长病故，决定增补一名副县长，并进行了候选人的民主推荐。时任该县农业局局长的徐某祥得知自己不是候选人时，于1999年11月至12月下旬，以"技物配套奖"的名义，向该县97人违法发放奖金2.88万元；并借县人大评议农业局工作之机，报销了县人大评议工作的全部费用。2000年1月，徐某祥在县人大开会前，擅自决定用农业局的资金，以"拜年费"的名义，向有关县领导及相关部门的负责人63人送钱，为自己当选副县长创造条件。在城口县人大十三届三次会议期间，徐某祥先后向20多名人大代表和有关领导"做工作"，要求他们给予支持，并利用其下属和同学，为其拉选票，造成会议选举工作混乱。徐某祥在此次会议上被"联合提名"选举为城口县的副县长。2001年，重庆市第二中级人民法院依法判处徐某祥有期徒刑2年。

破坏选举罪，是指在选举各级人民代表大会代表和国家机关领导人员时，以暴力、威胁、欺骗、贿赂、伪造选举文件、虚报选举票数或者编造选举结果等手段破坏选举或者妨害选民和代表自由行使选举权和被选举权，情节严重的犯罪行为。构成本罪需要具备以下四个要件：

（一）客体要件

破坏选举罪侵犯的客体是公民的选举权利和国家的选举制度。选举权利包括选举权和被选举权。选举权利是公民基本的政治权利，是我国人民当家作主、行使国家权利的重要标志。（选举制度是国家的重要制度，是国家民主政治的基本保障，任何侵犯公民选举权利的自由行使，破坏选举制度的行为，都是侵犯公民民主权利，损害国家政治生活的行为，必须依法惩处。）

（二）客观要件

破坏选举罪在客观方面表现为在选举各级人民代表大会和国家机关领导人

---

① 编者注：指1979年刑法。

员时，采用各种手段破坏选举或者妨害选民和代表自由行使选举权和被选举权，情节严重的行为。

1. 必须具有破坏选举或者妨害选民和代表自由行使选举权和被选举权的行为。所谓破坏选举，是指以各种方法扰乱、妨害整个选举活动包括选民登记、提出候选人、投票选举、补选、罢免等正常地进行。所谓妨害选民和代表自由行使选举权和被选举权，是指利用各种手段使得选民和代表不能按自己的意志自由地行使自己的选举和被选举的权利。如不准公民参加选举活动；逼迫、诱使选民或代表不选举某人或选举某人等。其中，选民是指直接参加选举活动，选举产生县级以下包括县、乡、镇人民代表大会代表的所有具有选举权的公民。所谓代表，是指由选民直接选举产生的县级以下包括县、乡、镇等人民代表大会的代表以及由县级以上包括县级人民代表大会的代表间接选举产生的上一级人民代表大会的代表。至于破坏选举或妨害选民和代表自由行使选举权和被选举权的方式则多种多样，既可以表现为积极的作为如以暴力妨害，又可以表现为消极的不作为如故意漏登选民名单。归纳起来，主要有：

（1）暴力手段，即对选民、代表及其工作人员采取殴打、捆绑等人身伤害的手段或者捣乱选举场所，砸毁选举设施进行破坏。

典型案例三

1998 年 2 月 25 日，被告人郭某喜、徐某海、徐某点（1998 年 8 月 27 日死亡）及同村的部分村民，以解决问题为由，到某乡政府院内滋事，无理纠缠乡干部，并进行哄闹、辱骂，扬言要砸掉乡政府牌子，砌上乡政府大门，致使乡政府连续数日无法工作。同年 2 月 26 日，是某县第十二届人大代表选举日，上午 8 时许，郭某喜、徐某海 3 次对到拐王村徐东、徐西两村民组组织村民进行选举工作的乡村干部进行威胁、围攻、殴打，致一名乡干部鼻子骨折，使两村民组选举工作无法进行。同年 4 月 23 日，某县公安局领导带领部分公安民警到某乡对郭某喜、徐某海、徐某点执行刑拘任务，两被告人与徐某点带领 30 余人到乡政府，对前来执行公务的公安民警进行拉扯，直至殴打公安民警，暴力抗法，阻止抓人。徐某点手持拖拉机摇把向公安民警乱砸，郭某喜高喊公安人员打人了，煽动不明真相的群众闹事。在公安民警鸣枪警告后，两人继续用砖块抛砸，棍击殴打公安人员，致多名民警受伤。此后两被告人继续用砖块冲砸乡政府办公楼，致多块玻璃损坏。案发后，郭某喜、徐某海涉嫌破坏选举罪被某县人民检察院批准逮捕，两人外逃，直至 2002 年 2 月 8 日被抓获归案。

法院审理认为，郭某喜、徐某海以要乡政府干部解决已处理过的问题为由，多次聚众到乡政府无理纠缠、哄闹、辱骂乡干部，致使乡政府数日无法正常工作，情节严重，对组织选举工作人员进行威胁、围攻、殴打、破坏选举，影响极坏，明知公安民警依法执行公务而暴力抗法，阻碍执行，其行为分别构成聚众扰乱社会秩序罪、破坏选举罪、妨害公务罪，判决判处有期徒刑 2 年；犯妨害公务罪，判处有期徒刑 2 年；犯聚众扰乱社会秩序罪，判处有期徒刑 2 年。数罪并罚，决定各执行有期徒刑 5 年。

典型案例四

1993 年 3 月 20 日下午，上海市某区某乡举行第十二届人民代表选举，当第十三选区地区选民小组进行选举时，个别选民要求召集人徐某珍宣读该乡民众村 7 组与曹路特种油品场签订的征地协议后再选举人民代表，以了解征地后村民安置情况，徐某珍表示选举结束后再解决此事。部分选民表示不满而离开会场。被告人陈某根见证后趁机将徐某珍准备向选民发放的 156 张选票一抢而空，随即离开现场将选票藏匿家中，徐某珍赶到陈某根家中劝说其交出选票，陈拒不服从。当地公安机关接报后，责令其交出选票，陈仍拒不交出，致使当天选举被迫中断。上海市某区人民法院，考虑被告人曾因犯破坏革命秩序罪被判处有期徒刑 10 年，判处被告人有期徒刑 1 年 6 个月。

（2）威胁手段，即以暴力伤害、毁坏财产、揭露隐私、破坏名誉等相要挟，对选民、代表及有关工作人员实施精神强制进行破坏。

（3）欺骗手段，即虚构事实，散布、扩散各种谣言或隐瞒事实真相，以混淆视听进行干扰破坏。

（4）贿赂手段，即利用金钱、财物或者其他物质利益甚或女色勾引、收买选民、代表或有关工作人员以进行破坏。如北京市某区某镇第二届人民代表大会，因一位代表工作变动，拟定于 2004 年 2 月 25 日 12 时至 17 时，在某村某选区依法补选镇人大代表一名，并确定申某忧为候选人。刘某银为让张某云当选，于 2 月 24 日、25 日，前先后找到选民王某荣、梁某霞等人并许诺如选张某云，每张选票给付人民币 10 元；选举后，刘某银为此支付选民报酬 310 元，致使此次等额选举未成功。法院认为：被告人刘某银在选举镇人民代表大会代表时，以贿赂的手段妨害选民自由行使选举权，情节严重。被告人刘某银的行为已构成破坏选举罪，判处有期徒刑 6 个月。

（5）伪造选举文件，即伪造选民证、选票、候选人的情况资料、选举文件进行破坏。

（6）虚报选举票数，即对选民、代表的投票总数、赞成票数、反对票数、弃权票数等进行以少报多或以多报少的虚假报告进行破坏。

（7）其他手段，如撕毁选民名单、候选人情况；在选民名单、候选人名单、选票上涂写侮辱性词句；对与自己不同意见的选民、代表进行打击报复；等等。

2. 破坏选举的行为必须是发生在选举各级人民代表大会和国家机关领导人员的活动中，即破坏的是各级权力机关的选举活动。如果不是发生在其中，而是在选举开始以前或者结束以后以及是在选举权力机关代表和国家机关领导人员以外的选举，如工会、共青团、妇联等社会团体的选举，各级党组织及其他民主党派的选举，企业、事业单位的领导人员的选举等，就不属于本罪的破坏选举。对此类行为，构成犯罪的，应以他罪定罪，而不能以本罪论处。至于选举活动，则包括选民登记、提出候选人、投票选举、补选、罢免以及人民代表大会换届选举、补选的一切活动过程。

典型案例五

被告人：张某，男，35 岁，某省某市人，汉族，原系某市某区某乡某村村民委员会主任，住某市某区某乡某村。1996 年 8 月 8 日被逮捕。

1995 年 12 月至 1996 年 1 月初，被告人张某所在的某区某乡某村进行村民委员会主任换届选举。在换届选举期间，张某为竞选村民委员会主任成功，先后用人民币贿赂刘某某、邱某某、彭某某等六名选民，共计贿赂人民币金额 950 元。同时，在换届选举前夕，张某还经常在其家中设宴招待选民，采取请村民吃喝的手段，让选民为其投票或拉选票。仅 1996 年 1 月 5 日（换届选举前一日），张某在家中摆酒席就达 30 桌，并在宴请中明确告知选民选谁或不选谁。经此次换届选举，被告人张某当选为某区某乡某村村民委员会主任。

某市某区人民检察院以被告人张某在村民委员会换届选举期间，为达到个人当选的目的而采用贿赂选民、请选民吃喝等手段让选民为其投票或拉选票，其行为构成破坏选举罪，向某市某区人民法院提起公诉。被告人张某对检察机关指控的犯罪事实予以否认，称其没有贿赂选民及请选民吃喝的行为，作无罪辩解。被告人张某的辩护人认为案件证据不足、事实不清，不能定罪。

某市某区人民法院经公开审理认为，被告人张某违反《全国人民代表大会和地方各级人民代表大会选举法》的规定，采用贿赂选民、请选民吃喝等方法拉选票，致使部分选民在选举过程中不能自由表达自己的意愿，妨害了选民自由行使选举权和被选举权，造成被告人当选的后果，其行为已触犯刑法，构成破坏选举罪。被告人及其辩护人的辩解无理，不予采纳。该院依照 1979 年《中华人民共和国刑法》第 142 条的规定，于 1996 年 9 月 21 日作出刑事判决如下：

被告人张某犯破坏选举罪，判处有期徒刑1年。

判决后，被告人张某以原判认定事实不清，证据不足，其行为不构成犯罪为理由，向某市中级人民法院提出上诉。

某市中级人民法院经过二审审理，认为原审判决认定上诉人张某在某村村民委员会换届选举期间，贿赂及宴请选民的事实清楚、证据充分，应予确认。

二审法院认为，上诉人张某在参加某区某乡某村村民委员会主任换届选举期间，虽有贿选行为，但应当按照《中华人民共和国村民委员会组织法》及有关地方法规的规定对其违法行为进行调整和处分。张某的行为不属于《全国人民代表大会和地方各级人民代表大会选举法》的适用范围，涉及的问题不应适用该法和《刑法》的有关规定。原判认定事实清楚、审判程序合法，但认定上诉人张某的行为构成破坏选举罪无法律依据，适用法律错误，定罪量刑不当，应予改判。上诉人张某及其辩护人称其行为不构成犯罪的意见，应予采纳。经审判委员会研究决定，该院依照1996年《中华人民共和国刑事诉讼法》第189条第2款的规定，判决如下：

一、撤销某市某区人民法院对本案的刑事判决；

二、宣告上诉人张某无罪。

本案被告人张某为达到个人当选的目的，在村民委员会主任换届选举期间，采用贿赂选民、请选民吃喝等手段让选民为其投票或拉选票，最终当选村民委员会主任。其行为无疑破坏了正常的村民委员会选举，妨害了村民自由行使选举权和被选举权，并已造成了一定的社会危害。但该行为是否构成破坏选举罪，是认定本案的关键。

本案发生及一审审理均在新刑法实施前，应适用1979年刑法。1979年《刑法》第142条规定："违反选举法的规定，以暴力、威胁、欺骗、贿赂等非法手段破坏选举或者妨害选民自由行使选举权和被选举权的，处三年以下有期徒刑或者拘役。"该条所指的"选举法"是指《全国人民代表大会和地方各级人民代表大会选举法》（以下简称选举法）。修订后的1997年《刑法》第256条对破坏选举罪进一步明确了选举对象是各级人民代表大会代表和国家机关领导人员，列举了破坏选举或者妨害选民和代表自由行使选举权和被选举权的手段，在刑罚的种类上增加了剥夺政治权利。但总的来说，1997年刑法对该罪的犯罪构成未作更改。

就本案而言，被告人张某是具有刑事责任年龄和能力的公民，其故意破坏村民委员会选举的行为也已经侵犯了公民的民主权利。然而，按宪法规定，村民委员会是农村基层群众自治组织，不是国家的一级政府机关。村民委员会的选举也不属于选举法所规范的范围，不产生各级人民代表大会代表和国家机关领导人员。被告人张某贿赂选民、请选民吃喝，让选民为其投票或拉选票的行为，并非是在选举各级人民代表大会代表和国家机关领导人员时实施的，未破坏对各级人民代表大会代表和国家机关领导人员的选举，在犯罪构成的客观方面与破坏选举罪不符。在客体上，该行为虽侵犯了公民的民主权利，但未危害选举法所规定的国家选举制度。故被告人张某的行为不构成破坏选举罪。

3. 破坏选举的行为还必须属于情节严重才能构成本罪。仅有破坏行为，尚未达到情节严重，也不能以本罪论处。所谓情节严重主要是指破坏选举手段恶劣、后果严重或者造成恶劣影响的等情况。破坏选举，具有下列情形之一的，应予立案：（1）以暴力、胁迫或者欺骗、贿赂等非法手段强迫或不让选民投某人的票，或强行宣布合法选举无效的；（2）伪造选举文件和选票，虚报选票数，或在选举进行中故意扰乱选举会场秩序，情节恶劣的；（3）在选举期间对控告、检举在选举中营私舞弊或违法乱纪行为的公民进行压制、打击报复，情节严重的。

（三）主体要件

破坏选举罪的主体是一般主体，可以是普通公民，也可以是国家工作人员。但有些破坏选举的行为，如有意不真实地介绍候选人的情况，变更、伪造、虚报选举结果，只能由选举工作人员才能实施，因此，不是选举工作人员的不构成本罪。

典型案例六

邓某和、程某辉均为非国家公务员身份。2011 年 8 月至 10 月，两人经过多次密谋，准备在某镇第十一届人大换届选举中，以贿赂人大代表的方式，争取分别当选为副镇长和镇人大副主席，成为副科级干部，以此实现转变身份的目的。为确保在选举中能得到过半数人大代表的支持，二人又拉拢崔某强帮助实施犯罪活动。2011 年 10 月 24 日选举前，3 名被告人分别向镇人大代表送钱或通过村党支部书记等人向镇人大代表送钱，共送出红包 55 个，金额共计人民币 5 万多元，要求他们在选举投票时，在选票"另选他人"栏中分别选举邓某和、程某辉为副镇长和镇人大副主席。3 名被告人的行为妨碍了人大代表行使自由选举的权利，产生了不真实的选举结果，致使邓某和在某镇第十一届人民代表大会第二次会议选举中共获得副镇长赞成票 42 张，得票超过全体代表半数；程某辉共获得镇人大副主席赞成票 34 张。3 名被告人的行为破坏了换届选举的正常进行，导致选举结果不真实，造成恶劣的影响，邓某和、程某辉所获选票不合法。经纪委部门立案调查，3名被告人如实向纪委部门交代了自己参与破坏选举的犯罪事实。

某法院认为，被告人邓某和、程某辉无视国家法律，身为在国家机关中从事公务的工作人员，利用职权，伙同被告人崔某强在选举某市某镇人民代表大会代表和镇领导人员时，以贿赂等方式妨害人大代表自由行使选举权，导致选举结果不真实，情节严重，影响恶劣，3名被告人的行为均已构成破坏选举罪，依法均应予惩处。邓某和、程某辉密谋贿赂镇人大代表，以实现当选某镇领导班子成员的目的，并积极、主动实施犯罪，起主要作用，属主犯。崔某强在邓某和、程某辉的拉拢下帮他们实施贿选的犯罪行为，起次要和辅助作用，可以认定为从犯。对于从犯，依法应从轻或减轻处罚。根据《中华人民共和国刑法》第256条等规定，依法作出前述判决，3名被告人分别被判处1年6个月至2年不等的有期徒刑。

（四）主观要件

破坏选举罪在主观方面表现为故意。一般出于破坏选举或妨害选民、代表自由行使选举权利的目的。犯罪的动机是各种各样的，有的是出于给自己或自己亲友争取选票，有的是想阻止自己不满的候选人当选，也有的是对选举工作有意见，等等。不同的动机，不影响定罪。过失不构成本罪。

典型案例七

2001年6月13日至15日，某省某县召开第十二届人民代表大会第四次会议，会议补选某县人民政府县长。该县委干部钟某茂为达到当选县长的目的，在会议前和会议期间做了一番手脚。2001年6月5日，钟某茂打电话给甲，问甲能否联系有关代表推荐其为县长候选人，并表示给予酬谢。6月8日，钟某茂又指使乙贿赂有关代表推举其为县长候选人；当日，钟某茂指使丙贿赂有关代表，选举其为县长。6月15日，乙联系的代表联名推荐钟某茂为县长候选人。但随后，因有3名代表撤回提名，致使推荐钟某茂为候选人一事未能得逞。中午，钟某茂被代表推荐候选人失败后，便授意甲、丙在下午选举县长投票时，直接在选票上写上其姓名。当天下午上述收受了钟某茂贿赂的代表大部分直接选举了钟某茂，使其当选为县长。2001年10月，钟某茂被某省某市中级人民法院以破坏选举罪判处有期徒刑2年。

根据以上分析，再来看典型案例一。我国刑法规定的破坏选举罪，是指违反选举法的规定，以暴力、威胁、欺骗、贿赂等非法手段，破坏选举或者妨害选民自由行使选举权和被选举权的行为。处理这类案件应当严格分清破坏选举罪与行贿罪的界限，分清破坏选举罪与一般违反选举法行为的界限。本案被告人岑某作、岑某柏用金钱收买部分镇人大代表，目的是要改变选举结果，让被告人岑某作当选为某镇镇长。这种行为是以贿赂的非法手段破坏选举，妨害人大代表自由行使选举权的行为，它与侵犯客体为国家机关、企事业单位、社会团体和集体经济组织的正常活动的行贿罪有着显著区别。破坏选举罪与一般违反选举法行为的区别，主要在于违法行为的情节是否严重。如果情节一般，可不以犯罪论处；如果情节严重，则构成破坏选举罪。本案被告人岑某作、岑某柏贿赂镇人大代表的情节严重，造成了某镇第十一届人大第三次会议无法选举产生该镇镇长的后果，社会危害性较大，已构成了犯罪。某市法院以破坏选举罪对两名被告人定罪处刑是正确的。

二、立案标准

1. 最高人民检察院《人民检察院直接受理立案侦查的渎职侵权重特大案件标准（试行）》（2002 年 1 月 1 日　高检发〔2001〕13 号）（节录）

四十、国家机关工作人员利用职权实施的破坏选举案

（一）重大案件

1. 导致乡镇选举无法进行或者选举无效的；

2. 实施破坏选举行为，取得县级领导职务或者人大代表资格的。

（二）特大案件

1. 导致县级以上选举无法进行或者选举无效的；

2. 实施破坏选举行为，取得市级以上领导职务或者人大代表资格的。

2. 最高人民检察院《关于渎职侵权犯罪案件立案标准的规定》（2006 年 7 月 26 日　高检发释字〔2006〕2 号）（节录）

二、国家机关工作人员利用职权实施的侵犯公民人身权利、民主权利犯罪案件

（七）国家机关工作人员利用职权实施的破坏选举案（第二百五十六条）

破坏选举罪是指在选举各级人民代表大会代表和国家机关领导人员时，以暴力、威胁、欺骗、贿赂、伪造选举文件、虚报选举票数或者编造选举结果等手段破坏选举或者妨害选民和代表自由行使选举权和被选举权，情节严重的行为。

国家机关工作人员利用职权破坏选举，涉嫌下列情形之一的，应予立案：

1. 以暴力、威胁、欺骗、贿赂等手段，妨害选民、各级人民代表大会代表自由行使选举权和被选举权，致使选举无法正常进行，或者选举无效，或者选举结果不真实的；

2. 以暴力破坏选举场所或者选举设备，致使选举无法正常进行的；

3. 伪造选民证、选票等选举文件，虚报选举票数，产生不真实的选举结果或者强行宣布合法选举无效、非法选举有效的；

4. 聚众冲击选举场所或者故意扰乱选举场所秩序，使选举工作无法进行的；

5. 其他情节严重的情形。

三、司法认定

（一）本罪罪与非罪的界限

选举法第十一章"对破坏选举的制裁"中规定："为保障选民和代表自由行使选举权和被选举权，对有下列行为之一，破坏选举，违反治安管理规定的，依法给予治安管理处罚；构成犯罪的，依法追究刑事责任：（一）以金钱或者其他财物贿赂选民或者代表，妨害选民和代表自由行使选举权和被选举权的；（二）以暴力、威胁、欺骗或者其他非法手段妨害选民和代表自由行使选举权和被选举权的；（三）伪造选举文件、虚报选举票数或者有其他违法行为的；（四）对于控告、检举选举中违法行为的人，或者对于提出要求罢免代表的人进行压制、报复的。国家工作人员有前款所列行为的，还应当依法给予行政处分。以本条第一款所列违法行为当选的，其当选无效。"上述违法行为，每一种都可以是犯罪行为。因此，应当根据事实、情节、后果、危害及行为人的主观恶性程度，区分罪与非罪的界限。对情节恶劣、严重的，以破坏选举罪论处。情节较轻的，可作为一般违法行为，给予行政处分。

此外，如有些地方为图省事不差额选举，或者不按时公布选民和候选人名单的，都不构成本罪。

（二）本罪与相关犯罪的界限

1. 本罪和寻衅滋事罪的界限

二罪的区别主要表现在：

（1）二罪的主观方面不同。两罪都为故意犯罪，但行为人认知的内容不同。寻衅滋事罪的行为人明知自己的行为会发生破坏社会秩序的危害后果，而希望或者放任这种结果的发生。其目的往往是为了满足耍威风、取乐等不正常的精神刺激或其他不健康的心理需要。破坏选举罪则要求行为人明知自己的行为会妨害选举活动的进行及妨害选民和代表自由行使选举权和被选举权，而希望或放任这种结果的发生。其目的往往是出于个人政治上的野心或者是发泄个人的不满等。

（2）客观方面不同。根据刑法的规定，寻衅滋事罪的客观方面有四种表现：其一，随意殴打他人，情节恶劣的；其二，追逐、拦截、辱骂他人，情节恶劣的；其三，强拿硬要或者任意毁损、占用公私财物，情节恶劣的；其四，在公共场所起哄闹事，造成公共场所秩序严重混乱的。其行为没有明确的时间要求。破坏选举则要求行为人的行为必须发生在选举各级人民代表大会代表和国家机关领导人员时。其客观方面的具体表现为行为人以暴力、威胁、欺骗、贿赂、伪造选举文件、虚报选举票数等手段破坏选举或者妨害选民和代表自由行使选举权和被选举权。可见，寻衅滋事罪的犯罪手段相对而言较为单一，主要表现为暴力，破坏选举罪的犯罪手段则较为多样化。从犯罪对象上看，破坏选举罪侵犯的对象主要是选民和代表，寻衅滋事罪侵犯的对象则通常为不特定的人或者财物。

（3）侵犯的客体不同。寻衅滋事罪侵犯的客体是社会公共秩序，即人们遵守共同生产规则而形成的正常秩序。破坏选举罪侵犯的客体为公民的选举权和被选举权以及国家的选举制度。

2. 本罪与伪造国家机关公文、证件、印章罪的界限

行为人以伪造选举文件的手段破坏选举的行为，构成犯罪的，往往易与伪造国家机关公文、证件、印章罪混淆。《刑法》第 280 条第 1 款规定了伪造国家机关公文、证件、印章罪，其和以伪造选举文件的手段破坏选举的主要区别是：

（1）主观方面不同。伪造国家机关公文、证件、印章罪的行为人主观方面表现为故意，但其犯罪的动机通常是为了取得某种利益，或者是为了赢利，有的则是为了实施其他犯罪活动作准备等。以伪造选举文件手段实施破坏选举罪的行为人则往往具有明确的破坏选举的目的。

（2）客观方面不同。伪造国家机关公文、证件、印章罪侵犯的对象为国家机关的公文、证件、印章。国家机关包括国家的权力机关、行政机关、司法机关、军事机关等。而以伪造选举文件手段破坏选举的行为人伪造的只限于选举文件，这些选举文件则是属于国家权力机关的公文，如各级人民代表大会主持选举工作机关制定、发布的关于选举工作的文件，不包括其他国家机关以及国家权力机关制定、发布的与选举工作无关的公文、证件等。

（3）侵犯的客体不同。伪造国家机关公文、证件、印章罪侵犯的客体是国家机关的公文、证件、印章的信誉以及国家机关对公文、证件、印章的管理活动。以伪造选举文件的手段破坏选举的犯罪行为侵害的客体则是国家的选举制度及选民和代表的选举权和被选举权。

3. 本罪与妨害公务罪的界限

两罪的主要区别表现在：

（1）客观方面不同。以暴力、威胁的方法阻碍代表依法执行职务构成妨害公务罪，其中的代表职务，是指全国人民代表大会和地方各级人民代表大会组织法规定的人民代表在其所在各级人民代表大会中的职务。只要行为人以暴力、威胁方法阻碍人民代表行使其上述代表职务的，就构成妨害公务罪，并且没有情节严重的要件限制。以暴力、威胁的手段妨害代表自由行使选举权和被选举权构成破坏选举罪的仅限于在选举各级人民代表大会代表和国家机关领导人员时，侵害代表依法享有的选举权的情形，不包括对代表依法享有的其他职权的侵害。当然，从广义上看，侵害代表的选举权是妨害其公务行为的一种，这里存在着法条竞合的关系，相对于妨害代表执行公务的犯罪来说，妨害代表自由行使选举权和被选举权的破坏选举罪则属于特别法。

（2）侵害的客体不同。妨害代表执行公务的犯罪侵害的客体是各级人大代表依法享有的各种职权，同时也侵害了人民代表大会的根本制度。破坏选举罪中妨害代表自由行使选举权和被选举权的侵害客体仅限于代表的选举权和国家的选举制度。

四、刑事责任

《刑法》第 256 条规定，犯本罪，情节严重的，处 3 年以下有期徒刑、拘役或者剥夺政治权利。

五、法律依据

（一）刑法规定

第二百五十六条 在选举各级人民代表大会代表和国家机关领导人员时，以暴力、威胁、欺骗、贿赂、伪造选举文件、虚报选举票数等手段破坏选举或者妨害选民和代表自由行使选举权和被选举权，情节严重的，处三年以下有期徒刑、拘役或者剥夺政治权利。

（二）法律法规

《中华人民共和国全国人民代表大会和地方各级人民代表大会选举法》（2010 年修正）（1979 年 7 月 1 日）（节录）

第五十五条 为保障选民和代表自由行使选举权和被选举权，对有下列行为之一，破坏选举，违反治安管理规定的，依法给予治安管理处罚；构成犯罪的，依法追究刑事责任：

（一）以金钱或者其他财物贿赂选民或者代表，妨害选民和代表自由行使选举权和被选举权的；

（二）以暴力、威胁、欺骗或者其他非法手段妨害选民和代表自由行使选举权和被选举权的；

（三）伪造选举文件、虚报选举票数或者有其他违法行为的；

（四）对于控告、检举选举中违法行为的人，或者对于提出要求罢免代表的人进行压制、报复的。

国家工作人员有前款所列行为的，还应当依法给予行政处分。

以本条第一款所列违法行为当选的，其当选无效。

中　　编

侵权犯罪的证据适用

第一章　非法拘禁罪

非法拘禁罪是《刑法》第 238 条规定的以拘禁或者其他方法非法剥夺他人人身自由的行为所构成的犯罪行为。根据行为主体和行为特征的不同，非法拘禁罪分别由检察机关和公安机关管辖，即国家机关工作人员利用职权实施的非法拘禁案件，由检察机关侦查；非国家机关工作人员实施的非法拘禁案件或国家机关工作人员不是利用职权实施的非法拘禁案件由公安机关管辖。侵权犯罪中的非法拘禁罪，特指由检察机关管辖的国家机关工作人员利用职权实施的非法拘禁行为。它不仅侵犯他人的人身自由权利，而且侵犯国家机关的正常活动，损害国家机关及其工作人员的形象和声誉。

一、基本证据

（一）证明本罪主体方面的证据

非法拘禁罪的主体是国家机关工作人员。

1. 证明犯罪嫌疑人自然情况的证据

证明犯罪嫌疑人的姓名、性别、出生年月日、居住地的户籍资料、居民身份证、出生证、户口迁移证明。对于户籍、出生证等材料内容不实的，应提供其他证据材料。

2. 证明犯罪嫌疑人身份和职责的证据

犯罪嫌疑人在国家机关或国有公司、企业、事业单位、人民团体从事公务的，收集以下证据：

（1）证明犯罪嫌疑人所在单位性质的书证，包括：国有事业单位、人民团体的法人证书或组织机构代码证，国有公司、企业的工商营业执照和工商注册档案等；对于无法提取上述证据的，可以通过该单位或其主管单位出具相关证明来判断；对于国家机关的单位性质一般不需要收集书证证明；

（2）证明犯罪嫌疑人身份的书证，包括：干部登记表、职工登记表、聘书、聘用合同、干部履历表、任免文件（任免审批表、任免通知、任免书、任免决定）等；对于经人民代表大会及人大常委会选举、决定、任免、批准等程序产生的职务，还需收集人大或人大常委会的相关公告；

（3）证明犯罪嫌疑人职责的书证，包括：岗位责任制度、工作制度、相关会议纪要、工作分工文件等；

（4）本单位或上级单位人事主管部门出具的有关犯罪嫌疑人身份、任职时间、职责的说明材料；

（5）人大代表、政协委员犯罪的案件，应注明身份，并附身份证明材料。

（二）证明本罪主观方面的证据

行为人主观方面是故意，即明知自己的行为会发生剥夺他人人身自由和侵犯国家机关管理活动的结果，并希望这种结果发生。非法拘禁行为人主观方面是故意，即明知非法拘禁行为会造成危害社会的结果，仍希望这种结果发生。由于犯罪嫌疑人主观方面的证据属于犯罪人主观领域的内容，看不清摸不着，因此证明被告人主观方面的证据往往依赖于犯罪嫌疑人的供述。尽管检察机关可以借助于犯罪嫌疑人的具体行为来推定其犯罪故意，但一般也需要证人证言来佐证。

1. 犯罪嫌疑人的供述和辩解

（1）详细叙述犯罪产生的原因和过程。特别是对于关键的事实和情节，需要反复从多个角度进行讯问，尽可能增加讯问笔录的信息量和细节，把犯罪嫌疑人从否认非法拘禁的犯罪到认罪的心理过程等情况反映出来。

（2）重点查明犯罪嫌疑人犯罪的动机、目的、犯意产生的原因、过程。犯罪嫌疑人对自己行为性质的认识，看是否认罪、有无悔意，有没有弥补损失的行为。

（3）有无策划、策划的具体内容。

（4）共同犯罪案件，还应当查明犯罪预谋的过程。

2. 证人证言

要采取多种措施固定证人证言，可以采取证人亲笔书写证言的方式固定证据，也可以在询问的时候进行录音录像，以确定其真实性。

3. 其他证据

证明犯罪嫌疑人具有非法拘禁主观故意的其他证据，例如再生证据，犯罪嫌疑人实施犯罪行为以后为了逃避法律追究而进行的一系列反侦查活动产生的，能够证明犯罪事实存在或者原生证据存在的证据。包括串供、订立攻守同盟的情况；隐匿、销毁证据的情况；转移赃款、赃物的情况；收买、威胁证人的情况；畏罪潜逃等情况。

（三）　证明本罪客观方面的证据

1. 犯罪嫌疑人的供述和辩解

（1）非法拘禁的时间，包括开始的时间和持续的时间。

（2）拘禁的地点、手段，有无实施捆绑、殴打侮辱、虐待等行为造成的严重后果。

（3）共同犯罪的，查明各参与人在犯罪中的地位、作用和应负的责任，如在准备阶段，谁是起意者，谁是策划组织者，谁是决策者；在实施犯罪过程中，谁是指挥者，谁对被害人实施了捆绑、殴打，殴打用的是什么工具，打击的次数、部位、后果如何，谁说了什么话，起了什么作用；在拘禁解除过程中，是谁因什么原因提出或决定解除拘禁；在犯罪之后，有无订立攻守同盟，谁是攻守同盟的策划者，谁是联络者；等等。

2. 被害人陈述

被害人对案情有清楚的了解，其陈述是案件的直接证据，但由于情绪激愤，陈述中往往"水分"较多。因此，在询问时，既要对其被非法拘禁的遭遇表示应有的同情，又要教育他实事求是地反映案件事实和自己存在的过错，不能扩大或缩小，更不能编造，否则要负法律责任。询问时，主要问明案件的起因、经过、结果，非法拘禁的手段，参与非法拘禁的人数，各人的外貌特征、行为及在案件中的地位、作用等。

（1）非法拘禁的时间，包括开始的时间和持续的时间。

（2）拘禁的地点、手段，有无实施捆绑、殴打侮辱、虐待、饿饭等行为造成的严重后果。

（3）共同犯罪的，查明各参与人在犯罪中的地位、作用和应负的责任，如在准备阶段，谁是起意者，谁是策划组织者，谁是决策者；在实施犯罪过程中，谁是指挥者，谁对被害人实施了捆绑、殴打，殴打用的是什么工具，打击的次数、部位、后果如何，谁说了什么话，起了什么作用；在拘禁解除过程中，是谁因什么原因提出或决定解除拘禁；在犯罪之后，有无订立攻守同盟，谁是攻守同盟的策划者，谁是联络者；等等。

（4）被害人与拘禁人的矛盾或纠纷，是否有幕后指挥者。

3. 证人证言

及时进行现场访问。要及时向在场周围知情者调查访问，了解案件的起因、经过，非法拘禁的参与人及具体情节，让他们提供所了解的与案件有关的一切情况。具体包括：

（1）非法拘禁的起因。

（2）非法拘禁的时间，包括开始的时间和持续的时间。拘禁的地点包括发生的地点和持续拘禁的地点、手段，有无实施捆绑、殴打侮辱、虐待、饿饭等行为造成的严重后果。

（3）共同犯罪的，查明各参与人在犯罪中的地位、作用和应负的责任，如在准备阶段，谁是起意者，谁是策划组织者，谁是决策者；在实施犯罪过程中，谁是指挥者，谁对被害人实施了捆绑、殴打，殴打用的是什么工具，打击的次数、部位、后果如何，谁说了什么话，起了什么作用；在拘禁解除过程中，是谁因什么原因提出或决定解除拘禁；在犯罪之后，有无订立攻守同盟，谁是攻守同盟的策划者，谁是联络者；等等。

4. 勘验检查笔录

（1）现场勘验。先划出保护现场的范围，予以拍照录像，并制作现场图，标明各种物品和受害人所处的位置，然后仔细地进行现场勘验。要细心寻找头发、血迹、呕吐物、溺尿等痕迹和木棒、绳索、铁丝等用于捆绑、殴打的工具；要注意房梁、门窗、窗棂上是否有绳索留下的痕迹。对于遭到破坏的现场，更要细心勘验。对发现的痕迹物品，应予拍照录像，并尽量予以提取。对现场遗留的新鲜脚印和烟头也要提取，通过鉴别可对在黑暗中多人实施非法拘禁、行为人相互推诿罪责的案件起到认定在场行为人的作用。

（2）法医检验。对伤者的伤痕，要在做好检验记录的同时，进行拍照录像以作复检和庭审之用；对尸体的检验，除做好对伤痕、尸斑等的检验、记录外，要认真做好尸体解剖，查明死因。

5. 鉴定意见

（1）物理化学鉴定。对现场提取的毛发、血迹等物证痕迹的鉴定，以判明该物证痕迹是否被害人所留。

（2）法医学鉴定。对被害人伤亡进行鉴定，以判明伤害程度、致伤工具和死亡原因。

6. 其他证据

其他能够证明犯罪嫌疑人实施非法拘禁犯罪的证据。

（四）证明本罪量刑情节的证据

1. 证明嫌犯的认罪态度和一贯表现的证据

（1）嫌犯的供述与辩解，证实其口供是否具有一贯性，是否坦白，是否避重就轻；

（2）相关部门或人员出具的情况说明，证实嫌犯的认罪态度；

（3）相关部门出具的证实嫌犯具有其他积极认罪悔罪表现的证明材料；

（4）有关组织出具的证明嫌犯一贯表现的证明材料。对嫌犯的认罪态度，在每个案件中都应予以体现，前科情节证据，即证明行为人在犯罪前曾具有受过行政处分情节证据。

2. 在社会上产生恶劣影响情节证据

证明行为人因为非法拘禁行为造成恶劣影响的情节证据。

3. 自首立功情节证据

证明行为人具有投案自首或者立功表现等法定从轻、减轻处罚的情节证据。

4. 悔改情节证据

行为人能主动坦白、积极赔偿，确有悔改表现等情节的证据。证明对被害人损害赔偿情况的证据：（1）被害人陈述；（2）被害人亲属或其他知情人证言；（3）证明履行赔偿情况的调解协议、收条等相关书证；（4）嫌犯主动要求给予被害人赔偿的供述及亲笔信函等。

5. 妨碍侦查情节证据

证明行为人在侦查期间，具有干扰证人作证、毁灭、伪造证据或者串供等情节的证据。

6. 证明犯罪行为造成其他社会危害的证据

（1）相关证人或知情人的证言；

（2）有关部门出具的关于犯罪对象的特殊性或社会危害程度的证明；

（3）其他危害结果的证明等。

7. 证明被害人有过错的证据

（1）嫌犯的供述和辩解；

（2）被害人陈述；

（3）目击证人或知情人证言；

（4）能够证实被害人有过错的有关物证、书证或鉴定意见等。在认定被害人有无过错时应当注意排除涉及正当防卫的情节。

二、不同诉讼阶段的证据标准

（一）立案的证据标准

1. 非法剥夺他人人身自由 24 小时以上的；

2. 非法剥夺他人人身自由，并使用械具或者捆绑等恶劣手段，或者实施殴打、侮辱、虐待行为的；

3. 非法拘禁，造成被拘禁人轻伤、重伤、死亡的；

4. 非法拘禁情节严重，导致被拘禁人自杀、自残造成重伤、死亡，或者精神失常的；

5. 非法拘禁 3 人次以上的；

6. 司法工作人员对明知是没有违法犯罪事实的人而非法拘禁的；

7. 其他非法拘禁应予追究刑事责任的情形。

（二）提请逮捕犯罪嫌疑人的证据标准

1. 有证据证明发生了非法拘禁的犯罪事实

（1）犯罪现场照片、现场勘查笔录、犯罪工具实物或照片、伤情鉴定等证明发生拘禁他人或者以其他方法剥夺他人人身自由的行为的证据。

（2）证明非法拘禁犯罪事实发生的被害人陈述、证人证言、犯罪嫌疑人供述和解救被害人的相关证据等。

（3）证明拘禁他人或者以其他方法剥夺他人人身自由的行为系非法的证据。

2. 有证据证明非法拘禁犯罪事实系犯罪嫌疑人实施的

（1）在犯罪嫌疑人实施拘禁地解救出被害人的证据。

（2）被害人的指认。

（3）犯罪嫌疑人的供认。

（4）证人证言。

（5）同案犯罪嫌疑人的供述。

（6）其他能够证明犯罪嫌疑人实施非法拘禁犯罪的证据。

3. 证明犯罪嫌疑人实施非法拘禁犯罪行为的证据已有查证属实的

（1）其他证据能够印证的被害人的指认。

（2）其他证据能够印证的犯罪嫌疑人的供述。

（3）能够相互印证的证人证言。

（4）能够与其他证据相互印证的证人证言或者同案犯供述。

（5）能够排除合理怀疑的被害人因非法拘禁在身体、精神方面受到损害的相关证明材料。

（6）其他查证属实的证明犯罪嫌疑人实施非法拘禁犯罪的证据。

4. 有逮捕必要

（1）犯罪嫌疑人具有社会危险性，即采取取保候审、监视居住等方法不足以防止发生社会危险性。应该收集：犯罪嫌疑人有行政刑事处罚记录，也包括受过刑事处罚，曾因其他案件被相对不起诉，受过劳动教养、治安处罚及其他行政处罚；犯罪嫌疑人可能逃跑、自杀、串供、干扰证人作证以及伪造、毁灭证据等妨害刑事诉讼活动的正常进行的，或者存在行凶报复、继续作案的可能，如曾以自伤、自残方法逃避侦查，持有外国护照或者可能逃避侦查；已经逃跑或逃跑后抓获的；属于违反《刑事诉讼法》第 69 条、第 75 条规定，情节严重的。

（2）犯罪嫌疑人不具有不适合羁押的特殊情况。应该收集：犯罪嫌疑人未患有严重疾病或正在怀孕、哺乳自己的婴儿，不属于未成年人、在校学生和年老体弱及残障人士；经济犯罪案件逮捕法人代表或其他骨干不可能严重影响企业合法的生产经营。

（三）侦查终结的证据标准

1. 犯罪嫌疑人的基本情况

包括犯罪嫌疑人姓名、性别、出生年月日、政治面貌、民族、文化程度、是否人大代表或政协委员、现住址、工作单位及职业、有无犯罪前科以及身份证号码等。

2. 案件来源及诉讼经过

包括案件来源和案件侦查的各个程序的时间，如初查、立案、侦结的时间，采取强制措施的种类、时间和变更情况以及延长、重新计算羁押期限等情况。

3. 侦查认定涉嫌犯罪的事实和依据

对多起犯罪要逐一列写，并列明相关证据，简要说明证据要证明的主要事实。包括：

非法拘禁犯罪事实都有证据证明：

（1）犯罪现场照片、现场勘查笔录、犯罪工具实物或照片、伤情鉴定等证明发生拘禁他人或者以其他方法剥夺他人人身自由的行为的证据。

（2）证明非法拘禁犯罪事实发生的被害人陈述、证人证言、犯罪嫌疑人供述和解救被害人的相关证据等。

（3）证明拘禁他人或者以其他方法剥夺他人人身自由的行为系非法的证据。

（4）在犯罪嫌疑人实施拘禁地解救出被害人的证据。

（5）同案犯罪嫌疑人的供述。

（6）其他能够证明犯罪嫌疑人实施非法拘禁犯罪的证据。

证明犯罪嫌疑人实施非法拘禁犯罪行为的证据已有查证属实的：

（1）其他证据能够印证的被害人的指认。

（2）其他证据能够印证的犯罪嫌疑人的供述。

（3）能够相互印证的证人证言。

（4）能够与其他证据相互印证的证人证言或者同案犯供述。

（5）能够排除合理怀疑的被害人因非法拘禁在身体、精神方面受到损害的相关证明材料。

（6）其他查证属实的证明犯罪嫌疑人实施非法拘禁犯罪的证据。

4. 案件侦破经过

包括案件线索来源和初查情况、案件侦破过程以及本案的特点和经验总结。

5. 需要说明的问题

包括对经过侦查不能认定为犯罪行为的情况说明，以及其他需要说明的事项。

（四）撤销案件的证据标准

在侦查过程中，发现不应对犯罪嫌疑人追究刑事责任的，应当撤销案件。撤销案件的条件是：（1）具有《刑事诉讼法》第 15 条规定情形之一的；（2）没有犯罪事实的，或者依照刑法规定不负刑事责任和不是犯罪的；（3）虽有犯罪事实，但不是犯罪嫌疑人所为的。对于共同犯罪的案件，如有符合本条规定情形的犯罪嫌疑人，应当撤销对该犯罪嫌疑人的立案。人民检察院对直接受理侦查案件拟作撤销案件决定，应履行人民监督员监督程序。省级以下（含省级）人民检察院对直接受理侦查案件拟作撤销案件决定应当报上一级人民检察院批准。

三、收集认定证据中的常见问题及对策

（一）如何查明拘捕行为是否具有非法拘禁故意

对司法机关工作人员在办理刑事案件中有的拘捕行为是否具有非法拘禁故意，有时较难查明和辨明。司法人员因工作失误而错误拘捕的，或者依法拘禁犯罪嫌疑人，但法律手续不完备的，不应认为具有非法拘禁的故意；司法人员出于个人目的，对明知是无辜的人擅自拘捕，或对拘捕后发现不应拘捕的人借故不予释放的，则应认定为具有非法拘禁故意，根据具体情况分别以非法拘禁罪或徇私舞弊罪论处。要辨明司法人员在办理刑事案件中的拘捕是否具有非法拘禁故意，一要调查原案犯罪嫌疑人是否具有犯罪事实和是否具备拘捕条件；二要调查司法人员对原案犯罪嫌疑人是否具有犯罪事实和是否具备拘捕条件的主观认识，即是否明知不具有犯罪事实和不具备拘捕条

件；三要调查拘捕有无依法经过领导人批准或在报请批准时有无弄虚作假骗取批准。总之，非法拘禁案件本身法律政策界限复杂。这其中，案件本身法律政策界限复杂为错误认识提供了借口，而错误认识又会进一步"模糊"某些法律政策的界限。

典型案例一

吴某，男，1972年1月18日出生于某省某区，汉族，大专文化，原某市公安局某派出所警察，现系某市公安局曾都区分局刑警大队二中队警察（已停职）。因涉嫌犯非法拘禁罪于2000年5月17日被某市人民检察院决定取保候审。

高某，男，1961年3月22日出生于某省南漳县，汉族，大专文化，原某市公安局某派出所所长（已停职），因涉嫌犯非法拘禁罪于2000年5月17日被某市人民检察院决定取保候审。

1999年7月，某市公安局某派出所警察吴某根据本所司机的汇报和群众举报，认为贺某某、蔡某某有卖淫嫌疑。同年8月17日晚，吴某带领本所其他工作人员到该镇供销酒楼二楼美容厅，将涉嫌卖淫的女青年贺某某、蔡某某及涉嫌嫖娼人员张某（张某当时赤背，坐在贺某某寝室床上）口头传唤至本所审查。吴某向所长高某汇报"抓获嫖娼现场"。高某即同意对该三人进行盘问，后因身体不适即回寝室休息。被告人吴某等人当夜进行盘问，贺某某最终承认其曾向张某、刘某某、桂某等二十余人卖淫。次日凌晨，高某在听取吴某汇报后，同意对贺、蔡、张三人留置审查。二人并商量了留置审查其他涉案人员的计划。8月20日下午，蔡某某因一直否认有卖淫行为，被吴某释放，蔡某某共被留置35小时。张某承认其与贺某某有嫖娼行为后，8月21日（星期一）吴某安排本所的另一工作人员吴某到市公安法制科，会同所长高某呈报对贺某某、张某的治安处罚裁决，因故未予办理。8月19日晚至8月22日，吴某根据贺某某的供述，带领所内其他人员，先后对涉案人员陈某军、陈某星、陈某虎、张某将、刘某生、陈某某分别进行了留置盘问，上列人员均承认与贺某某发生了性关系。23日上午，吴某又到本市公安局，与已在市局的所长高某一起到法制科呈报该案处罚意见。市公安局法制科和局领导审查后，依法裁决对贺某某行政拘留10天，罚款1000元，对陈某军行政拘留10天，罚款3500元；对张某、陈某星、陈某虎、张某将、陈某某各行政拘留10天，罚款3000元。对呈报的对刘某生的拘留，法制科未予批准，吴某仍将其继续关押45小时，直至8月25日收取其2000元罚款后才予以释放。8月24日8时许，吴某又带人将另一涉案人员桂某传唤至派出所进行审查并关押（未请求高某办理留置手续），桂某承认曾与贺某某在洪山度假村同宿一夜，因有人说情而未报市局裁决。8月27日下午，吴某在收取桂的亲属交纳的3000元罚款后方将桂某放回。桂某计被关押75小时。高某自8月21日后在市局开会又因病住院均不在派出所。对贺某某、陈某某、张某将、陈某虎、陈某军、陈某星六人，吴某均在行政拘留的期限内，于8月25日至9月3日间先后收取罚款后予以释放，对张某超期拘留了14小时，收取2000元罚款后释放。

贺某某被释放后，经某市妇幼保健院等医疗单位检查，其处女膜完整，即告发此案。

认定上述事实的证据有：

1. 涉案人员贺某某、刘某生、陈某某、桂某、张某、陈某军、张某将、陈某星、陈某虎关于其被某派出所警察讯问后供述情况及被留置、拘留经过的陈述。

2. 本案关系人吴某某、朱某东、汪某对上列人员被羁押的有关陈述。

3. 吴某、吴某某、朱某东等在办理贺某某等人治安案件时填写的留置审批表份书证证实，此案无桂某的留置手续。

4. 某市公安局对该案的治安管理处罚裁决书7份书证证实，该案中没有对刘某生、桂某进行拘留的治安管理处罚裁决。

5. 涉案人员刘某生关于其于1999年8月21日到派出所后吴某某、朱某东对其讯问，汪某在一旁规劝，后未经裁决，仍继续将其关押，其胞兄刘甲生代交罚款2000元后被释放经过的陈述；证人刘甲生关于其胞弟刘某生在被关第四天其找黄某艮说情，与吴某讲好交2000元罚款，吴某才将刘某生释放的陈述；证人黄某艮（原某市公安局林业分局干部）关于刘甲生为其弟被某派出所关押，找其说情，其到某派出所后仅找到办案人吴某，吴某表态只罚2000元，吴某没说向高所长汇报的陈述；上诉人吴某关于其不知晓刘某生被讯问、留置及其于8月24日下午2时释放刘某生的供述；此4份证言证实，吴某未参与传唤、讯问、留置刘某生，其于1999年8月24日下午2时，将刘某生释放。

6. 证人桂某关于8月25日其被吴某、吴某某传唤至派出所讯问后，下午6时未办任何手续而将其关押至27日，其胞兄桂某勇交派出所3000元罚款后才被释放的陈述；吴某、吴某某讯问桂刚的笔录证实，桂某在某派出所被讯问的时间是1999年8月25日；证人郑某海（原某市公安局巡逻大队警察）陈述证实，其外甥桂某被某派出所关押，打电话找正在住院的高某说情，要求不将桂某报市局裁决。

7. 证人孙某付、夏某香夫妇（供销酒楼美容厅业主）关于蔡某某是被派出所带走的第三天上午回来的陈述。

8. 证人吕某军（原某镇人武部部长）关于其 9 月 3 日在某派出所电话告知高某仍有 3 名某公路人员在押，高某即让吴某某予以释放的陈述。

9. 上诉人吴某、原审被告人高某对本案事实的有关供述。上述证据经庭审质证属实，合法有效，予以认定。

法院认为，被告人吴某身为人民警察，在办理案件中违反规定，不经法定程序，对桂某未办理任何法律手续而非法关押 75 小时，对刘某生在市公安局法制科未予批准行政拘留的情况下仍继续关押 45 小时，属非法限制人身自由，其行为已构成非法拘禁罪。被告人高某未直接参与案件的办理及讯问，但对吴某等人违法办案，有一定责任，并无非法拘禁他人的故意和行为，其是在听取吴某汇报后才作出允许留置的表态，对刘某生未及时释放及对吴某非法拘禁桂刚督办、制止不力，情节显著轻微，不构成犯罪。依照《中华人民共和国刑法》第 238 条第 1 款、第 13 条和第 72 条第 1 款之规定，以被告人吴某犯非法拘禁罪，判处有期徒刑 1 年，缓刑 1 年；宣告被告人高某无罪。

某区人民检察院抗诉认为：（1）一审判决应对本案被害人没有卖淫嫖娼行为和被告人吴某殴打被拘禁人等事实予以认定；（2）一审判决认定被告人吴某、高某对贺某某等 8 人的拘禁不是非法拘禁属定性错误；（3）对被告人吴某以非法拘禁罪判处有期徒刑 1 年，缓刑 1 年，量刑偏轻，适用缓刑不当，对被告人高某宣告无罪错误。

上诉人吴某上诉认为，我身为人民警察带队查处贺某某、陈某军等人卖淫嫖娼一案，是依法履行法定职责，且是受领导指示所为，无非法拘禁他人的故意，不构成犯罪。其辩护人辩护意见是：一审判决认定事实部分错误，抗诉机关指控吴某殴打被拘禁人，证据不足，吴某查处该案，是依法履行职权，无非法拘禁的故意，不构成犯罪。

被告人高某辩称其无非法拘禁的故意和行为。其辩护人辩护认为，抗诉机关指控高某犯罪，证据不足，且定性错误。

通过这个案例我们可以看出吴某身为警察，在查处贺某某、陈某军等人涉嫌卖淫嫖娼的治安案件中，违反《中华人民共和国警察法》和《中华人民共和国治安管理处罚法》有关规定，不经法定程序，未经批准，对桂某非法羁押 41 小时，属非法限制他人人身自由，其行为已构成非法拘禁罪；在办理该案中，涉嫌人员刘某生被依法留置后，上诉人吴某到市公安局报治安管理处罚裁决，未获批准，刘某生后被继续羁押 18 小时，情节轻微，属执法过失，此行为不构成非法拘禁罪；对经依法留置后又经依法裁决行政拘留的贺某某、陈某军、陈某星、陈某虎、陈某某、张某、张某将等未在法定期限内呈报裁决，以及对张某超期拘留 14 小时，其行为违反了法定的有关程序和时限，属执法过失，主观上不具有故意剥夺他人人身自由的目的，不应认定为非法拘禁罪。高某身为派出所所长，未直接参与对贺某某、陈某军等涉嫌卖淫嫖娼人员的传唤、讯问、取证，只是在听取案件主办人的汇报后作出同意留置的表态，无非法拘禁他人的故意和行为。但其作为派出所所长，对刘某生未及时释放及吴某等人对桂某的非法留置，督查、制止不力，属行政领导过失，不构成非法拘禁罪。

（二）如何全面客观收集能够证明犯罪嫌疑人有罪的证据材料

非法拘禁罪证据的收集存在一定难度，大多没有可供勘查的犯罪现场和犯罪痕迹，犯罪事实主要通过证人证言、犯罪嫌疑人口供、会议记录、账册中的文字内容等证据来证明。更何况一些证人慑于权势、恐怕打击报复而不愿作证，即使勉强作证也容易产生反悔心态，证据具有明显的不稳定性，因此，在证据体系中，言词证据、文书证据的地位比较突出，而言词证据的客观性、准确性远差于物证，并且可变性强，造成收集、固定证据难，采信证据更难。

典型案例二

被告人王某，男，1963 年 12 月出生，汉族，大学文化，某省某县政府原副县长。2004 年 8 月 25 日因涉嫌非法拘禁罪被刑事拘留，9 月 6 日被逮捕。2001 年年初，某省省某县郭道镇郭道村村委换届，原村委主任邓某中落选后，被镇党委直接任命为该村党支部书记，导致大部分村民不满，出现了小字报和到处告状的混乱现象。时任郭道镇党委书记的王某为了整治郭道村的问题，专门成立了工作组，并亲自到场指挥和参与调查工作。2001 年 6 月 13 日，王某为了加快工作进度，决定安排工作组人员对郭道村村民吴某亮、李某新、张某荣、姚某宽 4 人填发通知单，将其限制在县政府二招，并要求在澄清事实之前不得回家。吴某亮自 2001 年 6 月 16 日至 25 日被连续控制 220 个小时；李某新自 6 月 13 日至 6 月 16 日被连续控制 80 个小时；张某荣自 6 月 14 日至 6 月 17 日被连续控制 87 个小时；姚某宽自 6 月 15 日至 6 月 18 日被连续控制 84 个小时。其间，4 人均有人看管，吴某亮还遭到王某等人的打骂。王某非法拘禁案的线索由某省人民检察院批转给某市检察院后，经市委主要领导和市院检察长批准，2004 年 7 月 27 日，某市检察院反渎职侵权部门开始初查，8 月 9 日正式立案侦查，9 月 14 日侦查终结并移送某县人民检察院审查起诉，10 月 13 日依法向某县人民法院提起公诉。2004 年 10 月 29 日，某县人民法院依法组成合议庭公开审理了该案。同年 11 月 20 日作出了判决：被告人王某身为镇党委书记，滥用职权，组织、指挥、决定并具体实施非法限制他人人身自由的行为，且对受害人有打骂情节，已构成非法拘禁罪，判处其有期徒刑 1 年 6 个月，缓刑 2 年。判决后王某未提出上诉。

根据我国《刑事诉讼法》第 110 条之规定，"认为有犯罪事实"和"认为需要追究刑事责任"是立案必须同时具备的两个条件。与公安机关侦查的普通刑事犯罪案件相比，检察机关的渎职侵权犯罪侦查在"犯罪事实"方面，开始时往往只有一些线索，需要经过立案前的调查，即初查工作，才能判明是否"认为有犯罪事实，需要追究刑事责任"。而一旦查明后符合了立案条件从而决定立案，就说明案件已取得了突破性进展，表明破案在即。与初查的重要性相对应，破案的前期过程也是长期而复杂的。因为要查明是否"认为有犯罪事实需要追究刑事责任"，是一个收集证据、以证据"再现"业已成为过去的客观事实的复杂过程。与此同时，还要查明犯罪嫌疑人是否符合犯罪主体，其客观行为是否利用职务之便，主观上是否故意，是否有徇私动机，政策法律界限是否清楚等，也往往需要较长的时间。

王某非法拘禁案发生在 2001 年，此案需要调查的主要涉案人员有近 30人，特别是时任镇党委书记的王某已经升任副县长职务，有些涉案人员仍在王某的身边或在其下属工作。这些人或者慑于王某的权威，怕讲真话后遭打击报复；或者碍于情面，甚至因曾受惠于王某，而不愿讲真话。侦查人员通过到各涉案人员家中单独秘密调查取证的方式，从外围固定了全案证据。与此同时，办案人员又通过县纪检委以复查案件为由，调取了镇纪委所谓的案件卷宗，从而获取了当年以郭道镇纪委名义给吴某亮等人下达的"在查处过程中暂不能回家，直至澄清事实"等内容的通知书。经过十多天紧张的外围秘密调查取证终于使王某的犯罪事实得到初步印证。据此，报经某市委批准，某市检察院于 2004 年 8 月 9 日以王某涉嫌非法拘禁罪立案侦查。渎职侵权犯罪行为与权力相结合，作案手段狡猾隐蔽，加之犯罪的社会危害性隐伏期较长，难以及时发现，因而犯罪行为与犯罪结果一般不会自行暴露，案件极具隐秘性，属于"隐性犯罪"。此外，渎职侵权犯罪案件侵害的大多是国家、集体、社会的利益，除暴力取证、非法拘禁等"侵权"犯罪稍具暴力色彩外，一般没有具体的被害自然人，不直接涉及个人的切身利益，而且犯罪行为与"工作失误"之辩容易混淆视听，易于博得社会与公众的同情，因而公民控告、作证的积极性、主动性不像普通刑事犯罪案件那样高。

四、常用法律法规和司法解释

1.《中华人民共和国宪法》（2004 年修正）（1982 年 12 月 4 日）（节录）

第三十七条 中华人民共和国公民的人身自由不受侵犯。

任何公民，非经人民检察院批准或者决定或者人民法院决定，并由公安机关执行，不受逮捕。

禁止非法拘禁和以其他方法非法剥夺或者限制公民的人身自由，禁止非法搜查公民的身体。

2.《中华人民共和国民事诉讼法》（2012 年修正）（1991 年 4 月 9 日）（节录）

第一百一十七条 采取对妨害民事诉讼的强制措施必须由人民法院决定。任何单位和个人采取非法拘禁他人或者非法私自扣押他人财产追索债务的，应当依法追究刑事责任，或者予以拘留、罚款。

3.《中华人民共和国国家安全法》（2009 年修正）（1993 年 2 月 22 日）（节录）

第三十二条 国家安全机关工作人员玩忽职守、徇私舞弊，构成犯罪的，分别依照刑法有关规定处罚；非法拘禁、刑讯逼供，构成犯罪的，分别依照刑法有关规定处罚。

4.《中华人民共和国人民警察法》（2012 年修正）（1995 年 2 月 28 日）（节录）

第二十二条 人民警察不得有下列行为：

……

（五）非法剥夺、限制他人人身自由，非法搜查他人的身体、物品、住所或者场所；

……

第四十八条第一款 人民警察有本法第二十二条所列行为之一的，应当给予行政处分；构成犯罪的，依法追究刑事责任。

5.《中华人民共和国刑事诉讼法》（2012 年修正）（1979 年 4 月 9 日）（节录）

第十五条 有下列情形之一的，不追究刑事责任，已经追究的，应当撤销案件，或者不起诉，或者终止审理，或者宣告无罪：

（一）情节显著轻微、危害不大，不认为是犯罪的；

（二）犯罪已过追诉时效期限的；

（三）经特赦令免除刑罚的；

（四）依照刑法告诉才处理的犯罪，没有告诉或者撤回告诉的；

（五）犯罪嫌疑人、被告人死亡的；

（六）其他法律规定免予追究刑事责任的。

第一百六十一条　在侦查过程中，发现不应对犯罪嫌疑人追究刑事责任的，应当撤销案件；犯罪嫌疑人已被逮捕的，应当立即释放，发给释放证明，并且通知原批准逮捕的人民检察院。

6. 最高人民检察院《人民检察院刑事诉讼规则（试行）》（2012 年修正）（节录）

第二百九十条　人民检察院在侦查过程中或者侦查终结后，发现具有下列情形之一的，侦查部门应当制作拟撤销案件意见书，报请检察长或者检察委员会决定：

（一）具有刑事诉讼法第十五条规定情形之一的；

（二）没有犯罪事实的，或者依照刑法规定不负刑事责任或者不是犯罪的；

（三）虽有犯罪事实，但不是犯罪嫌疑人所为的。

对于共同犯罪的案件，如有符合本条规定情形的犯罪嫌疑人，应当撤销对该犯罪嫌疑人的立案。

第二百九十一条　检察长或者检察委员会决定撤销案件的，侦查部门应当将撤销案件意见书连同本案全部案卷材料，在法定期限届满七日前报上一级人民检察院审查；重大、复杂案件在法定期限届满十日前报上一级人民检察院审查。

对于共同犯罪案件，应当将处理同案犯罪嫌疑人的有关法律文书以及案件事实、证据材料复印件等，一并报送上一级人民检察院。

上一级人民检察院侦查部门应当对案件事实、证据和适用法律进行全面审查，必要时可以讯问犯罪嫌疑人。

上一级人民检察院侦查部门经审查后，应当提出是否同意撤销案件的意见，报请检察长或者检察委员会决定。

人民检察院决定撤销案件的，应当告知控告人、举报人，听取其意见并记明笔录。

第二百九十二条　上一级人民检察院审查下级人民检察院报送的拟撤销案件，应当于收到案件后七日以内批复；重大、复杂案件，应当于收到案件后十日以内批复下级人民检察院。情况紧急或者因其他特殊原因不能按时送达的，可以先行通知下级人民检察院执行。

第二百九十三条　上一级人民检察院同意撤销案件的，下级人民检察院应当作出撤销案件决定，并制作撤销案件决定书。上一级人民检察院不同意撤销案件的，下级人民检察院应当执行上一级人民检察院的决定。

报请上一级人民检察院审查期间，犯罪嫌疑人羁押期限届满的，应当依法释放犯罪嫌疑人或者变更强制措施。

第二百九十四条 撤销案件的决定，应当分别送达犯罪嫌疑人所在单位和犯罪嫌疑人。犯罪嫌疑人死亡的，应当送达犯罪嫌疑人原所在单位。如果犯罪嫌疑人在押，应当制作决定释放通知书，通知公安机关依法释放。

第二百九十五条 人民检察院作出撤销案件决定的，侦查部门应当在三十日以内对犯罪嫌疑人的违法所得作出处理，并制作查封、扣押、冻结款物的处理报告，详细列明每一项款物的来源、去向并附有关法律文书复印件，报检察长审核后存入案卷，并在撤销案件决定书中写明对查封、扣押、冻结的涉案款物的处理结果。情况特殊的，经检察长决定，可以延长三十日。

第二百九十六条 人民检察院撤销案件时，对犯罪嫌疑人的违法所得应当区分不同情形，作出相应处理：

（一）因犯罪嫌疑人死亡而撤销案件，依照刑法规定应当追缴其违法所得及其他涉案财产的，按照本规则第十三章第三节的规定办理。

（二）因其他原因撤销案件，对于查封、扣押、冻结的犯罪嫌疑人违法所得及其他涉案财产需要没收的，应当提出检察建议，移送有关主管机关处理。

（三）对于冻结的犯罪嫌疑人存款、汇款、债券、股票、基金份额等财产需要返还被害人的，可以通知金融机构返还被害人；对于查封、扣押的犯罪嫌疑人的违法所得及其他涉案财产需要返还被害人的，直接决定返还被害人。

人民检察院申请人民法院裁定处理犯罪嫌疑人涉案财产的，应当向人民法院移送有关案件材料。

第二百九十七条 人民检察院撤销案件时，对查封、扣押、冻结的犯罪嫌疑人的涉案财产需要返还犯罪嫌疑人的，应当解除查封、扣押或者书面通知有关金融机构解除冻结，返还犯罪嫌疑人或者其合法继承人。

第二百九十八条 查封、扣押、冻结的款物，除依法应当返还被害人或者经查明确实与案件无关的以外，不得在诉讼程序终结之前处理。法律和有关规定另有规定的除外。

第二百九十九条 处理查封、扣押、冻结的涉案款物，应当由办案部门提出意见，报请检察长决定。负责保管涉案款物的管理部门会同办案部门办理相关的处理手续。

人民检察院向其他机关移送的案件需要随案移送扣押、冻结的涉案款物的，按照前款的规定办理。

第三百条 人民检察院直接受理立案侦查的共同犯罪案件，如果同案犯罪嫌疑人在逃，但在案犯罪嫌疑人犯罪事实清楚，证据确实、充分的，对在案犯罪嫌疑人应当根据本规则第二百八十六条的规定分别移送审查起诉或者移送审查不起诉。

由于同案犯罪嫌疑人在逃，在案犯罪嫌疑人的犯罪事实无法查清的，对在案犯罪嫌疑人应当根据案件的不同情况分别报请延长侦查羁押期限、变更强制措施或者解除强制措施。

第三百零一条　人民检察院直接受理立案侦查的案件，对犯罪嫌疑人没有采取取保候审、监视居住、拘留或者逮捕措施的，侦查部门应当在立案后二年以内提出移送审查起诉、移送审查不起诉或者撤销案件的意见；对犯罪嫌疑人采取取保候审、监视居住、拘留或者逮捕措施的，侦查部门应当在解除或者撤销强制措施后一年以内提出移送审查起诉、移送审查不起诉或者撤销案件的意见。

第三百零二条　人民检察院直接受理立案侦查的案件，撤销案件以后，又发现新的事实或者证据，认为有犯罪事实需要追究刑事责任的，可以重新立案侦查。

7. 最高人民检察院《关于渎职侵权犯罪案件立案标准的规定》（2006 年 7 月 26 日　高检发释字〔2006〕2 号）（节录）（见本书第 6 页）

8. 最高人民检察院反贪污贿赂总局、渎职侵权检察厅《关于检察机关职务犯罪侦查部门以犯罪事实立案的暂行规定》（2003 年 1 月 1 日　〔2002〕高检渎检发第 81 号）

第一条　为了规范以犯罪事实立案（以下简称以事立案），保证办案质量，提高办案效率，推动职务犯罪侦查工作的深入发展，根据《中华人民共和国刑事诉讼法》的有关规定，并结合职务犯罪侦查工作实际，制定本规定。

第二条　以事立案是指人民检察院依照管辖范围，对于发现的犯罪事实，或者对于报案、控告、举报和自首的材料，经过审查认为有犯罪事实，需要追究刑事责任，犯罪嫌疑人尚未确定的案件，所依法作出的立案决定。

第三条　人民检察院对于符合本规定第二条规定的贪污、挪用公款、私分国有资产和私分罚没财物犯罪案件；滥用职权、玩忽职守等渎职犯罪案件，以及国家机关工作人员利用职权侵犯公民人身权利、民主权利的案件，经过初查，具有下列情形之一的，可以以事立案：

（一）必须通过侦查措施取证的；

（二）证据可能发生变化或者灭失的；

（三）犯罪造成的危害后果可能进一步扩大的。

第四条　侦查人员对案件材料审查后，认为有犯罪事实需要追究刑事责任的，应当制作提请立案报告和立案决定书。

第五条　经过侦查，有证据证明犯罪事实是有确定的犯罪嫌疑人实施的，应当制作确定犯罪嫌疑人报告。

第六条 确定犯罪嫌疑人之前，不得对涉案人员采取强制措施，不得查封、扣押、冻结涉案对象的财产。

第七条 确定犯罪嫌疑人后，不需要另行立案，直接转为收集犯罪嫌疑人实施犯罪证据的阶段，依法全面使用侦查手段和强制措施。

犯罪嫌疑人是县处级以上干部，或是县级以上人民代表大会代表的，应当依照有关规定办理。

第八条 经过侦查，没有发现犯罪嫌疑人的，应当终止侦查；发现案件不属于法院管辖的，应当依照有关规定移送有管辖权的机关处理；确定犯罪嫌疑人后发现具有《刑事诉讼法》第十五条规定的情形之一的，应当撤销案件。

第九条 立案、确定犯罪嫌疑人、终止侦查、侦查终结，应当报检察长批准或检察委员会研究决定。

第十条 采取以事立案方式侦查的案件，应当分别在作出立案、终止侦查和侦查终结决定后的三日内报上一级人民检察院备案，重大案件报省级人民检察院备案，特大案件层报最高人民检察院备案。

上级人民检察院收到备案材料后应当及时进行审查，发现问题应当及时予以纠正。

第十一条 以事立案的案件应当纳入检察统计报表。

第十二条 本规定自 2003 年 1 月 1 日起施行。

9. 国务院《行政机关公务员处分条例》（2007 年 6 月 1 日）（节录）

第二十五条 有下列行为之一的，给予记过或者记大过处分；情节较重的，给予降级或者撤职处分；情节严重的，给予开除处分：

（一）以殴打、体罚、非法拘禁等方式侵犯公民人身权利的；

（二）压制批评，打击报复，扣压、销毁举报信件，或者向被举报人透露举报情况的；

（三）违反规定向公民、法人或者其他组织摊派或者收取财物的；

（四）妨碍执行公务或者违反规定干预执行公务的；

（五）其他滥用职权，侵害公民、法人或者其他组织合法权益的行为。

10. 最高人民法院《关于对为索取法律不予保护的债务非法拘禁他人行为如何定罪问题的解释》（2000 年 7 月 19 日　法释〔2000〕19 号）

为了正确适用刑法，现就为索取高利贷、赌债等法律不予保护的债务，非法拘禁他人行为如何定罪问题解释如下：

行为人为索取高利贷、赌债等法律不予保护的债务，非法扣押、拘禁他人的，依照刑法第二百三十八条的规定定罪处罚。

11. 最高人民检察院《关于严肃查处非法拘禁人大代表犯罪案件的紧急通知》（2000 年 2 月 23 日　高检发法字〔2000〕第 4 号）

各省、自治区、直辖市人民检察院，军事检察院：

近年来，全国各级检察机关依法查办了一批国家机关工作人员非法拘禁人大代表的犯罪案件，对保护人大代表的人身权利、民主权利，保障人大代表依法履行职责，发挥了重要作用。但是，此类案件仍然不断发生，有的非法拘禁人大代表的案件情节严重，影响恶劣。对此，各级检察机关必须予以高度重视，采取坚决有效措施，切实加大查办非法拘禁人大代表犯罪案件的力度。

一、要充分认识查办非法拘禁人大代表犯罪案件的重要性。我国各级人民代表大会代表是依照法律选举产生的国家权力机关组成人员，代表人民的利益和意志，依照宪法和法律赋予的各项职权参加行使国家权力。我国法律明确规定，县级以上的各级人民代表大会代表，非经本级人民代表大会主席团许可，在人民代表大会闭会期间，非经同级人民代表大会常务委员会许可，不受逮捕或者刑事审判；如果因为是现行犯被拘留，执行拘留的机关应当立即向该级人民代表大会主席团或者其常务委员会报告；对县级以上的各级人民代表大会代表采取法律规定的其他限制人身自由的措施，应当经该级人民代表大会主席团或者其常务委员会许可。县级以下的人民代表大会代表被逮捕、受到刑事审判，或者被采取法律规定的其他限制人身自由的措施，执行机关应当立即报告该级人民代表大会。各级检察机关要充分认识，保护各级人民代表大会代表的合法权利，捍卫法律的尊严，是法律赋予检察机关的重要职责，是加强我国社会主义民主法制建设的需要，是实践依法治国，建设社会主义法治国家的必然要求。各级检察机关务必把这项工作摆上重要位置，抓紧抓好。

二、要切实加大非法拘禁人大代表犯罪案件的查处力度。坚决查办非法拘留、逮捕，或者其他严重限制人大代表人身自由的犯罪案件，特别是对那些长时间、多人次非法拘禁人大代表的案件，对那些非法拘禁情节恶劣、后果严重、社会影响极坏的案件，要及时发现，及时查处，发现一件，查处一件，不管涉及谁，都要一查到底，绝不姑息。对压案不查、瞒案不报的，要坚决追究有关人员的责任。

三、查办非法拘禁人大代表的犯罪案件过程中，要注意对人大代表的司法保护。一旦发现有非法拘禁人大代表的案件，要先依法释放，再行查处；凡人大代表向检察机关的投诉，都要认真受理，及时查办；要采取措施，依法保护被非法拘禁的人大代表的人身安全；案件的查处进展情况要及时向人大常委会通报，征询意见。

四、查办非法拘禁人大代表的犯罪案件要紧紧依靠党的领导和人大的支持。非法拘禁人大代表是国家机关工作人员实施的一种侵权型职务犯罪，查处干扰多、阻力大，调查取证困难，各级检察机关要积极争取党委的领导和人大的支持，主动汇报工作，必要时可提请党委和人大出面做好协调工作，确保查处工作依法顺利进行。

五、严格依法办事，正确区分罪与非罪界限，坚持办案程序、办案规范和办案纪律要求。同时要有针对性地加强宣传和预防工作，积极探索杜绝发生非法拘禁人大代表案件的措施与途径。

六、要加强领导，各级检察院检察长要高度重视非法拘禁人大代表犯罪案件的查处工作，直接抓，亲自抓，做好指挥、协调工作，对办案中遇到的问题及时研究解决。上级检察院要加强督办、指导，支持下级检察院的查办工作，遇有干扰多、阻力大的案件，上级检察院要提上来办。各地检察机关发现和查办非法拘禁人大代表犯罪案件的情况要及时层报最高人民检察院。

12. 公安部、最高人民检察院、最高人民法院《关于在商业贸易活动中发生非法拘禁案件情况的通报》（1990 年 9 月 8 日　公通字〔1990〕89 号）（节录）

一、各地公安机关要严格执行一九八九年三月公安部《关于公安机关不得非法越权干预经济纠纷案件的处理的通知》（〔89〕公（治）字 30 号），不得受理经济纠纷案件，严禁公安机关和公安干警以收审、拘押人质等非法手段插手经济纠纷案件的处理。如遇有投诉，不能立即判明案件的性质是属于经济纠纷还是经济犯罪的，可以做必要的调查了解，但不得随意采取限制人身自由的各种强制措施；明确案件性质后，对属于经济纠纷的案件，应当立即移送有管辖权的机关处理。各地人民检察院要严格执行最高人民检察院《关于查处在商贸活动中以绑架、扣押人质等方法逼还债务非法拘禁他人的案件的通报》（高检法发字〔1990〕第 2 号），严禁检察机关和检察干部以任何形式为企事业单位追索债务而直接办理诈骗、投机倒把等非自侦案件，不得非法绑架、扣押人质。人民法院在审理经济纠纷案件中发现经济犯罪，必须及时移送给有管辖权的公安机关或检察机关侦查、起诉。

二、对以绑架、扣押人质等方式逼还债务、非法拘禁他人的案件，公安、检察机关一定要严格依法查处，尤其对公安、司法人员和其他国家工作人员或冒充公安、司法人员非法拘禁他人的，要依法从严查办，以确保公民人身自由权利不受侵犯。

在查处绑架、扣押人质等非法拘禁他人案件的同时，对产生的其他问题也应做认真处理。如属于经济纠纷案件，应当告知当事人到人民法院或其他主管机关解决；如属于经济犯罪，则应当由有管辖权的公安或检察机关立案、侦查，坚决打击诈骗等经济犯罪活动，使犯罪分子得到应有的惩处，使当事人的合法权益得到保护。

三、公安机关、人民检察院、人民法院一旦发现正在发生的非法绑架、扣押人质或拘禁他人的案件，要立即设法解救出人质，并采取必要的措施，防止发生意外，然后再区别性质、情况，移送主管机关查处。

四、各地要采取有效措施和对策，严格依法办事，预防和制止非法拘禁案件的发生。对那些情节恶劣、已造成严重社会影响的案件，要通过新闻媒体公布处理结果，以挽回影响，并广泛宣传法律，教育广大干部群众自觉遵守法律，勇于同这种犯罪行为作斗争。

13. 最高人民检察院《人民检察院直接受理立案侦查的渎职侵权重特大案件标准（试行）》（2002 年 1 月 1 日　高检发〔2001〕13 号）（节录）

三十四、国家机关工作人员利用职权实施的非法拘禁案

（一）重大案件

1. 致人重伤或者精神失常的；

2. 明知是人大代表而非法拘禁的，或者明知是无辜的人而非法拘禁的；

3. 非法拘禁持续时间超过一个月，或者一次非法拘禁十人以上的。

（二）特大案件

非法拘禁致人死亡的。

第二章 非法搜查罪

非法搜查罪，是指《刑法》第245条规定的非法搜查他人身体、住宅的犯罪行为。根据行为主体和行为特征的不同，非法搜查案件分别由检察机关和公安机关管辖，即国家机关工作人员利用职权实施的非法搜查案件，由检察机关管辖；非国家机关工作人员实施的非法搜查案件，或国家机关工作人员不是利用职权实施的非法搜查案件，由公安机关管辖。职务犯罪中的非法搜查案，是指由检察机关管辖的国家机关工作人员利用职权实施的非法搜查案件。它不仅侵犯公民的人身自由权利，而且侵犯国家机关的管理活动。

一、基本证据

（一）证明本罪主体方面的证据

行为人是国家机关工作人员。

1. 证明犯罪嫌疑人自然情况的证据

证明犯罪嫌疑人的姓名、性别、出生年月日、居住地的户籍资料、居民身份证、出生证、户口迁移证明。对于户籍、出生证等材料内容不实的，应提供其他证据材料。

2. 证明犯罪嫌疑人身份和职责的证据

犯罪嫌疑人在国家机关或国有公司、企业、事业单位、人民团体从事公务的，收集以下证据：

（1）证明犯罪嫌疑人所在单位性质的书证，包括：国有事业单位、人民团体的法人证书或组织机构代码证，国有公司、企业的工商营业执照和工商注册档案等；对于无法提取上述证据的，可以通过该单位或其主管单位出具相关证明来判断；对于国家机关的单位性质一般不需要收集书证证明；

（2）证明犯罪嫌疑人身份的书证，包括：干部登记表、职工登记表、聘书、聘用合同、干部履历表、任免文件（任免审批表、任免通知、任免书、任免决定）等；对于经人民代表大会及人大常委会选举、决定、任免、批准等程序产生的职务，还需收集人大或人大常委会的相关公告；

（3）证明犯罪嫌疑人职责的书证，包括：岗位责任制度、工作制度、相关会议纪要、工作分工文件等；

（4）本单位或上级单位人事主管部门出具的有关犯罪嫌疑人身份、任职时间、职责的说明材料；

（5）人大代表、政协委员犯罪的案件，应注明身份，并附身份证明材料。

（二）证明本罪主观方面的证据

行为人主观方面是故意，明知自己的行为会发生侵犯他人人身和居住自由的权利以及国家机关管理活动的结果，并且希望这种结果发生。

1. 犯罪嫌疑人的供述和辩解

（1）非法搜查的动机、目的。非法搜查案件的起因，有的是发生刑事或治安案件后，基层机关干部不通过公安司法机关出面，而滥用职权对被怀疑对象进行非法搜查；有的是基层乡镇干部在催粮、催款、乱摊派、执行计划生育或执行乡规民约的罚款中，滥用职权进行非法搜查；有的是执法人员包括司法人员出于私人恩怨或其他不良动机，滥用职权对无辜者进行搜查；等等。

（2）有无策划、策划的具体内容。

（3）共同犯罪的，要查清搜查者各人所实施的具体行为、危害结果及其应负的责任，因为非法搜查案件几乎都由数人或者多人共同实施。

2. 证人证言

要及时向在场周围知情者调查访问，了解案件的起因、经过，非法搜查的参与人及具体情节，让他们提供所了解的与案件有关的一切情况。具体包括：

（1）非法搜查的起因。

（2）非法搜查的时间，包括开始的时间和持续的时间。非法搜查的地点、手段，有无发生毁坏财物，造成被搜查人精神或身体伤害等严重后果。

（3）共同犯罪的，查明各参与人在犯罪中的地位、作用和应负的责任，如在准备阶段，谁是造意者，谁是策划组织者，谁是决策者；在实施犯罪过程中，谁是指挥者，谁说了什么话，起了什么作用；在犯罪之后，有无订立攻守同盟，谁是攻守同盟的策划者，谁是联络者；等等。

3. 证明犯罪嫌疑人具有非法搜查主观故意的其他证据。

（三）证明本罪客观方面的证据

1. 物证。如搜查及实施暴力时的工具。

2. 书证。指扣押财物的书面凭据，如扣押的清单或者字据。

3. 犯罪嫌疑人供述或者辩解

（1）搜查的时间和地点。

（2）搜查的起因。

（3）搜查的参与人情况以及非法搜查的决策指挥者、积极参与者和造成严重后果的犯罪嫌疑人，也就是谁起意、谁决定、谁具体组织实施等内容。

（4）搜查被害人的人数。

（5）犯罪行为过程，包括搜查时是否出示工作证件、搜查证或者逮捕、拘留证；是否存在偷开、持有过期或伪造材料骗取领导批准而取得的搜查证或逮捕证、拘留证的情况，对明知与涉嫌犯罪无关的人身或住处所进行的搜查；是否对明知与涉嫌犯罪无关的人身或住所进行的情况；是否存在持有假证进行非法搜查的情况，包括以伪造的搜查证或拘留证、逮捕证所进行的搜查的情形。

（6）非法搜查的行为后果，有无造成财物严重损坏或被害人精神失常、自杀等严重后果等。

4. 被害人陈述

（1）与搜查人是否认识，有哪些人参加了搜查；

（2）搜查的起因；

（3）搜查的具体经过，包括有无出示搜查证等据以搜查的证明，搜查的时间、过程、各搜查人的主要言行等；

（4）搜查出并带走的财物或人，有无留下书面凭证；

（5）搜查所造成的危害后果，如被害人自杀、精神失常等严重后果；

（6）非法搜查的决策指挥者和情节严重的积极参与者。

5. 证人证言

（1）出证单位关于是否出证，出证的具体情况的证言。

（2）非法搜查的过程的目击证言。

6. 勘验检查笔录

（1）现场勘验。对住宅进行非法搜查的案件，进行现场拍照录像，对现场家具被搬动、箱柜被翻动的零乱痕迹作笔录，把搜查所造成的凌乱状况、有关物品损坏情况等记录在案。

（2）身体检查。在搜查中有推拉抓扯或暴力行为的案件，被害人身上还会留有被推拉抓扯或者受伤的痕迹。被害人有伤的，也要拍照录像，必要时要由法医检验其伤势及致伤的工具。

7. 鉴定意见

（1）价格鉴定意见，对于财物造成严重损坏而损坏价值不明时，由价格评估部门出具估价报告。

（2）法医鉴定意见。

（3）精神病鉴定意见。对于被害人精神失常的由精神病鉴定机构进行鉴定。

（四）证明本罪量刑情节的证据

1. 证明嫌犯的认罪态度和一贯表现的证据

（1）嫌犯的供述与辩解，证实其口供是否具有一贯性，是否坦白，是否避重就轻；

（2）相关部门或人员出具的情况说明，证实嫌犯的认罪态度；

（3）相关部门出具的证实嫌犯具有其他积极认罪悔罪表现的证明材料；

（4）有关组织出具的证明嫌犯一贯表现的证明材料。对嫌犯的认罪态度，在每个案件中都应予以体现，前科情节证据，即证明行为人在犯罪前曾具有受过行政处分情节证据。

2. 在社会上产生恶劣影响情节证据

证明行为人因为非法搜查行为造成恶劣影响的情节证据。

3. 自首立功情节证据

证明行为人具有投案自首或者立功表现等法定从轻、减轻处罚的情节证据。

4. 悔改情节证据

行为人能主动坦白、积极赔偿，确有悔改表现等情节的证据。证明对被害人损害赔偿情况的证据：（1）被害人陈述；（2）被害人亲属或其他知情人证言；（3）证明履行赔偿情况的调解协议、收条等相关书证；（4）嫌犯主动要求给予被害人赔偿的供述及亲笔信函等。

5. 妨碍侦查情节证据

证明行为人在侦查期间，具有干扰证人作证、毁灭、伪造证据或者串供等情节的证据。

6. 证明犯罪行为造成其他社会危害的证据

（1）相关证人或知情人的证言；

（2）有关部门出具的关于犯罪对象的特殊性或社会危害程度的证明；

（3）其他危害结果的证明等。

7. 证明被害人有过错的证据

（1）嫌犯的供述和辩解；

（2）被害人陈述；

（3）目击证人或知情人证言；

（4）能够证实被害人有过错的有关物证、书证或鉴定意见等。在认定被害人有无过错时应当注意排除涉及正当防卫的情节。

二、不同诉讼阶段的证据标准

（一）立案的证据标准

1. 非法搜查他人身体、住宅，并实施殴打、侮辱等行为的；

2. 非法搜查情节严重，导致被搜查人或者其近亲属自杀、自残造成重伤、死亡，或者精神失常的；

3. 非法搜查，造成财物严重损坏的；

4. 非法搜查 3 人（户）次以上的；

5. 司法工作人员对明知是与涉嫌犯罪无关的人身、住宅非法搜查的；

6. 其他非法搜查应予追究刑事责任的情形。

（二）提请逮捕犯罪嫌疑人的证据标准

1. 有证据证明发生了非法搜查的犯罪事实

（1）犯罪现场照片、现场勘查笔录、犯罪工具实物或照片、伤情鉴定等证明发生非法搜查的行为的证据。

（2）证明非法搜查犯罪事实发生的被害人陈述、证人证言、犯罪嫌疑人供述相关证据等。

（3）证明搜查行为系非法的证据。

2. 有证据证明非法搜查犯罪事实系犯罪嫌疑人实施的

（1）被害人的指认。

（2）犯罪嫌疑人的供认。

（3）证人证言。

（4）同案犯罪嫌疑人的供述。

（5）其他能够证明犯罪嫌疑人实施非法搜查犯罪的证据。

3. 证明犯罪嫌疑人实施非法搜查犯罪行为的证据已有查证属实的

（1）其他证据能够印证的被害人的指认。

（2）其他证据能够印证的犯罪嫌疑人的供述。

（3）能够相互印证的证人证言。

（4）能够与其他证据相互印证的证人证言或者同案犯供述。

（5）能够排除合理怀疑的被害人因非法搜查在身体、精神方面受到损害的相关证明材料。

（6）其他查证属实的证明犯罪嫌疑人实施非法搜查犯罪的证据。

4. 有逮捕必要

（1）犯罪嫌疑人具有社会危险性，即采取取保候审、监视居住等方法不足以防止发生社会危险性。应该收集：犯罪嫌疑人有行政刑事处罚记录，也包括受过刑事处罚，曾因其他案件被相对不起诉，受过劳动教养、治安处罚及其他行政处罚；犯罪嫌疑人可能逃跑、自杀、串供、干扰证人作证以及伪造、毁灭证据等妨害刑事诉讼活动的正常进行的，或者存在行凶报复、继续作案的可能，如曾以自伤、自残方法逃避侦查，持有外国护照或者可能逃避侦查；已经逃跑或逃跑后抓获的；属于违反《刑事诉讼法》第 69 条、第 75 条规定，情节严重的。

（2）犯罪嫌疑人不具有不适合羁押的特殊情况。应该收集：犯罪嫌疑人未患有严重疾病或正在怀孕、哺乳自己的婴儿，不属于未成年人、在校学生和年老体弱及残障人士；经济犯罪案件逮捕法人代表或其他骨干不可能严重影响企业合法的生产经营。

（三）侦查终结的证据标准

1. 犯罪嫌疑人的基本情况

包括犯罪嫌疑人姓名、性别、出生年月日、政治面貌、民族、文化程度、是否人大代表或政协委员、现住址、工作单位及职业、有无犯罪前科以及身份证号码等。

2. 案件来源及诉讼经过

包括案件来源和案件侦查的各个程序的时间，如初查、立案、侦结的时间，采取强制措施的种类、时间和变更情况以及延长、重新计算羁押期限等情况。

3. 侦查认定涉嫌犯罪的事实和依据

对多起犯罪要逐一列写，并列明相关证据，简要说明证据要证明的主要事实。包括：

非法搜查犯罪事实都有证据证明：

（1）犯罪现场照片、现场勘查笔录、犯罪工具实物或照片、伤情鉴定等证明发生非法搜查行为的证据。

（2）证明非法搜查犯罪事实发生的被害人陈述、证人证言、犯罪嫌疑人供述相关证据等。

（3）证明非法搜查行为系非法的证据。

（4）同案犯罪嫌疑人的供述。

（5）其他能够证明犯罪嫌疑人实施非法搜查犯罪的证据。

证明犯罪嫌疑人实施非法搜查犯罪行为的证据已有查证属实的：

（1）其他证据能够印证的被害人的指认。

（2）其他证据能够印证的犯罪嫌疑人的供述。

（3）能够相互印证的证人证言。

（4）能够与其他证据相互印证的证人证言或者同案犯供述。

（5）能够排除合理怀疑的被害人因非法搜查在身体、精神方面受到损害的相关证明材料。

（6）其他查证属实的证明犯罪嫌疑人实施非法搜查犯罪的证据。

4. 案件侦破经过

包括案件线索来源和初查情况、案件侦破过程以及本案的特点和经验总结。

5. 需要说明的问题

包括对经过侦查不能认定为犯罪行为的情况说明，以及其他需要说明的事项。

（四）撤销案件的证据标准

在侦查过程中，发现不应对犯罪嫌疑人追究刑事责任的，应当撤销案件。撤销案件的条件是：（1）具有《刑事诉讼法》第 15 条规定情形之一的；（2）没有犯罪事实的，或者依照刑法规定不负刑事责任和不是犯罪的；（3）虽有犯罪事实，但不是犯罪嫌疑人所为的。对于共同犯罪的案件，如有符合本条规定情形的犯罪嫌疑人，应当撤销对该犯罪嫌疑人的立案。人民检察院对直接受理侦查案件拟作撤销案件决定，应履行人民监督员监督程序。省级以下（含省级）人民检察院对直接受理侦查案件拟作撤销案件决定应当报上一级人民检察院批准。

三、收集认定证据中的常见问题及对策

（一）如何认定"住宅"

典型案例一

肖某、余某在江苏省某市烟草专卖局稽查大队工作期间，从 1998 年 11 月至 1999 年 2 月，先后多次进入所辖烟草专卖户的住宅内进行非法搜查。其中，被告人肖某参与了对大桥东村周某某、郑某某、朱某某、徐某某、王某等 11 户烟草专卖户住宅的非法搜查，共计 18 次；被告人余某参与了对大桥东村周

某某等8户烟草专卖户住宅的非法搜查，共计13次。检察机关认为，被告人肖某、余某身为国家行政执法人员，在执行烟草专卖检查工作中，超越职权，非法搜查他人住宅，其行为触犯了《刑法》第245条第1款，犯罪事实清楚，证据确实充分，应当以非法搜查罪追究被告人肖某、余某的刑事责任。

从已经发生烟草专卖执法中的非法搜查罪判例来看，非法搜查他人身体的很少见，主要是检查当事人的住宅引发的争议。那么什么是住宅？法律又是如何界定住宅的含义的呢？住宅是公民居住生活的私人空间，是个人生活、休息的场所，在欧美国家住宅被称为"风能进、雨能进、国王不能进"的地方，所以保障公民住宅的安全，是直接关系到公民的人身安全和生活的安宁的。

在解释住宅时必须以公民以居住为目的的生活、休息的相对独立、封闭空间，如果以经营为目的的开放性空间则不能定义为住宅，比如个体商店、单位的办公楼、仓库、影剧院等，《刑法》第245条虽然未规定必须有人居住为构成住宅的要件，但从法律所保护的客体来看，应当作有人居住的理解，至于那些长期不住人的空房、集体仓库等，不经允许擅自进入的，不构成非法搜查罪或者非法侵入住宅罪。还有一种情形即对白天利用住所从事商品零售等经营活动，晚上做生活起居之用的，行为人如在夜晚或在其他停止营业的时间持续非法侵入该住所的，则可构成非法侵入住宅罪。由于住宅的外形结构不同，进入什么范围才视为非法侵入住宅呢，不可一概而论，应以封闭的空间作为住宅的范围：如独门独院的私有住宅，对其理解时应扩大至整个宅院；几户共有的院子，一般以公民居住的房屋为住宅；而独立的公寓式商品房，一般以各户封闭的居室为住宅。住宅一般分为固定住宅和临时住宅，现实中，住宅的形式是多样性的；参照最高人民法院关于对"入户抢劫"的司法解释中对"户"的规定，非法搜查罪中的"住宅"应包括封闭的院落、牧民的帐篷、渔民作为家庭生活场所的渔船、为生活租用的房屋等。

（二）如何区别"检查"与"搜查"

典型案例二

张某在担任湖南省某市烟草专卖局管销所副主任兼机动中队中队长期间，进行烟草专卖检查时，8次进入郭某、韩某等多户居民的住宅内，采取"打开大衣柜翻看"、"掀开床单查看床下"、"登上床铺查看顶棚"等手段查找卷烟，没有找到卷烟则离开住宅，找到卷烟则予以登记保存。

对张某的行为是否构成非法搜查罪，存在以下两种不同意见。第一种意见认为，张某的行为不构成非法搜查罪。我国《烟草专卖法实施条例》规定烟草专卖执法人员可以检查烟草"经营场所"，居民家中存储了香烟，这时的住宅就被视为存储场所，可以检查。故张某的行为是依法行使检查权，不是非法搜查。第二种意见认为，张某的行为构成非法搜查罪。

张某的行为是否构成非法搜查罪，关键看张某是检查还是搜查，如果是检查，那么就在专卖执法的职权范围之内，如果是搜查就超越了职权，检查和搜查到底区别点在哪里，我们从以下几个方面来分析。

首先，从"搜查"的法律含义看，指侦查人员依法对犯罪嫌疑人以及可能隐藏罪犯或者罪证的人的身体、物品、住处和其他有关地方进行搜寻、检查的一种侦查行为。"搜查"不同于"检查"，"检查"不具有特定的法律含义，而"检查权"则是行政执法机关的一项权力。从"搜查"与"检查"行为的方式和强度上看，"搜查"可以打开箱柜翻看、查找，具有较大的强度，而"检查"则仅限于对摆放于表面上的目标物进行查看、复制，不允许翻看、查找，在强度上明显弱于"搜查"。根据本案事实，张某的行为显然属于"搜查"，而不是"检查"。

其次，从"搜查权"的权力主体看，我国刑事诉讼法严格限定了搜查权的主体是侦查人员，包括公安机关、国家安全机关的侦查人员以及人民检察院自行侦查案件的侦查人员，并规定有严格的搜查程序。可见，搜查权是一项专属权力。行政执法人员不具有这一权力，也就是说，行政执法人员包括烟草执法人员，无论在居民的住宅还是非住宅，都无权进行"搜查"。

最后，从"检查权"的行使要求看，张某的行为已经超越了权限。根据我国《烟草专卖法实施条例》第49条规定，烟草专卖执法人员可以检查违法案件当事人的烟草"经营场所"，也可以理解为违法案件当事人"生产、销售、存储烟草专卖品的场所"。但根据依法行政原则中"职权法定"要求，行政权力必须有法律明确授权才能行使，特别是涉及对抗公民人身权利、民主权利时，应由"法律"授权方可实施。因此，在没有法律明确授权的情况下，不能也无权将"存储场所"扩大解释为"包括住宅"。因此，我们认为，行政执法人员在行使执法检查权时，有权检查居民住宅以外的其他场所，而对居民住宅进行检查则是超越法律界限的违法行为，至于超出了"检查"强度进行"搜查"，更是法律所禁止的。综上，我们认为，本案中张某的行为构成非法搜查罪。

（三）对住宅搜查是否一定构成非法搜查罪

典型案例三

1999年4月15日19时许，某省某县大阿镇人民政府在会议室召开由镇政府、工商所、财政所等部门工作人员参加的会议，部署了当晚对全镇销售卷烟的个体工商户进行检查事宜。其中，赖某某、胡某某、徐某某等人为一个检查组，由赖某某担任组长。检查组一行于16日2时许进入郭某某、邱某某经营的商住合一的饭店检查。检查组9人均未向郭某某出示执法证件，且除李某某身穿工商制服外，均未佩戴烟草检查标记。郭某某被告知是来检查香烟后，打开营业台抽屉让检查人员查看，此时有检查人员对柜台内、货架等处进行了查看。胡某某进入睡房，查看低柜的抽屉，胡某某将邱某某的被子掀起，从被子里查出两条已拆封的由广东省南雄卷烟厂出品的百顺牌香烟。检查人员共查出三种类型百顺牌香烟22包，整个查烟过程时间约在20分钟至1小时之间。后郭某某、邱某某以非法搜查罪起诉赖某某、胡某某、徐某某。被告人徐某某反诉要求追究自诉人诬告陷害罪的刑事责任并赔偿损失。

法院经审理认为，本案除徐某某外，其他各被告人在检查时未佩戴国务院烟草专卖行政主管部门制发的徽章，未出示省级以上烟草专卖行政主管部门签发的检查证件，其检查、扣押行为在程序上不合法，且带有强行性质，属不符合法律、法规对实施卷烟检查的规范要求的行为。除徐某某外的各被告人在执行职务中，所采取的手段措施虽不正当，但情节不属恶劣，没有造成自诉人的财产损坏或其他刑法上的直接严重后果，情节显著轻微危害不大，不认为是犯罪。被告人徐某某反诉要求追究自诉人诬告陷害罪的刑事责任并赔偿损失，因自诉人是错告，不符合诬告陷害罪的犯罪构成要件，且徐某某并未因此而遭受损失。因此，徐某某的反诉不能成立。本案被告人的行为系执行职务行为，各被告人不属于民事赔偿的义务主体，依照《中华人民共和国刑法》第13条、第243条第3款之规定，判决：（1）被告人赖某某、胡某某、徐某某无罪。（2）被告人徐某某反诉郭某某、邱某某犯诬告陷害罪不成立，自诉人郭某某、邱某某无罪。（3）被告人不承担民事赔偿责任。（4）驳回被告人徐某某要求自诉人赔偿损失的反诉请求。

这是一起烟草专卖机关参与的联合执法引起的诉讼，法院最终以情节不属恶劣，没有造成自诉人的财产损坏或其他刑法上直接严重后果，情节显著轻微危害不大为由不认为是犯罪，这个判决应当是比较符合实际的。很多人错误地认为只要是实施了非法搜查就一定构成犯罪，其实非法搜查不一定都构成犯罪，只有情节严重或者造成严重后果的才构成犯罪。所谓情节严重主要指手段比较恶劣、次数比较多或者造成了严重后果的，根据最高人民检察院《关于渎职侵权犯罪案件立案标准的规定》，国家机关工作人员利用职权非法搜查案，涉嫌下列情形之一的，应予立案：

（1）非法搜查他人身体、住宅，并实施殴打、侮辱等行为的；

（2）非法搜查，情节严重，导致被搜查人或者其近亲属自杀、自残造成重伤、死亡，或者精神失常的；

（3）非法搜查，造成财物严重损坏的；

（4）非法搜查3人（户）次以上的；

（5）司法工作人员对明知是与涉嫌犯罪无关的人身、住宅非法搜查的；

（6）其他非法搜查应予追究刑事责任的情形。

当然，不构成犯罪并不意味着就一定是合法的，对于情节显著轻微，不构成犯罪，但又确实实施了搜查行为，那么该行为是一种行政违法行为。《治安管理处罚法》第40条规定："有下列行为之一的，处十日以上十五日以下拘留，并处五百元以上一千元以下罚款；情节较轻的，处五日以上十日以下拘留，并处二百元以上五百元以下罚款：……（三）非法限制他人人身自由、非法侵入他人住宅或者非法搜查他人身体的。"

（四）对住宅和营业房混用的场所进行检查如何定性

典型案例四

白某（女）经营一个食杂店，仅有一间房，白天用作经营，晚上作居室。2005年9月6日8时许，县烟草专卖局接到该店涉嫌经营假烟的举报电话后，由稽查队员冯某和公安民警赵某等4人前往进行检查。冯某等4人在敲该店后门未开的情况下破门入室，发现无当地烟草公司标志的"帝豪"卷烟10条，遂即封存。白某随后提起行政诉讼，请求确认县公安局的检查行为违法。

当前，我国营业和居住共用场所大量存在，但法律法规未对此明确规定，该案在审理中，就原告所开的食杂店是住宅还是经营场所，产生了意见分歧。如属经营场所的范畴，被告的具体行政行为就适用《烟草专卖法实施条例》，否则就是违法。第一种观点认为，原告作为个体工商户，其经营的食杂店仅一间房屋，且以玻璃柜隔出了部分用于居住，不应属于经营场所的范畴。第二种观点认为，食杂店虽系原告个体经营，虽然营业和居住的共用房屋用玻璃柜相隔，但对外仍是一个营业场所。第三种观点按食杂店的实际使用功能区分其法律性质：在非营业时间的使用功能为白某的居住房，该场所为公民住所；在营业时间的使用功能为营业用房，该场所为经营场所。我们同意第三种观点，按食杂店的实际使用功能区分其法律性质，既肯定了该场所在营业和非营业状态下使用功能不同，相应的法律地位也不同，又体现了从程序上严格限制行政机关机关检查公民住所，以保护宪法赋予公民的居住安宁权的立法精神，还平衡了在此类场所保护公共利益与保护公民个人权益的冲突。

（五）行政执法人员与公安机关联合执法是否会构成非法搜查罪

2012 年修订的《公安机关办理行政案件程序规定》第 68 条规定对与违法行为有关的场所、物品、人身可以进行检查。检查时，人民警察不得少于 2 人，并应当出示工作证件和县级以上公安机关开具的检查证。对确有必要立即进行检查的，人民警察经出示工作证件，可以当场检查；但检查公民住所的，必须有证据表明或者有群众报警公民住所内正在发生危害公共安全或者公民人身安全的案（事）件，或者违法存放危险物质，不立即检查可能会对公共安全或者公民人身、财产安全造成重大危害。从该条规定可以看出，公安机关可以对住宅进行检查，但是一般认为这种检查是在办理治安管理案件时使用（《治安管理处罚法》第 87 条规定，公安机关对与违反治安管理行为有关的场所、物品、人身可以进行检查。）并且有严格的程序。如果在烟草专卖案件中有公安人员参与，并且持有县级以上公安机关开具的检查证，检查主体是公安机关，专卖执法人员配合公安机关实施检查，那么则不构成非法搜查罪，如果出具的是专卖机关的手续，就有非法搜查的嫌疑。

（六）非法搜查住宅适用非法实物证据排除规则

典型案例五

某市烟草专卖局根据消费者的投诉，对周某涉嫌经营非法卷烟的商店进行监控，发现王某经常从家中提取大量卷烟，该局遂予以立案，2005 年 1 月 5 日，该局执法人员持烟草管理行政执法证及检查证，对王某的住宅进行检查，从住宅检查出卷烟 20 条以及卷烟销售的账簿。经现场勘验，发现所有卷烟既无防伪标志，又无当地烟草公司印章，遂予以暂扣，后来烟草专卖局对周某作出行政处罚。王某不服，向法院提起行政诉讼，请求确认被告侵宅行为违法，并判令被告返还所扣卷烟。法院认为，专卖局以非法搜查的方式取得的证据是无效证据，判决烟草专卖局败诉。

2010 年“两高三部”联合颁布的《关于办理刑事案件排除非法证据若干问题的规定》第 14 条规定：“物证、书证的取得明显违反法律规定，可能影响公正审判的，应当予以补正或者作出合理解释，否则，该物证、书证不能作为定案的根据。”新刑事诉讼法吸收了此规定，并将此规定中的“可能影响公正审判的”修改为“可能严重影响司法公正的”，这意味着我国新刑事诉讼法已经确立非法实物证据排除规则，实属我国法治发展的重大进步。对于本条之理解，可以从以下三个方面予以把握：

1. 我国新刑事诉讼法规定的非法实物证据排除规则仅适用于物证和书证。

虽然在理论上一般将本条概括为非法实物证据排除规则，但鉴于本条在措辞上明确规定"收集物证、书证违反法定程序"，因此，此款仅适用于物证和书证。按照我国证据法学的基本理论，除物证、书证属于实物证据外，视听资料、电子数据和勘验、检查笔录也属于实物证据，但这些实物证据并不适用本款之规定。

2. 排除物证、书证必须满足以下三个条件：第一，该物证、书证的取得违反法定程序。鉴于实践中物证、书证的收集一般是通过搜查、扣押获得，结合刑事诉讼法有关搜查和扣押的法律规定，凡是没有获得搜查证、搜查不是由侦查人员实施、搜查和扣押时根本就没有制作搜查笔录和扣押清单等就属于违反法定程序。第二，可能严重影响司法公正的。如何理解本条中的"可能严重影响司法公正的"是准确理解本条之关键。我们认为，这里的司法公正既包括实体公正，又包括程序公正，但重点是程序公正，这是因为：如果该司法公正仅指实体公正的话，那么违反法律规定收集物证、书证，达到严重影响司法公正之程度，只有两种可能：一是该物证、书证是虚假的，但鉴于物证、书证之属性，因收集方法违法导致其虚假的可能性几乎不存在，因而此种情形在实践中会非常少见；二是该物证、书证是真实的，但直接排除该物证、书证，将对案件的实体公正造成严重影响，因而允许公安司法机关进行补正或者作出合理解释。反之，如果将此处的"司法公正"重点理解为"程序公正"，则含义就变成为：由于物证、书证的收集违反了刑事诉讼法规定的程序要求，此种程序违法侵犯了公民的基本权利，因而对程序公正造成了严重的影响。如此理解，显然既在情理之中，又有助于强化程序公正在我国刑事诉讼中的地位。

3. 不能作出补正或者合理解释。此条件意味着即便物证、书证的收集违反法律规定，严重影响司法公正，但能够进行补正或者作出合理解释的，该物证和书证依然可以作为证据使用。当然，究竟如何理解"补正或者合理解释"，还有待在实践中进一步摸索和总结。实际上，立法部门对非法实物证据之排除作出如此严格的限定，在一定的程度上迁就了我国的司法现实。鉴于最高人民法院、最高人民检察院早在1998年相关司法解释中都已经确立非法言词证据排除规则，但是这十多年以来全国法院排除非法言词证据的案例却极为少见，这足以说明非法证据排除规则在我国司法实践中的适用还存在诸多障碍和困难。也许正是基于此司法现实，立法部门在原则上确立我国非法实物证据排除规则的同时，对非法实物证据在我国的排除采取了非常保守的态度。

《刑事诉讼法》第54条第2款规定："在侦查、审查起诉、审判时发现有应当排除的证据的，应当依法予以排除，不得作为起诉意见、起诉决定和判决的依据。"本款中的起诉意见指的是侦查机关在侦查终结后，对本案是否应该起诉、如何起诉发表的书面意见；实践中起诉意见是以侦查机关的名义制作的起诉意见书，在侦查终结时连同案卷材料一并移送给检察机关，供审查起诉时参考。起诉决定是人民检察院审查起诉部门在对案卷材料进行综合审查后，对于符合起诉条件的案件，决定向人民法院提起公诉；判决是人民法院对起诉指控的犯罪事实进行审理后，依法对起诉能否成立作出判断的诉讼活动。本款要求：侦查机关、起诉机关和审判机关在办理刑事案件时，只要发现了有属于本条前款规定的非法证据之情形，均有主动排除非法证据之义务。本款在实践中实施需要注意的是：有关部门一旦发现有应当排除的非法证据，不仅在形式上不得将此类证据作为书面的起诉意见书、起诉书和判决书之认定事实的根据，而且其办案人员在大脑中也尽可能地"忘记"此类应当排除的证据对其认定案件事实之影响，从而实现非法证据的实质性排除。

四、常用法律法规和司法解释

1.《中华人民共和国烟草专卖法》（2009 年修正）（1991 年 6 月 29 日）（节录）

第三十条　违反本法规定擅自收购烟叶的，由烟草专卖行政主管部门处以罚款，并按照国家规定的价格收购违法收购的烟叶；数量巨大的，没收违法收购的烟叶和违法所得。

第三十一条　无准运证或者超过准运证规定的数量托运或者自运烟草专卖品的，由烟草专卖行政主管部门处以罚款，可以按照国家规定的价格收购违法运输的烟草专卖品；情节严重的，没收违法运输的烟草专卖品和违法所得。

承运人明知是烟草专卖品而为无准运证的单位、个人运输的，由烟草专卖行政主管部门没收违法所得，并处罚款。

超过国家规定的限量异地携带烟叶、烟草制品，数量较大的，依照第一款的规定处理。

第三十二条　无烟草专卖生产企业许可证生产烟草制品的，由烟草专卖行政主管部门责令关闭，没收违法所得，并处罚款。

无烟草专卖生产企业许可证生产卷烟纸、滤嘴棒、烟用丝束或者专用机械的，由烟草专卖行政主管部门责令停止生产上述产品，没收违法所得，可以并处罚款。

第三十三条　无烟草专卖批发企业许可证经营烟草制品批发业务的，由烟草专卖行政主管部门责令关闭或者停止经营烟草制品批发业务，没收违法所得，并处罚款。

第三十四条 无特种烟草专卖经营企业许可证经营烟草专卖品进出口业务、外国烟草制品寄售业务或者免税的外国烟草制品购销业务的，由烟草专卖行政主管部门责令停止经营上述业务，没收违法所得，并处罚款。

第三十五条 无烟草专卖零售许可证经营烟草制品零售业务的，由工商行政管理部门责令停止经营烟草制品零售业务，没收违法所得，并处罚款。

第三十六条 生产、销售没有注册商标的卷烟、雪茄烟、有包装的烟丝的，由工商行政管理部门责令停止生产、销售，并处罚款。

生产、销售假冒他人注册商标的烟草制品的，由工商行政管理部门责令停止侵权行为，赔偿被侵权人的损失，可以并处罚款；构成犯罪的，依法追究刑事责任。

第三十七条 违法本法第二十一条的规定，非法印制烟草制品商标标识的，由工商行政管理部门销毁印制的商标标识，没收违法所得，并处罚款。

第三十八条 倒卖烟草专卖品，构成犯罪的，依法追究刑事责任；情节轻微，不构成犯罪的，由工商行政管理部门没收倒卖的烟草专卖品和违法所得，可以并处罚款。

烟草专卖行政主管部门和烟草公司工作人员利用职务上的便利犯前款罪的，依法从重处罚。

第三十九条 伪造、变造、买卖本法规定的烟草专卖生产企业许可证、烟草专卖经营许可证等许可证件和准运证的，依照刑法有关规定追究刑事责任。

烟草专卖行政主管部门和烟草公司工作人员利用职务上的便利犯前款罪的，依法从重处罚。

第四十条 走私烟草专卖品，构成走私罪的，依照刑法有关规定追究刑事责任；走私烟草专卖品，数额不大，不构成走私罪的，由海关没收走私货物、物品和违法所得，可以并处罚款。

烟草专卖行政主管部门和烟草公司工作人员利用职务上的便利犯前款罪的，依法从重处罚。

第四十一条 烟草专卖行政主管部门有权对本法实施情况进行检查。以暴力、威胁方法阻碍烟草专卖检查人员依法执行职务的，依法追究刑事责任；拒绝、阻碍烟草专卖检查人员依法执行职务未使用暴力、威胁方法的，由公安机关依照治安管理处罚法的规定处罚。

第四十二条 人民法院和处理违法案件的有关部门的工作人员私分没收的烟草制品，依照刑法有关规定追究刑事责任。

人民法院和处理违法案件的有关部门的工作人员购买没收的烟草制品的，责令退还，可以给予行政处分。

第四十三条　烟草专卖行政主管部门和烟草公司的工作人员滥用职权、徇私舞弊或者玩忽职守的，给予行政处分；情节严重，构成犯罪的，依法追究刑事责任。

第四十四条　当事人对烟草专卖行政主管部门和工商行政管理部门作出的行政处罚决定不服的，可以在接到处罚通知之日起十五日内向作出处罚决定的机关的上一级机关申请复议；当事人也可以在接到处罚通知之日起十五日内直接向人民法院起诉。

复议机关应当在接到复议申请之日起六十日内作出复议决定。当事人对复议决定不服的，可以在接到复议决定之日起十五日内向人民法院起诉；复议机关逾期不作出复议决定的，当事人可以在复议期满之日起十五日内向人民法院起诉。

当事人逾期不申请复议也不向人民法院起诉，又不履行处罚决定的，作出处罚决定的机关可以申请人民法院强制执行。

2. 《中华人民共和国治安管理处罚法》（2012 年修正）（2005 年 8 月 28 日）（节录）

第四十条　有下列行为之一的，处十日以上十五日以下拘留，并处五百元以上一千元以下罚款；情节较轻的，处五日以上十日以下拘留，并处二百元以上五百元以下罚款：

（一）组织、胁迫、诱骗不满十六周岁的人或者残疾人进行恐怖、残忍表演的；

（二）以暴力、威胁或者其他手段强迫他人劳动的；

（三）非法限制他人人身自由、非法侵入他人住宅或者非法搜查他人身体的。

3. 最高人民检察院《关于渎职侵权犯罪案件立案标准的规定》（2006 年 7 月 26 日　高检发释字〔2006〕2 号）（节录）

二、国家机关工作人员利用职权实施的侵犯公民人身权利、民主权利犯罪案件

（二）国家机关工作人员利用职权实施的非法搜查案（第二百四十五条）

非法搜查罪是指非法搜查他人身体、住宅的行为。

国家机关工作人员利用职权非法搜查，涉嫌下列情形之一的，应予立案：

1. 非法搜查他人身体、住宅，并实施殴打、侮辱等行为的；

2. 非法搜查，情节严重，导致被搜查人或者其近亲属自杀、自残造成重

伤、死亡，或者精神失常的；

3. 非法搜查，造成财物严重损坏的；

4. 非法搜查 3 人（户）次以上的；

5. 司法工作人员对明知是与涉嫌犯罪无关的人身、住宅非法搜查的；

6. 其他非法搜查应予追究刑事责任的情形。

4. 最高人民检察院《人民检察院直接受理立案侦查的渎职侵权重特大案件标准（试行）》（2002 年 1 月 1 日　高检发〔2001〕13 号）（节录）

三十五、国家机关工作人员利用职权实施的非法搜查案

（一）重大案件

1. 五次以上或者一次对五人（户）以上非法搜查的；

2. 引起被搜查人精神失常的。

（二）特大案件

1. 七次以上或者一次对七人（户）以上非法搜查的；

2. 引起被搜查人自杀的。

第三章　刑讯逼供罪

刑讯逼供罪，是指《刑法》第247条规定的司法工作人员对犯罪嫌疑人、被告人使用肉刑或变相肉刑逼取口供的犯罪行为。

一、基本证据

（一）证明本罪主体方面的证据

刑讯逼供的主体是司法工作人员，而绝大多数为公安干警。从司法实践看，公安干警刑讯逼供占刑讯逼供总数的90%以上。

1. 证明犯罪嫌疑人自然情况的证据

证明犯罪嫌疑人的姓名、性别、出生年月日、居住地的户籍资料、居民身份证、出生证、户口迁移证明。对于户籍、出生证等材料内容不实的，应提供其他证据材料。

2. 证明犯罪嫌疑人身份和职责的证据

犯罪嫌疑人在负有侦查、检察、审判和监管职责的国家机关从事公务的，收集以下证据：

（1）证明犯罪嫌疑人所在单位性质的书证，对于国家机关的单位性质一般不需要收集书证证明；

（2）证明犯罪嫌疑人身份的书证，包括：干部登记表、职工登记表、聘书、聘用合同、干部履历表、任免文件（任免审批表、任免通知、任免书、任免决定）等；对于经人民代表大会及人大常委会选举、决定、任免、批准等程序产生的职务，还需收集人大或人大常委会的相关公告；

（3）证明犯罪嫌疑人职责的书证，包括：岗位责任制度、工作制度、相关会议纪要、工作分工文件等；

（4）本单位或上级单位人事主管部门出具的有关犯罪嫌疑人身份、任职时间、职责的说明材料。

（二）证明本罪主观方面的证据

行为人主观方面是故意，即明知刑讯逼供行为会造成危害社会的结果，仍希望这种结果发生，目的是逼取口供。

1. 犯罪嫌疑人的供述和辩解

（1）刑讯逼供的动机、目的；

（2）有无策划、策划的具体内容；

（3）共同犯罪案件，还应当查明犯罪预谋的过程。

2. 证人证言

刑讯逼供案件的证人，主要是指了解案件情况的人，通常包括刑讯场所周围的居民、职工，看守所的干警，医生，与被害人关同一监室的犯罪嫌疑人或被告人等伤情见证人，司法机关内部的知情人等对相关情况的叙述，如所看到或听到的刑讯逼供的具体情况，被害人的具体情况，危害后果的情况等内容。

3. 被害人的陈述

包括其涉案的起因，刑讯逼供的起因、过程和严重后果，所听到的刑讯人的情况，所看到的刑讯人的表现。

4. 证明犯罪嫌疑人具有刑讯逼供主观故意的其他证据。

（三）证明本罪客观方面的证据

1. 物证

刑讯逼供一般要使用一些刑具，如木棍、警棍、竹片、皮鞭、胶管、绳索、手铐，案发后，现场往往留下作案的上述工具和被刑讯人的血迹、呕吐物及被抓落的头发等痕迹。如刑讯逼供的工具、被害人被抓落的头发、血迹、呕吐物。

2. 书证

调阅卷宗，调取病历，收集看守所押犯档案、提讯登记、体检记录。

3. 犯罪嫌疑人供述和辩解

（1）被讯问人的基本情况，如一贯表现、社会阅历、家庭情况、兴趣爱好、个性特点；

（2）谁是指使者，用什么方式指使；

（3）各人分别实施了哪些行为，包括实施行为的手段、次数、部位、力度，还分别说了哪些话，在刑讯逼供中谁最积极卖力；

（4）各人实施的行为所造成的后果；

（5）犯罪后有无实施订立攻守同盟、伪造现场、编造死因等妨害侦查的行为，如是怎么商量的，谁提议，谁决定，谁负责实施等。

4. 被害人陈述

（1）刑讯逼供的具体经过，如果采取的是肉刑，具体手段是什么，包括拳打脚踢、捆绑吊打、火烧火燎、针扎、电击、鞭笞等细节描述。如果是采取变相肉刑，具体手段是什么，包括如长时间罚站、罚跪、蹲马步、暴晒、雨淋、冻饿、不准睡觉、高强度灯光或噪音刺激等细节描述以及刑讯工具、刑讯时间地点及伤情见证人等，要详细、全面地询问。对已因伤住院抢救的被害人，应尽可能地获取其陈述，以保证正确地确定查证方向和取证要点。

（2）刑讯逼供人的外貌特征和语音特征、参与人数、各个人的语言、行为后果及在刑讯逼供中的地位、作用等。

（3）刑讯逼供等违法行为一旦被发现，应在常规提讯掩护下快速出击，及时获取被害人的详尽陈述。

5. 证人证言

刑讯逼供案件的证人，主要是刑讯场所周围的居民、职工，看守所的干警，医生，与被害人关同一监室的犯罪嫌疑人或被告人等伤情见证人，司法机关内部的知情人等对相关情况的叙述，如所看到或听到的刑讯逼供的具体情况，被害人的具体情况，危害后果的情况等内容。

6. 勘验检查笔录

（1）现场勘验。要注意观察现场的真伪，防止被伪造的现场所迷惑。要仔细寻找和发现一切有助于证明刑讯逼供事实的物证痕迹。有些痕迹如血迹、呕吐物等虽被破坏，但其印迹仍可呈现；有的虽然经过仔细揩拭，但仍会留下一丝痕迹。对发现的痕迹物证，要拍照录像，并尽量予以提取。

（2）人身检查和尸体勘验。对重伤、死亡的被害人，要对其人身或尸体的伤痕进行详细的拍照录像，认真记录伤痕的部位、形状、程度等事项，并由法医进行鉴定。

7. 鉴定意见

（1）物理和化学鉴定。判明现场上提取的毛发、血迹、呕吐物等是否为被害人所留。

（2）法医鉴定。判明伤的轻重及可能留下的后遗症、死亡的原因、致伤致死的工具等，有些刑讯逼供案件的行为人往往伪造现场，谎称被害人的死、伤是自杀或自伤所致，有的甚至残忍地将刑讯致死的尸体甩下楼房或悬崖，造成被害人跳楼、跳崖自杀或身亡的假象，需要通过法医鉴定被害人的伤痕哪些是生前形成的，哪些是死后留下的，从而判明死因。

（四）证明本罪量刑情节的证据

1. 证明嫌犯的认罪态度和一贯表现的证据

（1）嫌犯的供述与辩解，证实其口供是否具有一贯性，是否坦白，是否避重就轻；

（2）相关部门或人员出具的情况说明，证实嫌犯的认罪态度；

（3）相关部门出具的证实嫌犯具有其他积极认罪悔罪表现的证明材料；

（4）有关组织出具的证明嫌犯一贯表现的证明材料。对嫌犯的认罪态度，在每个案件中都应予以体现，前科情节证据，即证明行为人在犯罪前曾具有受过行政处分情节证据。

2. 在社会上产生恶劣影响情节证据

证明行为人因为刑讯逼供行为造成恶劣影响的情节证据，如媒体、自媒体搜索量。

3. 自首立功情节证据

证明行为人具有投案自首或者立功表现等法定从轻、减轻处罚的情节证据。

4. 悔改情节证据

行为人能主动坦白、积极赔偿，确有悔改表现等情节的证据。证明对被害人损害赔偿情况的证据：（1）被害人陈述；（2）被害人亲属或其他知情人证言；（3）证明履行赔偿情况的调解协议、收条等相关书证；（4）嫌犯主动要求给予被害人赔偿的供述及亲笔信函等。

5. 妨碍侦查情节证据

证明行为人在侦查期间，具有干扰证人作证、毁灭、伪造证据或者串供等情节的证据。

6. 证明犯罪行为造成其他社会危害的证据

（1）相关证人或知情人的证言；

（2）有关部门出具的关于犯罪对象的特殊性或社会危害程度的证明；

（3）其他危害结果的证明等。

7. 证明被害人有过错的证据

（1）嫌犯的供述和辩解；

（2）被害人陈述；

（3）目击证人或知情人证言；

（4）能够证实被害人有过错的有关物证、书证或鉴定意见等。在认定被害人有无过错时应当注意排除涉及正当防卫的情节。

二、不同诉讼阶段的证据标准

（一）立案的证据标准

1. 以殴打、捆绑、违法使用械具等恶劣手段逼取口供的；

2. 以较长时间冻、饿、晒、烤等手段逼取口供，严重损害犯罪嫌疑人、被告人身体健康的；

3. 刑讯逼供造成犯罪嫌疑人、被告人轻伤、重伤、死亡的；

4. 刑讯逼供情节严重，导致犯罪嫌疑人、被告人自杀、自残造成重伤、死亡，或者精神失常的；

5. 刑讯逼供，造成错案的；

6. 刑讯逼供3人次以上的；

7. 纵容、授意、指使、强迫他人刑讯逼供，具有上述情形之一的；

8. 其他刑讯逼供应予追究刑事责任的情形。

（二）提请逮捕犯罪嫌疑人的证据标准

1. 有证据证明发生了刑讯逼供的犯罪事实

（1）犯罪现场照片、现场勘查笔录、犯罪工具实物或照片、伤情鉴定等证明发生刑讯逼供他人的证据。

（2）证明刑讯逼供犯罪事实发生的被害人陈述、证人证言、犯罪嫌疑人供述和解救被害人的相关证据等。

（3）证明刑讯逼供行为系非法的证据。

2. 有证据证明刑讯逼供犯罪事实系犯罪嫌疑人实施的

（1）在犯罪嫌疑人实施刑讯逼供地解救出被害人的证据。

（2）被害人的指认。

（3）犯罪嫌疑人的供认。

（4）证人证言。

（5）同案犯罪嫌疑人的供述。

（6）其他能够证明犯罪嫌疑人实施刑讯逼供犯罪的证据。

3. 证明犯罪嫌疑人实施刑讯逼供犯罪行为的证据已有查证属实的

（1）其他证据能够印证的被害人的指认。

（2）其他证据能够印证的犯罪嫌疑人的供述。

（3）能够相互印证的证人证言。

（4）能够与其他证据相互印证的证人证言或者同案犯供述。

（5）能够排除合理怀疑的被害人因刑讯逼供在身体、精神方面受到损害的相关证明材料。

（6）其他查证属实的证明犯罪嫌疑人实施刑讯逼供犯罪的证据。

4．有逮捕必要

（1）犯罪嫌疑人具有社会危险性，即采取取保候审、监视居住等方法不足以防止发生社会危险性。应该收集：犯罪嫌疑人有行政刑事处罚记录，也包括：受过刑事处罚，曾因其他案件被相对不起诉，受过劳动教养、治安处罚及其他行政处罚；犯罪嫌疑人可能逃跑、自杀、串供、干扰证人作证以及伪造、毁灭证据等妨害刑事诉讼活动的正常进行的，或者存在行凶报复、继续作案的可能，如曾以自伤、自残方法逃避侦查，持有外国护照或者可能逃避侦查；已经逃跑或逃跑后抓获的；属于违反《刑事诉讼法》第 69 条、第 75 条规定，情节严重的。

（2）犯罪嫌疑人不具有不适合羁押的特殊情况。应该收集：犯罪嫌疑人未患有严重疾病或正在怀孕、哺乳自己的婴儿，不属于未成年人、在校学生和年老体弱及残障人士；经济犯罪案件逮捕法人代表或其他骨干不可能严重影响企业合法的生产经营。

（三）侦查终结的证据标准

1．犯罪嫌疑人的基本情况

犯罪嫌疑人姓名、性别、出生年月日、政治面貌、民族、文化程度、是否人大代表或政协委员、现住址、工作单位及职业、有无犯罪前科以及身份证号码等。

2．案件来源及诉讼经过

案件来源和案件侦查的各个程序的时间，如初查、立案、侦结的时间，采取强制措施的种类、时间和变更情况以及延长、重新计算羁押期限等情况。

3．侦查认定涉嫌犯罪的事实和依据

对多起犯罪要逐一列写，并列明相关证据，简要说明证据要证明的主要事实。包括：

刑讯逼供犯罪事实都有证据证明：

（1）犯罪现场照片、现场勘查笔录、犯罪工具实物或照片、伤情鉴定等证明发生刑讯逼供他人的证据。

（2）证明刑讯逼供犯罪事实发生的被害人陈述、证人证言、犯罪嫌疑人供述和解救被害人的相关证据等。

（3）在犯罪嫌疑人实施刑讯逼供地解救出被害人的证据。

（4）同案犯罪嫌疑人的供述。

（5）其他能够证明犯罪嫌疑人实施刑讯逼供犯罪的证据。

证明犯罪嫌疑人实施刑讯逼供犯罪行为的证据已有查证属实的：

（1）其他证据能够印证的被害人的指认。

（2）其他证据能够印证的犯罪嫌疑人的供述。

（3）能够相互印证的证人证言。

（4）能够与其他证据相互印证的证人证言或者同案犯供述。

（5）能够排除合理怀疑的被害人因刑讯逼供在身体、精神方面受到损害的相关证明材料。

（6）其他查证属实的证明犯罪嫌疑人实施刑讯逼供犯罪的证据。

4. 案件侦破经过

案件线索来源和初查情况、案件侦破过程以及本案的特点和经验总结。

5. 需要说明的问题

对经过侦查不能认定为犯罪行为的情况说明，以及其他需要说明的事项。

（四）撤销案件的证据标准

在侦查过程中，发现不应对犯罪嫌疑人追究刑事责任的，应当撤销案件。撤销案件的条件是：（1）具有《刑事诉讼法》第 15 条规定情形之一的；（2）没有犯罪事实的，或者依照刑法规定不负刑事责任和不是犯罪的；（3）虽有犯罪事实，但不是犯罪嫌疑人所为的。对于共同犯罪的案件，如有符合本条规定情形的犯罪嫌疑人，应当撤销对该犯罪嫌疑人的立案。人民检察院对直接受理侦查案件拟作撤销案件决定，应履行人民监督员监督程序。省级以下（含省级）人民检察院对直接受理侦查案件拟作撤销案件决定应当报上一级人民检察院批准。

三、收集认定证据中的常见问题及对策

（一）在"零口供"情况下如何以间接证据定案

由于刑讯逼供多发生在司法人员的侦讯过程中，侦查工作的秘密性和讯问场所的封闭性，决定了此类案件缺少目击证人。即便存在未参与刑讯的目击者，也多是侦讯参与人，他们出于共同的利益很少能够挺身作证。为此，除讯问人和被讯问人外，几乎不存在作为目击证人的第三人。刑讯主体的特殊性和举报的滞后性，导致刑讯现场早已被快速毁灭，痕迹、物证无法提取，甚至刑讯工具也不得踪影。从而造成此类案件的现场普遍不复存在，言词证据成为定案的主体证据。刑讯逼供的犯罪嫌疑人往往是具备较强反侦查能力的司法人

员，"零口供"的情况下如何以间接证据定案非常值得研究。

典型案例一

包某，男，43岁，蒙古族，大专文化，中共党员，原任某自治区某县公安局报市镇派出所外勤民警，住某自治区某县报市镇。未受过行政处分、刑事处罚。

2010年3月5日凌晨1时许，报市镇保生村村民孙某才、孙某酷兄弟两人因涉嫌放火罪被报市镇派出所教导员京某全、民警包某、协警苑某亮3人带至报市村派出所。孙某酷由被告人包某一人在包办公室内进行审讯。在审讯过程中，被告人包某为逼取口供使用暴力手段对孙某酷进行殴打，导致其于当日晚上12点在送往某自治区某县中医院途中死亡。经过法医鉴定：被害人孙某酷生前因伤致其腹壁挫伤，横结肠破裂和大网膜破裂出血，导致感染性中毒，失血性休克死亡。被害人孙某酷被派出所传唤后由被告人包某负责审讯，被告人包某身为司法工作人员对被害人孙某酷进行殴打，使其腹壁挫伤，横结肠破裂和大网膜破裂出血，导致感染性中毒，失血性休克死亡。有形成体系的间接证据可以证明，足以认定其行为已经构成故意伤害致死罪，应该按照《中华人民共和国刑法》第247条规定，从重处罚。被告人包某辩解没有打人，又没有证据证明被害人的伤是由他人形成或者是来派出所之前形成的，其辩解不能成立。辩护人提出的，没有直接证据，没有犯罪事实，侦查机关违反程序不能认定被告人有罪的辩护意见，经查与本案事实不符，被告人包某拒绝供认，但有证据能够证明被害人孙某酷在去派出所之前身体正常，在2010年3月5日凌晨2时30分之后至早晨死者家属见到被害人孙某酷时，只有被告人包某一人看管被害人，且外伤已经形成，应当认定为包某所为，其辩护意见不能成立。依据《中华人民共和国刑法》第247条、第234条第2款之规定，判决被告人包某犯故意伤害致死罪，判处有期徒刑15年。

在包某刑讯逼供案中，犯罪嫌疑人包某始终是"零口供"，拒不承认有殴打被害人的行为。在本案中被害人已经死亡，作案现场除了犯罪嫌疑人包某外再没有其他人，犯罪嫌疑人的供述就成为非常重要的证据。而包某作为一名司法人员深知其中的利害关系。在屡屡审讯无果的情况下，侦查人员决定收集间接证据。间接证据有以下特点：（1）间接证据之间互相依赖、互相关联，必须互相结合才能证明案件主要事实；（2）相比直接证据，间接证据的证明过程要复杂很多，需要一个推理和判断的过程。鉴于间接证据的特点，完全运用间接证据认定有罪时必须遵守以下规则：（1）必须严格遵守运用证据的一般规则，即每个间接证据必须具有客观性、关联性、合法性。（2）对案件有关事实，即犯罪的时间、地点、过程、手段、工具、目的、动机、被追诉人的身份等涉及案情的各方面事实基本上应当有相应的间接证据予以证明。（3）间接证据与案件事实之间以及间接证据相互之间必须协调一致，没有矛盾。如果存在矛盾，应当继续收集新的证据，使矛盾得到合理排除。切忌随意舍弃矛盾证据，勉强定案。（4）间接证据应当形成完整的证明体系，而且得出关于主要犯罪事实的结论应当是唯一的，足以排除其他可能性。只有同时具备了上述条件，才能完全根据间接证据作出有罪的认定。侦查人员将案发的过程划分为几个时间段，包括被害人孙某酷被派出所民警从家里带走前、被派出所民警从家中带走时、到派出所被带到包某办公室时，早晨死者家属到派出所看到死者时、从派出所离开回家到死亡的多个时间段。并在每个时间段找出证据证明死者在当时时间段的身体状况。最终证实死者是在到派出所后和包某在一起的时间段受的伤。而在这一时间段内死者孙某酷除了与包某接触以外，再没有接触过其他人。同时死者的弟弟也证实当晚在值班室听到了死者孙某酷的哭喊声（死者孙某酷的弟弟孙某才是同死者一起作为犯罪嫌疑人被带到派出所的），死者的数位亲属及村医也证实被害人从派出所被亲属接回来后在不同的时间、地点听死者说过在派出所被打的事实并看到死者身上被打的伤，另外还有法医出具的死者死于外伤的鉴定结论。综合上述大量的间接证据，已经形成完整的证据锁链，能够证明犯罪事实即为犯罪嫌疑人包某实施，从而使得该案在犯罪嫌疑人"零口供"，没有直接证据的情况下，成功结案。最后法院也支持了检察机关的控诉主张，判处包某有期徒刑 15 年。

（二）如何收集证明刑讯逼供各参与人在共同犯罪中的行为、地位、作用及应负的责任的证据

刑讯逼供案件有明显的危害后果，有些还造成被害人伤残、死亡；"前案"（指刑讯逼供行为人所承办的刑事案件）有明确的承办人，通过审查承办人，就能大致确定犯罪嫌疑人的范围，犯罪有多少人参与。可以说，要确定刑讯逼供参与人的范围并不困难。但是，由于刑讯逼供在秘密状态下进行，犯罪分子往往在犯罪后订立攻守同盟，因而要查明各参与人的行为和在共同犯罪中的地位、作用以及应负的责任，却有相当的难度，特别是被害人死亡的案件，难度更大。因此，如何收集这方面的证据材料成为一个重点和难点。

典型案例二

2008 年 7 月 8 日，某市人民法院对熊某、周某吉刑讯逼供致人死亡案件进行了一审宣判，原反贪局副局长熊某犯故意伤害罪，被判处无期徒刑；原法警副大队长杨某犯故意伤害罪，被判处有期徒刑 15 年；反贪局局长高某犯妨

碍作证罪，被判处有期徒刑 3 年。

　　法院经审理查明，2007 年 5 月 28 日上午，某县人民检察院根据相关证据决定对原某县供电局副局长梁某平受贿案立案侦查，成立了以反贪局副局长熊某为负责人的专案组，专案组下设 3 个审讯小组，每组 3 人。各组组长分别是熊某、法警大队副大队长杨某、资深法警周某吉，并制定了每天 24 小时三个小组轮流连续审讯计划，不允许梁某平睡觉。5 月 28 日 18 时许，专案组将梁某平传唤至县检察院讯问室，熊某带着两位同事开始值第一个班，轮流审讯由此开始。5 月 29 日 8 时许，熊某向梁某平宣布监视居住，随后专案组将梁某平带至县教育宾馆 108 室继续讯问。5 月 29 日 18 时至 30 日 1 时，第二次轮到周某吉这一组审讯。5 月 30 日 1 时至 8 时，轮到杨某这一组，为了让梁某平尽快交代，杨某命令梁某平坐在地上举手、够脚尖。与杨某同组的办案人员丁某伟表示，杨某不停地让梁某平抱头。自梁某平到案当晚至 6 月 1 日晨，熊某、杨某、周某吉等人在某县人民检察院、县教育宾馆、秦山岛旅游接待站等地点对梁某平进行审讯期间，为逼取有罪供述，不让梁某平正常睡觉，并进行殴打等行为。梁某平于 6 月 1 日上午死亡。案发后，反贪局局长高某为掩盖事实真相，在有关组织调查和司法机关侦查期间，召集参与审讯人员开会，编造梁某平身上伤痕系审讯人员为制止梁逃跑、自杀而形成的虚假事实，指使他人毁灭体罚梁时所使用的相关工具，并多次威胁相关人员不得透露审讯期间对梁某平实施体罚或者变相体罚的真相。3 名被告人犯故意伤害罪，熊某被判处无期徒刑，杨某被判处有期徒刑 15 年。

　　侦查人员在查办此案过程中，主要是讯问犯罪嫌疑人以及询问可能存在的现场目击者。询（讯）问时，要着重问明：（1）谁是指使者，用什么方式指使；（2）各人分别实施了哪些行为，包括实施行为的手段、次数、部位、力度，还分别说了哪些话，在刑讯逼供中谁最积极卖力；（3）各人实施的行为所造成的后果；（4）犯罪后有无实施订立攻守同盟、伪造现场、编造死因等妨害侦查的行为，如是怎么商量的，谁提议，谁决定，谁负责实施。侦查中查明反贪局原局长高某于 6 月 5 日上午召集参与审讯人员开会，提出"可设计因制止梁某平逃跑、自杀而发生两次身体接触"的方案。会后，安排部分审讯人员到其办公室进行了模拟演练。高某在停职之前，多次组织所有审讯人员到某县检察院反贪局会议室统一口径，并多次威胁上述人员不得透露事实真相，说"如果谁先讲出来，都把责任推到他头上"、"谁要是讲了真相我要杀他全家"、"统一口径，扛住了，坚持到底就是胜利"、"如果谁先说了，抓了几个人，大家在检察院也没法干了"、"谁要是第一个讲，其他八个人把所有事情都推到他一个人身上"、"如果谁说了，白道和黑道，你们看着办吧"、"你们谁把我出卖了，找黑社会也把你办了"之类的话。事后，所有涉案人员均按攻守同盟作虚假供述，直到反贪局原副局长熊某在 7 月 14 日最先供述后，相关涉案人员和办案人员才交代事情的经过。因此，突破熊某是成功侦办此案的重要环节，收集熊某的供述和相关办案人员的供述能够充分证明刑讯逼供各参与人在共同犯罪中的行为、地位、作用及应负的责任。

（三）如何克服查处刑讯逼供案件中长期存在的"发现难、取证难、认定难、处理难"问题

与前述的非法拘禁、非法搜查案件都有部分犯罪行为在公开状态下实施相比，刑讯逼供犯罪却在秘密状态下实施。刑讯逼供案件存在发现和查处的滞后性、目击证人的缺乏性、现场物证的灭失性等特点，且犯罪主体为履行审讯职责的司法人员，反侦查能力特别强。因此，侦查刑讯逼供案件的难度要大于非法拘禁和非法搜查案件。但是，在刑讯逼供案中仍有可供利用的矛盾和空隙等。

典型案例三

被告人：周某，男，28 岁，江苏省南通市人，汉族，原系某自治区某县公安局刑警大队侦察员，住某县茫丁乡政府家属区。

1997 年 10 月 5 日 20 时许，被告人周某与永集湖派出所的干警一起在去一盗窃案的现场途中，见 312 国道旁有两人在等车，这两人一人名叫许某敬，另一人名叫白某划。周某怀疑这两人是另一盗窃案的犯罪嫌疑人，即将这两人带回派出所予以扣留。次日凌晨 1 时许，周某与永集湖派出所的干警森某、巴某、赵某杰对许某敬进行讯问。在讯问过程中，周某用一根长约 80 厘米、粗约 20 毫米的白色塑料管击打许某敬的臀部。1 时 30 分许，周某让森某、巴某去休息，由其本人与赵某杰留下继续讯问许某敬。在此期间，周某用一根长约 60 厘米、两指宽、一指厚的木板击打许某敬的背部、双腿及臀部等处，造成许某敬的双腿内外侧皮下大面积淤血，深达肌层。4 时许，周某指使森某、巴某接替其继续讯问，森某、巴某讯问了约两个多小时仍无结果，便将许某敬关押。次日上午 11 时许，在把许某敬带往现场辨认的途中，周某发现许某敬神情不对，即把许送往医院。许某敬经抢救无效，于当日 12 时 35 分死亡。某自治州公安局法医鉴定："许某敬生前患有心腔内血栓，且肺、气管、心包等处感染，在受到多次皮肤、皮下组织挫伤出血、疼痛等因素的刺激下，激发了心内血栓断裂出血而死亡。"某县公安局于 10 月 6 日将周某涉嫌刑讯逼供一案移交某县检察院立案侦查。某县检察院于 10 月 7 日立案，10 月 8 日即将犯罪嫌疑人刑事拘留。1997 年 10 月 22 日该案侦查终结并于当日移送审查起诉。从

立案到侦查终结不过 14 天。

由于刑讯逼供案件存在发现和查处的滞后性、目击证人的缺乏性、现场物证的灭失性等特点，检察机关在查处此类案件中长期存在"发现难、取证难、认定难、处理难"的问题。因此，刑讯逼供等司法侵权案件的查处难点，要求检察机关在查处此类案件时，必须坚持"主动出击"、"快速出击"、"集中出击"和"突然出击"的原则，及时获取相关证据，以确保违法犯罪者得到应有的法律追究。

1. 主动出击，增强发现刑讯逼供的及时性。检察机关应充分发挥"检察一体化"的体制作用，将积极发现刑讯逼供等违法行为作为各职能部门的重要职责。并将其作为驻所检察、审查批捕和审查起诉工作中履行侦查监督职责的工作重点和讯问要点，以保障对刑讯逼供等违法行为的及时发现。

2. 快速出击，确保被害人陈述的详尽性。刑讯逼供等违法行为一旦被发现，应在常规提讯掩护下快速出击，及时获取被害人的详尽陈述。如对刑讯人的特征、刑讯工具、刑讯手段、刑讯时间地点及伤情见证人等，要详细、全面地询问。对已因伤住院抢救的被害人，应尽可能地获取其陈述，以保证正确地确定查证方向和取证要点。

3. 集中出击，抢救性发掘关联证据，以补强指控陈述的客观性。在案件确定初查之后，应根据案情需要，集中力量、集中精力、多路并进、集中查证。一般情况下，调阅卷宗，调取病历，收集看守所押犯档案、提讯登记、体检记录，查询医生、看守、同号人犯等伤情见证人，现场勘查，伤情鉴定等，要集中进行抢救性同步取证。被害人曾羁押多处地点的亦应及时同步查证。力争通过集中收集证据，使被害人的指控得以补强，使刑讯逼供责任人得以明确，为立案侦查牢固基础。

4. 突然出击，增强口供突破的有效性。鉴于此类案件主体反侦查能力强、涉案人员利益同一等特点，如在 12 小时之内逐一讯问，一般不会收到预期效果。应突然出击，同步讯问、分割突破。当地检察机关查处有困难的，应异地侦查。突然出击，即在涉案人员对何时被传讯尚无准备的情况下突然对其传讯；同步讯问，即对所有涉案人员同时进行分割讯问。其基本策略是"撒大网捞大鱼"。这样，可以有效地增强法律的威慑力，促成涉案人员的"囚徒困境"心理。但是，讯问之前必须做好采取强制措施的充分准备，以果断施措及时拘捕犯罪嫌疑人。鉴于口供在刑讯逼供案件中的特殊地位，讯问中应针对讯问对象的不同情况，有针对性地分别施策。如选好突破口从薄弱点处突破；利用矛盾从利益不均衡处突破；制造错觉从心理失衡处突破；以"小证引大供"从证据上突破；击穿谎言从再生证据上突破；教育抚慰从悔过心理上突破；等等。其中尤要注意，一定要贯彻宽严相济的刑事政策，使"坦白从宽、抗拒从严"在涉案人员身上得到真切的体现，用政策和策略瓦解他们的利益同盟。

（四）如何收集和运用"隐蔽性证据"解决我国司法实务中被告人翻供、证人翻证的问题

所谓"隐蔽性证据"，是指含有隐蔽性信息的证据。所谓"隐蔽性信息"，则是指不为外人所知而只有作案人才知晓的案件细节。实践中的"隐蔽性证据"主要包括两种类型：一是证据的来源具有隐蔽性。例如，甲刑讯逼供致人死亡，将凶器埋藏在其屋后第二棵树下1米处，因藏匿地点隐蔽，外人难以发现，侦查机关反复勘查现场和搜查甲住处均未能查获，后根据甲的供述才起获该凶刀。该凶器的藏匿地点隐蔽，除非作案人本人，否则不可能知晓，故该物证属于来源具有隐蔽性的证据。二是证据本身在内容上蕴涵了隐蔽性信息。例如，乙因涉嫌受贿被立案侦查，后乙供述，受贿地点是在其私车上，时间为傍晚7点左右，行贿人当时是用两张报纸包裹着5万元现金，因受贿人当时开着车，所以接过赃款后随手丢在了车的后排座上。乙的上述供述，即蕴涵着隐蔽性信息，因为受贿的时间、地点以及具体过程，属于只有作案人（受贿人）才知晓的隐蔽性信息，证据（供述）蕴涵上述隐蔽性信息，即构成"隐蔽性证据"。

由于"隐蔽性证据"本身蕴涵着不为外人所知而只有作案人才知晓的隐蔽性信息，据此可以在犯罪嫌疑人与案件事实之间建立起直接联系，因此，司法实务中往往利用证据中的隐蔽性信息判断该证据本身的真实性或者印证其他证据的真实性。

我国司法实务中被告人翻供、证人翻证的比例一直居高不下，在被告人"时供时翻"、"反复自白"的情况下，如何认定证供的真实性，一直是证据实务中的棘手难题，而隐蔽性证据因为在判断证据真实性方面的独特优势，成为处理翻供、翻证问题的"撒手锏"。对此，2010年6月"两高三部"颁布的《关于办理死刑案件审查判断证据若干问题的规定》第34条明确规定："根据被告人的供述、指认提取到了隐蔽性很强的物证、书证，且与其他证明犯罪事实发生的证据互相印证，并排除串供、逼供、诱供等可能性的，可以认定有罪。"这一规定明确建立了"隐蔽性证据"规则，赋予了"隐蔽性证据"较高的证明力，即只要隐蔽性证据的合法性得到保证且能够与其他证据相互印证，即可据此直接认定被告人有罪。

但是，"隐蔽性证据"虽然证明力较高，但在司法实务中仍要注意规避错案风险：

1. 防止"孤证定案"。正因为"隐蔽性证据"本身的证明力较高，司法实务中部分侦查人员往往将工作的重心放在对"隐蔽性证据"的收集上，有意无意地忽视了对其他相关证据的收集、调查，结果导致"隐蔽性证据"因为缺乏其他证据的相互印证而成为"孤证"。以前述某乙受贿案为例，若该案仅有某乙的有罪供述，而缺乏行贿人的证词以及起获的赃款等其他证据相印证，则该案即使有"隐蔽性证据"，亦不得定罪，因为该"隐蔽性证据"缺乏其他证据的相互印证已经构成"孤证"，而孤证不得定案。

2. 防止"替身犯"。所谓"替身犯"，即冒名顶罪之人。如果案件存在"替身犯"，则过于强调"隐蔽性证据"的运用，反倒可能导致错案，因为，作案人与"替身犯"完全可以联手布局，以所谓"隐蔽性证据"诱使侦查机关"入彀"。识破迷局、防止"替身犯"，关键是加强对证据真实性的审查、判断，尤其是要注重从经验法则的角度对案件细节进行甄别。

3. 防止"隐蔽性证据"因为隐蔽性信息的泄露而失效。何谓"隐蔽性证据"，本身也有一个如何认定的问题，认定不当同样可能导致错案。例如，在一起投毒案中，被害人发现自家食用油中含有农药，因怀疑毒药系与自己有隙的邻居所投，随即在自家院坝中大声谴责邻居，并引来大量群众围观，案件信息（投毒时间、地点以及所投毒药）基本曝光。后公安机关将邻居列为犯罪嫌疑人展开侦查，犯罪嫌疑人很快认罪，虽然并未进一步搜集到其他证据（如装农药的容器），但公安机关认为犯罪嫌疑人供述的作案过程（投毒时间、地点、所投农药的种类等）与案发情况基本一致、能够相互印证，且作案时间、地点以及所投农药种类等皆属案件的隐蔽信息，非作案人本人一般不可能知晓，因此，尽管没有进一步的证据，仍决定对其移送审查起诉。该案中，作案时间、地点以及所投农药种类等固属案件的隐蔽信息，但因为该案被害人曾在院落中大声叫骂并引来大量群众围观，导致案件信息曝光，因此，原本的隐蔽信息已经不再具有隐蔽性，不能据此认定被告人有罪。

由此可见，实践中在运用"隐蔽性证据"定案时，一定要谨慎小心、注意规避错案风险，绝不能仅仅因为"隐蔽性证据"的存在，就不再进一步收集、调查其他证据，而是要对证据进行全面收集、审查、判断，综合权衡能够形成证据锁链后方能定案。

四、常用法律法规和司法解释

1. 最高人民检察院《关于渎职侵权犯罪案件立案标准的规定》（2006 年 7 月 26 日　高检发释字〔2006〕2 号）（节录）

刑讯逼供罪是指司法工作人员对犯罪嫌疑人、被告人使用肉刑或者变相肉刑逼取口供的行为。

涉嫌下列情形之一的，应予立案：

1. 以殴打、捆绑、违法使用械具等恶劣手段逼取口供的；

2. 以较长时间冻、饿、晒、烤等手段逼取口供，严重损害犯罪嫌疑人、被告人身体健康的；

3. 刑讯逼供造成犯罪嫌疑人、被告人轻伤、重伤、死亡的；

4. 刑讯逼供，情节严重，导致犯罪嫌疑人、被告人自杀、自残造成重伤、死亡，或者精神失常的；

5. 刑讯逼供，造成错案的；

6. 刑讯逼供3人次以上的；

7. 纵容、授意、指使、强迫他人刑讯逼供，具有上述情形之一的；

8. 其他刑讯逼供应予追究刑事责任的情形。

2. 最高人民检察院《人民检察院直接受理立案侦查的渎职侵权重特大案件标准（试行）》（2002年1月1日 高检发〔2001〕13号）（节录）

三十六、刑讯逼供案

（一）重大案件

1. 致人重伤或者精神失常的；

2. 五次以上或者对五人以上刑迅逼供的；

3. 造成冤、假、错案的。

（二）特大案件

1. 致人死亡的；

2. 七次以上或者对七人以上刑迅逼供的；

3. 致使无辜的人被判处十年以上有期徒刑、无期徒刑、死刑的。

第四章　暴力取证罪

暴力取证罪，是指司法工作人员使用暴力逼取证人证言的犯罪行为。根据我国《刑法》第 247 条规定，犯本罪的，处 3 年以下有期徒刑或者拘役。因暴力取证而致人伤残、死亡的，分别以故意伤害罪、故意杀人罪定罪从重处罚。

一、基本证据

（一）证明本罪主体方面的证据

暴力取证的主体是司法工作人员，即指有侦查、检察、审判、监管职责的工作人员，不限于在公安、检察、法院、监狱等机关工作的国家机关工作人员，而绝大多数为公安干警。

1. 证明犯罪嫌疑人自然情况的证据

证明犯罪嫌疑人的姓名、性别、出生年月日、居住地的户籍资料、居民身份证、出生证、户口迁移证明。对于户籍、出生证等材料内容不实的，应提供其他证据材料。

2. 证明犯罪嫌疑人身份和职责的证据

犯罪嫌疑人在负有侦查、检察、审判和监管职责的国家机关从事公务的，收集以下证据：

（1）证明犯罪嫌疑人所在单位性质的书证，对于国家机关的单位性质一般不需要收集书证证明；

（2）证明犯罪嫌疑人身份的书证，包括：干部登记表、职工登记表、聘书、聘用合同、干部履历表、任免文件（任免审批表、任免通知、任免书、任免决定）等；对于经人民代表大会及人大常委会选举、决定、任免、批准等程序产生的职务，还需收集人大或人大常委会的相关公告；

（3）证明犯罪嫌疑人职责的书证，包括：岗位责任制度、工作制度、相关会议纪要、工作分工文件等；

（4）本单位或上级单位人事主管部门出具的有关犯罪嫌疑人身份、任职时间、职责的说明材料。

（二）证明本罪主观方面的证据

重点查明犯罪嫌疑人犯罪的动机、目的、犯意产生的原因、过程。犯罪嫌疑人对自己行为性质的认识，看是否认罪、有无悔意，有没有弥补损失的行为。暴力取证行为人主观方面是故意，即明知暴力取证行为会造成危害社会的结果，仍希望这种结果发生，目的是逼取口供。由于犯罪嫌疑人主观方面的证据属于犯罪人主观领域的内容，看不清摸不着，因此证明被告人主观方面的证据往往依赖于犯罪嫌疑人的供述。尽管检察机关可以借助于犯罪嫌疑人的具体行为来推定其犯罪故意，但一般也需要证人证言来佐证。

1. 犯罪嫌疑人的供述和辩解

（1）详细叙述犯罪产生的原因和过程。特别是对于关键的事实和情节，需要反复从多个角度进行讯问，尽可能增加讯问笔录的信息量和细节，把犯罪嫌疑人从否认暴力取证的犯罪到认罪的心理过程等情况反映出来。

（2）暴力取证的动机、目的。

（3）有无策划、策划的具体内容。

（4）共同犯罪案件，还应当查明犯罪预谋的过程。

2. 证人证言

要采取多种措施固定证人证言，可以采取证人亲笔书写证言的方式固定证据，也可以在询问的时候进行录音录像，以确定其真实性。

3. 其他证据

证明犯罪嫌疑人具有暴力取证主观故意的其他证据，例如再生证据，犯罪嫌疑人实施犯罪行为以后为了逃避法律追究而进行的一系列反侦查活动产生的，能够证明犯罪事实存在或者原生证据存在的证据。包括串供、订立攻守同盟的情况；隐匿、销毁证据的情况；转移赃款、赃物的情况；收买、威胁证人的情况；畏罪潜逃等情况。

（三）证明本罪客观方面的证据

1. 物证

暴力取证一般要使用一些刑具，如木棍、警棍、竹片、皮鞭、胶管、绳索、手铐，案发后，现场往往留下作案的上述工具和被刑讯人的血迹、呕吐物及被抓落的头发等痕迹。如暴力取证的工具、被害人被抓落的头发、血迹、呕吐物。

2. 书证

调阅卷宗，调取病历，收集看守所押犯档案、提讯登记、体检记录。

3. 犯罪嫌疑人供述和辩解

（1）被讯问人的基本情况，如一贯表现、社会阅历、家庭情况、兴趣爱好、个性特点；

（2）谁是指使者，用什么方式指使；

（3）各人分别实施了哪些行为，包括实施行为的手段、次数、部位、力度，还分别说了哪些话，在暴力取证中谁最积极卖力；

（4）各人实施的行为所造成的后果；

（5）犯罪后有无实施订立攻守同盟、伪造现场、编造死因等妨害侦查的行为，如有，是怎么商量的，谁提议，谁决定，谁负责实施，等等。

4. 被害人陈述

（1）暴力取证的具体经过，采取暴力的方式、时间地点及伤情见证人等，要详细、全面地询问。对已因伤住院抢救的被害人，应尽可能地获取其陈述，以保证正确地确定查证方向和取证要点。

（2）暴力取证人的外貌特征和语音特征、参与人数、各个人的语言、行为后果及在暴力取证中的地位、作用等。

5. 证人证言

暴力取证案件的证人，主要医生、亲属等伤情见证人，司法机关内部的知情人等对相关情况的叙述，如所看到或听到的暴力取证的具体情况，被害人的具体情况，危害后果的情况等内容。

6. 勘验检查笔录

（1）现场勘验。要注意观察现场的真伪，防止被伪造的现场所迷惑。要仔细寻找和发现一切有助于证明暴力取证事实的物证痕迹。有些痕迹如血迹、呕吐物等虽被破坏，但其印迹仍可呈现；有的虽然经过仔细揩拭，但仍会留下一丝痕迹。对发现的痕迹物证，要拍照录像，并尽量予以提取。

（2）人身检查和尸体勘验。对重伤、死亡的被害人，要对其人身或尸体的伤痕进行详细的拍照录像，认真记录伤痕的部位、形状、程度等事项，并由法医进行鉴定。

7. 鉴定意见

（1）物理和化学鉴定。判明现场上提取的毛发、血迹、呕吐物等是否为被害人所留。

（2）法医鉴定。判明伤的轻重及可能留下的后遗症、死亡的原因、致伤致死的工具等，有些暴力取证案件的行为人往往伪造现场，谎称被害人的死、伤是自杀或自伤所致，有的甚至残忍地将致死的尸体甩下楼房或悬崖，造成被害人跳楼、跳崖自杀身亡的假象，需要通过法医鉴定被害人的伤痕哪些是生前形成的，哪些是死后留下的，从而判明死因。

（四）证明本罪量刑情节的证据

1. 证明嫌犯的认罪态度和一贯表现的证据

（1）嫌犯的供述与辩解，证实其口供是否具有一贯性，是否坦白，是否避重就轻；

（2）相关部门或人员出具的情况说明，证实嫌犯的认罪态度；

（3）相关部门出具的证实嫌犯具有其他积极认罪悔罪表现的证明材料；

（4）有关组织出具的证明嫌犯一贯表现的证明材料。对嫌犯的认罪态度，在每个案件中都应予以体现，前科情节证据，即证明行为人在犯罪前曾具有受过行政处分情节证据。

2. 在社会上产生恶劣影响情节证据

证明行为人因为暴力取证行为造成恶劣影响的情节证据。

3. 自首立功情节证据

证明行为人具有投案自首或者立功表现等法定从轻、减轻处罚的情节证据。

4. 悔改情节证据

行为人能主动坦白、积极赔偿，确有悔改表现等情节的证据。证明对被害人损害赔偿情况的证据：（1）被害人陈述；（2）被害人亲属或其他知情人证言；（3）证明履行赔偿情况的调解协议、收条等相关书证；（4）嫌犯主动要求给予被害人赔偿的供述及亲笔信函等。

5. 妨碍侦查情节证据

证明行为人在侦查期间，具有干扰证人作证、毁灭、伪造证据或者串供等情节的证据。

6. 证明犯罪行为造成其他社会危害的证据

（1）相关证人或知情人的证言；

（2）有关部门出具的关于犯罪对象的特殊性或社会危害程度的证明；

（3）其他危害结果的证明等。

7. 证明被害人有过错的证据

（1）嫌犯的供述和辩解；

（2）被害人陈述；

（3）目击证人或知情人证言；

（4）能够证实被害人有过错的有关物证、书证或鉴定意见等。在认定被害人有无过错时应当注意排除涉及正当防卫的情节。

二、不同诉讼阶段的证据标准

（一）立案的证据标准

1. 以殴打、捆绑、违法使用械具等恶劣手段逼取证人证言的；

2. 暴力取证造成证人轻伤、重伤、死亡的；

3. 暴力取证情节严重，导致证人自杀、自残造成重伤、死亡，或者精神失常的；

4. 暴力取证，造成错案的；

5. 暴力取证3人次以上的；

6. 纵容、授意、指使、强迫他人暴力取证，具有上述情形之一的；

7. 其他暴力取证应予追究刑事责任的情形。

（二）提请逮捕犯罪嫌疑人的证据标准

1. 有证据证明发生了暴力取证的犯罪事实

（1）犯罪现场照片、现场勘查笔录、犯罪工具实物或照片、伤情鉴定等证明发生暴力取证行为的证据。

（2）证明暴力取证犯罪事实发生的被害人陈述、证人证言、犯罪嫌疑人供述和解救被害人的相关证据等。

（3）证明暴力取证行为系非法的证据。

2. 有证据证明暴力取证犯罪事实系犯罪嫌疑人实施的

（1）在犯罪嫌疑人实施暴力取证地解救出被害人的证据。

（2）被害人的指认。

（3）犯罪嫌疑人的供认。

（4）证人证言。

（5）同案犯罪嫌疑人的供述。

（6）其他能够证明犯罪嫌疑人实施暴力取证犯罪的证据。

3. 证明犯罪嫌疑人实施暴力取证犯罪行为的证据已有查证属实的

（1）其他证据能够印证的被害人的指认。

（2）其他证据能够印证的犯罪嫌疑人的供述。

（3）能够相互印证的证人证言。

（4）能够与其他证据相互印证的证人证言或者同案犯供述。

（5）能够排除合理怀疑的被害人因暴力取证在身体、精神方面受到损害的相关证明材料。

（6）其他查证属实的证明犯罪嫌疑人实施暴力取证犯罪的证据。

4. 有逮捕必要

（1）犯罪嫌疑人具有社会危险性，即采取取保候审、监视居住等方法不足以防止发生社会危险性。应该收集：犯罪嫌疑人有行政刑事处罚记录，也包括受过刑事处罚，曾因其他案件被相对不起诉，受过劳动教养、治安处罚及其他行政处罚；犯罪嫌疑人可能逃跑、自杀、串供、干扰证人作证以及伪造、毁灭证据等妨害刑事诉讼活动的正常进行的，或者存在行凶报复、继续作案的可能，如曾以自伤、自残方法逃避侦查，持有外国护照或者可能逃避侦查；已经逃跑或逃跑后抓获的；属于违反《刑事诉讼法》第 69 条、第 75 条规定，情节严重的。

（2）犯罪嫌疑人不具有不适合羁押的特殊情况。应该收集犯罪嫌疑人未患有严重疾病或正在怀孕、哺乳自己的婴儿，不属于未成年人、在校学生和年老体弱及残障人士；经济犯罪案件逮捕法人代表或其他骨干不可能严重影响企业合法的生产经营。

（三）侦查终结的证据标准

1. 犯罪嫌疑人的基本情况

包括犯罪嫌疑人姓名、性别、出生年月日、政治面貌、民族、文化程度、是否人大代表或政协委员、现住址、工作单位及职业、有无犯罪前科以及身份证号码等。

2. 案件来源及诉讼经过

包括案件来源和案件侦查的各个程序的时间，如初查、立案、侦结的时间，采取强制措施的种类、时间和变更情况以及延长、重新计算羁押期限等情况。

3. 侦查认定涉嫌犯罪的事实和依据

对多起犯罪要逐一列写，并列明相关证据，简要说明证据要证明的主要事实。包括：

暴力取证犯罪事实都有证据证明：

（1）犯罪现场照片、现场勘查笔录、犯罪工具实物或照片、伤情鉴定等证明发生暴力取证他人或者以其他方法剥夺他人人身自由的行为的证据。

（2）证明暴力取证犯罪事实发生的被害人陈述、证人证言、犯罪嫌疑人供述和解救被害人的相关证据等。

（3）在犯罪嫌疑人实施暴力取证地解救出被害人的证据。

（4）同案犯罪嫌疑人的供述。

（5）其他能够证明犯罪嫌疑人实施暴力取证犯罪的证据。

证明犯罪嫌疑人实施暴力取证犯罪行为的证据已有查证属实的：

（1）其他证据能够印证的被害人的指认。

（2）其他证据能够印证的犯罪嫌疑人的供述。

（3）能够相互印证的证人证言。

（4）能够与其他证据相互印证的证人证言或者同案犯供述。

（5）能够排除合理怀疑的被害人因暴力取证在身体、精神方面受到损害的相关证明材料。

（6）其他查证属实的证明犯罪嫌疑人实施暴力取证犯罪的证据。

4. 案件侦破经过

包括案件线索来源和初查情况、案件侦破过程以及本案的特点和经验总结。

5. 需要说明的问题

包括对经过侦查不能认定为犯罪行为的情况说明，以及其他需要说明的事项。

（四）撤销案件的证据标准

在侦查过程中，发现不应对犯罪嫌疑人追究刑事责任的，应当撤销案件。撤销案件的条件是：（1）具有《刑事诉讼法》第15条规定情形之一的；（2）没有犯罪事实的，或者依照刑法规定不负刑事责任和不是犯罪的；（3）虽有犯罪事实，但不是犯罪嫌疑人所为的。对于共同犯罪的案件，如有符合本条规定情形的犯罪嫌疑人，应当撤销对该犯罪嫌疑人的立案。人民检察院对直接受理侦查案件拟作撤销案件决定，应履行人民监督员监督程序。省级以下（含省级）人民检察院对直接受理侦查案件拟作撤销案件决定应当报上一级人民检察院批准。

三、收集认定证据中的常见问题及对策

暴力取证造成的被害人伤残、死亡等严重后果，是暴力取证案件立案和定罪量刑的重要依据；同时，检察机关受理案件线索后，最先看到的也往往是被害人伤残、死亡等后果，因此，查明造成这些严重后果的原因，即确定这些后

果与暴力取证行为间的因果关系，是暴力取证案件收集证据的一个重点。证明被害人伤残、死亡等严重后果的途径，主要是法医鉴定、必要情况下的侦查实验（用以被害人自伤自残），并辅之询问被害人、证人证言和讯问犯罪嫌疑人等侦查方法。以下以两个案例加以说明。

典型案例一

被告人：郑某，某省某市公安分局某派出所所长，犯暴力取证罪被判处无期徒刑，剥夺政治权利终身。

2004年12月14日上午6时许，某省某区公安分局某派出所干警正在询问一起治安案件的证人，所长推门进屋，对证人韩某训话，认为韩某没有如实作证，并用拳击打韩某的头部，抓住韩某的头往墙上撞，致使韩某硬脑膜下广泛性出血，于同年12月16日死亡。2005年1月1日，某市某区检察院对郑某以涉嫌暴力取证罪立案侦查，1月24日侦查终结，某市中级人民法院一审判处郑某无期徒刑，剥夺政治权利终身。死者韩某的儿子韩某学在花所乡有一家摩托车门店，生意还不错，街对面有一个叫陈某康的同样经营摩托车生意。由于生意上的关系两家商店出现了一些纠纷。2004年12月12日晚上，陈某康喝完酒后，来到韩某学门前。陈某康说，我不小心把韩某学的玻璃砸了，就发生了厮打。韩某学和陈某康厮打过程中，韩某出来劝架时被打伤，韩某学用砖块砸伤陈某康后当晚逃跑，之后一直外逃没有回家。12月14日，韩某被叫到了某派出所接受询问，两天后便死亡。韩某学认为父亲是在接受询问时，被派出所所长郑某殴打致死。郑某供述称：在给韩某做思想工作的过程中，其两手抱着双鬓，整个头枕摁在沙发的扶手上，睡在沙发上，我就搂着他的肩膀说你坐端正。但是我没有殴打被害人。

从12月13日凌晨，从韩陈两家打架到12月16日韩某死亡，三天时间里韩某都经历了一些什么呢？

马某（某市某乡卫生院院长）作证说，在12月14日这天，他曾经被郑某叫到派出所给韩某做过检查。检查以后血压偏高，再没有发现明显的外伤，后来检查完以后到郑所长办公室，郑所长问我，韩某为什么呕吐是绿色的？我回答说这个人可能是早上没吃东西，空腹状态下吐出来的胆汁、胃液肯定是绿色的。

韩某在去世前曾经和某乡一些村民接触过。

高某琴（村民）称，12月15日中午，我和我们村子里两个人赶集，在门口听见他在里面叫。因为我们是一个村子的，我就进去，他说所长把他头打了，双手抱着头，说他头疼得很，把他打的吐血了。

王某仓（村民）：韩某在床上就那么斜着躺着的，我们进去以后，他就坐起来坐到床上，说所长把他打了，对着他的头部，左右一顿拳头，用拳头打了几下，最后一下子把他的头碰到墙壁上了，当时他就昏过去了。

姚某平（参与对韩某调查的民警）称，当时所长把门推开进来以后，受害人韩某就在这个地方坐着，从这抓过来以后，就顶到这个墙上，顶到墙后，他就用他的左拳在老汉头的右颞部打了几下，他们面对面站着，打完以后他又左右开弓在两边打，两边打的时候，老汉手是这样吊着，他起来把头就抱住了，所长就用手按着韩某的前额在墙壁上碰了几下，碰的时候老汉从这儿就溜下去了。之后在场民警把韩某扶到沙发上坐下，把他被打掉的帽子重新戴好，而后又去了洗手间，等民警从洗手间回到办公室发现韩某的帽子又掉到了沙发上，随后韩某被带到了候问室，不久在候问室晕倒。清醒之后，韩某于 12 月 14 日当天回到家里，两天后韩某在某市人民医院经抢救无效死亡。

苏某（某市检察院渎职检察处法医）作证称，综合分析判断，死者韩某生前头部遭受钝器打击致死，钝器比如像石头、砖块、拳头还有墙壁、地面，这些都是属于钝器的范围。所以我们认为他是遭受钝器打击造成的硬脑膜下广泛出血而死亡。

以上证据充分证明郑某的行为完全符合暴力取证罪的构成要件。2005 年 1 月 1 日，对郑某以涉嫌暴力取证立案侦查，当天晚上对他进行了刑事拘留。2005 年 4 月 11 日，某市检察院依照程序对郑某提起公诉，某市中级人民法院一审以故意伤害致人死亡罪，判处郑某无期徒刑。

典型案例二

被告人：周某，男，27 岁，原系某县公安局滔河镇派出所民警。1999 年 4 月 19 日被辞退，同年 5 月 20 日被逮捕。

1998 年 12 月 11 日中午，某县公安局滔河镇派出所接一群众报案称被他人抢劫。当夜 10 时许，该所民警周某等人在副所长贾某东的带领下，前往滔河乡孔家峪村传讯涉案嫌疑人许某亭。许某亭不在家，即传唤许的妻子鲁某到滔河镇派出所，由被告人周某、协理员赵某将鲁某带到周某的办公室由周进行询问。在询问过程中，鲁某以制作的笔录中一句话与其叙述不一致为理由拒绝捺指印，被告人周某经解释无效，即朝鲁某的腹部踢了一脚，并辱骂鲁某。当时鲁某已怀孕近两个月，被踢后称下腹疼痛，被告人周某即喊在其床上睡觉的赵某把鲁某带到协理员住室。次日上午 8 时许，鲁某被允许回家，出派出所大门，即遇到婆母范某芝，鲁某向她诉说自己被踢后引起腹疼。当日下午，鲁某因腹部疼痛不止，即请邻居毕某焕帮忙，雇车将她拉到滔河镇派出所，又转到滔河乡卫生院治疗。后鲁某经保胎治疗无效，引起难免流产，于1998年12月23日做了清宫手术。经某市中心医院刑事医学鉴定，鲁某系早孕期，外伤后致先兆流产，治疗无效发展为难免流产。又经某县人民检察院检察技术鉴定，鲁某的伤构成轻伤。

1999年7月6日，某县人民检察院以被告人周某犯暴力取证罪向某县人民法院提起公诉。被告人周某辩称，我只在鲁某的腿部踢了一脚，我的行为与鲁某的流产无直接因果关系，不构成暴力取证罪。其辩护人认为，鲁某在1998年9月10日做过流产手术，同年12月不可能怀孕，某市中心医院刑事医学鉴定是建立在错误诊断基础之上，不应作为依据。并当庭出示了以下证据：（1）死婴验尸报告，以证明鲁某在1998年9月10日做过流产手术。（2）赵克忠主编《妇产科学》教材关于内分泌系统变化显示："卵巢功能恢复时间不一，不哺乳产妇平均产后4～8周月经复潮，约产后10周恢复排卵。"（3）滔河乡计生所1999年3月24日健康检查证明：鲁某怀孕两个月。（4）滔河乡卫生院妇产科医生杨某卫、王某证言：当时做的是不全流产清宫手术，清除残留部分胎盘组织，所以无法检查出怀孕时间。

某县人民法院经公开审理后确认，本案事实清楚，证据充分。被害人鲁某陈述：被告人周某在对她询问的过程中，照其下腹部踢了一脚，致下腹疼痛，难免流产。这一事实有某市中心医院刑事医学鉴定结论证实；证人贾某东、肖某波、赵某、毕某焕等人的证言，也证实被告人周某具有作案时间，同时排除了鲁某有受其他损伤的可能。以上证据经当庭出示、质证、查证属实，形成一条完整的证据链条。被告人虽然供述踢在鲁某腿部，但其供述实施行为的时间、原因、主观动机与被害人的陈述一致。被告人的辩护人所提供的死婴验尸报告和有关教材，从时间上不能排除鲁某在1998年12月怀孕的可能性；而提供的鲁某在1999年3月24日已怀孕两个月的证明，恰恰印证了鲁某在流产一个月后即能受孕的事实。辩护人所提供的证据，不能否定滔河乡卫生院医生的证言、病历、处方及诊断证明。被告人及其辩护人也不能举出证据证明鲁某的难免流产系其他原因所致。因此，被告人的辩解与辩护人的辩护意见，法院不予采纳。

某县人民法院认为，被告人周某身为公安干警，在执行职务中，使用暴力逼取证人证言，其行为已构成暴力取证罪。某县人民检察院指控的罪名成立，法院予以支持。被告人及其辩护人的辩解理由与事实不符，不能成立，法院不予采纳。据此，该院依照《中华人民共和国刑法》第247条、第72条第1款的规定，于1999年7月21日判决如下：被告人周某犯暴力取证罪，判处有期徒刑 2 年，缓刑 2 年。

宣判后，被告人周某不服，以"鲁某没有怀孕，构不成轻伤，我的行为不构成犯罪"为理由，提出上诉。某市中级人民法院经过二审审理后认为，原审判决认定事实清楚，适用法律正确。被告人周某在向鲁某取证时，朝鲁某的腹部踢了一脚，致使鲁某流产，构成轻伤，这一事实有被害人鲁某的陈述予以证实，还有滔河乡卫生院对鲁某的诊断证明、清宫手术证明、B 超报告单，某市中心医院的刑事医学鉴定书，某县人民检察院的检察技术鉴定予以佐证。因此，被告人周某辩称"鲁某没有怀孕，构不成轻伤"的上诉理由不能成立。被告人周某身为司法工作人员，在调查取证过程中，当场使用暴力逼取被害人鲁某的证言，致使鲁某流产，构成轻伤，其行为符合暴力取证罪的构成要件，被告人辩称其行为不构成犯罪的上诉理由亦不能成立。据此，该院依照《中华人民共和国刑事诉讼法》①第 189 条第（一）项的规定，于 1999 年 9 月 10 日作出刑事裁定如下：驳回上诉，维持原判。

四、常用法律法规和司法解释

1. 最高人民检察院《关于渎职侵权犯罪案件立案标准的规定》（2006 年 7 月 26 日　高检发释字〔2006〕2 号）（节录）

二、国家机关工作人员利用职权实施的侵犯公民人身权利、民主权利犯罪案件

（四）暴力取证案（第二百四十七条）

暴力取证罪是指司法工作人员以暴力逼取证人证言的行为。

涉嫌下列情形之一的，应予立案：

1. 以殴打、捆绑、违法使用械具等恶劣手段逼取证人证言的；

2. 暴力取证造成证人轻伤、重伤、死亡的；

3. 暴力取证，情节严重，导致证人自杀、自残造成重伤、死亡，或者精神失常的；

4. 暴力取证，造成错案的；

5. 暴力取证 3 人次以上的；

6. 纵容、授意、指使、强迫他人暴力取证，具有上述情形之一的；

7. 其他暴力取证应予追究刑事责任的情形。

---

① 编者注：指 1996 年刑事诉讼法。

2. 最高人民检察院《人民检察院直接受理立案侦查的渎职侵权重特大案件标准（试行）》（2002 年 1 月 1 日　高检民〔2001〕13 号）（节录）

三十七、暴力取证案

（一）重大案件

1. 致人重伤或者精神失常的；

2. 五次以上或者对五人以上暴力取证的。

（二）特大案件

1. 致人死亡的；

2. 七次以上或者对七人以上暴力取证的。

第五章 虐待被监管人罪

虐待被监管人罪，是指《刑法》第 248 条规定的监狱、看守所、拘役所、劳教所等监管机构的监管人员利用职权对被监管人进行殴打或者体罚虐待，情节严重的犯罪行为。虐待被监管人罪不仅侵犯被监管人依法应当享有的人身权利，而且侵犯国家监管机关的正常活动，败坏监管机关的声誉。

一、基本证据

（一）证明本罪主体方面的证据

本罪的主体是监管机构的监管人员，既包括监狱、拘留所、看守所的监管人员，也包括劳动教养所、缉捕戒毒所、收容教养所等监管机构的监管人员。

1. 证明犯罪嫌疑人自然情况的证据

证明犯罪嫌疑人的姓名、性别、出生年月日、居住地的户籍资料、居民身份证、出生证、户口迁移证明。对于户籍、出生证等材料内容不实的，应提供其他证据材料。

2. 证明犯罪嫌疑人身份和职责的证据

犯罪嫌疑人在监狱、拘留所、看守所、劳动教养所、缉捕戒毒所、收容教养所、强制医疗机构等监管机构从事公务的，收集以下证据：

（1）证明犯罪嫌疑人所在单位性质的书证；

（2）证明犯罪嫌疑人身份的书证，包括：干部登记表、职工登记表、聘书、聘用合同、干部履历表、任免文件（任免审批表、任免通知、任免书、任免决定）等；对于经人民代表大会及人大常委会选举、决定、任免、批准等程序产生的职务，还需收集人大或人大常委会的相关公告；

（3）证明犯罪嫌疑人职责的书证，包括：岗位责任制度、工作制度、相关会议纪要、工作分工文件等；

（4）本单位或上级单位人事主管部门出具的有关犯罪嫌疑人身份、任职时间、职责的说明材料；

（5）人大代表、政协委员犯罪的案件，应注明身份，并附身份证明材料。

（二）证明本罪主观方面的证据

犯罪嫌疑人实施虐待被监管人行为总是事出有因，例如，被监管人曾经不服管教，不尊重命令，顶撞管教干部，背后说坏话，向检察官举报其违纪违法行为等。这种原因与结果的联系反映了犯罪嫌疑人的目的和动机。虐待被监管人行为人主观方面是故意，即明知虐待被监管人行为会造成陷害他人的结果，仍希望这种结果发生，目的是令被监管人精神和肉体遭受折磨，达到报复的目的。由于犯罪嫌疑人主观方面的证据属于犯罪人主观领域的内容，看不清摸不着，因此证明被告人主观方面的证据往往依赖于犯罪嫌疑人的供述。尽管检察机关可以借助于犯罪嫌疑人的具体行为来推定其犯罪故意，但一般也需要证人证言来佐证。

1. 犯罪嫌疑人的供述和辩解

（1）详细叙述犯罪产生的原因和过程。特别是对于关键的事实和情节，需要反复从多个角度进行讯问，尽可能增加讯问笔录的信息量和细节，把犯罪嫌疑人从否认虐待被监管人的犯罪到认罪的心理过程等情况反映出来。

（2）犯罪嫌疑人虐待被监管人的动机、目的、犯意产生的原因、过程。犯罪嫌疑人对自己行为性质的认识，看是否认罪、有无悔意，有没有弥补损失的行为。

（3）有无策划、策划的具体内容。

（4）共同犯罪案件，还应当查明犯罪预谋的过程。

2. 证人证言

犯罪嫌疑人在与别人谈话或者公开场合流露出对被害人不满、蓄意报复的证据，揭露其虐待被监管人的故意。要采取多种措施固定证人证言，可以采取证人亲笔书写证言的方式固定证据，也可以在询问的时候进行录音录像，以确定其真实性。

3. 其他证据

证明犯罪嫌疑人具有虐待被监管人主观故意的其他证据，例如再生证据，犯罪嫌疑人实施犯罪行为以后为了逃避法律追究而进行的一系列反侦查活动产生的，能够证明犯罪事实存在或者原生证据存在的证据。包括串供、订立攻守同盟的情况；隐匿、销毁证据的情况；转移赃款、赃物的情况；收买、威胁证人的情况；畏罪潜逃等情况。

（三）证明本罪客观方面的证据

1. 书证

由于监所工作的特殊性，其有一套特有的工作流程，只要抓住其特点，也就为案件的侦破提供了便利。如调取监内医院被虐待监管人员事前事后的

《病历本》、《体检表》、X 光片，监狱总调度、监区、分监区、监内医院的《值班记录》、《就诊本》、《接诊本》等书证。

2. 物证

包括施暴作案工具、被虐待监管人所穿衣物等物证。

3. 犯罪嫌疑人供述和辩解

（1）案件的起因。

（2）殴打、体罚虐待的具体事实，包括时间、地点、人员、手段、经过、结果等。因为虐待被监管人案件的行为方式主要是殴打、体罚、虐待，具体表现为使用暴力对被监管人实施直接侵害，无故关禁闭，强迫从事超体力、超强度、超时间的劳动，滥施刑具戒具，违法使用武器，故意克扣囚衣囚粮，进行冻、饿、渴、热的折磨以及其他侵犯被监管人生命、健康、名誉、人格等人身权和名誉权等行为。这些行为有的是监管人员亲自实施，有的是指使被监管人实施；有的侧重于肉体摧残，有的侧重于精神折磨；有的是积极的作为，有的是消极的不作为（如长时间不给饭吃、不给治病）。对这些细节都要详细供述。

（3）对共同犯罪案件，还要问明各人实施的具体行为、手段、打击的部位、所造成的后果，在共同犯罪中的地位、作用等。

（4）案件是否有知情人。

（5）对犯罪行为的认识，是否有悔罪表现等。

4. 被害人陈述

（1）事情的起因，包括双方有无恩怨，被害人自身有无过错等；

（2）殴打或体罚虐待的具体事实，包括时间、地点、各行为人的姓名和行为的手段、打击部位，殴打或体罚虐待的具体经过；

（3）殴打或体罚虐待的知情人、见证人及其证据；

（4）殴打或体罚虐待所造成的后果。询问时，既要鼓励其解除思想顾虑，大胆地反映案件事实，防止因慑于行为人的权势而吞吞吐吐、遮遮掩掩；又要告知应实事求是陈述和不实事求是陈述应负的法律责任，防止其因对监管人员平时严格监管有意见而趁机借题发挥。

5. 证人证言

包括同监舍监管人员、工友、监内医生、护士的证人证言。因为殴打、体罚虐待总在一定的地点实施，因而总有犯罪现场，但是，其犯罪现场没有像暴力取证案件那样集中，因为暴力取证案件的现场一般在审讯室或司法人员办公室、派出所，而虐待被监管人案件在地点上往往较为分散，如监室、押解途中、劳动场所、禁闭室、监管人员办公室等；在时间上有的也较为分散，有的甚至间断。虐待被监管人行为如在公开场合（如在押解途中或劳动场所）实施，知情人就多；如在秘密场合实施，知情人就少。案件的知情人一般为监管人员的同事或被害人之外的其他被监管人。

6. 勘验检查笔录

被害人身上有伤痕的，应予拍照录像，严重的要由法医检验。有明确犯罪现场的，都应进行勘查，特别是发生伤残、死亡后果的犯罪现场，则必须进行勘查。勘查时，要认真仔细地寻找殴打、体罚的工具、被害人的血迹、呕吐物等物证痕迹，对相隔时间较久的现场，勘查时更要仔细。对发现的物证痕迹，要拍照录像，并尽可能予以提取。

7. 鉴定意见

（1）法医鉴定意见。虐待被监管人案件的被害人一般都留有伤痕，如殴打造成的骨折、皮下出血，捆绑的索沟，警棍电击的伤痕等。因此，对留有伤痕的被害人，无论是活体还是尸体，都要由法医进行检验，以查明伤痕的部位、数目、特征、性质（是重伤还是轻伤）、致伤的工具以及可能留下的后遗症等；对被害人死亡的，还要查明死亡的原因以及身上的伤哪些是生前伤，哪些是死后伤，哪些是致命伤，哪些是非致命伤。对死者进行尸表查验，重点看是否有钝器、锐器等伤痕，到死者死亡医院调取抢救记录、死亡证明等，听取医院医生对死者死亡的看法，确定死者死亡原因。

（2）物理化学检验。对有物证痕迹的案件，还要作物理化学检验。

8. 视听资料

监管场所内部都安装有监控摄像头，对所有监控内容保存 15 日，因此一旦发现监管人员虐待被监管人员的犯罪要在第一时间封存监控录像。

（四）证明本罪量刑情节的证据

1. 证明嫌犯的认罪态度和一贯表现的证据

（1）嫌犯的供述与辩解，证实其口供是否具有一贯性，是否坦白，是否避重就轻；

（2）相关部门或人员出具的情况说明，证实嫌犯的认罪态度；

（3）相关部门出具的证实嫌犯具有其他积极认罪悔罪表现的证明材料；

（4）有关组织出具的证明嫌犯一贯表现的证明材料。对嫌犯的认罪态度，在每个案件中都应予以体现，前科情节证据，即证明行为人在犯罪前曾具有受过行政处分情节证据。

2. 在社会上产生恶劣影响情节证据

证明行为人因为虐待被监管人行为造成恶劣影响的情节证据，如新闻媒体、自媒体的曝光率。

3. 自首立功情节证据

证明行为人具有投案自首或者立功表现等法定从轻、减轻处罚的情节证据。

4. 悔改情节证据

行为人能主动坦白、积极赔偿，确有悔改表现等情节的证据。证明对被害人损害赔偿情况的证据：（1）被害人陈述；（2）被害人亲属或其他知情人证言；（3）证明履行赔偿情况的调解协议、收条等相关书证；（4）嫌犯主动要求给予被害人赔偿的供述及亲笔信函等。

5. 妨碍侦查情节证据

证明行为人在侦查期间，具有干扰证人作证、毁灭、伪造证据或者串供等情节的证据。

6. 证明犯罪行为造成其他社会危害的证据

（1）相关证人或知情人的证言；

（2）有关部门出具的关于犯罪对象的特殊性或社会危害程度的证明；

（3）其他危害结果的证明等。

7. 证明被害人有过错的证据

（1）嫌犯的供述和辩解；

（2）被害人陈述；

（3）目击证人或知情人证言；

（4）能够证实被害人有过错的有关物证、书证或鉴定意见等。在认定被害人有无过错时应当注意排除涉及正当防卫的情节。

二、不同诉讼阶段的证据标准

（一）立案的证据标准

1. 以殴打、捆绑、违法使用械具等恶劣手段虐待被监管人的；

2. 以较长时间冻、饿、晒、烤等手段虐待被监管人，严重损害其身体健康的；

3. 虐待造成被监管人轻伤、重伤、死亡的；

4. 虐待被监管人，情节严重，导致被监管人自杀、自残造成重伤、死亡，或者精神失常的；

5. 殴打或者体罚虐待 3 人次以上的；

6. 指使被监管人殴打、体罚虐待其他被监管人，具有上述情形之一的；

7. 其他情节严重的情形。

（二）提请逮捕犯罪嫌疑人的证据标准

1. 有证据证明发生了虐待被监管人的犯罪事实

（1）犯罪现场照片、现场勘查笔录、犯罪工具实物或照片、伤情鉴定等证明发生虐待被监管人的行为的证据。

（2）证明虐待被监管人犯罪事实发生的被害人陈述、证人证言、犯罪嫌疑人供述和解救被害人的相关证据等。

2. 有证据证明虐待被监管人犯罪事实系犯罪嫌疑人实施的

（1）犯罪嫌疑人实施犯罪行为的监控录像等视听资料。

（2）被害人的指认。

（3）犯罪嫌疑人的供认。

（4）证人证言。

（5）同案犯罪嫌疑人的供述。

（6）其他能够证明犯罪嫌疑人实施虐待被监管人犯罪的证据。

3. 证明犯罪嫌疑人实施虐待被监管人犯罪行为的证据已有查证属实的

（1）其他证据能够印证的被害人的指认。

（2）其他证据能够印证的犯罪嫌疑人的供述。

（3）能够相互印证的证人证言。

（4）能够与其他证据相互印证的证人证言或者同案犯供述。

（5）能够排除合理怀疑的被害人因虐待被监管人在身体、精神方面受到损害的相关证明材料。

（6）其他查证属实的证明犯罪嫌疑人实施虐待被监管人犯罪的证据。

4. 有逮捕必要

（1）犯罪嫌疑人具有社会危险性，即采取取保候审、监视居住等方法不足以防止发生社会危险性。应该收集：犯罪嫌疑人有行政刑事处罚记录，也包括受过刑事处罚，曾因其他案件被相对不起诉，受过劳动教养、治安处罚及其他行政处罚；犯罪嫌疑人可能逃跑、自杀、串供、干扰证人作证以及伪造、毁灭证据等妨害刑事诉讼活动的正常进行的，或者存在行凶报复、继续作案的可能，如曾以自伤、自残方法逃避侦查，持有外国护照或者可能逃避侦查；已经逃跑或逃跑后抓获的；属于违反《刑事诉讼法》第 69 条、第 75 条规定，情节严重的。

（2）犯罪嫌疑人不具有不适合羁押的特殊情况。应该收集：犯罪嫌疑人未患有严重疾病或正在怀孕、哺乳自己的婴儿，不属于未成年人、在校学生和年老体弱及残障人士；经济犯罪案件逮捕法人代表或其他骨干不可能严重影响企业合法的生产经营。

（三）侦查终结的证据标准

1. 犯罪嫌疑人的基本情况

包括犯罪嫌疑人姓名、性别、出生年月日、政治面貌、民族、文化程度、是否人大代表或政协委员、现住址、工作单位及职业、有无犯罪前科以及身份证号码等。

2. 案件来源及诉讼经过

包括案件来源和案件侦查的各个程序的时间，如初查、立案、侦结的时间，采取强制措施的种类、时间和变更情况以及延长、重新计算羁押期限等情况。

3. 侦查认定涉嫌犯罪的事实和依据

对多起犯罪要逐一列写，并列明相关证据，简要说明证据要证明的主要事实。包括：

虐待被监管人犯罪事实都有证据证明：

（1）犯罪现场照片、现场勘查笔录、犯罪工具实物或照片、伤情鉴定等证明发生虐待被监管人员的证据。

（2）证明虐待被监管人犯罪事实发生的被害人陈述、证人证言、犯罪嫌疑人供述和解救被害人的相关证据等。

（3）同案犯罪嫌疑人的供述。

（4）证明犯罪嫌疑人实施虐待行为的监控录像。

（5）其他能够证明犯罪嫌疑人实施虐待被监管人犯罪的证据。

证明犯罪嫌疑人实施虐待被监管人犯罪行为的证据已有查证属实的：

（1）其他证据能够印证的被害人的指认。

（2）其他证据能够印证的犯罪嫌疑人的供述。

（3）能够相互印证的证人证言。

（4）能够与其他证据相互印证的证人证言或者同案犯供述。

（5）能够排除合理怀疑的被害人因虐待被监管人在身体、精神方面受到损害的相关证明材料。

（6）其他查证属实的证明犯罪嫌疑人实施虐待被监管人犯罪的证据。

4. 案件侦破经过

包括案件线索来源和初查情况、案件侦破过程以及本案的特点和经验总结。

5. 需要说明的问题

包括对经过侦查不能认定为犯罪行为的情况说明，以及其他需要说明的事项。

（四）撤销案件的证据标准

在侦查过程中，发现不应对犯罪嫌疑人追究刑事责任的，应当撤销案件。撤销案件的条件是：（1）具有《刑事诉讼法》第15条规定情形之一的；（2）没有犯罪事实的，或者依照刑法规定不负刑事责任和不是犯罪的；（3）虽有犯罪事实，但不是犯罪嫌疑人所为的。对于共同犯罪的案件，如有符合本条规定情形的犯罪嫌疑人，应当撤销对该犯罪嫌疑人的立案。人民检察院对直接受理侦查案件拟作撤销案件决定，应履行人民监督员监督程序。省级以下（含省级）人民检察院对直接受理侦查案件拟作撤销案件决定应当报上一级人民检察院批准。

三、收集认定证据中的常见问题及对策

（一）如何查明被监管人伤残、死亡等严重后果的原因

侦查的困难、阻力除了具有刑讯逼供案件的共性外，还具有以下特殊性：（1）殴打、体罚虐待行为的目击者、知情人基本上是监管场所内的工作人员或被监管人，他们一般碍于情面或畏惧权势而不愿或不敢作证，而刑讯逼供案件有时还会有周围的居民、职工知情，因而证人作证的难度往往比刑讯逼供案件更大。（2）在监管人员指使被监管人殴打、体罚虐待的情况下，侦查人员容易被表面现象所迷惑，以为仅是被监管人相互间的矛盾；监管场所有关人员一般也会往这方面去掩饰；同时，受指使的被监管人一般不愿道出真情，其揭露指使者的难度比刑讯逼供案件中同案犯揭露指挥者的难度要更大，加上"指使"的行为一般用语言、动作来表达，而无物证、书证，在监管人员抵赖犯罪事实的情况下，侦查取证的难度很大。（3）犯罪现场有的比较分散，给勘查现场，收集证据带来一定困难。（4）虐待被监管人案件有时是单个犯罪，而不像刑讯逼供案件那样基本上是共同犯罪，因而揭露犯罪事实的难度有时还会更大。当然，与侦查刑讯逼供案件相比也有有利条件，这主要表现在行为人的反侦查能力特别是抗审能力没有刑讯逼供案件那样强。犯罪结果是虐待被监

管人案件定罪量刑的重要依据。有些虐待被监管人案件，检察机关受理后首先接触的就是被监管人伤残、死亡等严重结果。这就需要查明这一严重结果是否由于监管人员殴打、体罚虐待行为所造成。因此，查明被监管人伤残、死亡等严重结果的原因，是侦查虐待被监管人案件的一个重点。查明这一问题的途径，主要是进行法医鉴定，询问知情人和讯问犯罪嫌疑人。

典型案例一

被告人甄某，男，1978 年 11 月 18 日出生，汉族，系某省某县人，大学文化，任某监狱二监区三分监区副指导员兼内勤，住某监狱宿舍。因本案于 2005 年 3 月 23 日被某市人民检察院决定取保候审，同年 4 月 21 日被逮捕，羁押于某看守所。

被告人商某平，男，1975 年 3 月 21 日出生，汉族，系某省某县人，大专文化。任某监狱二监区三分监区生产技术指导员。住某监狱宿舍。因本案于 2005 年 3 月 23 日被某市人民检察院决定取保候审，同年 4 月 21 日被逮捕，现押于某市看守所。

经审理查明，2005 年 2 月 2 日某省某县某镇南坳村村民刘某平因犯罪被判处有期徒刑后分配到某省某监狱执行刑罚。2005 年 3 月 19 日被告人甄某、商某平带刘某平等服刑人员出工劳动期间，两被告人发现刘某平干活偷懒，往沙堆里埋馒头，认为刘某平消极怠工，对抗改造，遂对刘某平实施打耳光、脚踢，并有用砂轮机传动皮带抽打等行为。晚上 8 时，发现刘某平病情严重，立即送往某市第二人民医院救治，当晚 9 时许刘某平死亡。经某市检察院委托某省省医科大学司法鉴定中心进行法医鉴定，刘某平是因慢性胃溃疡穿孔导致弥漫性腹膜炎因中毒性休克而死亡，生前操作加重病情，并促发死亡。案发后，被告人甄某、商某平自动投案并如实供述罪行。

被告人甄某、商某平身为监管人员，对被监管的人进行殴打，情节严重，其行为确已触犯刑律，构成虐待被监管人罪，被告人甄某、商某平在案发后能自动投案并如实供述自己的犯罪事实，属自首，且两被告人悔罪态度好，其家属与单位积极赔偿了受害人家属经济损失，故依照《刑法》第 248 条第 1 款、第 67 条第 1 款、第 37 条之规定判决被告人甄某、商某平犯虐待被监管人罪，免予刑事处罚。

本案被告人甄某、商某平在案发前分别系某监狱二监区三分监区副指导员、生产技术指导员，属于监管机构的监管人员。本罪的行为内容为，在执行职务的过程中实施殴打或体罚虐待。本案二被告人在带领监狱服刑人员出工劳动时对被害人实施打耳光、脚踢、皮带抽打等行为符合这一构成要件。

本案的焦点在于对于二被告人的行为应如何定性。根据《刑法》第 248 条规定，犯虐待被监管人员罪的，处 3 年以下有期徒刑或者拘役；情节特别严重的，处 3 年以上 10 年以下有期徒刑；致人伤残、死亡的，依照《刑法》第 234 条、第 232 条关于故意伤害罪、故意杀人罪的规定定罪从重处罚，这属于法律拟制。对于本案，客观上由于法医学鉴定报告的证明，已经能够将死亡结果归责于二被告人的殴打行为，我们需要讨论的是，二被告人主观上是否对死亡结果有预见可能性，以确定二被告人对死亡结果是否负过失责任。本案中，从法医学鉴定报告可以看出，被害人生前具有慢性胃溃疡，受到外力的撞击而加重病情，促发死亡。这里可以肯定行为与结果之间具有因果关系，但是对于行为人的主观，是出于故意、过失还是意外事件？我们认为，对于被害人的死亡应属意外事件。二被告人无法预见到被害人生前的病症，对其实施一般的殴打，造成死亡结果是无法预料的，因此，二被告人应构成虐待被监管人员罪。法院的定性是准确的。

（二）如何及时有效地搜集和认定证据

虐待被监管人案件一个重要的特点就是，在现场实施虐待的人、证人人数少，且关系密切。果断立案，对犯罪嫌疑人采取拘留、逮捕强制措施，对在场的被监管人员给予调队、调监的措施，可以减少和杜绝在场虐待人员串供的机会，即使建立了攻守同盟，在限制人身自由的强制措施面前，也比较容易分个瓦解。调取监控资料，固定直接证据。监狱作为监管场所，监控覆盖率极高，作为直接证据，在案件发生后，及时固定、调取监控资料，有着重要的意义。在以往的侦查阶段，我们的侦查人员往往把精力放在了笔录的收集上，没有重视监控资料的调取，导致案发时段的监控被新的监控覆盖掉，造成直接证据的灭失。针对监管场所监控覆盖率高、保存时间短、被监管人员发型和服装一致等特点，侦查人员在调取监控时应该注意：

第一，要求监管单位封存案发时间、地点的监控资料，防止证据灭失。第二，对案发地点周围的监控探头进行踩点登记，逐一采集。第三，了解记录案发经过，尤其是时间、地点、人员等事项。第四，由于被监管人员服装发型统一，从监控中辨认相关人员难度较大，所以要找到熟悉相关涉案人员的人协助查看监控。第五，锁定案发监控上的时间地点，进行相关编辑。如采集到了 2011 年 5 月 31 日上午 9 点 35 分 40 秒，在某监区二楼走廊靠近卫生间发生了虐待被监管人的监控资料，相对的文件名就是"20110531093540 某监区二楼走廊靠近卫生间"。第六，注意监控音频的收集。在实际侦查中，监狱的某些重要场所是有音频采集的，但由于拾音器和说话距离的限制，声音质量可能受到影响，这可通过专业人员进行声音鉴定处理。

　　通过以上的侦查手段，即使虐待行为是在没有监控的场所发生，根据案发地周围的监控，也可以采集被虐待人被虐待前后的第一手视频，掌握案发的时间、地点、人员和受伤情况（行走姿态、异常举动、就医行为）等间接证据，为案件的侦破提供强有力的保证。

典型案例二

　　被告人梁某，男，46岁，原某监狱某监区某分监区分监区长（正科级），一级警督警衔。

　　被告人牛某，男，39岁，原某监狱某监区某分监区指导员，二级警督警衔。

　　被告人赵某某，男，31岁，原某监狱某监区某分监区副指导员（科员），二级警司警衔。

　　2011年2月14日下午16时左右，被监管人赵某倒完垃圾后，不及时回生产车间，脱离监狱互监组。因此，犯罪嫌疑人梁某把被监管人赵某叫到车间仓储间，向其询问晚回车间的原因及事情经过。同去的还有被监管人闫某、张某、周某。进去后，犯罪嫌疑人梁某在东面窗户旁的凳子上面朝西坐着，桌子上放着两根电警棍，被监管人赵某站在北墙的铁皮柜旁，面向犯罪嫌疑人梁某，有三四米远，被监管人赵某右前三十公分左右站着被监管人张某，被监管人张某右面站着被监管人周某，被监管人闫某站在西面墙靠门处。在问话过程中，犯罪嫌疑人梁某拿起桌上的电警棍，走向被监管人赵某，被监管人赵某因于惧怕，自己直接撞向墙壁，倒在地上。犯罪嫌疑人赵某某得知被监管人赵某撞墙后，打电话叫来了犯罪嫌疑人牛某，牛某进到仓储间，让被监管人赵某站起来，说站起来就没事了，但被监管人赵某站不起来，犯罪嫌疑人牛某让被监管人周某、张某出去，让被监管人闫某脱掉赵某的鞋和袜子，对被监管人赵某的脚底和脚踝，实施电击，发现被监管人赵某的脚有抽动反应，犯罪嫌疑人牛某即认为被监管人赵某是假装受伤，就边骂边用电警棍电击被监管人赵某的腹部、腿部和脚部，犯罪嫌疑人梁某看到后，用另外一根电警棍，电击被监管人赵某的双腿和腿部内侧，犯罪嫌疑人赵某某从牛某手里接过电警棍，对被监管人赵某的脚部和腿部进行电击，三人持续电击被监管人赵某四五分钟的时间，造成被监管人赵某腿部大面积的电击伤。

　　事后，梁某三人订立攻守同盟，说赵某是在采煤作业中自己不慎触电造成伤害，被监管人闫某在检察官信箱偷偷塞入举报信，至此案发。2011年2月24日，检察机关以涉嫌虐待被监管人罪对犯罪嫌疑人梁某、牛某、赵某某立案侦查。三人在讯问中拒不供述，后来侦查人员调取了当时的仓库内的监控录像，证实三人存在虐待的犯罪事实。2011 年 7 月 13 日检察机关批准对犯罪嫌疑人梁某决定逮捕。犯罪嫌疑人梁某、牛某、赵某某身为监狱的监管人员，在被监管人已经倒在地上不能站立的情况下，不但没有采取措施及时进行救治，反而违法使用械具故意虐待被监管人。其行为已触犯《刑法》第 248 条之规定，涉嫌构成虐待被监管人罪。

（三）指使被监管人殴打、体罚虐待其他被监管人的监管人员案件中收集认定证据问题

监管人员指使被监管人员殴打、体罚虐待其他被监管人的案件，指使人往往隐藏于幕后不容易暴露；被害人伤残或死亡等结果发生后，指使人又往往利用职权予以掩盖。在这类案件中如何收集和认定证据尤为重要。

1. 重视每一起被监管人殴打、体罚虐待被监管人案件

一旦发生这类案件，就要会同监所检察部门进行现场勘查，并以监所检察的名义，单独提审有关行为人，询问被害人，查明行为人与被害人的平时关系、案件的起因、殴打或体罚虐待的动机、目的，以分析其犯意是产生于行为人还是其他人；查明被害人与监管人员有无矛盾，以分析是否存在监管人员指使的可能。通过讯问和询问，以了解有无监管人员指使犯罪的蛛丝马迹。如发现蛛丝马迹，就要直接受理，进行初查。如没有发现这种蛛丝马迹，监所检察部门要督促严肃处理。因为只有严肃处理，才有可能促使行为人交代其受指使而实施犯罪的事实，从而使指使人得到暴露。

2. 详细讯问受指使人

要受指使人详细交代监管人员指使的时间、地点、方式、内容及有无证据可供证明，并固定受指使人的口供。采用受指使人自行书写供述的方式，同时进行录音录像。

3. 秘密调查，获取证据

被监管人交代了监管人员指使其殴打、体罚虐待其他被监管人的情节，不能排除其借机诬陷监管人员的可能；同时，如果监管人员确实实施过指使行为，也一般采取口头的形式，而无其他凭据。侦查人员如仅凭被监管人的口供就马上去讯问该监管人员，未免有失草率，且监管人员也一般不会承认。因此，必须从秘密调查入手，获取证据。比如，如果被监管人交代，监管人员指使时有第三者在场，或其受指使后曾将监管人的指使告诉其他人，那就应向第三者或有关人调查核实。又如，监管人员指使被监管人殴打、体罚虐待其他被监管人总事出有因，如被监管人曾经不服其管教、对其顶撞、背后说其坏话、举报其

违法犯罪行为等；有的案件，指使人也可能曾对他人流露过要对被害人"给点颜色看看"、"好好收拾收拾"之类的话语。因此，要通过秘密调查，查明是否存在促使监管人员指使被监管人殴打、体罚虐待的事实、平时有无蛛丝马迹等情况。通过以上调查，分析判断监管人员是否有"指使"的事实。

4. 讯问犯罪嫌疑人

当经过讯问行为人、询问被害人和秘密调查，认为监管人员存在"指使"的事实，而其他取证工作又较难深入时，则应讯问犯罪嫌疑人。应当指出的是，讯问这类案件的犯罪嫌疑人，比讯问受贿案件的犯罪嫌疑人难度还要大。它与受贿案件的共同点是，双方一般只有言词，而无物证、书证；不同点是，受贿案件一般有受贿人的家属知情、有赃款赃物可查，有的案件的行贿事实也有人知情等，而监管人员"指使"的事实，却大多没有过硬的证据证明。因此，讯问的难度往往很大。为此，一要充分准备。要熟悉案卷材料，制定好讯问方案，布置好讯问场景和气氛，选择好讯问时机。二要善于运用谋略。根据犯罪嫌疑人的具体情况，运用政策攻心、引而不发、迂回包抄、利用矛盾、刚柔相济、制造错觉等谋略，力求突破口供。三要适时采取强制措施，发挥强制措施的心理震慑作用。四要把讯问与深化调查取证工作结合起来，固定犯罪证据。总之，只要方法得当，突破口供的可能性还是存在的。

5. 查明监管人员"指使"的内容和受指使人实施的行为之间的关系

根据刑法理论，受指使人根据指使人的指使实施犯罪行为，指使人要对受指使人所实施的行为负责，双方共同构成虐待被监管人罪，造成伤残、死亡的，共同构成故意伤害罪或故意杀人罪。如果受指使人的实施行为超越了指使人指使的范围，则指使人对超越范围的部分不负责任，而由受指使人单独承担责任。因此，必须查明指使人指使的内容是一般性的殴打、体罚虐待，还是包括致人伤残、死亡的殴打、体罚虐待，或者是概括性地"指使"，而对由此造成的一切后果持放任态度。然后，再将指使的内容与受指使人实施的行为相对照，看受指使人所实施的行为是否在指使人主观故意的范围以内，以便正确确定双方的刑事责任。

典型案例三

被告人张某，39岁，某监狱八分监区第二分监区长。

2007年6月14日，市人民检察院依法对2007年3月10日某监狱八分监区服刑罪犯马某国死亡案立案侦查，经查认定，该监区第二分监区长张某存在指使被监管人王某才、田某生虐待被监管人的犯罪行为，侦查终结后，对查实的其中 5 起虐待犯罪事实，移送公诉机关。5 起犯罪事实分别为：

2006 年 12 月 25 日，服刑罪犯王某才（质量监督员）向值班监区长张某报告，称在生产劳动中犯人粘的台历不符合要求，后张某对服刑人员马某国、白某新、谭某亭等 10 余人犯用胶皮警棍进行殴打。

2007 年 2 月 19 日至 3 月 3 日，该监区组织犯人纳鞋垫，张某为了完成任务，指使王某才和田某生超时超体力让犯人进行加班，持续十余天。同时，用殴打、不让睡觉等体罚虐待的方法让犯人纳鞋垫，涉及的犯人有十余人；纳鞋垫期间，张某因服刑罪犯马某国等犯人动作慢、缝制不合格等原因，多次指使王某才和田某生用胶皮警棍殴打马某国等多人。

2007 年 3 月 1 日晚，张某需要将多功能厅犯人移到四组，因服刑罪犯马某国动作迟缓，张某指使田某生就用扫帚木把对其胸部、头部进行殴打。张某在三九寒天，指使王某才和田某生逼迫马某国等人坐在冰冷的楼道里，有凳子也不让坐，屁股下不让垫任何东西。并指使其他犯人在厕所给马某国洗冷水澡，洗完后继续坐在地上，致使马某国大小便失禁。2007 年 2 月期间，马某国病情已相当严重，行动不便，张某指使王某才惩罚马某国，就将其铺位由 3 组的下铺调到 2 组的上铺。马某国因病上不去床，不能睡觉，晚上只能睡在地上，以此进行虐待，直到一个月后死去。张某指使王某才在马某国病重行走不便期间，以让马某国"锻炼身体"为由，让马某国驾上平车，叫其他罪犯推着走，不走就打，对其进行虐待。张某长期指使被监管人王某才和田某生体罚虐待马某国是造成其死亡的主要原因。

案发后，被监管人员举报王某才和田某生，经检察机关周密细致的秘密调查，发现王某才和田某生虐待马某国的行为都是在张某的指使甚至策划下进行的，王某才和田某生供述称，张某为人专横性情暴躁，经常对他们二人也拳脚相加，威胁逼迫之下，服从张某"好好收拾马某国"之类的话语。

某区人民法院一审，认为张某对被监管人员进行殴打或体罚，多人多次，情节严重，构成虐待被监管人罪。检察机关指控，事实清楚、证据较为充分，指控罪名成立。判处张某有期徒刑 8 个月。

四、常用法律法规和司法解释

1.《中华人民共和国刑法》（2011 年修正）（1979 年 7 月 1 日）（节录）

第二百四十八条　监狱、拘留所、看守所等监管机构的监管人员对被监管人进行殴打或者体罚虐待，情节严重的，处三年以下有期徒刑或者拘役；情节特别严重的，处三年以上十年以下有期徒刑。致人伤残、死亡的，依照本法第二百三十四条、第二百三十二条的规定定罪从重处罚。

2.《中华人民共和国监狱法》（2012 年修正）（1994 年 12 月 29 日）（节录）

第七条（第一款） 罪犯的人格不受侮辱，其人身安全、合法财产和辩护、申诉、控告、检举以及其他未被依法剥夺或者限制的权利不受侵犯。

3. 最高人民检察院《关于渎职侵权犯罪案件立案标准的规定》（2006 年 7 月 26 日 高检发释字〔2006〕2 号）（节录）

虐待被监管人罪是指监狱、拘留所、看守所、拘役所、劳教所等监管机构的监管人员对被监管人进行殴打或者体罚虐待，情节严重的行为。

涉嫌下列情形之一的，应予立案：

1. 以殴打、捆绑、违法使用械具等恶劣手段虐待被监管人的；

2. 以较长时间冻、饿、晒、烤等手段虐待被监管人的，严重损害其身体健康的；

3. 虐待被监管人轻伤、重伤、死亡的；

4. 虐待被监管人，情节严重，导致被监管人自杀、自残造成重伤、死亡，或者精神失常的；

5. 殴打或者体罚虐待 3 人次以上的；

6. 指使被监管人殴打、体罚虐待其他被监管人，具有上述情形之一的；

7. 其他情节严重的情形。

4. 最高人民检察院《人民检察院直接受理立案侦查的渎职侵权重特大案件标准（试行）》（2002 年 1 月 1 日 高检发〔2001〕13 号）（节录）

三十八、虐待被监管人案

（一）重大案件

1. 致使被监管人重伤或者精神失常的；

2. 对被监管人五人以上或者五次以上实施虐的。

（二）特大案件

1. 致使被监管人死亡的；

2. 对被监管人七人以上或者七次以上实施虐待的。

第六章　报复陷害罪

报复陷害案件，是指《刑法》第 254 条规定的国家机关工作人员滥用职权，假公济私，对控告人、申诉人、批评人、举报人实行报复陷害的行为所构成的犯罪案件。报复陷害罪侵犯了公民依法享有的控告权、批评权、申诉权和举报权等民主权利，妨害国家机关的正常活动。

一、基本证据

（一）证明本罪主体方面的证据

报复陷害的主体是国家机关工作人员，而且往往具有较大的职权。

1. 证明犯罪嫌疑人自然情况的证据

证明犯罪嫌疑人的姓名、性别、出生年月日、居住地的户籍资料、居民身份证、出生证、户口迁移证明。对于户籍、出生证等材料内容不实的，应提供其他证据材料。

2. 证明犯罪嫌疑人身份和职责的证据

犯罪嫌疑人在国家机关从事公务的，收集以下证据：

（1）证明犯罪嫌疑人所在单位性质的书证。

（2）证明犯罪嫌疑人身份的书证，包括：干部登记表、职工登记表、聘书、聘用合同、干部履历表、任免文件（任免审批表、任免通知、任免书、任免决定）等；对于经人民代表大会及人大常委会选举、决定、任免、批准等程序产生的职务，还需收集人大或人大常委会的相关公告。

（3）证明犯罪嫌疑人职责的书证，包括：岗位责任制度、工作制度、相关会议纪要、工作分工文件等。

（4）本单位或上级单位人事主管部门出具的有关犯罪嫌疑人身份、任职时间、职责的说明材料。

（二）证明本罪主观方面的证据

犯罪嫌疑人实施报复陷害行为，是由于控告人、申诉人、批评人、举报人的控告、申诉、批评、举报行为触犯了其利益和尊严。这种原因与结果的联系反映了犯罪嫌疑人的目的和动机。报复陷害行为人主观方面是故意，即明知报复陷害行为会造成陷害他人的结果，仍希望这种结果发生，目的是报复。由于犯罪嫌疑人主观方面的证据属于犯罪人主观领域的内容，看不清摸不着，因此证明被告人主观方面的证据往往依赖于犯罪嫌疑人的供述。尽管检察机关可以借助于犯罪嫌疑人的具体行为来推定其犯罪故意，但一般也需要证人证言来佐证。

1. 犯罪嫌疑人的供述和辩解

（1）详细叙述犯罪产生的原因和过程。特别是对于关键的事实和情节，需要反复从多个角度进行讯问，尽可能增加讯问笔录的信息量和细节，把犯罪嫌疑人从否认报复陷害的犯罪到认罪的心理过程等情况反映出来。

（2）犯罪嫌疑人报复陷害的动机、目的、犯意产生的原因、过程。犯罪嫌疑人对自己行为性质的认识，看是否认罪、有无悔意，有没有弥补损失的行为。

（3）有无策划、策划的具体内容。

（4）共同犯罪案件，还应当查明犯罪预谋的过程。

2. 证人证言

犯罪嫌疑人在与别人谈话或者公开场合流露对被害人不满、蓄意报复的证据，揭露其报复陷害的故意。要采取多种措施固定证人证言，可以采取证人亲笔书写证言的方式固定证据，也可以在询问的时候进行录音录像，以确定其真实性。

3. 其他证据

证明犯罪嫌疑人具有报复陷害主观故意的其他证据，例如再生证据，犯罪嫌疑人实施犯罪行为以后为了逃避法律追究而进行的一系列反侦查活动产生的，能够证明犯罪事实存在或者原生证据存在的证据。包括串供、订立攻守同盟的情况；隐匿、销毁证据的情况；转移赃款、赃物的情况；收买、威胁证人的情况；畏罪潜逃等情况。

（三）证明本罪客观方面的证据

1. 物证

能够证明案件事实的相关物证。

2. 书证

（1）被害人对犯罪嫌疑人控告、申诉、批评、举报的原始材料，或接待人员所作的记录。

（2）犯罪嫌疑人对被害人打击报复的书面证据，如处分被害人的决定，讨论处分的记录，扣发被害人工资、奖金的决定及工资表，出具的关于被害人所谓问题的虚假证明等。

（3）精神失常、死亡的被害人在受到打击报复后在精神正常时或生前所写的与案件有关的材料、日记、信件。

（4）犯罪嫌疑人所写的与案件有关的日记、信件、材料及有关讲话录音。

（5）被害人被错误采取劳动教养、司法拘留、刑事强制措施等法律文书、案件卷宗。

（6）导致被害人控告举报的相关刑事、民事或行政判决书。

3. 犯罪嫌疑人供述和辩解

（1）详细叙述犯罪产生的原因和过程。特别是关键的事实和情节，需要反复从多个角度进行讯问，尽可能增加讯问笔录的信息量和细节，把犯罪嫌疑人从否认报复陷害的犯罪到认罪的心理过程等情况反映出来。

（2）犯罪嫌疑人报复陷害的动机、目的、犯意产生的原因、过程。犯罪嫌疑人对自己行为性质的认识，看是否认罪、有无悔意，有没有弥补损失的行为。

（3）有无策划、策划的具体内容。

（4）共同犯罪案件，还应当查明犯罪预谋的过程。

4. 被害人陈述

（1）对犯罪嫌疑人提出控告、申诉、批评、举报的情况，包括时间、内容、受理单位和受理人，有无留存的书面材料（如草稿或复印件），有无其他知情人等。

（2）犯罪嫌疑人报复陷害的事实，包括内容、手段，是以单位名义作出决定还是个人擅自决定，有哪些证据证明。

（3）犯罪嫌疑人对其控告、申诉、批评、举报知情的情况及其依据。控告、申诉、批评、举报行为有哪些人知情，如曾经找谁商量过，被谁传阅过，同谁议论过，等等，并向有关人员调查核实，以分析判断犯罪嫌疑人是否通过这些渠道知道了被害人控告、申诉、批评、举报的事实。

（4）报复陷害行为所造成的结果。

（5）被害人自身有无过错。由于被害人对犯罪嫌疑人有仇恨情绪，陈述时容易扩大事实，且对犯罪嫌疑人的行为与自己的控告、举报等行为容易产生主观联系，故询问时应要求其实事求是陈述，告知不实事求是应负的法律责任，并要求其尽量提供将犯罪嫌疑人对其所实施的行为与其控告、申诉、批评、举报之间联系起来的根据。

5. 证人证言

（1）证明被害人控告、申诉、批评、举报事实的人，如与被害人一起商量的人、接待受理人及其他知情人。

（2）证明犯罪嫌疑人知道被害人曾对其控告、批评、举报的人，如犯罪嫌疑人的家属、朋友、同事等。

（3）证明犯罪嫌疑人所实施的报复陷害行为的人，如单位的领导班子成员及其他同事等。

（4）证明被害人受报复陷害后造成严重结果的人，如被害人的亲友、同事、医生等。

6. 鉴定意见

（1）法医鉴定意见。法医对被害人伤残、精神失常或死亡结果的鉴定意见。

（2）物品价格评估报告。

（四）证明本罪量刑情节的证据

1. 证明嫌犯的认罪态度和一贯表现的证据

（1）嫌犯的供述与辩解，证实其口供是否具有一贯性，是否坦白，是否避重就轻；

（2）相关部门或人员出具的情况说明，证实嫌犯的认罪态度；

（3）相关部门出具的证实嫌犯具有其他积极认罪悔罪表现的证明材料；

（4）有关组织出具的证明嫌犯一贯表现的证明材料。对嫌犯的认罪态度，在每个案件中都应予以体现，前科情节证据，即证明行为人在犯罪前曾具有受过行政处分情节证据。

2. 在社会上产生恶劣影响情节证据

证明行为人因为报复陷害行为造成恶劣影响的情节证据，如新闻媒体、自媒体的曝光率。

3. 自首立功情节证据

证明行为人具有投案自首或者立功表现等法定从轻、减轻处罚的情节证据。

4. 悔改情节证据

行为人能主动坦白、积极赔偿，确有悔改表现等情节的证据。证明对被害人损害赔偿情况的证据：（1）被害人陈述；（2）被害人亲属或其他知情人证言；（3）证明履行赔偿情况的调解协议、收条等相关书证；（4）嫌犯主动要求给予被害人赔偿的供述及亲笔信函等。

5. 妨碍侦查情节证据

证明行为人在侦查期间，具有干扰证人作证、毁灭、伪造证据或者串供等情节的证据。

6. 证明犯罪行为造成其他社会危害的证据

（1）相关证人或知情人的证言；

（2）有关部门出具的关于犯罪对象的特殊性或社会危害程度的证明；

（3）其他危害结果的证明等。

7. 证明被害人有过错的证据

（1）嫌犯的供述和辩解；

（2）被害人陈述；

（3）目击证人或知情人证言；

（4）能够证实被害人有过错的有关物证、书证或鉴定意见等。在认定被害人有无过错时应当注意排除涉及正当防卫的情节。

二、不同诉讼阶段的证据标准

（一）立案的证据标准

1. 报复陷害，情节严重，导致控告人、申诉人、批评人、举报人或者其近亲属自杀、自残造成重伤、死亡，或者精神失常的；

2. 使控告人、申诉人、批评人、举报人或者其近亲属的其他合法权利受到严重损害的；

3. 其他报复陷害应予追究刑事责任的情形。

（二）提请逮捕犯罪嫌疑人的证据标准

1. 有证据证明发生了报复陷害的犯罪事实

（1）犯罪现场照片、现场勘查笔录、犯罪工具实物或照片、伤情鉴定等证明发生报复陷害的行为的证据。

（2）证明报复陷害犯罪事实发生的被害人陈述、证人证言、犯罪嫌疑人供述和相关证据等。

（3）证明报复陷害的行为系非法的证据。

2. 有证据证明报复陷害犯罪事实系犯罪嫌疑人实施的

（1）犯罪嫌疑人实施报复陷害犯罪的证据。

（2）被害人的指认。

（3）犯罪嫌疑人的供认。

（4）证人证言。

（5）同案犯罪嫌疑人的供述。

（6）其他能够证明犯罪嫌疑人实施报复陷害犯罪的证据。

3. 证明犯罪嫌疑人实施报复陷害犯罪行为的证据已有查证属实的

（1）其他证据能够印证的被害人的指认。

（2）其他证据能够印证的犯罪嫌疑人的供述。

（3）能够相互印证的证人证言。

（4）能够与其他证据相互印证的证人证言或者同案犯供述。

（5）能够排除合理怀疑的被害人因报复陷害在身体、精神方面受到损害的相关证明材料。

（6）其他查证属实的证明犯罪嫌疑人实施报复陷害犯罪的证据。

4. 有逮捕必要

（1）犯罪嫌疑人具有社会危险性，即采取取保候审、监视居住等方法不足以防止发生社会危险性。应该收集：犯罪嫌疑人有行政刑事处罚记录，也包括受过刑事处罚，曾因其他案件被相对不起诉，受过劳动教养、治安处罚及其他行政处罚；犯罪嫌疑人可能逃跑、自杀、串供、干扰证人作证以及伪造、毁灭证据等妨害刑事诉讼活动的正常进行的，或者存在行凶报复、继续作案的可能，如曾以自伤、自残方法逃避侦查，持有外国护照或者可能逃避侦查；已经逃跑或逃跑后抓获的；属于违反《刑事诉讼法》第69条、第75条规定，情节严重的。

（2）犯罪嫌疑人不具有不适合羁押的特殊情况。应该收集：犯罪嫌疑人未患有严重疾病或正在怀孕、哺乳自己的婴儿，不属于未成年人、在校学生和年老体弱及残障人士；经济犯罪案件逮捕法人代表或其他骨干不可能严重影响企业合法的生产经营。

（三）侦查终结的证据标准

1. 犯罪嫌疑人的基本情况

包括犯罪嫌疑人姓名、性别、出生年月日、政治面貌、民族、文化程度、是否人大代表或政协委员、现住址、工作单位及职业、有无犯罪前科以及身份证号码等。

2. 案件来源及诉讼经过

包括案件来源和案件侦查的各个程序的时间，如初查、立案、侦结的时间，采取强制措施的种类、时间和变更情况以及延长、重新计算羁押期限等情况。

3. 侦查认定涉嫌犯罪的事实和依据

对多起犯罪要逐一列写，并列明相关证据，简要说明证据要证明的主要事实。包括：

报复陷害犯罪事实都有证据证明：

（1）犯罪现场照片、现场勘查笔录、犯罪工具实物或照片、伤情鉴定等证明发生报复陷害他人的行为的证据。

（2）证明报复陷害犯罪事实发生的被害人陈述、证人证言、犯罪嫌疑人供述和解救被害人的相关证据等。

（3）在犯罪嫌疑人实施报复陷害地解救出被害人的证据。

（4）同案犯罪嫌疑人的供述。

（5）其他能够证明犯罪嫌疑人实施报复陷害犯罪的证据。

证明犯罪嫌疑人实施报复陷害犯罪行为的证据已有查证属实的：

（1）其他证据能够印证的被害人的指认。

（2）其他证据能够印证的犯罪嫌疑人的供述。

（3）能够相互印证的证人证言。

（4）能够与其他证据相互印证的证人证言或者同案犯供述。

（5）能够排除合理怀疑的被害人因报复陷害在身体、精神方面受到损害的相关证明材料。

（6）其他查证属实的证明犯罪嫌疑人实施报复陷害犯罪的证据。

4. 案件侦破经过

包括案件线索来源和初查情况、案件侦破过程以及本案的特点和经验总结。

5. 需要说明的问题

包括对经过侦查不能认定为犯罪行为的情况说明，以及其他需要说明的事项。

（四）撤销案件的证据标准

在侦查过程中，发现不应对犯罪嫌疑人追究刑事责任的，应当撤销案件。撤销案件的条件是：（1）具有《刑事诉讼法》第 15 条规定情形之一的；（2）没有犯罪事实的，或者依照刑法规定不负刑事责任和不是犯罪的；（3）虽有犯罪事实，但不是犯罪嫌疑人所为的。对于共同犯罪的案件，如有符合本条规定情形的犯罪嫌疑人，应当撤销对该犯罪嫌疑人的立案。人民检察院对直接受理侦查案件拟作撤销案件决定，应履行人民监督员监督程序。省级以下（含省级）人民检察院对直接受理侦查案件拟作撤销案件决定应当报上一级人民检察院批准。

三、收集认定证据中的常见问题及对策

（一）如何收集和认定犯罪嫌疑人对被害人所实施的行为的违法性的证据

查明犯罪嫌疑人对被害人所实施的行为的违法性，是认定这些行为构成报复陷害罪的前提。一方面，公民对国家机关工作人员有控告、批评、申诉、举报的权利；另一方面，国家机关工作人员对控告、申诉、批评、举报人在其他事情上的错误乃至违法违纪行为也有进行批评教育和处理的权利，不能因为国家机关工作人员受到过某人的控告、申诉、批评、举报，就剥夺了他们正常履行职务，对下属人员的错误和违法违纪进行处理的权利。因此，必须收集犯罪嫌疑人对控告、申诉、批评、举报人所实施的行为是否正常和合法的证据材料，如果正常和合法，就不够成报复陷害；如果不正常和违法，才有可能构成报复陷害罪。为此，必须收集犯罪嫌疑人对控告、申诉、批评、举报人实施该行为的事实依据和政策、法律、规章制度等依据。以下案例中，证明张某构成报复陷害案，首先要收集张某对被害人汤某所实施的行为是否正常和合法的证据材料，在该案中被告人张某向院领导谎称汤某谩骂、拒不履行判决、妨碍执行，并提出司法拘留，院领导批准后，对汤某实行司法拘留，拘留约 40 小时，其亲属被迫再交 2767 元，才予以释放。检察机关当庭出示了证人证言、书证、被告人供述与辩解等证据证实张某的做法存在报复陷害的犯罪事实。

典型案例一

被告人张某，男，1971 年 7 月 17 日出生，汉族，中专文化，原系某县人民法院某法庭副庭长、行政审判庭庭长。因本案于 2000 年 7 月 27 日被拘留，同年 8 月 10 日被逮捕。羁押于某县看守所。

某市人民检察院指控：1995 年 12 月，某法庭在执行汤某等人一案过程中，汤某对被告人张某故意否认他 1996 年 1 月 8 日已交 4000 元执行款一事，多次与被告人张某交涉，并向有关单位控告、反映，1999 年 2 月 7 日，被告人张某再次对汤某执行时，汤某据理力争，被告人张某伺机报复，向院领导谎称汤某谩骂、拒不履行判决、妨碍执行，并提出司法拘留，院领导批准后，对汤某实行司法拘留，拘留约 40 小时，其亲属被迫再交 2767 元，才予以释放。检察机关当庭出示了证人证言、书证、被告人供述与辩解等证据证实上述事

实，认为被告人张某的行为已构成报复陷害罪，应依法予以惩处。

被告人张某及辩护人称认定被告人张某贪污汤某交的 4000 元，证据不足，汤某对该款来源讲法前后有矛盾；被告人张某的行为不构成报复陷害罪，其既无主观直接报复陷害故意，又无相应的客观行为。

1995 年 12 月，某法庭开始执行汤某、邱某等人合伙纠纷一案。在执行过程中，当事人汤某对被告人张某故意否认他 1996 年 1 月 8 日已交 4000 元执行款一事，多次与被告人张某交涉，并向有关单位控告反映。对此，被告人张某非但不退出已非法占有的 4000 元执行款，相反继续催讨执行。1999 年 2 月 7 日，被告人张某带领法庭人员到某乡再次对汤某执行时，汤某就此 4000 元执行款已交的事实向被告人张某据理力争。被告人张某即伺机报复，向院领导谎称，汤某谩骂法庭工作人员、拒不履行判决、妨碍执行，并提出对汤某司法拘留，致使法院领导同意对汤某司法拘留。直至在对汤某拘留约 40 小时，其亲属被迫再交了 2767 元后，才予以释放。严重损害了汤某的人身权利和民主权利。

证明被告人张某侵吞汤某 4000 元执行款和犯报复陷害罪的证据有：

1. 证人汤某证言证实他于 1995 年 12 月 13 日带 4000 元及毛某 2000 元的收条到法庭交给洪某，会计不在，未出收条，邵某作过笔录，但笔录中"被毛某拿去 2000 元，还有 4500 元没有带来过"是以后加上去的；后来又带 4000 元及邱某 1000 元的收条去法庭，张某不收，李某说了好话后其才收的，这样他的债务全付清了。

2. 证人金某娣证言证实 1996 年元旦刚过，汤某的媳妇阮某维借去 5000 元，并讲是去还法庭，与证人阮某伟证言相印证。

3. 证人汤秀某、汤松某证言证实 1995 年 12 月 10 日左右，汤某要去法庭交钱，她们每人各借 2500 元给汤某，后来汤某被关押时，她们共出了 2700 元左右的钱。

4. 证人阮某伟证言证实 1995 年年底，汤某的儿子结婚前，汤某妻子向他借过 1000 元。

5. 证人李某证言证实汤某 1995 年年底交钱给洪某，张某不在，洪某叫他去数过钱，当时未出收条，洪某交给邵某，邵某又交给张某；1996 年 1 月，汤某又拿了现金和白条来，被张某拒绝，汤某来找他（李某）说情，他和张某说了，张某收下了，并点了钱；此外，1999 年 2 月在执行中，张某曾出示过拘留证，但汤某拒绝签字，汤某只是据理力争。

6. 证人邵某证言证实 1995 年 12 月 13 日，汤某将 4000 元和毛某的收条交给洪某，当时张某不在，洪某叫他作了笔录，洪某把钱和收条交给他，他又交给张某；后来在 1996 年五六月，张某叫他在笔录上增加"被毛某拿去 2000 元，还有 4500 元没有带来过"这句话；在 1999 年 2 月执行大会战中，汤某没有妨碍行为。

7. 证人洪某证言证实 1995 年日历要翻光时，汤某交来 4000 元和一张白条，让邵某交张某，如果作过笔录，时间是真实的，钱好像叫李某数过。

8. 证人祝某证言证实在执行汤某的过程中，汤某没有骂过他们，也没有亲属来吵的事实，拘留证可能是交当事人。

9. 证人潘某证言证实经向院长汇报，同意拘留汤某。

10. 被告人张某供述 1995 年 12 月这次交款是不存在的，因为他当时人在本地，洪某不可能收的，这钱应是 1996 年 1 月交的，他从邵某处收到 4000 元和毛某、邱某的 2 张收条。

11. 有关民事判决书、借条、收条、执行笔录等书证证实在案。

关于辩护人提出被告人张某没有贪污该 4000 元执行款及不构成报复陷害罪的理由，经查，被告人张某的供述与证人证言相矛盾，且又让他人增加执行笔录的内容，以造成 1995 年 12 月 13 日汤某未交钱的事实，从现有的证据可以认定被告人张某贪污了该 4000 元执行款。被告人张某侵吞该款后，又继续催讨，汤某向有关部门控告、反映，1999 年 2 月在执行大会战时，被告人张某伺机报复，对汤某拘留约 40 小时，严重损害了汤某的人身权利和民主权利，被告人张某主观上有报复陷害的故意，符合报复陷害罪的构罪要件；因此，辩护人的辩护理由不予采纳。被告人张某滥用职权、假公济私对控告人汤某实行报复陷害，其行为构成报复陷害罪，判处其有期徒刑 1 年并处没收财产人民币 5000 元。

（二）收集和认定犯罪嫌疑人所实施的违法行为与被害人的控告、申诉、批评、举报行为的因果关系的证据材料

查明了犯罪嫌疑人所实施行为的违法性，还不能认定行为的报复陷害性质。要认定其行为属于报复陷害，还要查明其行为与被害人的控告、申诉、批评、举报行为的因果关系。要查明二者之间的因果关系，必须查明以下内容：

1. 查明被害人提出过控告、申诉、批评、举报。为此，就要通过询问被害人、询问控告、申诉、批评、举报的受理人及其他知情人、调取原始证据等方法来查明。

2. 查明犯罪嫌疑人知道被害人曾提出过控告、申诉、批评、举报。因为如果犯罪嫌疑人不知道，就不能认定其具有报复陷害的故意。在侦查实践中，犯罪嫌疑人往往以"我不知道他曾提出过控告、申诉、批评、举报"等辩解来掩盖其报复陷害的故意。为此，可搜集如下证据来证明犯罪嫌疑人对被害人

的控告、申诉、批评、举报行为是否知情：

（1）通过被害人陈述调查其控告、申诉、批评、举报行为有哪些人知情，如曾经找谁商量过，被谁传阅过，同谁议论过，等等，并向有关人员调查核实，以分析判断犯罪嫌疑人是否通过这些渠道知道了被害人控告、申诉、批评、举报的事实。

（2）收集控告、申诉、批评、举报的受理、查处方证言证实在受理、流转、查处过程中有无泄露或扩散消息，以分析判断犯罪嫌疑人是否通过受理方的有关渠道知道了被害人控告、申诉、批评、举报的事实。

（3）收集证人证言包括向犯罪嫌疑人的亲友、同事调查犯罪嫌疑人在被害人控告、申诉、批评、举报后的反应，包括态度如何，有无在一定场合或范围谈及这方面内容，在被害人控告、申诉、批评、举报前后犯罪嫌疑人对被害人的态度有无变化，有无为了整治、处分被害人而弄虚作假、拼凑材料、欺骗、要挟他人为之作假证的事实，等等。

（4）收集向犯罪嫌疑人所在的领导班子成员的证言证明对被害人所实施的行为是经班子集体讨论，还是犯罪嫌疑人个人擅自决定，如经集体讨论，是按少数服从多数原则决定还是犯罪嫌疑人一意孤行、把个人意见强加于组织，硬性"拍板"。

通过上述四个方面的调查特别是第三、第四两个方面的调查，一般能查明犯罪嫌疑人对被害人的控告、申诉、批评、举报是否知情，并进而认定犯罪嫌疑人行为的报复陷害性质。

典型案例二

被告人张某，原中共某市某区区委书记，2008年7月17日，因涉嫌报复陷害犯罪被刑事拘留，2008年7月31日被逮捕，2009年3月13日被取保候审，2009年5月27日又因涉嫌受贿犯罪被逮捕。

被告人汪某，某市某区人民检察院检察长。2008年7月17日，因涉嫌报复陷害犯罪被刑事拘留，2008年7月31日被逮捕。

被害人李某福，1948年5月出生，曾任某市某区老寨村支部书记，某镇镇长、书记，某市某贸易区管委会经贸发展局局长，某市安曙房地产开发公司董事长。

2005年8月及2007年4月，因有人反映李某福长期不上班等问题，为了"敲打"李某福，让其害怕，时任中共某市某区区委书记的被告人张某，安排时任某区人民检察院检察长的被告人汪某，对李某福的经济问题进行调查，但因找不到有关案件当事人，没有查处结果。

2007年8月，被告人张某收到某市人民政府秘书肖某截留的一封关于检举其受贿、卖官、违法乱纪的举报信，张某根据举报信内容，分析判定举报人就是李某福，遂产生报复李某福的念头。其后，张某要求被告人汪某加大查处李某福案件的力度。8月20日，张某得知李某福案件进展不大时，严厉斥责汪某并以撤免其检察长职务、卡其单位经费相威胁，要求汪某每天向其汇报李案查处情况。次日，汪某向张某汇报李案查处情况时，张某向汪某出示一封举报信并告诉汪某，李某福就是举报自己的人。

8月22日，被告人张某搜集、摘抄了举报李某福的人民来信，编造成名为《特大举报！！！》的举报信，并安排区委工作人员将该举报信邮寄给某市及某区的司法、党政机关负责人。为了确保自己能对该举报信签批查处，还安排给自己邮寄一份。8月23日，张某安排曾与李某福共事过的某区农委主任王某献、区文化局局长宫某明编造李某福经济问题的材料。

8月24日，张某将《特大举报！！！》信中有关李某福所谓"雇凶杀人"的材料交由某市公安局某分局局长万某红查处；安排某区纪委书记赵某民调查李某福在某镇机构改革中有无受贿问题；安排某区人事局副局长徐某等人调查李某福子女违规就业问题。

8月23日晚至8月24日上午，被告人汪某数次召集某区人民检察院副检察长徐某、反贪局局长郑某等人开会，讨论李某福的立案问题，与会人员均认为李某福的问题不符合立案条件。汪某为了达到对李某福立案的目的，在召开检察委员会前，授意案件承办人员提出立案意见。在检察委员会上，汪某又作了某区委领导十分重视该案的引导性发言，致使检察委员会形成对李某福立案并采取强制措施的一致意见。8月26日，某区人民检察院抓获李某福，汪某即安排公诉科长王某建审查逮捕李某福。王某建屈于汪某旨意，违心提出逮捕李某福的审查意见。11月下旬，张某将某区人事局调查的李某福子女违规就业的有关材料交给汪某，指令汪某单独提讯李某福，向其施加压力，要李某福说出幕后举报人，并要求李某福不再举报张某，否则将清退李某福子女的工作。据此，汪某违法单独提讯李某福，将张某交给他的材料出示给李某福，转述了张某的上述威胁，向李某福施加压力。汪某还建议张某责令公安机关查处李某福所谓伪造公文、印章问题，以实现张某对李某福重判的要求。张某遂安排某区公安分局查处此案。某区公安分局迫于张某的压力，于2008年1月7日对李某福以伪造国家机关公文、印章罪立案侦查；1月18日，某区公安分局侦查终结，移送某区人民检察院审查起诉。1月25日，李某福案移送审查起诉后，汪某要求公诉科长王某建尽快结案起诉。在检察委员会上，汪某不顾承办人和其他检察委员会委员对定性、犯罪数额有异议的意见，最终以移送

《起诉意见书》认定的罪名和数额，决定对李某福提起公诉。3月4日，某区人民检察院以李某福构成贪污罪，受贿罪，伪造国家机关公文、印章罪，伪造公司印章罪为由，向某市某区区人民法院提起公诉。3月6日，李某福在收到某区人民法院送达的起诉书后，于3月13日在某监狱医院自缢死亡。经某省人民检察院刑事科学技术鉴定，李某福为机械性窒息死亡（缢死）。

2008年4月8日，某市某区人民法院依法裁定对李某福案件终止审理。李某福涉嫌贪污罪，受贿罪，伪造国家机关公文、印章罪，伪造公司印章罪一案，经某市人民检察院和某省人民检察院调卷审查认为，某市某区区人民检察院指控李某福涉嫌贪污94.3万元、受贿11.15万元以及涉嫌伪造国家机关公文、印章罪，伪造公司印章罪，除了受贿5.9万元可以认定外，其他罪均不能认定。

张某身为某市某区区委书记，滥用职权，假公济私，通过编造举报信捏告罪名，指使被告人汪某借用这些信件指令下属人员对举报人员李某福及其亲属立案查处，并强令其他各有关部门对举报人李某福及其亲属进行查处，以刑事追究方法对举报人打击报复；被告人汪某身为某市某区人民检察院检察长，明知张某报复陷害举报人李某福，与张某共谋，滥用检察权、假公济私，违背事实和法律违法办案，对李某福及其亲属进行刑事追究，张某、汪某的行为致使举报人及其亲属合法权利受到严重损害，并导致举报人李某福自缢死亡，其行为均已构成报复陷害罪，且系共同犯罪，犯罪情节严重。根据《刑法》，张某犯受贿罪，判处死刑，缓期2年执行，剥夺政治权利终身，并处没收个人全部财产；犯报复陷害罪，判处有期徒刑7年，两罪并罚，决定执行死刑，缓期2年执行，剥夺政治权利终身，并处没收个人全部财产。汪某犯报复陷害罪，判处有期徒刑6年。

四、常用法律法规和司法解释

1. 最高人民检察院《关于渎职侵权犯罪案件立案标准的规定》（2006年7月26日 高检发释字〔2006〕2号）（节录）

报复陷害罪是指国家机关工作人员滥用职权、假公济私，对控告人、申诉人、批评人、举报人实行打击报复、陷害的行为。

涉嫌下列情形之一的，应予立案：

1. 报复陷害，情节严重，导致控告人、申诉人、批评人、举报人或者其近亲属自杀、自残造成重伤、死亡，或者精神失常的；

2. 致使控告人、申诉人、批评人、举报人或者其近亲属的其他合法权利受到严重损害的；

3. 其他报复陷害应予追究刑事责任的情形。

2. 最高人民检察院《人民检察院直接受理立案侦查的渎职侵权重特大案件标准（试行）》（2002 年 1 月 1 日　高检发〔2001〕13 号）（节录）

三十九、报复陷害案

（一）重大案件

1. 致人精神失常的；

2. 致人其他合法权益受到损害，后果严重的。

（二）特大案件

1. 致人自杀死亡的；

2. 后果特别严重，影响特别恶劣的。

第七章 破坏选举罪

破坏选举罪,是指《刑法》第256条规定的在选举各级人民代表大会代表和国家机关领导人员时,以暴力、威胁、欺骗、贿赂、伪造选举文件、虚报选举票数或者编造选举结果等手段破坏选举或者妨害选民和代表自由行使选举权和被选举权,情节严重的行为所构成的犯罪。职务犯罪中的破坏选举案件,是指由检察机关管辖的国家机关工作人员利用职权实施的破坏选举案件。它不仅侵犯公民的选举权利和国家选举制度,而且损害国家机关的声誉。

一、基本证据

(一) 证明本罪主体方面的证据

破坏选举罪的主体是国家机关工作人员。

1. 证明犯罪嫌疑人自然情况的证据:证明犯罪嫌疑人的姓名、性别、出生年月日、居住地的户籍资料、居民身份证、出生证、户口迁移证明。对于户籍、出生证等材料内容不实的,应提供其他证据材料。

2. 证明犯罪嫌疑人身份和职责的证据:

犯罪嫌疑人在国家机关从事公务的,收集以下证据:

(1) 证明犯罪嫌疑人所在单位性质的书证,包括:国有事业单位、人民团体的法人证书或组织机构代码证,国有公司、企业的工商营业执照和工商注册档案等;对于无法提取上述证据的,可以通过该单位或其主管单位出具相关证明来判断;对于国家机关的单位性质一般不需要收集书证证明。

(2) 证明犯罪嫌疑人身份的书证,包括:干部登记表、职工登记表、聘书、聘用合同、干部履历表、任免文件 (任免审批表、任免通知、任免书、任免决定) 等;对于经人民代表大会及人大常委会选举、决定、任免、批准等程序产生的职务,还需收集人大或人大常委会的相关公告。

(3) 证明犯罪嫌疑人职责的书证,包括:岗位责任制度、工作制度、相关会议纪要、工作分工文件等。

(4) 本单位或上级单位人事主管部门出具的有关犯罪嫌疑人身份、任职时间、职责的说明材料。

(5) 人大代表、政协委员犯罪的案件,应注明身份,并附身份证明材料。

（二）证明本罪主观方面的证据

1. 犯罪嫌疑人供述

（1）实施破坏选举的动机，即基于什么原因而实施该行为，是为了选上谁，不让选上谁，或为谁而发泄不满。

（2）追查为什么要为了选上某人、不让选上某人或为某人而发泄不满，迫使其供出幕后指挥者，并进一步查明其内部的组织分工，搞清各参与人在破坏选举中的地位作用。

（3）共同犯罪的，查明他们相互勾结作案的深层原因是基于"哥们义气"还是金钱交易或政治交易。

2. 证人证言

犯罪嫌疑人破坏选举的意图，例如通过贿赂的方式要求"统一思想"，过后实施了犯罪行为犯罪人在主观上对破坏选举结果的发生，有一种积极追求的心理状态。要采取多种措施固定证人证言，可以采取证人亲笔书写证言的方式固定证据，也可以在询问的时候进行录音录像，以确定其真实性。

（三）证明本罪客观方面的证据

1. 物证

用伪造选举文件、虚报选举票数、编造选举结果以及暴力等手段破坏选举的案件，一般都有物证，如伪造的选民证或选票，以暴力殴打选民或暴力毁坏选举设施所留下的物证痕迹。

2. 书证

用伪造选举文件、虚报选举票数、编造选举结果以及暴力等手段破坏选举的案件，一般留下的书证包括实际选票数、选举结果和虚假、编造的选票数、选举结果的记载。

3. 犯罪嫌疑人供述和辩解

（1）在公开场合或向众多的人实施破坏选举行为的犯罪嫌疑人，由于其犯罪行为被多人知情，知道隐瞒、抗拒都无济于事，因而一般会交代犯罪事实。讯问时，除问明犯罪行为实施过程外，还要问明犯罪的动机、目的。

（2）多人共同实施破坏选举行为的共同犯罪嫌疑人，一般都订立了攻守同盟，按事先统一的口径应付侦查人员。讯问时，应当运用"追问细节"和"利用矛盾"的方法和策略，促使暴露矛盾和分化瓦解，在此基础上，查明共同犯罪内的分工，各人所实施的行为，以及在共同犯罪中的地位、作用和应承担的责任。

（3）对于自己隐藏幕后，指使他人具体实施犯罪行为的犯罪嫌疑人，要先从讯问犯罪行为的实施者入手进行深挖，再讯问幕后指挥者，必要时可对双方都采取强制措施，以加大思想压力，隔绝相互联系，促使坦白交代。同时，还要追查维系他们之间关系的深层原因，是基于上下级、亲友的感情，还是基于金钱交易，抑或基于政治交易（如为了在领导层有自己的靠山或代理人，许诺选上后满足犯罪行为实施者的要求）等，以便固定证据，防止翻供。

4. 证人证言

（1）对于用暴力、威胁、欺骗、虚报选举票数、编造选举结果、聚众冲击选举场所、强行宣布合法选举结果无效或非法选举结果有效等手段破坏选举的案件，犯罪行为往往向众多的人实施，因而被大量的人知情，同时，知情者大多对犯罪行为表示义愤，愿意如实作证，协助查明犯罪事实。询问时，要问明犯罪嫌疑人的人数、姓名，实施犯罪行为的时间、地点、语言、动作、神态、动机、目的等。

（2）对于以威胁手段破坏选举的案件，就要问明犯罪嫌疑人威胁的语言、动作、神态以及动机、目的等具体情节，其中语言要尽可能是原话，动作和神态要加以详细的描述。

（3）对于用贿赂手段破坏选举的案件，知情者也往往较多，但由于一些人收受了贿赂而心存顾虑，怕讲了犯罪嫌疑人贿赂的问题而影响自己的声誉，因而大多推说"不知道"，不愿意作证。对此，可首先向拒贿的人调查，通过调查，分析判断犯罪嫌疑人行贿的范围、方式、贿赂的品种、数额。然后，向收受了贿赂的人取证，既晓以利害，又指明出路，使他们明确犯罪嫌疑人曾向多人行贿，与其迟说不如早说，促使他们消除顾虑，如实作证。

（4）有些犯罪嫌疑人的亲友也会对犯罪事实知情。由于他们与犯罪嫌疑人有共同的利害关系，因而往往不愿作证。对他们，一般可在讯问犯罪嫌疑人时，同步进行询问，以加大思想压力，并借机运用谋略，促使其如实提供证言。

5. 勘验检查笔录

对于以暴力等手段破坏选举的案件，以暴力殴打选民或者暴力毁坏选举措施所留下的物证痕迹，进行固定提取。

6. 鉴定意见

对于暴力致人伤残的，要进行法医鉴定。

（四）证明本罪量刑情节的证据

1. 证明嫌犯的认罪态度和一贯表现的证据

（1）嫌犯的供述与辩解，证实其口供是否具有一贯性，是否坦白，是否避重就轻；

（2）相关部门或人员出具的情况说明，证实嫌犯的认罪态度；

（3）相关部门出具的证实嫌犯具有其他积极认罪悔罪表现的证明材料；

（4）有关组织出具的证明嫌犯一贯表现的证明材料。对嫌犯的认罪态度，在每个案件中都应予以体现，前科情节证据，即证明行为人在犯罪前曾具有受过行政处分情节证据。

2. 在社会上产生恶劣影响情节证据

证明行为人因为破坏选举行为造成恶劣影响的情节证据，如新闻媒体、自媒体的曝光率。

3. 自首立功情节证据

证明行为人具有投案自首或者立功表现等法定从轻、减轻处罚的情节证据。

4. 悔改情节证据

行为人能主动坦白、积极赔偿，确有悔改表现等情节的证据。证明对被害人损害赔偿情况的证据：

（1）被害人陈述；

（2）被害人亲属或其他知情人证言；

（3）证明履行赔偿情况的调解协议、收条等相关书证；

（4）嫌犯主动要求给予被害人赔偿的供述及亲笔信函等。

5. 妨碍侦查情节证据

证明行为人在侦查期间，具有干扰证人作证、毁灭、伪造证据或者串供等情节的证据。

6. 证明犯罪行为造成其他社会危害的证据

（1）相关证人或知情人的证言；

（2）有关部门出具的关于犯罪对象的特殊性或社会危害程度的证明；

（3）其他危害结果的证明等。

7. 证明被害人有过错的证据

（1）嫌犯的供述和辩解；

（2）被害人陈述；

（3）目击证人或知情人证言；

（4）能够证实被害人有过错的有关物证、书证或鉴定意见等。在认定被害人有无过错时应当注意排除涉及正当防卫的情节。

二、不同诉讼阶段的证据标准

（一）立案的证据标准

国家机关工作人员利用职权实施的破坏选举案，有下列情形之一的，应予立案：

（1）以暴力、威胁、欺骗、贿赂等手段，妨害选民、各级人民代表大会代表自由行使选举权和被选举权，致使选举无法正常进行，或者选举无效，或者选举结果不真实的；

（2）以暴力破坏选举场所或者选举设备，致使选举无法正常进行的；

（3）伪造选民证、选票等选举文件，虚报选举票数，产生不真实的选举结果或者强行宣布合法选举无效、非法选举有效的；

（4）聚众冲击选举场所或者故意扰乱选举场所秩序，使选举工作无法进行的；

（5）其他情节严重的情形。

（二）提请逮捕犯罪嫌疑人的证据标准

1. 有证据证明发生了破坏选举的犯罪事实

（1）犯罪现场照片、现场勘查笔录、犯罪工具实物或照片、伤情鉴定等证明发生破坏选举的行为的证据。

（2）证明破坏选举犯罪事实发生的被害人陈述、证人证言、犯罪嫌疑人供述相关证据等。

（3）证明破坏选举的行为系非法的证据。

2. 有证据证明破坏选举犯罪事实系犯罪嫌疑人实施的

（1）被害人的指认。

（2）犯罪嫌疑人的供认。

（3）证人证言。

（4）同案犯罪嫌疑人的供述。

（5）其他能够证明犯罪嫌疑人实施破坏选举犯罪的证据。

3. 证明犯罪嫌疑人实施破坏选举犯罪行为的证据已有查证属实的

（1）其他证据能够印证的被害人的指认。

（2）其他证据能够印证的犯罪嫌疑人的供述。

（3）能够相互印证的证人证言。

（4）能够与其他证据相互印证的证人证言或者同案犯供述。

（5）能够排除合理怀疑确认的被害人因破坏选举在身体、精神方面受到损害的相关证明材料。

（6）其他查证属实的证明犯罪嫌疑人实施破坏选举犯罪的证据。

4. 有逮捕必要

（1）犯罪嫌疑人具有社会危险性，即采取取保候审、监视居住等方法不足以防止发生社会危险性。应该收集：犯罪嫌疑人有行政刑事处罚记录，也包括受过刑事处罚，曾因其他案件被相对不起诉，受过劳动教养、治安处罚及其他行政处罚；犯罪嫌疑人可能逃跑、自杀、串供、干扰证人作证以及伪造、毁灭证据等妨害刑事诉讼活动的正常进行的，或者存在行凶报复、继续作案的可能，如曾以自伤、自残方法逃避侦查，持有外国护照或者可能逃避侦查；已经逃跑或逃跑后抓获的；属于违反《刑事诉讼法》第 69 条、第 75 条规定，情节严重的。

（2）犯罪嫌疑人不具有不适合羁押的特殊情况。应该收集：犯罪嫌疑人未患有严重疾病或正在怀孕、哺乳自己的婴儿，不属于未成年人、在校学生和年老体弱及残障人士；经济犯罪案件逮捕法人代表或其他骨干不可能严重影响企业合法的生产经营。

（三）侦查终结的证据标准

1. 犯罪嫌疑人的基本情况

包括犯罪嫌疑人姓名、性别、出生年月日、政治面貌、民族、文化程度、是否人大代表或政协委员、现住址、工作单位及职业、有无犯罪前科以及身份证号码等。

2. 案件来源及诉讼经过

包括案件来源和案件侦查的各个程序的时间，如初查、立案、侦结的时间，采取强制措施的种类、时间和变更情况以及延长、重新计算羁押期限等情况。

3. 侦查认定涉嫌犯罪的事实和依据

对多起犯罪要逐一列写，并列明相关证据，简要说明证据要证明的主要事实。包括：

破坏选举犯罪事实都有证据证明：

（1）犯罪现场照片、现场勘查笔录、犯罪工具实物或照片、伤情鉴定等证明发生破坏选举他人的行为的证据。

（2）证明破坏选举犯罪事实发生的被害人陈述、证人证言、犯罪嫌疑人供述和解救被害人的相关证据等。

（3）同案犯罪嫌疑人的供述。

（4）其他能够证明犯罪嫌疑人实施破坏选举犯罪的证据。

证明犯罪嫌疑人实施破坏选举犯罪行为的证据已有查证属实的：

（1）其他证据能够印证的被害人的指认。

（2）其他证据能够印证的犯罪嫌疑人的供述。

（3）能够相互印证的证人证言。

（4）能够与其他证据相互印证的证人证言或者同案犯供述。

（5）能够排除合理怀疑的被害人因破坏选举在身体、精神方面受到损害的相关证明材料。

（6）其他查证属实的证明犯罪嫌疑人实施破坏选举犯罪的证据。

4. 案件侦破经过

包括案件线索来源和初查情况、案件侦破过程以及本案的特点和经验总结。

5. 需要说明的问题

包括对经过侦查不能认定为犯罪行为的情况说明，以及其他需要说明的事项。

（四）撤销案件的证据标准

在侦查过程中，发现不应对犯罪嫌疑人追究刑事责任的，应当撤销案件。撤销案件的条件是：（1）具有《刑事诉讼法》第15条规定情形之一的；（2）没有犯罪事实的，或者依照刑法规定不负刑事责任和不是犯罪的；（3）虽有犯罪事实，但不是犯罪嫌疑人所为的。对于共同犯罪的案件，如有符合本条规定情形的犯罪嫌疑人，应当撤销对该犯罪嫌疑人的立案。人民检察院对直接受理侦查案件拟作撤销案件决定，应履行人民监督员监督程序。省级以下（含省级）人民检察院对直接受理侦查案件拟作撤销案件决定应当报上一级人民检察院批准。

三、收集认定证据中的常见问题及对策

由于破坏选举案件分属两个机关管辖，因此，要注意收集认定犯罪嫌疑人是否属于国家机关工作人员和是否利用职权实施犯罪的证据。

破坏选举案件的"利用职权"，主要有两种情况：一种是利用担任国家机关领导职务的权力。如在所在单位、系统选举人民代表时，犯罪嫌疑人利用在

该单位、系统所任职务的权力，以威胁、欺骗等手段迫使或诱使选民只能选谁不能选谁，或利用担任国家机关所任职务的权力，组织人员冲击选举会场等。另一种是利用在选举工作中所任职务的权力，如在大会主席团、选举委员会任职以及担任检票人、计票人以及选举工作人员所具有的权力。这两种"利用职权"，以后一种居多。一般来说，要查明犯罪嫌疑人是否属于国家机关工作人员比较容易；要查明其行为是否利用职权实施时往往通过"职务置换法"，即在查明犯罪手段的基础上，假设犯罪嫌疑人不担任该职务，看还能否运用该手段破坏选举，即能判明。

收集证明犯罪手段的证据是侦查破坏选举案件的一个重点。刑法虽没有把破坏选举罪的手段列举殆尽，在所列举的暴力等6种手段后用了一个"等"字，但犯罪手段的成立，必须以足以破坏选举工作正常进行或妨害选民和代表自由行使选举权和被选举权为前提，如果行为人的手段不足以造成破坏选举的结果，就不属于破坏选举的犯罪手段，如选举过程中的串联、游说等。从以下两个案例的分析中，我们可以看出，收集能够证明破坏选举手段的证据，应主要收集犯罪嫌疑人供述和辩解、证人证言、书证、笔迹鉴定意见等证据材料，通过询问证人、调取选票等选举文件、进行笔迹鉴定、讯问犯罪嫌疑人等措施去查明。

典型案例一

被告人邓某，系某市洪下乡人民政府副乡长。因本案于2004年3月2日被法院取保候审。

被告人朱某，系某市洪下乡人大主席团秘书。因本案于2004年3月2日被法院取保候审。

某市人民检察院指控：2002年12月28日、29日，被告人邓某、朱某在负责某市洪下乡第五选区（即瓜山村选区）联和片区选举某市第四届人民代表大会代表过程中，违反选举程序，组织少数村民代填该选区新屋邓、老屋邓、北杨等村民小组选票共计469张。最终该村党支部书记杨某德被选举为市人大代表。

后经某市人大常委会代表资格审查委员会审查，该选区选举程序违法，选举结果无效。

对上述指控的事实，公诉人当庭宣读并出示了以下证据：

1. 被告人邓某、朱某在检察机关的供述。以证明二被告人对其负责联和片区选举投票工作中，违反选举程序，组织少数村民代填选票的事实已作供认。

2. 证人邓某品的证言。以证明在新屋邓、老屋邓、北杨等小组进行选举投票时，均是由少数村民代填选票的事实。

3. 证人邓某雄、邓某进、邓某柱和证人邓某湖、邓某学、邓某喜、邓某金以及证人杨某刚、杨某发、杨某茂、杨某德、杨某大、杨某财等人的证言。以证明新屋邓、老屋邓、北杨等小组的选票均是由上述等人分别代填的事实。

4. 某市洪下乡人民政府 2003 年 11 月 18 日的证明材料。以证明被告人邓某、朱某的身份以及其在选举工作期间具体分工的事实。

5. 瓜山选区选举结果报告。以证明该选区选举结果的事实。

6. 某市人大常委会代表资格审查委员会报告。以证明洪下乡第五选区选举结果被确定无效的事实。

7. 某市洪下乡人民政府 2004 年 2 月 10 日的证明材料。以证明该乡第五选区选举结果被确定无效后，该选区未再重新补选人大代表的事实。

8. 选票发放清单。以证明新屋邓、老屋邓、北杨等小组选票具体发放的事实。

公诉人认为：被告人邓某、朱某身为选区领导小组成员，在选举县级人民代表大会代表时，违反选举程序，组织少数村民代填选票，妨害选民自由行使选举权，破坏选举，致使选举结果无效，情节严重，其行为均触犯了《中华人民共和国刑法》第 256 条，应以破坏选举罪追究其刑事责任，请依法予以判处。

被告人邓某、朱某均辩解称：不是其组织少数村民代填选票，起诉书认定其是选区领导小组成员不实。其主观上没有破坏选举的故意，只是因为时间紧，天又冷，图省事，才未认真履行工作职责，属渎职行为。

被告人邓某的辩护人提出的辩护意见是：该案事实不清，证据不足。因为公诉人当庭所举的证据有一部分是联合调查组的谈话笔录，虽有检察人员参加，也是以联合调查组的名义进行的。后检察机关虽对这些材料进行过复核，但未作实质性核查，其实质上还是以联合调查组的谈话笔录作为本案的定案依据，这是不合法的。起诉书指控被告人邓某组织少数村民代填选票，并填写了 469 张是不实的。被告人邓某主观上没有破坏选举的故意，其客观上也没有实施破坏选举的行为，其只是对工作不负责任，属渎职行为。请法庭予以考虑。

经审理查明：2002 年 12 月，某市第四届人大代表换届选举期间，被告人邓某、朱某受组织委派负责组织洪下乡第五选区（即瓜山村选区）联和片区选民的选举投票工作。该选区共推举两名市人大代表候选人，分别是瓜山村党支部书记杨某德和该村北徐小组组长徐某松。12 月 28 日下午选举投票开始，因为时间紧，在朱某未到之前，被告人邓某即同该村村长邓某品带着选票，提着流动票箱，到瓜山村新屋邓小组组织选举投票，被告人邓某为图省事，便将该组 180 张选票交由组长邓某雄发放给各选民填写。邓某雄仅召集邓某进、邓某柱等少数村民在其家中进行代填，被告人邓某未予制止，在旁边烤火聊天。邓某雄、邓某进、邓某柱等人将所发放的选票全部代填后投进流动票箱。朱某到后，被告人邓某带着选票，被告人朱某提着流动票箱，由邓某品带路，到该村老屋邓小组组织选民投票。被告人邓某将该组 82 张选票交由组长邓某湖发放给各选民填写。该组以同样方法，由邓某湖、邓某学、邓某喜等少数村民在邓某学家将所发放的大部分选票进行代填，并投进了流动票箱，二被告人仍未制止，在旁闲聊。少数选票由组长上门交给邓某金等人代填。次日上午，被告人邓某、朱某在瓜山村北杨小组组织选举投票。被告人邓某将该组 207 张选票发放给杨某朝后便去如厕。杨某朝即同杨某刚、杨某发等少数村民在村支书杨某德家，将大部分选票进行代填后，投进了被告人朱某所掌管的流动票箱。被告人邓某返回后，见还有少数选票未填写，便同被告人朱某上门将余下选票交由杨某茂、杨某大、杨某财等人填写。选举投票结束后，二被告人将选票上报选区汇总，进行计票登记。当日选举结果产生，杨某德被该选区选举为市人大代表。后经某市人大常委会代表资格审查委员会审查，洪下乡第五选区选举程序违法，选举结果无效。该选区后未再重新补选市人大代表。

上述事实，有下列经庭审举证、质证的证据证实：

1. 证人邓某品证明：当时搞选举，其是分在邓某、朱某一组。邓某负责选票发放，朱某负责流动票箱。在新屋邓、老屋邓、北杨等小组选举投票时，没有逐一上门选举投票，而是由少数村民将各组的选票代填后投进票箱并予以上报的。

2. 证人邓某雄、邓某进、邓某柱证明：在新屋邓小组选举投票时，邓某雄、邓某进、邓某柱等人在邓某雄家，当邓某的面将该组选票全部代填后投进了流动票箱。

3. 证人邓某湖、邓某学、邓某喜的证明：在邓某学家，邓某湖、邓某学、邓某喜等人当邓某、朱某的面，将老屋邓小组大部分选票代填后投进了流动票箱。

4. 证人邓某金证明：组长邓某湖给其 9 张选票，其在家中进行了代填。

5. 证人杨某刚、杨某发、杨某德证明：在杨某德家，邓某把北杨小组的选票发放给杨某朝后，杨某朝、杨某刚、杨某发等人便将该组大部分选票进行代填，并投进流动票箱。杨某德的证言同时还证明瓜山村选举领导小组成员为：徐某沂、徐某月、周某海、徐某友、杨某水、邓某扶、邓某雄、徐某勇、曹某凤 9 人组成。

6. 证人杨某茂、杨某大、杨某财证明：其在各自家中，分别填写了 25 张、4 张、5 张的选票。

7. 某市洪下乡人民政府 2003 年 11 月 18 日的证明材料证实：邓某系洪下乡人民政府副乡长，朱某系洪下乡人大主席团秘书。2002 年 12 月市第四届人大代表换届选举期间，其二人负责该乡第五选区瓜山村联和片区的选举工作的事实。

8. 2002 年 12 月 29 日瓜山选区选举结果报告证实：杨某德被该选区选举为市人大代表。

9. 2003 年 1 月 17 日某市人大常委会代表资格审查委员会报告证实：洪下乡第五选区因选举程序违法，其选举结果被确定无效的事实。

10. 某市洪下乡人民政府 2004 年 2 月 10 日的证明材料证实：该乡第五选区选举结果被确定无效后，该选区未再重新补选市人大代表的事实。

11. 联和选票发放清单证实：发放新屋邓选票 180 张、老屋邓选票 82 张、北杨选票 207 张的事实。

12. 被告人邓某、朱某在侦查机关的供述与上述证据相符，可互相印证。

对于被告人邓某、朱某提出的不是其组织少数村民代填选票，其不是村选举领导小组成员的辩解，经查，被告人邓某、朱某在整个选举投票过程中，选票均是发放给各组组长，由组长召集少数村民代填，二被告人只将余下少数还未填写的选票上门进行选举投票，故不能认定为是二被告人的组织行为。根据证人杨某德证实，瓜山村选举领导小组成员名单中没有被告人邓某、朱某。二被告人的辩解与上述查明的事实相符，法院予以采纳。

对于被告人邓某、朱某提出的其主观上没有破坏选举的故意，是因为天气冷，图省事，才未尽到职责，属渎职行为的辩解，经查，各组少数村民代填选票的行为均是当着二被告人的面进行的。二被告人明知这种做法违反了选举程序，属无效行为。无效行为自始无效，所代填的选票必然是无效选票，而二被告人隐瞒代填选票这一事实真相，仍将所代填的无效选票予以上报，进行计票登记，以致产生不真实的选举结果。故其主观上有明显故意，客观上有隐瞒代填选票的事实和将所代填的无效选票作为有效选票予以上报的虚报行为。至于其动机如何，不影响本罪成立。

对于被告人邓某的辩护人提出的检察机关以部分联合调查组的谈话笔录作为本案的定案依据，是不合法的辩护意见。经查，该部分证据材料均已经检察机关调查核实，被调查人均证实其在联合调查组所讲的属实。这些证据材料与检察机关调查核实的其他大部分证据材料不相矛盾，并与被告人在侦查机关的供述相互印证，故可作本案的定案依据。辩护人的辩护意见，法院不予采纳。

对于被告人邓某的辩护人提出的起诉书认定少数村民代填选票共计469张，证据不足的辩护意见。经查，该案469张选票绝大部分是由各组组长召集少数村民代填的，极少数选票虽然是上门进行选举投票，但仍是一人多填，故该案代填选票共计469张，证据确实、充分，足以认定。辩护人的辩护意见，法院不予采纳。

法院认为：被告人邓某、朱某在负责某市洪下乡第五选区联和片区选民选举县级人民代表大会代表过程中，违反选举程序，放任少数村民代填选票，妨害了选民自由行使选举权。二被告人明知少数村民所代填的选票无效，仍予以隐瞒并作为有效选票上报，进行计票登记，以致产生不真实的选举结果，从而造成该选区选举结果无效，并导致该地区无市人大代表的严重后果，情节严重，其行为均已构成破坏选举罪。起诉书指控的罪名成立，法院予以确认。但被告人邓某、朱某在具体实施犯罪过程中，未指使少数村民代填选票，其犯罪手段及方法等情节轻微，二被告人行为所导致的违法结果未能最终成就，且在事情发生后积极配合有关部门调查，认罪态度好。根据《中华人民共和国刑法》第256条、第37条之规定，判决如下：（1）被告人邓某犯破坏选举罪，免予刑事处罚。（2）被告人朱某犯破坏选举罪，免予刑事处罚。

典型案例二

被告人张某，男，任某县红渡工业园区管委会副主任，曾在安东乡政府任党委书记。

被告人张某因被组织列为正科级领导干部考核落选后，即心怀不满。2006年10月4日中午，张某遂纠集被告人韦某春、覃某飞、韦某锋到某县思练镇"显建饭店"吃饭，席间策划要选本地人当乡长，有意把组织已选定为乡人大常委会主任的莫修某推上政府乡长职位，授意指使韦某春、覃某飞、韦某锋要加紧为莫某文拉选票，并拿出1000元人民币交给韦某春、覃某飞作为活动经费，叫韦某春以其当上蔗管员的名义，请安东乡各村的人大代表吃饭，让代表们统一思想，要选莫修某当乡长。被告人韦某春、覃某飞、韦某锋接受张某的旨意后，于2006年10月8日联络桃源、安东、国辉、新桥4个村委会的主要领导和人大代表蓝某武、黄某林、罗某群、莫某春、麦某意、莫某文等9人，包车搭乘到大塘镇"重庆永川饭店"吃饭。席间，韦某锋首先作主持讲话，强调在座各位不但要统一思想，回去以后还要负责做好本村各个人大代表的思想工作，要选本地人莫修某当乡长，在座的代表都作了赞同表态。由于人大会召开前有了串联拉选票的非法活动，致使2006年10月11日在安东乡第十届人大第一次会议的人大、政府班子的换届选举中，参加会议代表54名，莫修某以49票和36票的最高赞成票，既当选为乡人大常委会主任，又当选为政府乡长这一不真实的选举结果。被告人张某的行为已构成破坏选举罪。

被告人张某辩称：其没有心怀不满和纠集韦某春、覃某飞、韦某锋吃饭，也没有策划选莫修某当乡长。其给韦某春1000元，是归还借款，不是活动经费；其将1000元给韦某春时，其也不知道韦某春当上蔗管员。其辩护人的辩护意见是：（1）某县公安局无立案、侦查管辖权；（2）指控张某破坏选举不符合"国家工作人员利用职权实施的破坏选举案"的立案标准，指控的罪名不成立。综上所述，被告人张某无罪。

被告人覃某飞对检察机关指控的事实无异议。其辩护人的辩护意见是：（1）张某拿1000元出来，覃某飞并没有接受，而是韦某春保管和支配；（2）乡长的空缺不能全部由四被告人承担；（3）被告人覃某飞所起的作用较小，因其不是组织者或指挥者，也不是积极参与者；（4）覃某飞主观上没有恶意要破坏安东乡的政府选举。综上所述，被告人覃某飞在本案中是从犯，请求给覃某飞免除刑事处罚。

被告人韦某春、韦某锋对检察机关的指控均无异议。

某县人民法院经公开审理查明：2006年10月4日中午，被告人张某邀被告人韦某春、覃某飞、韦某锋到某县"显建饭店"吃饭，席间，张某讲到安东乡换届选举之事时，叫韦某春、韦某锋、覃某飞要选本地人莫修某当乡长，并让韦某春、韦某锋、覃某飞回去和安东村、国辉村、桃源村、新桥村的代表联系，要求统一其他代表的思想要选莫修文当乡长，商量好后，张某拿出现金1000元人民币交给韦某春，让韦某春以其当上蔗管员的名义，请安东乡其他人大代表吃饭，让代表们统一思想，要选莫修某当乡长。饭后，张某用其私家车搭乘被告人韦某春、覃某飞、韦某锋专程前往柳州游玩。韦某春、覃某飞、韦某锋接受张某的授意后，于2006年10月8日联络桃源、安东、国辉、新桥4个村委的主要领导和人大代表蓝某武、黄某林、罗某群、莫某春、麦某意、莫某文等共9人，包车到大塘镇"重庆永川饭店"吃饭。席间，韦某锋首先讲话，要在座各位不但要统一好思想，回去后还要负责做好本村各个人大代表的思想工作，要选本地人莫修某为本届政府乡长。在座的代表均一一作了赞同表态。当天的就餐费及包车费等费用共花去了580元，均由韦某春从张某给的活动经费1000元中开支，剩余的420元，韦某春分得220元，覃某飞分得200元。由于在安东乡人大会召开前有了串联拉选票的非法活动，致使2006年10月11日在安东乡第十届人大第一次会议的人大、政府班子的换届选举中，参加会议代表54名，莫修某获得36票的最高赞成票这一不真实的选举结果。由于四被告人的行为，造成安东乡第十届人民政府乡长这一职位至今仍留空缺的严重后果。

上述事实有下列证据证明：

1. 证人莫修某证言，证实安东乡选举本届人大常委会主任和乡长，其虽然当选了乡人大常委会主任及乡长，便认为有点不正常，因在会议召开的当天，其听到有些代表议论选本地人做乡长，在该乡有资格当选为乡长的政府工作人员中，属安东籍的只有其一人，部分代表要选所谓的"本地人"就指其本人。但最后其辞去了乡长这一职务，现安东乡乡长一职仍然空缺。

2. 证人莫思某的证言，证实安东乡换届选举的次日，张某写了一篇题为"组织意图"压死了"代表意愿"的举报信，叫其和他与莫某文、韦某春、覃某飞到合山给其哥莫某某看，其哥看了举报信便讲题目太重了。张某讲，只有这样上级才会重视，这样就计划把这份材料拿去给代表签字，然后送上级领导机关和人大部门。于是，其和韦某锋、覃某飞、韦某春就按照张某的安排将信件送到来宾、南宁的人大及报社等有关部门。

3. 证人莫某某的证言，证实其弟莫思某与张某、韦某春、覃某飞到合山，张某把一份打印好的材料给其看，问其有什么修改补充。其看了材料便讲，这材料如果属实，应该叫代表们签字并通过正常途径送到来宾、自治区人大。这样张某就将材料交给韦某春，并交代拿回去给代表签字盖章。

4. 证人覃某猛的证言，证实安东乡第十届人大会议进行选举，结果是莫修某既当选乡人大常委会主任又当选乡长，因其不能兼两职，故莫修某辞去乡长职务。

5. 证人吴某建的证言，证实2006年10月11日，张某带桃源几个村干部到其饭店吃饭，吃完饭后是张某用现金结账。

6. 证人莫某春、罗某群、蓝某武、黄某林、麦某意、莫某某的证言，证实2006年10月8日，他们与韦某锋、韦某春、覃某飞等人在大塘"永川饭店"吃饭，席间，韦某锋、韦某春讲这次换届选举要投票选本地人莫修某当乡长。韦某锋要求大家要统一思想，回去后要做各村代表的工作，大家都表示同意。

7. 罗某吉证言，证实罗某群电话告诉其，他已和桃源、安东、新桥村民委干部统一意见了，决定在投票选举乡长时，统一投莫修某，并讲国辉村代表团的代表他都交代了，还有莫某金和其屯由其负责交代。

8. 莫某金证言，证实选举的当日上午，国辉村的人大代表乘车去安东乡开会的途中，罗某福对全村的代表讲，桃源村要求国辉村在投票选举时一起投莫修某当乡长。

9. 罗某福、罗某荣、韦某兰、黄某红的证言，证实选举的当日上午，他们与罗某群、莫某金、罗某芝、罗某一起乘车去乡府开会，途中，罗某群对他们讲，这次选举乡长大家要选本地人莫修某当乡长，车上的代表都一致同意投莫修某的票，这样开会时大家都投了莫某文的票。

10. 覃某朝、莫某干、韦某玉的证言、证实当天选举前，麦某意对本村代表讲，今天选乡长大家要投本地人莫修某当乡长。本村代表们都表示同意。

11. 证人韦某荣的证言，证实选举的当天，其听到别的代表议论讲，要选本地人当乡长，这时韦某兰讲，今天大家要选莫修某当乡长。

12. 证人姚某萍的证言，证实投票选举前，韦某枝指着候选人名单跟其讲，选莫修某当乡长。

13. 户籍证明的证言，证实被告人张某、韦某春、覃某飞、韦某锋符合本罪犯罪主体。

14. 文件处理单，证实某县人大常会收到《霸道选举"组织意图"压死了"代表意愿"》的控告信。

15. 移交函。某县选举委员会经调查安东乡本届政府乡长选举中，会前有非法拉选票串联活动，妨害代表自由行使选举权，遂将该案移送公安机关立案侦查。

16. 提取笔录证实公安机关提取到《是谁破坏选举》、《代表要问的几个问题》和《关于破坏选举罪解释》。

17. 选举结果报告单证实莫修某获赞成票36票当选乡长。

18. 被告人韦某春、覃某飞、韦某锋归案后亦如实供述其犯罪事实。

某县人民法院经审理认为：被告人张某、韦某春、韦某锋、覃某飞无视国家法律，在选举国家机关领导人员时，采用贿赂人民代表的手段，破坏选举，妨害代表自由行使选举权和被选举权，情节严重，其行为已触犯我国刑律，构成破坏选举罪。检察机关指控被告人张某、韦某春、韦某锋、覃某飞犯破坏选举罪成立。被告人张某在共同犯罪中起主要作用，是主犯，应当按照其所参与的全部犯罪处罚。被告人韦某春、覃某飞、韦某锋在共同犯罪中起次要作用，是从犯，应当从轻处罚。对被告人张某的辩解，经查：被告人韦某春、覃某飞供述，张某请其到"显建饭店"吃饭时，张某给1000元让其去请各村的代表们吃饭，让代表们统一思想，选莫修某当乡长。他们请代表吃饭开支580元，剩下的420元，韦某春分得220元，覃某飞分得200元。同时他们还供述张某给的这1000元不是归还借款。被告人韦某锋亦供述，其与张某、韦某春、覃某飞在"显建饭店"吃饭时，张某讲安东乡换届选举要选本地人莫修某当乡长。综上所述，张某的辩解与本案的事实、证据不符，不予采纳。对于被告人张某的辩护人提出的辩护意见，法院认为，国家机关工作人员利用职权实施的破坏选举案应由人民检察院立案侦查。本案中，被告人张某是国家机关工作人员，其曾任某县安东乡党委副书记，但其授意指使被告人韦某春、覃某飞、韦某锋非法拉选票选莫修某当乡长时，其已调任某县红渡工业园区管委会副主任，不在安东乡任职了，其就不存在利用职权实施破坏选举，因此本案就不应由人民检察院立案侦查。在安东乡人民政府换届选举乡长时，参加会议代表54名，投票后，莫修某获36票是事实，但这是经过拉选票后才得到的36票，这一结果是不真实的。由于选举结果的不真实，致使乡长一职空缺，是四被告人的行为造成的，因此对辩护人的这一辩护意见不予采纳。对于被告人覃某飞的辩护人提出，乡长的空缺不应全部由四被告人承担及要求对覃某飞免除刑事处罚，法院认为：在选举前，四被告人通过请代表吃饭，让代表们统一思想，选举莫修某当乡长，因而造成选举结果的不真实，致使乡长一职的空缺，是四被告人的行为造成的，故对辩护人的辩护意见不予采纳。被告人张某认罪态度较差，应从重处罚，被告人韦某春、覃某飞、韦某锋认罪态度较好，可以从轻处罚。

某县人民法院依照《中华人民共和国刑法》第256条，第26条第1款、第4款，第27条，第72条第1款，第73条第2款、第3款之规定，判决如下：（1）被告人张某犯破坏选举罪，判处有期徒刑3年。（2）被告人韦某春犯破坏选举罪，判处拘役6个月，缓刑6个月。（3）被告人覃某飞犯破坏选举罪，剥夺政治权利1年。（4）被告人韦某锋犯破坏选举罪，剥夺政治权利1年。

四、常用法律法规和司法解释

1.《中华人民共和国全国人民代表大会和地方各级人民代表大会选举法》（2010年修正）（1979年7月1日）（节录）

第四十三条　为保障选民和代表自由行使选举权和被选举权，对有下列违法行为的，应当依法给予行政处分或者刑事处分：

（一）用暴力、威胁、欺骗、贿赂等非法手段破坏选举或者妨害选民和代表自由行使选举权和被选举权的；

（二）伪造选举文件、虚报选举票数或者有其他违法行为的；

（三）对于控告、检举选举中违法行为的人，或者对于提出要求罢免代表的人进行压制、报复的。

2.《中华人民共和国刑法》（2011年修正）（1979年7月1日）（节录）

第一百四十二条　违反选举法的规定，以暴力、威胁、欺骗、贿赂等非法手段破坏选举或者妨害选民自由行使选举权和被选举权的，处三年以下有期徒刑或者拘役。

3. 最高人民检察院《关于渎职侵权犯罪案件立案标准的规定》（2006 年 7 月 26 日 高检发释字〔2006〕2 号）（节录）

破坏选举罪是指在选举各级人民代表大会代表和国家机关领导人员时，以暴力、威胁、欺骗、贿赂、伪造选举文件、虚报选举票数或者编造选举结果等手段破坏选举或者妨害选民和代表自由行使选举权和被选举权，情节严重的行为。

国家机关工作人员利用职权破坏选举，涉嫌下列情形之一的，应予立案：

1. 以暴力、威胁、欺骗、贿赂等手段，妨害选民、各级人民代表大会代表自由行使选举权和被选举权，致使选举无法正常进行，或者选举无效，或者选举结果不真实的；

2. 以暴力破坏选举场所或者选举设备，致使选举无法正常进行的；

3. 伪造选民证、选票等选举文件，虚报选举票数，产生不真实的选举结果或者强行宣布合法选举无效、非法选举有效的；

4. 聚众冲击选举场所或者故意扰乱选举场所秩序，使选举工作无法进行的；

5. 其他情节严重的情形。

4. 最高人民检察院《人民检察院直接受理立案侦查的渎职侵权重特大案件标准（试行）》（2002 年 1 月 1 日 高检发〔2001〕13 号）（节录）

四十、国家机关工作人员利用职权实施的破坏选举案

（一）重大案件

1. 导致乡镇选举无法进行或者选举无效的；

2. 实施破坏选举行为，取得县级领导职务或者人大代表资格的。

（二）特大案件

1. 导致县级以上选举无法进行或者选举无效的；

2. 实施破坏选举行为，取得市级以上领导职务或者人大代表资格的。

下　　编

侵权犯罪收集证据的程序和方法

　　侵权犯罪案件的侦查方法，是指侦查主体在侦查活动中为完成侦查任务或达到侦查目标所采取的步骤、规则、程序和手段。具体来说，侦查方法是指反渎职侵权局在办理侵权犯罪案件过程中，依照法律进行的专门调查工作和有关的强制性措施的具体方法的总和。因此，它具有以下特点：一是主体和对象的特定性；二是工具性，即它服务于侦查活动；三是多样性和开放性，即侦查方法是一个不胜枚举的系统，具有可选择性。因此，侦查方法不同于侦查谋略、侦查对策，具有特有的结构因素：一是侦查目的；二是侦查途径；三是侦查策略手段；四是侦查工具及其操作程式。

　　作为侦查方法的一种特殊形态，侵权案件的侦查方法包括两个方面：一是反渎职侵权局侦查侵权犯罪案件过程中，依法适用拘传、取保候审、监视居住、拘留、逮捕等强制措施的具体方法。二是反渎职侵权局侦查侵权犯罪案件过程中，依法适用讯问犯罪嫌疑人，询问证人、被害人，勘验，检查，搜查，扣押物证、书证，鉴定，通缉，辨认，侦查实验等侦查措施的具体方法。

第一章　讯问犯罪嫌疑人

一、主要程序

　　讯问亦称审问、审讯或者预审，亦即讯问犯罪嫌疑人或被告人的简称。它是指侦查人员为了查明渎职侵权犯罪情况和其他有关问题，收集案件证据，依照法定程序，以言词方式对犯罪嫌疑人进行审讯和诘问的一种法定的侦查措施。口供，在诉讼活动中具有重要地位。它是侦查的主要内容，也是诉讼的法定依据。因此，没有口供的侦查不是完整的侦查。当然，要口供不是唯口供，办案中立足于"零口供"也并非要抛弃口供。侦查讯问，作为一种侦查手段，是侦查人员对犯罪嫌疑人的正面审查，是一场直面相向的心理交锋和智慧较量。要取得较量的胜利，固然要依靠证据、国家法律和党的政策作为有力的武器，但侦查人员讯问的方式、方法、策略以及对犯罪嫌疑人的心理状态研究也是至关重要的。

　　1. 讯问犯罪嫌疑人应当做好准备工作：分析案件材料，明确讯问目的；分析犯罪嫌疑人的心理状态，了解其家庭和社会背景关系；熟悉与案情有关的法律法规和规章制度；制定讯问提纲；制作安全预案。

　　2. 讯问犯罪嫌疑人，由检察人员负责进行。讯问的时候，检察人员不得少于二人。讯问同案的犯罪嫌疑人，应当分别进行。

3. 对于不需要逮捕、拘留的犯罪嫌疑人，经检察长批准，可以传唤到犯罪嫌疑人所在市、县内的指定地点或者到他的住处进行讯问。传唤犯罪嫌疑人，应当向犯罪嫌疑人出示传唤证和侦查人员的工作证件，并责令犯罪嫌疑人在传唤证上签名、捺指印。犯罪嫌疑人到案后，应当由其在传唤证上填写到案时间。传唤结束时，应当由其在传唤证上填写传唤结束时间。拒绝填写的，侦查人员应当在传唤证上注明。对在现场发现的犯罪嫌疑人，经出示工作证件，可以口头传唤，并将传唤的原因和依据告知被传唤人。在讯问笔录中应当注明犯罪嫌疑人到案经过、到案时间和传唤结束时间。传唤犯罪嫌疑人时，其家属在场的，应当当场将传唤的原因和处所口头告知其家属，并在讯问笔录中注明。其家属不在场的，侦查人员应当及时将传唤的原因和处所通知被传唤人家属。无法通知的，应当在讯问笔录中注明。传唤持续的时间不得超过 12 小时；案情特别重大、复杂，需要采取拘留、逮捕措施的，传唤持续的时间不得超过 24 小时。两次传唤间隔的时间一般不得少于 12 小时，不得以连续传唤的方式变相拘禁犯罪嫌疑人。传唤犯罪嫌疑人，应当保证犯罪嫌疑人的饮食和必要的休息时间。

4. 提押犯罪嫌疑人到人民检察院讯问的，应当经检察长批准，由两名以上司法警察押解。犯罪嫌疑人被送交看守所羁押后，检察人员对其进行讯问，应当填写提讯、提解证，在看守所讯问室进行。因侦查工作需要，需要提押犯罪嫌疑人出所辨认或者追缴犯罪有关财物的，经检察长批准，可以提押犯罪嫌疑人出所，并应当由两名以上司法警察押解。不得以讯问为目的将犯罪嫌疑人提押出所进行讯问。

5. 侦查人员在讯问犯罪嫌疑人的时候，一般按照下列顺序进行：（1）查明犯罪嫌疑人的基本情况，包括姓名、出生年月日、籍贯、身份证号码、民族、职业、文化程度、工作单位及职务、住所、家庭情况、社会经历、是否属于人大代表、政协委员等；（2）告知犯罪嫌疑人在侦查阶段的诉讼权利，有权自行辩护或委托律师辩护，告知其如实供述自己罪行可以依法从宽处理的法律规定；（3）讯问犯罪嫌疑人是否有犯罪行为，让他陈述有罪的事实或者无罪的辩解，应当允许其连贯陈述。犯罪嫌疑人对侦查人员的提问，应当如实回答。但是对与本案无关的问题，有拒绝回答的权利。讯问犯罪嫌疑人时，应当告知犯罪嫌疑人将对讯问进行全程同步录音、录像，告知情况应当在录音、录像中予以反映，并记明笔录。讯问时，对犯罪嫌疑人提出的辩解要认真查核。严禁刑讯逼供和以威胁、引诱、欺骗以及其他非法的方法获取供述。

6. 讯问聋、哑或者不通晓当地通用语言文字的人，人民检察院应当为其聘请通晓聋、哑手势或者当地通用语言文字且与本案无利害关系的人员进行翻译。翻译人员的姓名、性别、工作单位和职业应当记录在案。翻译人员应当在讯问笔录上签字。

7. 讯问犯罪嫌疑人时，应分开单独进行，以防止串供或者相互影响供述。犯罪嫌疑人对侦查人员的提问，应当如实回答。

8. 人民检察院立案侦查职务犯罪案件，在每次讯问犯罪嫌疑人的时候，应当对讯问过程实行全程录音、录像，并在讯问笔录中注明。录音、录像应当由检察技术人员负责。特殊情况下，经检察长批准也可以由讯问人员以外的其他检察人员负责。人民检察院讯问犯罪嫌疑人实行全程同步录音、录像，应当按照最高人民检察院的有关规定办理。

9. 讯问犯罪嫌疑人的基本内容包括：犯罪嫌疑人基本情况；犯罪嫌疑人对涉嫌犯罪事实的有罪供述或者无罪、罪轻的辩解及详细情况；犯罪嫌疑人对犯罪事实的认识；犯罪嫌疑人的检举或控告；其他应当记录的事项。

10. 讯问犯罪嫌疑人应当制作笔录并交犯罪嫌疑人核对。对于没有阅读能力的，应当向他宣读。如果记录有遗漏或差错，应当补充或修改。犯罪嫌疑人认为讯问笔录没有错误的，由犯罪嫌疑人在笔录上逐页签名、盖章或者捺指印，并在末页写明"以上笔录我看过（向我宣读过），和我说的相符"，同时签名、盖章、捺指印并注明日期。如果犯罪嫌疑人拒绝签名、盖章、捺指印的，检察人员应当在笔录上注明。犯罪嫌疑人认为讯问笔录没有错误的，应当在笔录上逐页签名或者盖章。如果犯罪嫌疑人拒绝签名或者盖章的，应当在笔录上注明。犯罪嫌疑人请求自行书写供述的，侦查人员应当准许。必要时，侦查人员也可以要求犯罪嫌疑人亲笔书写供词。犯罪嫌疑人应当在亲笔供述的末页签名、捺指印，并注明书写日期。检察人员收到后，应当在首页右上方写明"于某年某月某日收到"，并签名。

二、注意问题

首次讯问笔录是嫌疑人在被立案传唤讯问后第一次固定的言词证据，其能串联起孤立的物证、动态展现犯罪过程，因而对判别侦查方向、收集证据、深挖余罪都有重要作用。

但是，首次讯问笔录是在侦查机关尚未充分掌握犯罪事实条件下，主要靠嫌疑人自白而形成，具有真伪难辨的特性，可能存在嫌疑人故意逃避处罚的陷阱。修改后的刑事诉讼法对判别定罪证据"确实充分"提出了"综合全案证据，对所认定事实已排除合理怀疑"的标准，这对首次讯问笔录的制作提出了更高的要求，我们认为根据这一新标准，在制作首次讯问笔录时应坚持以下三条原则：

（一）坚持犯罪细节疏密有度原则，确保事后笔录有修正余地

首次讯问是在证据尚不充分的条件下进行的，受 12 小时首次传唤时间限制，侦查机关难以获取足够的外围证据来识别犯罪嫌疑人首次供述的真实性。因此，对于犯罪嫌疑人供述细节问题应该区别对待，避免陷入犯罪嫌疑人事先盘算好的供述陷阱。对于其回忆不清的作案时间、地点等情节可先使用模糊词语，界定出一定的范围，如："不是节前就是节后"，"在医院附近的一个饭店"等，然后让对象逐步回忆，或以他人的陈述，或日后的进一步侦查来印证确切的时间地点。对于嫌疑人交代的隐秘性细节，应充分考虑案发时间长度，通过对细节问题进一步追问来识别，如果犯罪嫌疑人前后回答存在矛盾，不合逻辑，那这一自白细节就可能是犯罪嫌疑人为逃避侦查故意设置的陷阱。对于犯罪嫌疑人交代的可能涉及其他罪行的，应"先粗后细"、"先疏后密"的讯问方法，先将其供述的可能涉及其他犯罪事实的言词记录下来，然后闭口不谈，以免引起犯罪嫌疑人的警觉。在进一步侦查的基础上，能够证实的特定细节应在事后的讯问笔录中加以细化。

（二）坚持与犯罪嫌疑人特质相符原则，体现讯问笔录真实性

首次讯问笔录忠实于原话或原意，是制作侦查讯问笔录的基本要求，若不能忠实地记录被讯问人员的原话，笔录行文大大超过了被讯问人员的实际文化水平和语言表达水平，则必然使讯问笔录的真实性得到合理的怀疑。在制作不同年龄、不同文化层次、不同行业背景的犯罪嫌疑人笔录时，在语言词句的表达上也应因人而异。对那些文化程度较高的干部可以用语言精练、表达流畅、逻辑性强的表述来记录；而对那些文化层次较低的人则应用平简朴实、通俗易懂的语言表达方法记录，包括地方方言、土话；对于特殊行业的专业人士，可以采取特定行业术语，然后以进一步追问的方式解释术语的含义，这样更能体现笔录的真实自然。

（三）坚持逻辑严密原则，防止犯罪嫌疑人事后翻供

首次讯问之后，侦查机关可能采取刑事拘留或取保候审强制措施，实践中，无论采取何种强制措施，犯罪嫌疑人都可能有翻供的心态。因此，首次讯问笔录应注重逻辑的严密性，保证笔录前后因果相连、环环相扣，断绝犯罪嫌疑人的任何翻供理由。为了逻辑严密，讯问时不仅要问明基本的案件事实，而且要问明犯罪嫌疑人作案时的心态，事后有无串供、有无同案犯、赃款赃物如何处置等犯罪关联信息，从而使得犯罪过程的发生有关联证据相佐证、相联系，形成一个完整的证明锁链。制作笔录时要注意将这些信息记录在案，为进一步调查取证，充实案件旁证，达到确实充分的证据标准创造条件。

三、工作文书

（一）犯罪嫌疑人诉讼权利义务告知书

××人民检察院反渎职侵权局
犯罪嫌疑人权利义务告知书

××检反渎嫌告〔　〕号

犯罪嫌疑人：_____

根据《中华人民共和国刑事诉讼法》的有关规定，现将你在侦查阶段的权利义务告知如下：

一、权利

1. 依法知悉办案人员身份的权利。

2. 依法要求办案人员回避的权利。

3. 自行书写供述书的权利。

4. 申请对用做证据的鉴定意见进行补充鉴定或者重新鉴定的权利。

5. 自被侦查机关第一次讯问后或者采取强制措施之日起，有聘请律师为其提供法律咨询、代理申诉、控告的权利；被逮捕的，有聘请律师为其代理申请取保候审的权利。

6. 被羁押的犯罪嫌疑人有申请取保候审的权利。

7. 被采取强制措施超过法定期限的，有要求解除强制措施的权利。

二、义务

1. 对办案人员提出的与本案有关的问题，应当如实回答。

2. 应当在经核对无错漏的讯问笔录上签名或盖章。

3. 有义务按照检察机关、公安机关的要求，交出可以证明犯罪嫌疑人有罪或者无罪的物证、书证、视听资料。

4. 遵守监管场所规定或者取保候审、监视居住规定的义务。

如违反相应的义务，将视其情节轻重，承担相应的法律责任。

××人民检察院

反渎侵权局

（印）

年　月　日

（正本送达被告知人）

检察机关工作人员已将犯罪嫌疑人所享有的权利和应负的义务告知本人。本人愿意自觉遵守有关的法律规定。如有违反，本人自愿承担由此带来的法律责任。

被告知人：

年　月　日

（副本存档）

（二）讯问笔录

1. 讯问笔录格式文本

人民检察院讯问犯罪嫌疑人笔录

（第　　次）

时间：　　年　月　日　时　分至　　年　月　日　时　分

地点：

讯问人：　　　　　　　　　　　记录人：

犯罪嫌疑人：

问：

答：

（以下为末页内容）

本笔录向我读过（或我已看过），同我讲的一致。

犯罪嫌疑人：（由犯罪嫌疑人自己书写，并逐页签名）

年　　月　　日

---

2. 讯问笔录举例

告知：（出示工作证件）我们是×××人民检察院反渎职侵权局的检察人员，现依法对你进行讯问。根据法律的规定，对于我们的提问，你应当如实回答，不得作虚假陈述。但是对于与本案无关的问题，你有拒绝回答的权利。（宣读并向犯罪嫌疑人送达《犯罪嫌疑人权利义务告知书》。）

问：以上告知，你清楚了吗？

答：清楚了。（签收《犯罪嫌疑人权利义务告知书》。）

问：介绍一下你的基本情况。

答：（犯罪嫌疑人的基本情况，包括姓名、曾用名、性别、出生年月日、身份证种类及号码、民族、籍贯、文化程度、有无党派、是否人大代表或者政协委员、工作单位、职务级别或者职业、住址、有无前科等。）

问：介绍一下你的家庭情况。

答：（配偶、子女、父母、兄弟姐妹及其他重要家庭成员的年龄、工作单位、住址等。）

问：介绍一下你的个人简历。

答：（从中学毕业至今的学习、工作经历。）

问：你是否有犯罪行为？

答：（犯罪嫌疑人的有罪供述或者无罪辩解。）

（供述的主要内容。）

告知：法律规定，你有聘请律师的权利。侦查阶段，律师可以提供法律咨询，代理申诉、控告；犯罪嫌疑人被逮捕后，律师可以代理申请取保候审。

问：你是否打算聘请律师？

答：（如打算，有无具体人选。如有，联系方式如何。）

问：本次讯问中，有无非法羁押、刑讯逼供、威胁、引诱、欺骗或者以其他非法方法获取口供的情形？

答：

问：你还有何补充？

答：

问：你以上所讲是否属实？

答：属实。

［犯罪嫌疑人写："以上笔录共×页我已看过（或者已向我宣读），与我讲的一致。"］

（犯罪嫌疑人签名、指印）

年　月　日

四、法律依据

1.《中华人民共和国刑事诉讼法》（2012 年修正）（1979 年 7 月 1 日）（节录）

第一百一十六条　讯问犯罪嫌疑人必须由人民检察院或者公安机关的侦查人员负责进行。讯问的时候，侦查人员不得少于二人。

犯罪嫌疑人被送交看守所羁押以后，侦查人员对其进行讯问，应当在看守所内进行。

第一百一十七条　对不需要逮捕、拘留的犯罪嫌疑人，可以传唤到犯罪嫌疑人所在市、县内的指定地点或者到他的住处进行讯问，但是应当出示人民检察院或者公安机关的证明文件。对在现场发现的犯罪嫌疑人，经出示工作证件，可以口头传唤，但应当在讯问笔录中注明。

传唤、拘传持续的时间不得超过十二小时；案情特别重大、复杂，需要采取拘留、逮捕措施的，传唤、拘传持续的时间不得超过二十四小时。

不得以连续传唤、拘传的形式变相拘禁犯罪嫌疑人。传唤、拘传犯罪嫌疑人，应当保证犯罪嫌疑人的饮食和必要的休息时间。

第一百一十八条 侦查人员在讯问犯罪嫌疑人的时候，应当首先讯问犯罪嫌疑人是否有犯罪行为，让他陈述有罪的情节或者无罪的辩解，然后向他提出问题。犯罪嫌疑人对侦查人员的提问，应当如实回答。但是对与本案无关的问题，有拒绝回答的权利。

侦查人员在讯问犯罪嫌疑人的时候，应当告知犯罪嫌疑人如实供述自己罪行可以从宽处理的法律规定。

第一百一十九条 讯问聋、哑的犯罪嫌疑人，应当有通晓聋、哑手势的人参加，并且将这种情况记明笔录。

第一百二十条 讯问笔录应当交犯罪嫌疑人核对，对于没有阅读能力的，应当向他宣读。如果记载有遗漏或者差错，犯罪嫌疑人可以提出补充或者改正。犯罪嫌疑人承认笔录没有错误后，应当签名或者盖章。侦查人员也应当在笔录上签名。犯罪嫌疑人请求自行书写供述的，应当准许。必要的时候，侦查人员也可以要犯罪嫌疑人亲笔书写供词。

第一百二十一条 侦查人员在讯问犯罪嫌疑人的时候，可以对讯问过程进行录音或者录像；对于可能判处无期徒刑、死刑的案件或者其他重大犯罪案件，应当对讯问过程进行录音或者录像。

录音或者录像应当全程进行，保持完整性。

2.《中华人民共和国律师法》（2012 年修正）（1996 年 5 月 15 日）（节录）

第三十三条 律师担任辩护人的，有权持律师执业证书、律师事务所证明和委托书或者法律援助公函，依照刑事诉讼法的规定会见在押或者被监视居住的犯罪嫌疑人、被告人。辩护律师会见犯罪嫌疑人、被告人时不被监听。

3. 最高人民检察院《人民检察院刑事诉讼规则（试行）》（2012 年修订）（1997 年 1 月 15 日）（节录）

第一百九十二条 讯问犯罪嫌疑人，由检察人员负责进行。讯问的时候，检察人员不得少于二人。

讯问同案的犯罪嫌疑人，应当分别进行。

第一百九十三条 对于不需要逮捕、拘留的犯罪嫌疑人，经检察长批准，可以传唤到犯罪嫌疑人所在市、县内的指定地点或者到他的住处进行讯问。

传唤犯罪嫌疑人，应当向犯罪嫌疑人出示传唤证和侦查人员的工作证件，并责令犯罪嫌疑人在传唤证上签名、捺指印。

犯罪嫌疑人到案后，应当由其在传唤证上填写到案时间。传唤结束时，应当由其在传唤证上填写传唤结束时间。拒绝填写的，侦查人员应当在传唤证上注明。

对在现场发现的犯罪嫌疑人，经出示工作证件，可以口头传唤，并将传唤的原因和依据告知被传唤人。在讯问笔录中应当注明犯罪嫌疑人到案经过、到案时间和传唤结束时间。

本规则第八十一条第二款的规定适用于传唤犯罪嫌疑人。

第一百九十四条 传唤犯罪嫌疑人时，其家属在场的，应当当场将传唤的原因和处所口头告知其家属，并在讯问笔录中注明。其家属不在场的，侦查人员应当及时将传唤的原因和处所通知被传唤人家属。无法通知的，应当在讯问笔录中注明。

第一百九十五条 传唤持续的时间不得超过十二小时；案情特别重大、复杂，需要采取拘留、逮捕措施的，传唤持续的时间不得超过二十四小时。两次传唤间隔的时间一般不得少于十二小时，不得以连续传唤的方式变相拘禁犯罪嫌疑人。

传唤犯罪嫌疑人，应当保证犯罪嫌疑人的饮食和必要的休息时间。

第一百九十六条 犯罪嫌疑人被送交看守所羁押后，检察人员对其进行讯问，应当填写提讯、提解证，在看守所讯问室进行。

因侦查工作需要，需要提押犯罪嫌疑人出所辨认或者追缴犯罪有关财物的，经检察长批准，可以提押犯罪嫌疑人出所，并应当由二名以上司法警察押解。不得以讯问为目的将犯罪嫌疑人提押出所进行讯问。

第一百九十七条 讯问犯罪嫌疑人一般按照下列顺序进行：

（一）查明犯罪嫌疑人的基本情况，包括姓名、出生年月日、籍贯、身份证号码、民族、职业、文化程度、工作单位及职务、住所、家庭情况、社会经历、是否属于人大代表、政协委员等；

（二）告知犯罪嫌疑人在侦查阶段的诉讼权利，有权自行辩护或委托律师辩护，告知其如实供述自己罪行可以依法从宽处理的法律规定；

（三）讯问犯罪嫌疑人是否有犯罪行为，让他陈述有罪的事实或者无罪的辩解，应当允许其连贯陈述。

犯罪嫌疑人对侦查人员的提问，应当如实回答。但是对与本案无关的问题，有拒绝回答的权利。

讯问犯罪嫌疑人时，应当告知犯罪嫌疑人将对讯问进行全程同步录音、录像，告知情况应当在录音、录像中予以反映，并记明笔录。

讯问时，对犯罪嫌疑人提出的辩解要认真查核。严禁刑讯逼供和以威胁、引诱、欺骗以及其他非法的方法获取供述。

第一百九十八条 讯问聋、哑或者不通晓当地通用语言文字的人，人民检察院应当为其聘请通晓聋、哑手势或者当地通用语言文字且与本案无利害关系的人员进行翻译。翻译人员的姓名、性别、工作单位和职业应当记录在案。翻译人员应当在讯问笔录上签字。

第一百九十九条 讯问犯罪嫌疑人，应当制作讯问笔录。讯问笔录应当忠实于原话，字迹清楚，详细具体，并交犯罪嫌疑人核对。犯罪嫌疑人没有阅读能力的，应当向他宣读。如果记载有遗漏或者差错，应当补充或者改正。犯罪嫌疑人认为讯问笔录没有错误的，由犯罪嫌疑人在笔录上逐页签名、盖章或者捺指印，并在末页写明"以上笔录我看过（向我宣读过），和我说的相符"，同时签名、盖章、捺指印并注明日期。如果犯罪嫌疑人拒绝签名、盖章、捺指印的，检察人员应当在笔录上注明。讯问的检察人员也应当在笔录上签名。

第二百条 犯罪嫌疑人请求自行书写供述的，检察人员应当准许。必要的时候，检察人员也可以要求犯罪嫌疑人亲笔书写供述。犯罪嫌疑人应当在亲笔供述的末页签名、捺指印，并注明书写日期。检察人员收到后，应当在首页右上方写明"于某年某月某日收到"，并签名。

第二百零一条 人民检察院立案侦查职务犯罪案件，在每次讯问犯罪嫌疑人的时候，应当对讯问过程实行全程录音、录像，并在讯问笔录中注明。

录音、录像应当由检察技术人员负责。特殊情况下，经检察长批准也可以由讯问人员以外的其他检察人员负责。

第二百零二条 人民检察院讯问犯罪嫌疑人实行全程同步录音、录像，应当按照最高人民检察院的有关规定办理。

4. 最高人民检察院《人民检察院讯问职务犯罪嫌疑人实行全程同步录音录像的规定（试行）》（2005 年 11 月 1 日 高检发反贪字〔2005〕43 号）（节录）

第二条 人民检察院讯问职务犯罪嫌疑人实行全程同步录音、录像，是指人民检察院办理直接受理侦查的职务犯罪案件，每次讯问犯罪嫌疑人时，应当对讯问全过程实施不间断的录音、录像。

第三条 讯问全程同步录音、录像，实行讯问人员和录制人员相分离的原则。讯问由检察人员负责，不得少于二人；录音、录像一般由检察技术人员负责。经检察长批准，也可以指定其他检察人员负责录制。对录制人员适用刑事诉讼法有关回避的规定。

第四条 讯问犯罪嫌疑人需要由检察技术人员录音、录像的，检察人员应当填写《录音录像通知单》，写明讯问开始的时间、地点等情况送检察技术部门。检察技术部门接到《录音录像通知单》后，应当指派技术人员实施。

第五条　讯问在押犯罪嫌疑人，除法定情形外，应当在看守所进行。讯问未羁押的犯罪嫌疑人，除客观原因外，应当在检察院讯问室进行。

第六条　讯问开始时，应当告知犯罪嫌疑人将对讯问进行全程同步录音、录像，告知情况应在录音、录像中予以反映，并记载于讯问笔录。

第七条　全程同步录像的，摄制的图像应当反映犯罪嫌疑人、检察人员、翻译人员及讯问场景等情况，犯罪嫌疑人应当在图像中全程反映，并显示与讯问同步的时间数码。在检察院讯问室讯问的，应当显示温度和湿度。

第八条　讯问犯罪嫌疑人时，检察人员一般要着检察服，做到仪表整洁，举止严肃、端庄、文明。严禁刑讯逼供或者使用威胁、引诱、欺骗等非法方法进行讯问。

第九条　对使用少数民族语言文字或者不通晓当地通用语言文字的犯罪嫌疑人进行讯问的，应当有翻译人员在场翻译。

讯问聋、哑的犯罪嫌疑人，应当有通晓聋、哑手势的人在场。

第十条　讯问过程中，需要出示书证、物证等证据的，应当当场出示让犯罪嫌疑人辨认，并对辨认过程进行录音、录像。

第十一条　讯问过程中，因技术故障等客观情况不能录音、录像的，一般应当停止讯问，待故障排除后再行讯问。讯问停止的原因、时间和再行讯问开始的时间等情况，应当在笔录和录音、录像中予以反映。

不能录音、录像的客观情况一时难以消除又必须继续讯问的，经检察长批准，并告知犯罪嫌疑人后可以继续讯问。未录音、录像的情况应当在笔录中予以说明，由犯罪嫌疑人签字确认。

第十二条　讯问结束后，录制人员应当立即将录音、录像资料复制件交给讯问人员，并经讯问人员和犯罪嫌疑人签字确认后当场对录音、录像资料原件进行封存，交由检察技术部门保存。

讯问结束后，录制人员应当及时制作全程同步录音、录像的相关说明，经讯问人员和犯罪嫌疑人签字确认后，交由检察技术部门立卷保管。

相关说明应当反映讯问的具体起止时间，参与讯问的检察人员、翻译人员及录制人员等人员的姓名、职务、职称，犯罪嫌疑人姓名及案由，讯问地点等情况。讯问在押犯罪嫌疑人的，讯问人员应当在相关说明中注明提押和还押时间，由监管人员和犯罪嫌疑人签字确认。对犯罪嫌疑人拒绝签字的，应当在相关说明中注明。

第十三条　移送审查逮捕案件时，应当将全程同步录音、录像资料复制件连同案件材料一并移送审查。侦查监督部门审查结束后，应当将移送审查的录音、录像资料复制件连同案件材料一并送还侦查部门。

第十四条 案件移送审查起诉时，应当将全程同步录音、录像资料复制件随案移送。

第十五条 案件审理过程中，人民法院、被告人或者其辩护人对讯问活动提出异议的，或者被告人翻供的，或者被告人辩解因受刑讯逼供、威胁、引诱、欺骗等而供述的，公诉人应当提请审判长当庭播放讯问全程同步录音、录像资料，对有关异议或者事实进行质证。

人民法院、被告人或者其辩护人对讯问全程同步录音、录像资料复制件提出异议的，公诉人应当将检察技术部门保存的相应原件当庭启封质证。案件审结后，经公诉人和被告人签字确认后对录音、录像资料原件再行封存，并由公诉部门及时送还检察技术部门保存。

第十六条 讯问过程中犯罪嫌疑人检举揭发与本案无关的犯罪事实或者线索的，在移送审查逮捕、移送审查起诉和提起公诉时，是否将录有检举揭发内容的录音、录像资料一并移送，由检察长决定。不移送的，由检察技术部门对录有检举揭发内容的声音进行技术处理后移送。

第十七条 案件办理完毕，办案期间录制的讯问全程同步录音、录像资料原件，由检察技术部门向本院档案部门移交归档。讯问全程同步录音、录像资料的保存期限与案件卷宗保存期限相同。

非办案部门或者人员需要查阅讯问全程同步录音、录像资料的，应当报经检察长批准。录音、录像资料需要公开使用的，由检察长决定。启封讯问全程同步录音、录像资料原件时，犯罪嫌疑人或者被告人应当在场。

第十八条 参与讯问全程同步录音、录像的人员，对讯问情况应当保密。

第十九条 侦查监督、公诉、监所检察、民事行政检察等部门办理人民检察院直接受理侦查案件过程中，讯问犯罪嫌疑人的全程同步录音、录像，按照本规定执行。

第二十条 询问证人需要录音或者录像的，应当事先征得证人同意，并参照本规定执行。

5. 人民检察院办案工作区设置和使用管理规定（2009 年 10 月 12 日 高检发政字〔2009〕50 号）

为规范人民检察院办案工作区的设置和使用管理，保障办案工作依法、文明、规范、安全进行，根据《中华人民共和国刑事诉讼法》、《人民检察院刑事诉讼规则》和《人民检察院办案用房和专业技术用房建设标准》等有关规定，结合办案工作实际，制定本规定。

第一条 人民检察院办案工作区是指人民检察院侦查等部门在办理案件过

程中，用于讯问犯罪嫌疑人、被告人，询问证人、被害人或者其他涉案人员，接待有关知情人员，获取视听资料等的专门工作区域。

第二条　办案工作区应当设置在地上一层或者地下室，与办公区域保持适当隔离，形成符合安全、保密要求的区域。办案工作区应当有明显标识，标明"办案工作区"。

第三条　办案工作区应当设置讯问室、询问室、接待室、执勤室、待诊室和卫生间等用房。用房面积按照或者参照《人民检察院办案用房和专业技术用房建设标准》执行。

第四条　讯问室用于讯问犯罪嫌疑人、被告人，询问室用于询问证人、被害人或者其他涉案人员，接待室用于接待有关知情人员等，执勤室用于司法警察监控办案工作区内及办案工作区周围安全情况，待诊室用于犯罪嫌疑人、被告人等人员在讯问、询问过程中突发疾病、身体不适时休息、待诊。

第五条　办案工作区设置应当符合国家有关建筑设计、环境保护及消防安全等方面的规定和标准，同时应当配备以下设施：（一）安装安全防护门，窗户加装安全防护网，出入口、走廊及门窗安装视频监控和报警装置，配备灭火器。（二）办案工作区内电路设施应当具有触电防护装置，并配备应急照明设施，电线和能触摸到的电源插头等电路设施不得裸露。（三）办案工作区内应当安装无线电信号干扰装置。（四）办案工作区内应当装配通风换气和房间隔音设施。

第六条　办案工作区内用房及设施应当符合下列标准：（一）讯问室。讯问室的内墙应当采用软性饰面，安装显示时间、温度和湿度的仪表，室内不得摆放与讯问无关的物品，桌椅应当无坚硬锐角并适当固定，门窗应当符合安全防范要求。犯罪嫌疑人、被告人的座位与室内电气设施、设备之间应当保持安全距离。讯问室应当安装与侦查指挥室连接的全程同步录音录像设备。（二）询问室。询问室的内墙应当采用软性饰面，安装显示时间、温度和湿度的仪表，室内不得摆放与询问无关的物品，桌椅应当无坚硬锐角并适当固定。询问室应当安装与侦查指挥室连接的全程同步录音录像设备。（三）接待室。接待室的内墙可以采用软性饰面，桌椅应当无坚硬锐角并适当固定。接待室可以安装与侦查指挥室连接的视频监控设备。（四）执勤室。执勤室应当设置在办案工作区出入口处，配备视频监控和报警装置，并与讯问室、询问室、接待室以及出入口、走廊的视频监控和报警装置连接。配备常用警械具。（五）待诊室。待诊室应当配备应急药品和简易救护设施，室内显著位置应当标明急救医院的电话号码。（六）卫生间。卫生间的门及内墙应当采用软性饰面，门内外双向开合，不得加装门锁、插销，不得有外露的管道，不得摆放无关物品。

第七条 办案工作区由司法警察部门负责日常管理，检察技术部门负责对办案工作区相关设备定期检修和维护，计财装备部门负责提供保障。使用办案工作区期间，讯问犯罪嫌疑人、被告人，询问证人、被害人或者其他涉案人员，接待有关知情人员等由办案人员负责；全程同步录音录像一般由检察技术人员负责；看管犯罪嫌疑人、被告人、维护办案工作区秩序和办案工作区的安全警戒由司法警察负责。

第八条 办案部门需要使用办案工作区的，应当填写登记表，报经分管检察长或者部门负责人批准后，通知司法警察部门安排，同时通知检察技术部门安排录制人员调试录音录像设备。

第九条 犯罪嫌疑人、被告人或者其他涉案人员进入办案工作区后，值班司法警察应当关闭办案工作区的对外通道，并进行安全检查，发现可能危害人身安全的物品，应当予以暂时扣押。

第十条 犯罪嫌疑人、被告人进入讯问室，证人、被害人或者其他涉案人员进入询问室后，办案人员应当及时了解其身体状况、观察其心理变化，并如实记录。对患有疾病、情绪不稳定的，要做好应急准备，防止意外事件发生。

第十一条 办案人员在讯问中，需要看管犯罪嫌疑人、被告人时，应当通知司法警察部门安排警力。警力不足的，办案部门应当安排专门人员看管。看管人员应当恪尽职守，不得离岗、脱岗，严防被看管人脱逃、自杀、自残、行凶、串供、毁灭证据等。讯问犯罪嫌疑人、被告人，询问证人、被害人或者其他涉案人员时，安全防范工作由办案人员负责。司法警察应当在执勤室待命。

第十二条 办案人员传唤、拘传犯罪嫌疑人、被告人，应当严格遵守办案时限。不得超过法律规定的时限，不得以连续传唤、拘传的方式变相拘禁犯罪嫌疑人、被告人。不得在办案工作区对犯罪嫌疑人、被告人实施监视居住。对犯罪嫌疑人决定拘留、逮捕后，必须及时移送看守所羁押，严禁将办案工作区作为羁押、留置犯罪嫌疑人、被告人或者其他涉案人员的场所。司法警察应当对办案人员讯问犯罪嫌疑人、被告人，询问证人、被害人或者其他涉案人员实施监督，对办案人员违法违规行为应当及时提醒或者制止，必要时可以向分管检察长报告。办案人员对司法警察的违法违规行为要及时制止。纪检监察部门应当对办案工作区进行监督检查。对于违法违规而造成严重后果的，应当依法依纪追究相关领导和其他责任人员的责任。

第十三条 办案部门使用办案工作区，司法警察应当认真记录值班事项，交接班时应当详细介绍处理事项及注意的问题。

第十四条 异地办案的人民检察院需要使用当地人民检察院办案工作区的，应当提供相关法律文书，遵守办案工作区的有关规定并负责使用期间的安全工作。当地人民检察院应当配合，并予以监督。

第十五条　地方各级人民检察院可以结合本院实际情况制定办案工作区使用管理的具体制度。

第十六条　本规定自下发之日起施行。《人民检察院讯问室的设置和使用管理办法》同时废止。

6. 最高人民检察院《关于人民检察院在办理直接立案侦查案件工作中加强安全防范的规定》（2003 年 10 月 28 日　高检发反贪字〔2003〕17 号）（节录）

第四条　传唤、拘传犯罪嫌疑人、被告人到检察机关接受讯问，应当在讯问室进行。人民检察院讯问室必须符合安全防范要求，不得把讯问室作为羁押室。异地传唤、拘传犯罪嫌疑人、被告人，应当在当地检察机关的讯问室进行。

第五条　传唤、拘传犯罪嫌疑人、被告人的持续时间不得超过法律规定的12 小时，不得以连续传唤、拘传的方式变相拘禁犯罪嫌疑人、被告人。讯问结束后，符合拘留、逮捕条件并有拘留、逮捕必要的，应当依法及时办理拘留、逮捕手续，并立即通知公安机关执行；对于不采取拘留、逮捕强制措施的，应当通知其单位或家属领回或派员将其送回。

第六条　讯问在押犯罪嫌疑人、被告人必须在看守所进行，因辨认、提取证据、取赃等确需提押到看守所以外的，必须报经主管检察长批准，同时通知人民检察院驻看守所检察室对提押活动实施监督。在执行提押任务中，应当采取严密的安全防范措施，辨认、提取证据、取赃活动结束后，应当立即还押。

第七条　传唤、拘传、提押、看管等工作应当交由司法警察或明确专人负责，不得出现脱节、脱岗或由一人提押、看管等情形。

第十条　不得借用其他机关的行政、纪律措施控制犯罪嫌疑人、被告人，不得参与其他机关对违法违纪人员的看管。

7. 最高人民检察院办公厅《人民检察院讯问职务犯罪嫌疑人实行全程同步录音录像技术工作流程（试行）》（2006 年 12 月 4 日）（节录）

第二条　检察技术部门在接到办案部门的全程同步录音录像通知后，应当指派技术人员执行，并制作《人民检察院讯问全程同步录音录像受理登记表》。

第三条　录制人员在接受录制任务后，应当做好录制准备工作，对讯问场所及设备进行检查和调试。因特殊原因无法录制的，应当及时告知办案部门。

第四条　录制的起止时间，以被讯问人员进入讯问场所开始，以被讯问人核对讯问笔录、签字捺印手印结束后停止。

第五条　在固定场所进行全程同步录音录像的，应当以画中画方式显示，主画面反映被讯问人正面中景，全程反映被讯问人的体态、表情，并显示同步录像时间，辅画面反映讯问场所全景。

在临时场所进行全程同步录音录像，使用不具备画中画功能的录制设备时，录制画面主要反映被讯问人，同时兼顾讯问场所全景，并显示同步时间。

第六条　对参与讯问人员和讯问室温度、湿度，应当在讯问人员宣布讯问开始时以主画面反映。对讯问过程中使用证据、被讯问人辨认书证、物证、核对笔录、签字和捺印手印的过程应当以主画面反映。

第七条　录制人员应当监控录音录像系统设备的运行，因更换存储介质需要暂停录制时，应当提前告知讯问人员。因技术故障等客观原因需要停止录制时，应当立即告知讯问人员。排除故障继续录制时，应当在录音录像中反映讯问人员对中断录制的语言补正。

第八条　录制人员应当及时填写《人民检察院讯问全程同步录音录像工作说明》中有关录制工作的内容，客观记录讯问过程的录制、系统运行、技术人员交接，以及对使用光盘编号等情况。本人签名后，交讯问人员按要求安排填写，在录制资料副本移交时收回归档。

第九条　录制结束后，录制人员应当将录制资料的正本交讯问人员、被讯问人确认，当场装入人民检察院讯问全程同步录音录像资料密封袋，由录制人员、讯问人员、被讯问人三方封签，由被讯问人在封口处骑缝捺印手印。

第十条　技术部门应当将全程同步录音录像录制资料正本存放于专门的录制资料档案柜内，长期保存，并做到防尘、防潮、避免高温和挤压，以磁介质存储的资料要存放在防磁柜内。

录制资料副本应当在收到《人民检察院讯问全程同步录音录像工作说明》时移交委托录制的办案部门签收。

第十一条　根据《人民检察院讯问职务犯罪嫌疑人实行全程同步录音录像的规定（试行）》第十六条规定，需要技术处理的，经检察长批准，检察技术人员应当按照办案部门提交的《人民检察院讯问全程同步录音录像资料技术处理（复制）单》，以录制资料副本作为信号源，在办案人员的主持下进行技术处理。

第十二条　因特殊原因需要制作录制资料复制件的，经检察长批准，检察技术人员应当按照办案部门提交的《人民检察院讯问全程同步录音录像资料技术处理（复制）单》，以录制资料副本作为信号源，在办案人员的主持下进行复制。

第十三条　案件侦查终结后，技术部门应当将本案《人民检察院讯问全程同步录音录像受理登记表》、《人民检察院讯问全程同步录音录像工作说明》

等文书材料制作全程同步录音录像技术协作卷宗予以保存。

第十四条　全程同步录音录像技术协作卷宗编号按照档案管理部门相关规定执行。

一案多人多次讯问的，在卷宗编号后加编被讯问人号和讯问次数，作为录制编号。每次讯问一个录制编号，当次讯问涉及的全部文书材料及录制资料均对应此编号。

第十五条　法庭需要对录制资料正本当庭启封质证的，技术部门在收到《人民检察院讯问全程同步录音录像资料档案调用单》后，将录制资料正本移交公诉部门签收。

第十六条　技术部门收到公诉部门返还的录制资料正本后，应当核实签收，归档保存。

第十七条　询问证人需要进行全程同步录音录像的，参照本流程执行。

第二章　询问证人

询问，是指检察人员依照法定程序以言词方式，就案件有关情况向证人、被害人进行调查了解的一种侦查活动。由于询问证人和询问被害人的程序基本相同，本文仅以询问证人为例进行论述。

一、主要程序

1. 询问的地点和人数。《刑事诉讼法》第 122 条第 1 款规定："侦查人员询问证人，可以在现场进行，也可以到证人所在单位、住处或者证人提出的地点进行，在必要的时候，可以通知证人到人民检察院或者公安机关提供证言。在现场询问证人，应当出示工作证件，到证人所在单位、住处或者证人提出的地点询问证人，应当出示人民检察院或者公安机关的证明文件。"据此，侦查人员询问证人，既可以在现场进行，也可以到证人的所在单位、住处或者证人提出的地点进行。在检察院询问的，应当在一楼以下询问室进行。到外地询问证人时，不得以各种理由将证人带回本地。

2. 询问人员。询问时检察人员应当出示人民检察院的《询问通知书》和工作证，询问时，检察人员不得少于 2 人。

3. 询问提纲。询问前，侦查人员应分析研究有关的案件情况和证据材料；了解证人的身份、职业、性格特点，证人与犯罪嫌疑人、被害人的关系；明确通过询问证人应查明的问题，拟出询问提纲，以使询问证人有计划、有目的地进行，保证询问的成效。检察人员可以制作《询问提纲》，列明要询问的问题和应当注意的问题以及安全防范预案。

4. 询问证人的步骤、方法。首先，侦查人员应当问明证人的基本情况以及与当事人的关系。其次，侦查人员应当告知证人有如实作证的义务。《刑事诉讼法》第 123 条规定："询问证人，应当告知他应当如实地提供证据、证言和有意作伪证或者隐匿罪证要负的法律责任。"实践证明，这是保证证人如实陈述，防止其作伪证和隐匿罪证的重要法律措施，因此侦查人员必须依法告知，不能遗漏。最后，根据侦查实践，侦查人员询问证人应当首先让他把知道的案件情况连续地陈述出来，然后再就其陈述中不清楚、不全面或者有矛盾的地方以及其他需要查明的事实情节，向他提问，要求他回答。在证人陈述时，侦查人员不宜随意打断，以保证其记忆的连贯性和陈述的客观性。对证人陈述的事实，应当问明来源和根据，并注意查明证人得知案件情况时的主观和客观条件。

5. 安全防范。办案人员在询问中要注意证人的心理变化和健康状况，发现异常情况，要及时采取有效措施，防止意外事件的发生。

6. 制作询问笔录。询问证人，应当制作《询问笔录》，询问笔录应当交证人核对，对于没有阅读能力的，应当向他宣读。如果记载有遗漏或者差错，证人可以提出补充或者改正。证人承认笔录没有错误后，应当签名或者盖章。检察人员也应当在笔录上签名。办案人员可以允许或要求证人自行书写证实材料，但证实材料不能代替询问笔录。

7. 询问结束后，根据不同情况，应让证人立即离开，或通知其单位或家属领回，或派员将其送回。

询问被害人，是指侦查人员依照法定程序以言词方式，就被害人遭受侵害的事实和犯罪嫌疑人的有关情况向被害人进行调查了解的一种侦查活动。被害人陈述，是一种重要的证据来源。由于被害人受到犯罪行为的直接侵害，与犯罪嫌疑人有过直接的接触，对犯罪事实有切身感受，因此及时、正确地询问被害人，对于收集证据，查明犯罪事实，查获犯罪分子，进而惩罚犯罪和保护被害人的合法权益，均具有十分重要的意义。

根据《刑事诉讼法》第 125 条的规定，询问被害人适用询问证人的程序。但是，由于被害人受到犯罪行为的直接侵犯，是刑事诉讼的当事人，与犯罪嫌疑人有着直接的利害关系，在诉讼中与证人的地位不同，因此询问被害人除了应当遵守询问证人的各项规定以外，还应当注意被害人害怕打击报复或顾及名誉、情面的特殊心理和了解犯罪嫌疑人更多情况的特点，耐心细致做好被害人的思想工作，使其如实陈述；对伤势较重、有生命危险的被害人，要及时询问并尽可能地进行录音、录像；要采取有效措施保障被害人的人身安全；对于被害人的个人隐私，应当为他保守秘密。此外，第一次询问被害人时，应当告知他有提起附带民事诉讼的权利。

二、注意问题

1. 询问地点只能是证人所在单位、住处或者人民检察院询问室，不得另行指定其他地点。不得在人民检察院讯问室询问证人。

2. 询问应个别进行，不能采取开座谈会或讨论会的方式询问证人。

3. 询问证人时应当出示《询问通知书》和工作证，缺一不可。前者表明询问的合法性，后者证明办案人员的身份。

4. 文明办案，说话要和气，尊重被询问人的人格。严禁刑讯逼供以及其他非法方法获取证言。

5. 对于不愿作证的证人，办案人员可以对其进行公民有作证义务的教育，也可以采取一些安全措施，消除其思想顾虑，促使其愿意提供证言。人民检察院应当保障证人及其近亲属的安全。询问中涉及证人隐私的，应当保守秘密。严禁对证人及其亲属进行威胁、侮辱、殴打或者打击报复。

6. 如果需要同步录音、录像的，应当事先征得证人同意。

7. 除特殊情况外，人民检察院可以吸收证人协助调查。但不得以协助调查取证等名义变相限制和剥夺证人的人身自由。

三、工作文书

（一）证人权利义务告知书

××人民检察院反渎职侵权局
证人权利义务告知书

××检反渎证告〔　〕号

为了确保证人充分行使依法享有的权利，正确履行法定义务，现将《中华人民共和国刑事诉讼法》规定的证人权利、义务告知如下：

一、权利

1. 身份知悉权。检察人员询问证人，应当出示人民检察院的询问证人通知书和工作证件。

2. 权利义务知悉权。检察人员询问证人时应当告知证人其享有的权利和承担的义务以及有意作伪证或隐匿罪证要负的法律责任。

3. 安全保障权。人民检察院有义务保障证人及其亲属的安全，对证人及其亲属进行威胁、侮辱、殴打或打击报复，构成犯罪或者应当给予治安管理处罚的，应当移送公安机关处理；情节轻微的，予以批评教育、训诫。

4. 充分陈述权。享有不受单位或者个人干扰，自由陈述的权利。

5. 独立作证权。检察人员询问证人时应当个别进行。

6. 语言文字权利。有使用本民族语言文字作证的权利。

7. 修正权。对笔录有核对并提出补充和改正的权利。

8. 其他权利。如果证人未满十八周岁，可以要求通知其法定代理人到场。

二、义务

1. 作证义务。凡是知道案件情况的人，都有作证的义务。

2. 如实作证的义务。证人应当如实地提供证言和其他证据，有意提供虚假的证言和其他证据或者隐匿、毁灭证据要负法律责任。

3. 到法定地点作证的义务。检察人员询问证人、可以到证人的所在单位、住处进行，也可以通知证人到人民检察院提供证言。

××人民检察院

反渎侵权局

（印）

年　月　日

（正本送达被告知人）

本人×××（姓名、性别、出生年月日、身份证种类及号码、民族、籍贯、文化程度、政治面貌、工作单位、职务或者职业、住址、有无犯罪记录等基本情况），自愿承担作证的义务。本人已收到检察机关送达的《证人权利和义务告知书》，清楚知道自己的权利义务，愿如实为司法机关提供证言和其他证据，并自愿承担由此带来的法律责任。

证人签名：

年　月　日

（副本存档）

（二）询问笔录

1. 询问笔录格式文本

人民检察院询问笔录

（第　次）

时间：　　年　月　日　时　分至　　年　月　日　时　分

地点：

询问人：　　　　　　　　　　　记录人：

被询问人：　　　　性别：　　　年龄：　　　民族：

工作单位、职务：

住址及联系电话：

与犯罪嫌疑人　　　是　　　　　关系

问：

答：

（以下为末页内容）

本笔录向我读过（或我已看过），同我讲的一致。

被询问人：

年　月　日

询问人：

2. 询问笔录举例

告知：（出示工作证件）我们是×××人民检察院反渎职侵权局的检察人员，现依法对你进行询问。法律规定，凡是知道案件情况的人，都有作证的义务；你应当如实提供有关证言和其他证据，但是对于与本案无关的问题，你有拒绝回答的权利；故意提供虚假证言或者其他证据，故意隐匿、毁灭证据都要负相应的法律责任。（向证人宣读并送达《证人权利和义务告知书》。）

问：你清楚了吗？

答：清楚了。

问：说说你的基本情况。

答：（姓名、曾用名、性别、出生年月日、身份证种类及号码、民族、籍贯、文化程度、有无党派、是否人大代表或者政协委员、工作单位、职务级别或者职业、住址、有无犯罪记录等。）

问：

答：（证词的主要内容。）

问：本次询问中，有无非法羁押、刑讯逼供、威胁、引诱、欺骗或者以其他非法方法获取证言或者其他证据的情形？

答：

问：你还有何补充？

答：

问：你以上所讲是否属实？

答：属实。

［被询问人写：以上笔录共×页，我已看过（或者已向我宣读），与我讲的一致。］

（签名、指印）

被询问人：

年　月　日

四、法律依据

1.《中华人民共和国刑事诉讼法》（2012 年修正）（1979 年 7 月 1 日）（节录）

第六十一条　人民法院、人民检察院和公安机关应当保障证人及其近亲属的安全。

对证人及其近亲属进行威胁、侮辱、殴打或者打击报复，构成犯罪的，依法追究刑事责任；尚不够刑事处罚的，依法给予治安管理处罚。

第六十二条　对于危害国家安全犯罪、恐怖活动犯罪、黑社会性质的组织犯罪、毒品犯罪等案件，证人、鉴定人、被害人因在诉讼中作证，本人或者其近亲属的人身安全面临危险的，人民法院、人民检察院和公安机关应当采取以下一项或者多项保护措施：

（一）不公开真实姓名、住址和工作单位等个人信息；

（二）采取不暴露外貌、真实声音等出庭作证措施；

（三）禁止特定的人员接触证人、鉴定人、被害人及其近亲属；

（四）对人身和住宅采取专门性保护措施；

（五）其他必要的保护措施。

证人、鉴定人、被害人认为因在诉讼中作证，本人或者其近亲属的人身安全面临危险的，可以向人民法院、人民检察院、公安机关请求予以保护。

人民法院、人民检察院、公安机关依法采取保护措施，有关单位和个人应当配合。

第六十三条　证人因履行作证义务而支出的交通、住宿、就餐等费用，应当给予补助。证人作证的补助列入司法机关业务经费，由同级政府财政予以保障。

有工作单位的证人作证，所在单位不得克扣或者变相克扣其工资、奖金及其他福利待遇。

第一百二十二条　侦查人员询问证人，可以在现场进行，也可以到证人所在单位、住处或者证人提出的地点进行，在必要的时候，可以通知证人到人民检察院或者公安机关提供证言。在现场询问证人，应当出示工作证件，到证人所在单位、住处或者证人提出的地点询问证人，应当出示人民检察院或者公安机关的证明文件。

询问证人应当个别进行。

第一百二十三条　询问证人，应当告知他应当如实地提供证据、证言和有意作伪证或者隐匿罪证要负的法律责任。

第一百二十四条　本法第一百二十条的规定，也适用于询问证人。

第一百二十五条　询问被害人，适用本节各条规定。

2. 最高人民法院、最高人民检察院、公安部、国家安全部、司法部、全国人大常委会法制工作委员会《关于刑事诉讼法实施中若干问题的规定》(2012 年修正)（节录）

19. 刑事诉讼法第一百二十一条第一款规定："侦查人员在讯问犯罪嫌疑人的时候，可以对讯问过程进行录音或者录像；对于可能判处无期徒刑、死刑的案件或者其他重大犯罪案件，应当对讯问过程进行录音或者录像。"侦查人员对讯问过程进行录音或者录像的，应当在讯问笔录中注明。人民检察院、人民法院可以根据需要调取讯问犯罪嫌疑人的录音或者录像，有关机关应当及时提供。

3. 最高人民检察院《人民检察院刑事诉讼规则（试行）》（2012 年修订）(1997 年 1 月 15 日)（节录）

第七十六条　对于危害国家安全犯罪、恐怖活动犯罪、黑社会性质的组织犯罪、毒品犯罪等案件，人民检察院在办理案件过程中，证人、鉴定人、被害人因在诉讼中作证，本人或者其近亲属人身安全面临危险，向人民检察院请求保护的，人民检察院应当受理并及时进行审查，对于确实存在人身安全危险的，应当立即采取必要的保护措施。人民检察院发现存在上述情形的，可以主动采取保护措施。

人民检察院可以采取以下一项或者多项保护措施：

（一）不公开真实姓名、住址和工作单位等个人信息；

（二）建议法庭采取不暴露外貌、真实声音等出庭作证措施；

（三）禁止特定的人员接触证人、鉴定人、被害人及其近亲属；

（四）对人身和住宅采取专门性保护措施；

（五）其他必要的保护措施。

人民检察院依法决定不公开证人、鉴定人、被害人的真实姓名、住址和工作单位等个人信息的，可以在起诉书、询问笔录等法律文书、证据材料中使用化名代替证人、鉴定人、被害人的个人信息。但是应当另行书面说明使用化名的情况并标明密级。

人民检察院依法采取保护措施，可以要求有关单位和个人予以配合。

对证人及其近亲属进行威胁、侮辱、殴打或者打击报复，构成犯罪或者应当给予治安管理处罚的，人民检察院应当移送公安机关处理；情节轻微的，予以批评教育、训诫。

第二百零三条　人民检察院在侦查过程中，应当及时询问证人，并且告知证人履行作证的权利和义务。

人民检察院应当保证一切与案件有关或者了解案情的公民，有客观充分地提供证据的条件，并为他们保守秘密。除特殊情况外，人民检察院可以吸收证人协助调查。

第二百零四条　询问证人，应当由检察人员进行。询问的时候，检察人员不得少于二人。

第二百零五条　询问证人，可以在现场进行，也可以到证人所在单位、住处或者证人提出的地点进行。必要时，也可以通知证人到人民检察院提供证言。到证人提出的地点进行询问的，应当在笔录中记明。

询问证人应当个别进行。

在现场询问证人，应当出示工作证件。到证人所在单位、住处或者证人提出的地点询问证人，应当出示人民检察院的证明文件。

第二百零六条　询问证人，应当问明证人的基本情况以及与当事人的关系，并且告知证人应当如实提供证据、证言和故意作伪证或者隐匿罪证应当承担的法律责任，但是不得向证人泄露案情，不得采用羁押、暴力、威胁、引诱、欺骗以及其他非法方法获取证言。

第二百零七条　本规则第一百九十八条、第一百九十九条的规定，适用于询问证人。

第二百零八条　询问被害人，适用询问证人的规定。

4. 最高人民检察院《人民检察院讯问职务犯罪嫌疑人实行全程同步录音录像的规定（试行）》（2005 年 11 月 1 日　高检发反贪字〔2005〕4 号）（节录）

第二十条　询问证人需要录音或者录像的，应当事先征得证人同意，并参照本规定执行。

5. 最高人民检察院《关于人民检察院在办理直接立案侦查案件工作中加强安全防范的规定》（2003 年 10 月 28 日　高检发反贪字〔2003〕17 号）（节录）

第九条　严禁采取刑讯逼供等暴力手段违法取证，不得以协助调查取证等名义变相限制和剥夺证人的人身自由。

第三章　搜查

渎职侵权犯罪侦查中的搜查，是指检察人员对犯罪嫌疑人以及可能隐藏罪犯或者犯罪证据的人的身体、物品、住处、工作地点和其他有关的地方进行搜索检查的一种侦查活动。搜查的目的是发现和收集犯罪的证据，查获犯罪嫌疑人。搜查既可以在勘验、检查时进行，也可以在执行拘留、逮捕时进行，还可以单独进行。

一、主要程序

1. 需要搜查的，办案人员应制作《搜查证》，报请检察长签发。搜查时应向被搜查人出示《搜查证》和办案人员工作证。在执行逮捕、拘留的时候，遇有紧急情况，不另用《搜查证》也可以进行搜查，但搜查结束后，搜查人员应当及时向检察长报告，补办有关手续。到本辖区以外执行搜查任务，办案人员应当携带《搜查证》、工作证以及写有主要案情、搜查目的、要求等内容的公函，与当地人民检察院联系。当地人民检察院应当配合、协助执行搜查。

2. 人民检察院在搜查前，办案人员应当了解被搜查对象的基本情况、搜查现场及周围环境，确定搜查的范围和重点，明确搜查人员的分工和责任。搜查住宅和工作地点之前，要查清它们的准确位置，了解物品摆放情况，准备钥匙、搜查笔录用纸、扣押物品、文件清单等。搜查办公地点可以与单位进行适当沟通。搜查前也要安排好见证人。

3. 搜查应当在检察人员的主持下进行，可以有司法警察参加。搜查时，应当有被搜查人或者他的家属、邻居或者其他见证人在场。搜查时，如果遇到阻碍，可以强制进行搜查。

4. 对于查获的重要书证、物证、视听资料及其放置地点应当拍照，并且用文字说明有关情况，必要的时候，可以录像。

5. 搜查妇女的身体，应当由女工作人员进行。

6. 搜查应全面、细致、及时，注意保护公私财物。搜查结束时将物品尽量放回原处。

7. 搜查情况应当制作《搜查笔录》，如果发现可以证明犯罪嫌疑人有罪或无罪的财物、文件，非法持有的违禁品，可能属于违法所得的款项，应当扣押；与案件无关的，不得扣押。不能立即查明是否与案件有关的可疑款物，可以先行扣押并及时审查处理。

8. 不能立即查明是否与案件有关的可疑款物扣押后，应当及时进行审查。经查明确实与案件无关的，应当在3日内作出解除或者退还决定，并通知有关当事人。

二、注意问题

(一) 做好搜查方案，明确搜查对象和重点

注意对保险箱等"其他有关的地方"的搜查。注意对计算机、网络所存电子资料的搜查。注意对犯罪嫌疑人的名片、电话簿、手机、电子存储介质（U盘、移动磁盘等）等有关存储个人信息物品的搜查。注意对犯罪嫌疑人所开网络电子银行交易信息的收集。

(二) 选择恰当的搜查策略

从宏观上说，一要依法、按计划、全面、细致、及时地进行。二要围绕突破案件进行。例如，针对犯罪嫌疑人的性格、年龄、知识结构、生活阅历、心理素质等，制订不同的搜查计划和确定搜查时机；根据实际需要，让或不让犯罪嫌疑人到搜查现场；搜查时注意观察犯罪嫌疑人及其近亲属的工作。三要做好搜查的善后工作。

从微观上说，一要了解被搜查场所的内部结构、出入通道、周围环境及其居住人的相关情况。二要确定搜查重点。三要制订搜查方案，包括搜查的时间、参加搜查的人员及其分工、警戒的部署、搜查的顺序、路线、搜查中可能发生的情况及对策等。四要做好搜查前的物质准备。五要圈定搜查范围和重点。人身搜查时，应按从上到下、由外及里的顺序进行，搜查重点为内外衣裤口袋、腰带、衣领、衣服卷边、鞋袜夹层、帽子、头发等可供藏匿罪证的部位，对随身携带的物品（如钱包、记事本、通讯录、纸张、香烟、手机等）均应检查。室内搜查最好从那些最可能藏有搜查目标的部位开始，按顺时针或逆时针方向沿墙壁或家具，分段或分片依次进行。六要以吾之心，推汝之心。七要严密监控，谨防意外。八要左右呼应，多管齐下。九要把握时机，以快取胜；因案而异，适时适势。

(三) 选择恰当的搜查方法

1. 针对宅院，一要有分工，按顺序进行。特别注意电脑、传真机、商务通中储存内容的检查和对地板、天棚、砖缝、火墙、抽屉、床、工艺品内部、家用电器内部、暗锁盒、铁制或竹制家具管内、房檐、仓库、花盆、花坛等的

搜查。二要注意室内悬挂物品的地方及家具挡住的墙壁。特别注意新涂灰泥、精刷、裱糊和装修的墙面，砖块凸出和凹入地方。三要注意观察和探视屋顶和地面的可疑之处。四要注意检查一些陈设物品的容器。五要注意院内的陈设。六要分析犯罪嫌疑人藏物心理。七要注意通常不放物品的地方。例如，天花板上、地板下、家具夹层内、厕所水箱内、镜框夹层内、床垫下、枕心内、电器内以及花盆、花坛内。八要寻找反常现象和异常痕迹。九要捕捉在场犯罪嫌疑人及其近亲属的反常神态。

2. 针对人身，一要注意搜查佩戴的首饰及现金、存折、票证、信件和有无携带武器等。二要注意有夹层的衣服。例如，帽檐、衣领、垫肩、腰带、鞋垫、鞋跟等。三要注意对妇女的乳罩、口罩、裙带等处的检查。四要令被搜查人面壁站立，双手举起，搜查人员站在其背后，从上到下搜索全身。五要提高警惕，防止被搜查人行凶、自杀或逃跑。同时，视情况指令或武力迫使被搜查人以立式、跪式或蹲式、卧式接受搜查。六要掌握搜查的顺序与重点：首先搜查腰间、双腋、小腿等可能隐藏枪支、弹药、刀具等危险品的部位，然后对全身进行有序搜查，一般的顺序为从上到下、由表及里、从前到后、由身体到随身携带的物品，依次拍打、触摸、翻动检查。对被搜查人随身携带的物品应当着被搜查人的面全部取出进行搜查。搜查的重点应为可能隐藏搜查目标的部位和物品。

3. 针对办公场所，突出一个"快"字，严把一个"细"字。而要特别重视电脑及其移动硬盘等存储介质、传真机、录音电话上的储存信息和来往信件、笔记本、存单等书证。

（四）避免并克服搜查中的误区

重视直接证据，而忽视间接证据；重视原始证据，而忽视再生证据；重视言词证据，而忽视对物证书证的搜查；重视证据的客观性，而忽视证据的合法性；将搜查、扣押变成"抄家"，随意处分扣押的财物；等等。为此，一要注意做好被搜查财物的固定和保管。必须做好被搜查财物的记载，并列出详细的扣押财物清单，附在搜查和扣押笔录之内。对被提取的文件、账册、物品应当加封，并将这一事实记录在案。对文件、贵重物品、钱款、有价证券、票证等应集中或分类进行拍照加以固定。对扣押财物、文件应注意妥善保管，不得私自侵占或挪作他用。二要注意对危险物品的搜查和扣押。一经发现应及时扣押，并做好保管和移交工作。三要注意做好对"毒品、淫秽物品"的收缴。四要注意做好对扣押财物、文件的处理和移交。对不属于犯罪嫌疑人所得的赃款赃物，应在核实清楚后及时退还给犯罪嫌疑人家属或移交给单位，不得无理占用。

三、工作文书

（一）搜查证（法律文书）

××市×区人民检察院

搜 查 证

（存根）

×检反渎搜〔20××〕7 号

案由：滥用职权

犯罪嫌疑人基本情况：（姓名、性别、年龄、工作单位、住址、身份证号码、是否人大代表、政协委员）黄××，男，××岁，××市工商局局长，住××市××街××号××室，身份证号码：××××××××××××××××××。

搜查范围：住宅、办公室

批准人：洪××

批准时间：二〇××年×月×日

承办人：江××

填发人：王××

填发时间：二〇××年×月×日

第一联　统一保存

×检反渎搜〔贰零××〕柒号

××市×区人民检察院

搜 查 证

×检反渎搜〔20××〕7 号

根据《中华人民共和国刑事诉讼法》第一百三十四条、第一百三十五条和一百六十二条的规定，兹派江××等二人持此证对黄××住宅、办公室进行搜查。

检察长（印）

二〇××年五月十日

（院印）

本证已于二〇××年×月×日×时向我宣布。

被搜查人（或其家属）：黄××

见证人：李××

宣告人：江××

第二联　使用后附卷

（二）搜查笔录

1. 搜查笔录样本格式

××人民检察院
搜查笔录

　　　　年　月　日　时至　时，本院工作人员　　　根据　年　月　日　检搜〔　〕　号搜查证，在见证人　　　在场时，对居住在　　　　　　的　　　进行了人身、住处及其他有关地方的搜查。

　　搜查的简要情况：

　　（以下为末页内容）
　　被搜查人对搜查的意见：

　　本记录的副本（扣押财物、文件清单）一式两份。
　　搜查人：
　　见证人：
　　被搜查人（亲属）：

年　月　日

2. 文书制作说明

（1）本文书为记录搜查情况时使用，以次数为单位制作。

（2）搜查人应在搜查笔录上签名。被搜查人或其家属、见证人应在搜查笔录上签名、盖章。如果被搜查人或其家属在逃或者拒绝签名、盖章，应当在笔录上注明。

（3）本文书制作一份，存检察正卷。

3. 制作文书需要注意的问题

（1）如果搜查时扣押财物、文件较少，可在搜查笔录中详细列明；如果扣押财物、文件较多，则可写为"扣押财物、文件详见《扣押财物、文件清单》"。

（2）应写明搜查对象。例如，如果是人身，应将"住处及其他有关地方"画掉，如果是搜查办公室，应将"人身、住处"画掉，并在搜查的简要情况中写明具体搜查对象是办公室。

（3）参与搜查的全体人员均应在笔录上签名。

四、法律依据

1. 《中华人民共和国刑事诉讼法》（2012 年修正）（1979 年 7 月 1 日）
（节录）

第一百三十四条　为了收集犯罪证据、查获犯罪人，侦查人员可以对犯罪嫌疑人以及可能隐藏罪犯或者犯罪证据的人的身体、物品、住处和其他有关的地方进行搜查。

第一百三十五条　任何单位和个人，有义务按照人民检察院和公安机关的要求，交出可以证明犯罪嫌疑人有罪或者无罪的物证、书证、视听资料等证据。

第一百三十六条　进行搜查，必须向被搜查人出示搜查证。

在执行逮捕、拘留的时候，遇有紧急情况，不另用搜查证也可以进行搜查。

第一百三十七条　在搜查的时候，应当有被搜查人或者他的家属，邻居或者其他见证人在场。

搜查妇女的身体，应当由女工作人员进行。

第一百三十八条　搜查的情况应当写成笔录，由侦查人员和被搜查人或者他的家属，邻居或者其他见证人签名或者盖章。如果被搜查人或者他的家属在逃或者拒绝签名、盖章，应当在笔录上注明。

2. 最高人民检察院《人民检察院刑事诉讼规则（试行）》（2012 年修订）
（1997 年 1 月 15 日）（节录）

第二百一十九条　人民检察院有权要求有关单位和个人，交出能够证明犯罪嫌疑人有罪或者无罪以及犯罪情节轻重的证据。

第二百二十条　为了收集犯罪证据，查获犯罪人，经检察长批准，检察人员可以对犯罪嫌疑人以及可能隐藏罪犯或者犯罪证据的人的身体、物品、住处、工作地点和其他有关的地方进行搜查。

第二百二十一条　进行搜查，应当向被搜查人或者他的家属出示搜查证。

搜查证由检察长签发。

第二百二十二条　人民检察院在搜查前，应当了解被搜查对象的基本情况、搜查现场及周围环境，确定搜查的范围和重点，明确搜查人员的分工和责任。

第二百二十三条　搜查应当在检察人员的主持下进行，可以有司法警察参加。必要的时候，可以指派检察技术人员参加或者邀请当地公安机关、有关单位协助进行。

执行搜查的检察人员不得少于二人。

第二百二十四条 在执行逮捕、拘留的时候，遇有下列紧急情况之一，不另用搜查证也可以进行搜查：

（一）可能随身携带凶器的；

（二）可能隐藏爆炸、剧毒等危险物品的；

（三）可能隐匿、毁弃、转移犯罪证据的；

（四）可能隐匿其他犯罪嫌疑人的；

（五）其他紧急情况。

搜查结束后，搜查人员应当在二十四小时内向检察长报告，及时补办有关手续。

第二百二十五条 搜查时，应当有被搜查人或者他的家属、邻居或者其他见证人在场，并且对被搜查人或者其家属说明阻碍搜查、妨碍公务应负的法律责任。

搜查妇女的身体，应当由女工作人员进行。

第二百二十六条 搜查时，如果遇到阻碍，可以强制进行搜查。对以暴力、威胁方法阻碍搜查的，应当予以制止，或者由司法警察将其带离现场；阻碍搜查构成犯罪的，应当依法追究刑事责任。

第二百二十七条 搜查应当全面、细致、及时，并且指派专人严密注视搜查现场的动向。

第二百二十八条 进行搜查的人员，应当遵守纪律，服从指挥，文明执法，不得无故损坏搜查现场的物品，不得擅自扩大搜查对象和范围。对于查获的重要书证、物证、视听资料、电子数据及其放置、存储地点应当拍照，并且用文字说明有关情况，必要的时候可以录像。

第二百二十九条 搜查情况应当制作笔录，由检察人员和被搜查人或者其家属、邻居或者其他见证人签名或者盖章。被搜查人在逃，其家属拒不到场，或者拒绝签名、盖章的，应当记明笔录。

第二百三十条 人民检察院到本辖区以外进行搜查，检察人员应当携带搜查证、工作证以及载有主要案情、搜查目的、要求等内容的公函，与当地人民检察院联系，当地人民检察院应当协助搜查。

3. 最高人民检察院《人民检察院扣押、冻结款物工作规定》（2010 年 5 月 9 日 高检发〔2010〕9 号）（节录）

第十三条 扣押、冻结涉案款物，应当报经检察长批准，由两名以上检察人员执行。

第十四条 在现场勘查、搜查、拘留、逮捕过程中发现的可用以证明犯罪嫌疑人有罪或者无罪的各种物品，非法持有的违禁品，可能属于违法所得的款项，应当扣押；与案件无关的，不得扣押。不能立即查明是否与案件有关的可疑款物，可以先行扣押并按照本规定第二十一条审查处理。

需要扣押犯罪嫌疑人到案时随身携带的物品的，按照前款规定办理。对于与案件无关的个人用品，逐件登记，随人移交或者退还其家属。

第十六条　对于扣押的款物，检察人员应当会同在场见证人和被扣押款物持有人查点清楚，经拍照或者录像后予以扣押，并当场开列扣押清单一式四份，注明扣押物品的名称、型号、规格、数量、质量、颜色、新旧程度、包装等主要特征，由检察人员、见证人和持有人签名或者盖章。持有人拒绝签名、盖章或者不在场的，应当在清单上注明。

扣押、冻结市场价格波动较大的股票、债券、基金、权证、期货、仓单、黄金等，应当书面告知当事人或者其近亲属有权按照本规定第三十二条第二款的规定申请出售。

第二十一条　对扣押、冻结的款物，办案部门应当及时进行审查。经查明确实与案件无关的，应当在三日内作出解除或者退还决定，并通知有关当事人或者其近亲属办理相关手续。

第二十五条　办案部门扣押款物后，应当在三日内移交管理部门，并附扣押清单复印件。由于特殊原因不能按时移交的，经检察长批准，可以由办案部门暂时保管，在原因消除后及时移交。

第四章　调取、查封、扣押物证、书证和视听资料、电子数据

调取、查封、扣押物证、书证和视听资料，是指检察机关反渎职侵权部门依法向有关单位和个人调取、查封、扣押能够证实犯罪嫌疑人有罪或者无罪的物品或文件的一种侦查活动。检察机关可以根据需要，对调取、查封、扣押的物证、书证和视听资料进行拍照、录像、复印和复制。收集、调取、查封、扣押的书证应当是原件。取得原件有困难或者因保密工作需要的，可以是副本或者复制件。收集、调取、查封、扣押的物证应当是原物。原物不便搬运、保存或者依法应当返还被害人的，可以拍摄足以反映原物外形或者内容的照片、录像。书证的副本、复制件，视听资料的复制件，物证的照片、录像，应当附有关制作过程的文字说明及原件、原物存放处的说明，并由制作人签名或者盖章。

一、主要程序

（一）调取物证、书证和视听资料、电子数据的程序要点

1. 人民检察院反渎职侵权部门向有关单位或个人收集、调取证据时应出示检察人员工作证和《调取证据通知书》。在调取证据较多的情况下，还应填写《调取证据清单》，该清单一式三份，一份统一保存备查，一份附卷，一份交提交证据的单位或个人。

2. 需要向本辖区以外的有关单位和个人调取物证、书证和视听资料、电子数据的，办案人员应当携带工作证、单位办案证明信和有关法律文书，及时同当地人民检察院联系，商请配合、协助执行任务。如果需要调取的证据是比较简单的，可以向证据所在地的人民检察院函调。函调证据应当注明取证对象的具体内容和确切地址。协助函调的人民检察院应当及时派员按调查内容进行调查取证，并且在收到函件 1 个月内将调查结果送达请调的人民检察院。

（二）扣押涉案款物的程序要点

1. 扣押款物的一般规定。扣押涉案款物，应报检察长批准并由两名以上办案人员进行。扣押涉案款物既可以单独进行，也可以在搜查、拘留、逮捕、

现场勘查过程中进行。需要扣押的涉案款物不在本辖区的，办理案件的检察机关应依照有关法律法规，持相关法律文书及简要案情等材料，商请被扣押款物所在地的人民检察院协助执行，被请求的人民检察院应当协助执行。被请求协助的人民检察院有异议的，可以向办理案件的人民检察院提出。无法达成一致意见的，应逐级报请上级人民检察院进行协商；必要时，报请共同的上级人民检察院决定。

（1）个人或单位立案前向人民检察院自首时携带涉案款物的，人民检察院可以先行接受，并向自首人开具收据，根据立案情况决定是否扣押。

（2）犯罪嫌疑人到案时随身携带的物品需要扣押的，应依法办理扣押手续。对与案件无关的个人用品，应逐件登记，随人移交，或者退还家属。

（3）犯罪嫌疑人被拘留、逮捕后，其亲友受犯罪嫌疑人委托或主动代为向检察机关上交或退赔涉案款物的，由检察人员、代为上交款物人员、见证人在扣押清单上签名或盖章。代为上交人员应在清单上注明系受犯罪嫌疑人委托或主动代替犯罪嫌疑人上交或退赔。

（4）检察机关对犯罪嫌疑人及其亲属退还、上缴的赃款赃物以及其他有关物品、文件，有关单位和个人主动提交的有关物品、文件，检察机关在办案过程中发现的物品、文件，决定扣押的，应使用《扣押决定书》并制作《扣押财物、文件清单》。

（5）检察机关需要依法扣押犯罪嫌疑人的邮件、电报、电子邮件，通知邮电部门或网络服务机构协助执行的，应制作《扣押邮件、电报通知书》。邮电部门、网络服务机构根据《扣押邮件、电报通知书》的要求，向人民检察院检交。需要继续扣押邮件、电报的，应制作《扣押财物、文件清单》；不需要继续扣押邮件、电报、电子邮件的，应制作《解除扣押邮件、电报通知书》，通知邮电部门或网络服务机构执行。

（6）在搜查、拘留、逮捕、现场勘查过程中发现的可用以证明犯罪嫌疑人有罪、无罪的各种物品，非法持有的违禁品，可能属于违法所得的款项，应当扣押；不能立即查明是否与案件有关的可疑款物，可以先行扣押并及时审查处理。经查明确实与案件无关的，应在3日内作出解除或退还决定，并通知有关当事人或其近亲属办理相关手续。

2. 各类物品的扣押程序主要包括：

（1）一般物品的扣押。扣押一般的文件、资料和其他物品，检察人员应当会同在场见证人和被扣押物品持有人查点清楚，当场开列《扣押财物、文件清单》一式四份，写明文件、资料和其他物品的名称、型号、规格、数量、重量、质量、颜色、新旧程度和包装等主要特征，由检察人员、见证人和持有人签名或者盖章，并将其中一份交给持有人。如果持有人拒绝签名、盖章或不在现场的，应当在扣押物品清单上记明。

（2）不便或者不必提取物品的扣押。对于应当扣押但不便提取或者不必提取的不动产、生产设备或者其他财物，应当扣押其权利证书，经拍照或者录像后原地封存，或者交持有人或者其近亲属保管，并开列扣押（原地封存）清单一式四份，注明相关物品的详细地址和相关特征，同时注明已经拍照或者录像以及其权利证书已被扣押，由检察人员、见证人和持有人签名或者盖章。持有人拒绝签名、盖章或者不在场的，应当在清单上注明。如果原地封存或者交持有人或者其近亲属保管的财物，应当将扣押决定书复印件送达当地不动产或者生产设备等财物的登记、管理部门，告知其在解除扣押之前，禁止办理出售、转让、抵押等。

（3）贵重物品的扣押。扣押外币、金银珠宝、文物、字画以及其他不易辨别真伪的贵重物品，应当开列清单注明特征，经拍照或者录像后当场密封，由检察人员、见证人和被扣押物品持有人在密封材料上签名或者盖章。

（4）有价证券等物品的扣押。对存折、存单、信用卡、股票、债券、基金、权证、期货、其他有价证券以及具有一定特征能够证明案情的现金或者实物，应当注明特征、编号、种类、面值、张数、金额等，经拍照或者录像后作为实物进行封存，由检察人员、见证人和被扣押物品持有人在密封材料上签名或者盖章，并且冻结相应的账户。

（5）磁质、电子存储介质等物品的扣押。对录音带、录像带、磁盘、光盘、优盘、移动硬盘等磁质、电子存储介质，应当注明案由、内容、规格、类别、应用长度、文件格式、制作或者提取时间、制作人或者提取人等。

（6）不宜长期保存物品的扣押。对易损毁、灭失、变质以及其他不宜长期保存的物品，应当采取笔录、绘图、拍照、录像等方法加以保全后进行封存。

（7）单位物品的扣押。对单位的涉密电子设备、文件等物品，应当在拍照或者录像后当场密封，由检察人员、见证人、单位有关负责人在密封材料上签名或者盖章。

3. 对特殊扣押款物的保管。办案部门扣押款物后，应当在 3 日内移交管理部门，并附扣押清单复印件。因特殊原因不能按时移交的，经检察长批准，可由办案部门暂时保管，在原因消除后及时移交。对于下列扣押款物，可以不移交本院管理部门，由办案部门拍照或录像后及时按照有关规定处理：

（1）对不便提取或不必提取的不动产、生产设备或其他财物，应在扣押其权利证书后，原地封存或交持有人或其近亲属保管。

（2）对珍贵文物、珍贵动物及其制品、珍稀植物及其制品，按照国家有关规定移送主管机关。

（3）对毒品、淫秽物品等违禁品，及时移送有关主管机关或根据办案需要严格封存，不得使用、扩散。

（4）对爆炸性、易燃性、放射性、毒害性、腐蚀性等危险品，及时移送有关部门或者根据办案需要委托有关主管机关妥善保管。

（5）对易损毁、灭失、变质以及其他不宜长期保存的物品，可以经检察长批准后及时委托有关部门拍卖、变卖。

（6）对单位的涉密电子设备、文件等物品，可以在密封后交被扣押物品的单位保管。

4. 扣押款物的监督制约机制主要包括：

（1）检察机关扣押、保管、处理涉案款物，实行扣押款物与保管款物相分离原则，账实必须相符。办案部门和保管部门分工负责、相互制约，并接受侦查监督、公诉、控告申诉、纪检监察等部门的监督。

（2）检察机关扣押、保管、处理涉案款物，应按照有关规定接受人民监督员的监督。

（3）检察机关侦查部门必须接受侦查监督和公诉部门的监督制约。侦查监督部门、公诉部门发现侦查部门有违法扣押、处理涉案款物情形的，可以依法提出纠正意见。

（4）纪检监察部门对扣押的涉案款物工作进行监督。检察机关纪检监察部门应会同本院其他有关部门对本院的扣押、保管、处理涉案款物工作进行定期检查，每年至少检查一次。扣押、保管、处理的涉案款物的相关法律文书送达或制作完成后，办案部门应当在5日内将法律文书复印件送本院纪检监察部门。纪检监察部门应及时进行审查，认为违法的，及时提出纠正意见；必要时报请检察长处理或向上一级人民检察院纪检监察部门报告。

（5）强调了上级检察院对下级检察院的监督。上级检察机关纪检监察部门应对下级检察机关的扣押、保管、处理涉案款物工作进行监督，并适时会同有关部门进行检查。

（6）从各个环节保障当事人的监督权利。检察机关扣押、保管、处理涉案款物，都应书面告知当事人或其近亲属有权按照有关规定进行投诉。同时，要求起诉书、不起诉决定书、撤销案件决定书都要写明扣押款物的处理情况，切实保障当事人的监督权利。

二、注意问题

（一）调取、扣押物证、书证和视听资料、电子数据需要注意的事项

1. 调取、扣押的物证、书证和视听资料、电子数据多数是案件中的证据，不得丢失、损坏、使用或调换，以免影响其证据效力。

2. 扣押邮件、电报直接限制了公民的通讯自由，法律对此作了严格的限制，只有在"侦查人员认为需要扣押犯罪嫌疑人的邮件、电报的时候"才能扣押。

（二）扣押涉案款物需要注意的事项

1. 扣押涉案款物不能由一名办案人员单独进行。未经检察长批准，不得擅自扣押涉案款物。在搜查、拘留、逮捕、现场勘查过程中发现可用以证明犯罪嫌疑人有罪、无罪的款物，非法持有的违禁品，可能属于违法所得的款项，应当扣押；不能立即查明是否与案件有关的可疑款物，可以先予以扣押，并列明清单，事后及时向检察长报告。

2. 严禁以虚假立案或者其他非法方式扣押款物。对涉案单位私设账外资金但与案件无关的，不得扣押，可以通知有关主管机关或其上级单位处理。严禁扣押与案件无关的合法财产。严禁在立案之前扣押款物。立案之前发现涉嫌犯罪的款物，如果符合立案条件的，应当及时立案，并采取扣押措施，以保全证据和防止涉案款物转移。

3. 扣押市场价格波动较大的股票、债券、基金、权证、期货、仓单、黄金等物品，应书面告知当事人或其近亲属有权按照《人民检察院扣押涉案款物工作规定》第32条第2款的规定申请出售：在不损害国家利益、被害人利益、不影响诉讼正常进行的情况下，报经检察长批准或检察委员会决定，在案件终结前依法出售，所得价款由管理部门保管。

4. 对于扣押的金银珠宝、文物、名贵字画、违禁品以及其他不易辨别真伪的贵重物品，《扣押财物、文件清单》上不能出现"金戒指"、"银手镯"、"×××（人名）山水画"等肯定物品属性的话语，而应使用诸如"金色、直径大约×××（尺寸）的金属戒指"等体现外部特征的语言进行描述，并且应当场密封，由扣押人员、见证人和被扣押物品持有人在密封材料上签名或盖章。

5. 扣押现金的，可以要求被扣押人直接存入财务装备部门指定的专用账户，严格收付手续。

6. 对应当扣押但不便提取的大宗货物、不动产等，可以拍照或录像后予以冻结封存。

7. 对可以作为证据使用的录音带、录像带、计算机数据或其他电子数据存储介质等进行调取或扣押的，应当调取或扣押原始载体。调取或扣押原始载体确有困难的，可以提取复制件，但应做好记录和文字说明。

8. 扣押犯罪嫌疑人到案时随身携带的物品，应及时制作《扣押财物、文件清单》，避免漏登。对随身携带的非扣押物品应妥善登记保管，及时移交家属或单位。

9. 除依法可以不移交本院管理部门的扣押款物外，扣押款物应及时移交财务装备部门保管、处理。特别是交通工具和通讯工具，不得私自使用或自行处理。

10. 对于涉及国家秘密、商业秘密、个人隐私的款物，应当严格遵守保密规定。

11. 被扣押的财物交持有人或者其近亲属保管的，检察人员应当书面告知保管人对被扣押的财物必须妥善保管，不得转移、变卖、毁损、出租、抵押、赠予等。

三、工作文书

（一）扣押邮件、电报审批表

1. 扣押邮件、电报审批表文书格式

<table>
<tr><td colspan="2" align="center">××市人民检察院
扣押邮件、电报审批表</td></tr>
<tr><td colspan="2">
×检反渎扣邮审〔20××〕第 7 号

案由：非法拘禁

立案时间：二○××年五月二十八日

犯罪嫌疑人：李××

性别：男

年龄：45 周岁

民族：汉

工作单位及职务：××市林业局局长

扣押邮件电报的理由、情况及涉及的邮电部门因办理李××非法拘禁案的需要，根据《中华人民共和国刑事诉讼法》第一百四十一条的规定，建议通知××市邮政局将犯罪嫌疑人李××的邮件、电报予以扣押。

承办人：林××、胡××
二○××年五月二十八日
</td></tr>
<tr><td colspan="2">
局（处、科）长意见：

　　同意，请检察长审定。

张××
二○××年五月二十八日
</td></tr>
<tr><td colspan="2">
检察长批示：

　　同意。

陆××
二○××年五月二十八日
</td></tr>
</table>

2. 文书制作说明

（1）本文书用于扣押犯罪嫌疑人邮件、电报时的审批。批准后，填写《扣押邮件、电报通知书》。

（2）本文书 1 份，存检察内卷。

3. 制作文书需要注意的问题

（1）本文书依据《刑事诉讼法》第 141 条、《人民检察院刑事诉讼规则（试行）》第 238 条规定制作。

（2）办案人员根据检察长签发的本文书，填写《扣押邮件、电报通知书》，通知有关单位执行。

（二）解除扣押邮件、电报审批表

1. 解除扣押邮件、电报审批表文书格式

<table>
<tr><td colspan="2" align="center">××市人民检察院
解除扣押邮件、电报审批表</td></tr>
<tr><td colspan="2">　　　　　　　　　　　　　　　　　×检反渎解扣审〔20××〕第 3 号
案由：非法拘禁
立案时间：二〇××年五月二十八日
犯罪嫌疑人：李××
性别：男
年龄：××
民族：汉
工作单位及职务：××市林业局，局长
解除扣押的理由：因不再需要扣押犯罪嫌疑人李××的邮件、电报，根据《中华人民共和国刑事诉讼法》第一百四十一条、第一百四十三条的规定，建议解除扣押措施。已扣押的两份邮件，经审查与案件无关，建议退回李××。
　　　　　　　　　　　　　　　　　　　　　　承办人：林××、胡××
　　　　　　　　　　　　　　　　　　　　　　二〇××年五月二十八日</td></tr>
<tr><td colspan="2">局（处、科）长意见：
　　同意，请检察长审定。
　　　　　　　　　　　　　　　　　　　　　　　　　　　张××
　　　　　　　　　　　　　　　　　　　　　　二〇××年五月二十八日</td></tr>
<tr><td colspan="2">检察长批示：
　　同意。
　　　　　　　　　　　　　　　　　　　　　　　　　　　陆××
　　　　　　　　　　　　　　　　　　　　　　二〇××年五月二十八日</td></tr>
</table>

2. 文书制作说明

（1）本文书用于解除扣押犯罪嫌疑人邮件、电报时的审批。批准后，填写《解除扣押邮件、电报通知书》。

（2）本文书1份，存检察内卷。

3. 制作文书需要注意的问题

文书中应写明解除扣押邮件、电报的理由。如果已经扣押邮件、电报的，一般还应写明处理意见，一并报经检察长批准。

（三）调取证据清单

1. 调取证据清单文书格式

××市××区人民检察院
调取证据清单

编号：×检反渎〔20××〕8号
第1页，共1页

编　　号	证据名称	数　量	单　　位	备　注
1	二〇××年××有限公司董事会记录	×本	××	
2	二〇××年××有限公司财务凭证	×本	××	
3	二〇××年××有限公司三、四、五月份财务账	×册	××	

提供人：裴××

承办人：林××、李××

二〇××年八月五日
（院印）

注：本清单一式三份，一份统一保存，一份附卷，一份交提供证据的单位或个人。

2. 文书制作说明

（1）《调取证据清单》是人民检察院向有关单位或个人调取证据时所开列的单据。在调取证据较多的情况下配合《调取证据通知书》使用。

（2）填写清单时，每一个证据填写一行。填写完毕后，在空余表格处画截止斜线，以示结束。

（3）本清单一式三份，一份统一保存备查，一份附卷，一份交提供证据的单位或者个人。三份清单使用同一编号。

3. 制作文书需要注意的问题

（1）本文书是在调取证据较多的情况下配合《调取证据通知书》使用，如果证据较少，不必制作本文书。

（2）《调取证据清单》和《扣押财物、文件清单》用途不同。《调取证据清单》是人民检察院向有关单位或个人调取证据时所开列的单据。《扣押财物、文件清单》主要用于：①在勘验、搜查过程中发现有需要扣押的财物、文件而开列清单的；②对于犯罪嫌疑人或者家属以及有关单位和个人主动提交的与案件有关的财物、文件需要扣押而开列清单的；③邮电部门、网络服务机构根据人民检察院《扣押邮件、电报通知书》的要求，向人民检察院检交的犯罪嫌疑人邮件、电报需要扣押而开列清单的。

（四）扣押财物、文件清单

1. 扣押财物、文件清单文书格式

××市××区人民检察院

扣押财物、文件清单

编号：×检反渎〔20××〕6号

第1页，共1页

编　号	财物、文件名称	数　量	单　位	特　征	备　注
1	人民币	18000	元		
2	索尼照相机	1	部	型号：DSC－S40，系列号：590723	

被扣押财物、文件持有人：姜××

见证人：马××、杨××

扣押人：林××、李××

二○××年三月五日

（扣押财物、文件专用章）

注：本清单一式四份，一份统一保存，一份附卷，一份交被扣押财物、文件持有人，一份交被扣押财物、文件保管人。

2. 文书制作说明

（1）本文书为人民检察院在勘验、搜查中发现有需要扣押的财物、文件时使用。对于犯罪嫌疑人或他的家属以及有关单位和个人主动提供的与案件有关的财物、文件，需要扣押的，以及邮电部门、网络服务机构根据人民检察院《扣押邮件、电报通知书》检交的邮件、电报，需要扣押的，也应使用本文书。

（2）使用本文书时，对被扣押财物或文件的名称、型号、规格、数量、重量、质量、颜色、新旧程度和缺损特征等，应在扣押财物清单中注明。文书由侦查人员、见证人、持有人签名或盖章。如果财物、文件持有人拒绝签名或盖章的，应当在文书上注明。本文书使用"××××人民检察院扣押财物、文件专用章"。

（3）对于应当扣押但是不便提取的财物、文件，经拍照或者录像后，可以交财物、文件持有人保管，并且单独开具扣押财物、文件清单，在清单上注明："该财物已经拍照（或者录像），财物持有人应当妥善保管，不得转移、变卖、毁损。"

（4）本清单一式四份，一份统一保存备查，一份附卷，一份交被扣押财物、文件持有人，一份交被扣押财物、文件保管人。四份清单使用同一编号。

3. 制作文书需要注意的问题

（1）使用的印章不是人民检察院院章，而是专用的"×××人民检察院扣押财物、文件专用章"。

（2）本文书具有强制性。财物、文件持有人拒绝交出应当扣押的财物、文件的，可以强制扣押。

（五）退还、返还扣押/调取财物、文件清单

1. 退还、返还扣押/调取财物、文件清单文书格式

××市××区人民检察院
退还、返还扣押/调取财物、文件清单

编号：×检反渎〔20××〕4 号

第 1 页，共 1 页

编　号	财物、文件名称	数　量	单　位	特　征	备　注
1	二○××年××林业局会议记录	×	册		
2	二○××年××林业局财务凭证	×	本		

批准人：裴××

承办人：林××、李××

领取人：梁××

二○××年×月×日

（院印）

注：本清单一式四份，一份统一保存，一份附卷，一份交被扣押财物、文件保管人，一份交领取人。

2. 文书制作说明

（1）本文书为人民检察院依法将调取或者扣押的与案件有关的财物、文件退还原主或者返还被害人时使用。

（2）本文书所列的名称、特征应与调取证据清单、扣押财物、文件清单相符。承办人与领取人查点核对后当场签字或盖章。

（3）本文书一式四份，一份统一保存备查，一份附卷，一份交被扣押财物、文件保管人，一份交领取人。四份清单使用同一编号。

3. 制作文书需要注意的问题

（1）本文书的"文件"包含邮件、电报。

（2）制作本文书第二联、第三联时，如果处理的是被调取的财物、文件，应当将"扣押"画掉；如果处理的是被扣押的财物、文件，应当将"调取"画掉。财物、文件返还被害人时，应当将"退还"画掉；财物、文件退还原财物、文件持有人时，应当将"返还"画掉。

四、法律依据

1.《中华人民共和国刑事诉讼法》（2012 年修正）（1979 年 7 月 1 日）（节录）

第一百三十九条 在侦查活动中发现的可用以证明犯罪嫌疑人有罪或者无罪的各种财物、文件，应当查封、扣押；与案件无关的财物、文件，不得查封、扣押。

对查封、扣押的财物、文件，要妥善保管或者封存，不得使用、调换或者损毁。

第一百四十条 对查封、扣押的财物、文件，应当会同在场见证人和被查封、扣押财物、文件持有人查点清楚，当场开列清单一式二份，由侦查人员、见证人和持有人签名或者盖章，一份交给持有人，另一份附卷备查。

第一百四十一条 侦查人员认为需要扣押犯罪嫌疑人的邮件、电报的时候，经公安机关或者人民检察院批准，即可通知邮电机关将有关的邮件、电报检交扣押。

不需要继续扣押的时候，应即通知邮电机关。

2. 最高人民检察院《人民检察院刑事诉讼规则（试行）》（2012 年修订）（1997 年 1 月 15 日）（节录）

第二百三十一条 检察人员可以凭人民检察院的证明文件，向有关单位和个人调取能够证明犯罪嫌疑人有罪或者无罪以及犯罪情节轻重的证据材料，并且可以根据需要拍照、录像、复印和复制。

第二百三十二条 人民检察院办理案件，需要向本辖区以外的有关单位和个人调取物证、书证等证据材料的，办案人员应当携带工作证、人民检察院的证明文件和有关法律文书，与当地人民检察院联系，当地人民检察院应当予以协助。

必要时，可以向证据所在地的人民检察院发函调取证据。调取证据的函件应当注明取证对象的具体内容和确切地址。协助的人民检察院应当在收到函件后一个月内将调查结果送达请求的人民检察院。

第二百三十三条　调取物证应当调取原物。原物不便搬运、保存，或者依法应当返还被害人，或者因保密工作需要不能调取原物的，可以将原物封存，并拍照、录像。对原物拍照或者录像应当足以反映原物的外形、内容。

调取书证、视听资料应当调取原件。取得原件确有困难或者因保密需要不能调取原件的，可以调取副本或者复制件。

调取书证、视听资料的副本、复制件和物证的照片、录像的，应当书面记明不能调取原件、原物的原因，制作过程和原件、原物存放地点，并由制作人员和原书证、视听资料、物证持有人签名或者盖章。

第二百三十四条　在侦查活动中发现的可以证明犯罪嫌疑人有罪、无罪或者犯罪情节轻重的各种财物和文件，应当查封或者扣押；与案件无关的，不得查封或者扣押。

不能立即查明是否与案件有关的可疑的财物和文件，也可以查封或者扣押，但应当及时审查。经查明确实与案件无关的，应当在三日以内解除查封或者予以退还。

持有人拒绝交出应当查封、扣押的财物和文件的，可以强制查封、扣押。

对于犯罪嫌疑人、被告人到案时随身携带的物品需要扣押的，可以依照前款规定办理。对于与案件无关的个人用品，应当逐件登记，并随案移交或者退还其家属。

第二百三十五条　人民检察院查封、扣押财物和文件，应当经检察长批准，由两名以上检察人员执行。

需要查封、扣押的财物和文件不在本辖区的，办理案件的人民检察院应当依照有关法律及有关规定，持相关法律文书及简要案情等说明材料，商请被查封、扣押财物和文件所在地的人民检察院协助执行。

被请求协助的人民检察院有异议的，可以与办理案件的人民检察院进行协商，必要时，报请共同的上级人民检察院决定。

第二百三十六条　对于查封、扣押的财物和文件，检察人员应当会同在场见证人和被查封、扣押物品持有人查点清楚，当场开列查封、扣押清单一式四份，注明查封、扣押物品的名称、型号、规格、数量、质量、颜色、新旧程度、包装等主要特征，由检察人员、见证人和持有人签名或者盖章，一份交给文件、资料和其他物品持有人，一份交被查封、扣押文件、资料和其他物品保管人，一份附卷，一份保存。持有人拒绝签名、盖章或者不在场的，应当在清单上记明。

查封、扣押外币、金银珠宝、文物、名贵字画以及其他不易辨别真伪的贵重物品，应当在拍照或者录像后当场密封，由检察人员、见证人和被扣押物品持有人在密封材料上签名或者盖章，根据办案需要及时委托具有资质的部门出具鉴定报告。启封时应当有见证人或者持有人在场并且签名或者盖章。

查封、扣押存折、信用卡、有价证券等支付凭证和具有一定特征能够证明案情的现金，应当注明特征、编号、种类、面值、张数、金额等，由检察人员、见证人和被扣押物品持有人在密封材料上签名或者盖章。启封时应当有见证人或者持有人在场并签名或者盖章。

查封、扣押易损毁、灭失、变质以及其他不宜长期保存的物品，应当用笔录、绘图、拍照、录像等方法加以保全后进行封存，或者经检察长批准后委托有关部门变卖、拍卖。变卖、拍卖的价款暂予保存，待诉讼终结后一并处理。

第二百三十七条 对于应当查封的不动产和置于该不动产上不宜移动的设施、家具和其他相关财物，以及涉案的车辆、船舶、航空器和大型机械、设备等财物，必要时可以扣押其权利证书，经拍照或者录像后原地封存，并开具查封清单一式四份，注明相关财物的详细地址和相关特征，同时注明已经拍照或者录像及其权利证书已被扣押，由检察人员、见证人和持有人签名或者盖章。持有人拒绝签名、盖章或者不在场的，应当在清单上注明。

人民检察院查封不动产和置于该不动产上不宜移动的设施、家具和其他相关财物，以及涉案的车辆、船舶、航空器和大型机械、设备等财物，应当在保证侦查活动正常进行的同时，尽量不影响有关当事人的正常生活和生产经营活动。必要时，可以将被查封的财物交持有人或者其近亲属保管，并书面告知保管人对被查封的财物应当妥善保管，不得转移、变卖、毁损、出租、抵押、赠予等。

人民检察院应当将查封决定书副本送达不动产、生产设备或者车辆、船舶、航空器等财物的登记、管理部门，告知其在查封期间禁止办理抵押、转让、出售等权属关系变更、转移登记手续。

第二百三十八条 扣押犯罪嫌疑人的邮件、电报或者电子邮件，应当经检察长批准，通知邮电部门或者网络服务单位将有关的邮件、电报或者电子邮件检交扣押。

不需要继续扣押的时候，应当立即通知邮电部门或者网络服务单位。

对于可以作为证据使用的录音、录像带、电子数据存储介质，应当记明案由、对象、内容，录取、复制的时间、地点、规格、类别、应用长度、文件格式及长度等，妥为保管，并制作清单，随案移送。

第二百三十九条　查封单位的涉密电子设备、文件等物品，应当在拍照或者录像后当场密封，由检察人员、见证人、单位有关负责人签名或者盖章。启封时应当有见证人、单位有关负责人在场并签名或者盖章。

对于有关人员拒绝按照前款有关规定签名或者盖章的，人民检察院应当在相关文书上注明。

对犯罪嫌疑人使用违法所得与合法收入共同购置的不可分割的财产，可以先行查封、扣押、冻结。对无法分割退还的财产，应当在结案后予以拍卖、变卖，对不属于违法所得的部分予以退还。

第二百四十条　对于查封、扣押在人民检察院的物品、文件、邮件、电报，应当妥善保管，不得使用、调换、损毁或者自行处理。经查明确实与案件无关的，应当在三日以内作出解除或者退还决定，并通知有关单位、当事人办理相关手续。

3. 最高人民检察院《人民检察院扣押、冻结款物工作规定》（2010 年 5 月 9 日　高检发〔2010〕9 号）（节录）

第二条　本规定所称扣押、冻结的涉案款物，是指人民检察院在依法行使检察职权过程中扣押、冻结的违法所得、与犯罪有关的款物、作案工具和非法持有的违禁品等。

犯罪嫌疑人、被告人实施违法犯罪行为所取得的财物及其孳息属于违法所得。

第三条　违法所得的一切财物，应当予以追缴或者责令退赔。对被害人的合法财产，应当依法及时返还。违禁品和供犯罪所用的财物，应当予以扣押、冻结，并依法处理。

第四条　人民检察院扣押、冻结、保管、处理涉案款物，必须严格依法进行。严禁以虚假立案或者其他非法方式扣押、冻结款物。对涉案单位私设账外资金但与案件无关的，不得扣押、冻结，可以通知有关主管机关或者其上级单位处理。严禁扣押、冻结与案件无关的合法财产。

第五条　严禁在立案之前扣押、冻结款物。立案之前发现涉嫌犯罪的款物，如果符合立案条件的，应当及时立案，并采取扣押、冻结措施，以保全证据和防止涉案款物转移。

个人或者单位在立案之前向人民检察院自首时携带涉案款物的，人民检察院可以先行接收，并向自首人开具接收凭证，根据立案和侦查情况决定是否扣押、冻结。

人民检察院扣押、冻结涉案款物后，应当对案件及时进行侦查，不得在无法定理由情况下撤销案件或者停止对案件的侦查。

第六条　人民检察院扣押、冻结犯罪嫌疑人、被告人的涉案款物，应当为犯罪嫌疑人、被告人及其所扶养的家属保留必需的生活费用和物品。

扣押、冻结单位的涉案款物，应当尽量不影响该单位正常的办公、生产、经营等活动。

第七条　人民检察院实行扣押、冻结款物与保管款物相分离的原则，账实必须相符。

第八条　人民检察院扣押、冻结、保管、处理涉案款物，实行办案部门和保管部门分工负责、相互制约的原则，并接受侦查监督、公诉、控告申诉、纪检监察等部门的监督。

第九条　人民检察院扣押、冻结、保管、处理涉案款物，应当书面告知当事人或者其近亲属有权按照有关规定进行投诉。

当事人、其他直接利害关系人或者其近亲属认为人民检察院扣押、冻结、保管、处理涉案款物侵犯自身合法权益或者有违法情形的，可以向该人民检察院投诉，也可以直接向其上一级人民检察院投诉。接到投诉的人民检察院应当按照有关规定及时进行审查并作出处理和答复。

刑事诉讼程序终结后，当事人认为人民检察院违法扣押、冻结涉案款物而申请刑事赔偿的，尚未办结的投诉程序应当终止，负责办理投诉的部门应当将相关材料移交刑事赔偿工作部门。

第十条　人民检察院扣押、冻结、保管、处理涉案款物，应当按照有关规定接受人民监督员的监督。

第十一条　人民检察院扣押、冻结、处理涉案款物应当使用最高人民检察院统一制定的法律文书，填写必须规范、完备，文书存根必须完整。

禁止使用"没收决定书"、"罚款决定书"等不符合规定的文书扣押、冻结、处理涉案款物。

第十二条　扣押、冻结、保管、处理涉及国家秘密、商业秘密、个人隐私的款物，应当严格遵守有关保密规定。

第十三条　扣押、冻结涉案款物，应当报经检察长批准，由两名以上检察人员执行。

第十四条　在现场勘查、搜查、拘留、逮捕过程中发现的可用以证明犯罪嫌疑人有罪或者无罪的各种物品，非法持有的违禁品，可能属于违法所得的款项，应当扣押；与案件无关的，不得扣押。不能立即查明是否与案件有关的可疑款物，可以先行扣押并按照本规定第二十一条审查处理。

需要扣押犯罪嫌疑人到案时随身携带的物品的，按照前款规定办理。对于与案件无关的个人用品，逐件登记，随人移交或者退还其家属。

第十五条　需要扣押、冻结的涉案款物不在本辖区的，办理案件的人民检察院应当依照有关法律及本规定，持相关法律文书及简要案情等材料，商请被扣押、冻结款物所在地的人民检察院协助执行，被请求的人民检察院应当协助执行。

被请求协助的人民检察院有异议的，可以向办理案件的人民检察院提出。双方达不成一致意见的，应当逐级报请上级人民检察院进行协商；必要时，报请共同的上级人民检察院决定。

第十六条　对于扣押的款物，检察人员应当会同在场见证人和被扣押款物持有人查点清楚，经拍照或者录像后予以扣押，并当场开列扣押清单一式四份，注明扣押物品的名称、型号、规格、数量、质量、颜色、新旧程度、包装等主要特征，由检察人员、见证人和持有人签名或者盖章。持有人拒绝签名、盖章或者不在场的，应当在清单上注明。

扣押、冻结市场价格波动较大的股票、债券、基金、权证、期货、仓单、黄金等，应当书面告知当事人或者其近亲属有权按照本规定第三十二条第二款的规定申请出售。

第十七条　对于应当扣押但不便提取或者不必提取的不动产、生产设备或者其他财物，应当扣押其权利证书，经拍照或者录像后原地封存，或者交持有人或者其近亲属保管，并开列扣押（原地封存）清单一式四份，注明相关物品的详细地址和相关特征，同时注明已经拍照或者录像以及其权利证书已被扣押，由检察人员、见证人和持有人签名或者盖章。启封时应当有见证人、持有人在场并签名或者盖章。持有人拒绝签名、盖章或者不在场的，应当在清单上注明。

被扣押的财物交持有人或者其近亲属保管的，检察人员应当书面告知保管人对被扣押的财物必须妥善保管，不得转移、变卖、毁损、出租、抵押、赠予等。

第十八条　办案部门扣押、冻结下列款物，应当进行相应的处理：

（一）扣押外币、金银珠宝、文物、字画以及其他不易辨别真伪的贵重物品，应当开列清单注明特征经拍照或者录像后当场密封，由检察人员、见证人和被扣押物品持有人在密封材料上签名或者盖章。根据办案需要及时委托具有资质的部门出具鉴定报告。启封时应当有见证人或者持有人在场并签名或者盖章；

（二）对存折、存单、信用卡、股票、债券、基金、权证、期货、其他有价证券以及具有一定特征能够证明案情的现金或者实物，应当注明特征、编号、种类、面值、张数、金额等，经拍照或者录像后作为实物进行封存，由检察人员、见证人和被扣押物品持有人在密封材料上签名或者盖章，并且冻结相应的账户。启封时应当有见证人或者持有人在场并签名或者盖章；

（三）对录音带、录像带、磁盘、光盘、优盘、移动硬盘等磁质、电子存储介质，应当注明案由、内容、规格、类别、应用长度、文件格式、制作或者提取时间、制作人或者提取人等；

（四）对易损毁、灭失、变质以及其他不宜长期保存的物品，应当采取笔录、绘图、拍照、录像等方法加以保全后进行封存；

（五）按照本规定第十七条原地封存或者交持有人或者其近亲属保管的财物，应当将扣押决定书复印件送达当地不动产或者生产设备等财物的登记、管理部门，告知其在解除扣押之前，禁止办理出售、转让、抵押等；

（六）对单位的涉密电子设备、文件等物品，应当在拍照或者录像后当场密封，由检察人员、见证人、单位有关负责人在密封材料上签名或者盖章。启封时应当有见证人、单位有关负责人在场并签名或者盖章。

对于有关人员拒绝按照前款有关规定签名或者盖章的，人民检察院应当在相关文书上注明。

第十九条 对犯罪嫌疑人用违法所得与合法收入共同购置的不可分割的财产，可以先行扣押、冻结，并按照本规定第二十一条审查处理。对无法分开退还的财产，应当在案件办结后予以拍卖、变卖，对不属于违法所得的部分予以退还。

第二十条 犯罪嫌疑人被拘留、逮捕后，其亲友受犯罪嫌疑人委托或者主动代为向检察机关上交或退赔涉案款物的，参照本规定第十六条、第十七条办理，由检察人员、代为上交款物人员、见证人在扣押清单上签名或者盖章。

代为上交款物人员应当在清单上注明系受犯罪嫌疑人委托或者主动代替犯罪嫌疑人上交或者退赔。

第二十一条 对扣押、冻结的款物，办案部门应当及时进行审查。经查明确实与案件无关的，应当在三日内作出解除或者退还决定，并通知有关当事人或者其近亲属办理相关手续。

第二十二条 人民检察院侦查监督、公诉部门发现侦查部门有违法扣押、冻结、处理涉案款物情形的，可以依法提出纠正意见。

第二十三条 人民检察院对于扣押、冻结的涉案款物及其孳息，应当如实登记，妥善保管。

第二十四条 人民检察院负责财务装备的部门是扣押款物的管理部门，负责对扣押款物统一管理。法律和有关规定另有规定的除外。

　　第二十五条　办案部门扣押款物后，应当在三日内移交管理部门，并附扣押清单复印件。由于特殊原因不能按时移交的，经检察长批准，可以由办案部门暂时保管，在原因消除后及时移交。

　　第二十六条　下列扣押款物可以不移交本院管理部门，由办案部门拍照或者录像后及时按照有关规定处理：

　　（一）对不便提取或者不必提取的不动产、生产设备或者其他财物，可以按照本规定第十七条的规定交持有人或者其近亲属保管；

　　（二）对珍贵文物、珍贵动物及其制品、珍稀植物及其制品，按照国家有关规定移送主管机关；

　　（三）对毒品、淫秽物品等违禁品，及时移送有关主管机关，或者根据办案需要严格封存，不得使用或者扩散；

　　（四）对爆炸性、易燃性、放射性、毒害性、腐蚀性等危险品，及时移送有关部门或者根据办案需要委托有关主管机关妥善保管；

　　（五）对易损毁、灭失、变质以及其他不宜长期保存的物品，可以经检察长批准后及时委托有关部门拍卖、变卖；

　　（六）对单位的涉密电子设备、文件等物品，可以在密封后交被扣押物品的单位保管。

　　第二十七条　办案部门向管理部门移交扣押的款物时，应当列明物品的名称、规格、特征、质量、数量或者现金的数额等，出具本规定第十八条要求的手续。管理部门应当当场审验，对不符合规定的，应当要求办案部门立即补正；符合规定的，应当在移交清单上签名并向办案部门开具收据。

　　第二十八条　对扣押款应当逐案设立明细账，并及时存入指定银行的专用账户，严格收付手续。

　　第二十九条　对扣押的实物应当建账设卡，一案一账，一物一卡。

　　办案部门对于细小物品，可以根据物品种类分袋、分件、分箱设卡。

　　第三十条　对扣押物品应当设立符合防火、防盗、防潮、防尘等安全要求的专用保管场所，并配备必要的计量和存储设备。严格封存登记和出入库手续。管理人员应当定期对扣押款物进行检查，防止挪用、丢失、损毁等。

　　第三十一条　为了核实证据，需要临时调用扣押款物时，应当经检察长批准。加封的款物启封时，办案部门和管理部门应当同时派员在场，并应当有见证人或者持有人在场，当面查验。归还时，应当重新封存，由管理人员清点验收。管理部门应当对调用和归还情况进行登记。

　　第三十二条　扣押、冻结的款物，除依法应当返还被害人或者经查明确实与案件无关的以外，不得在诉讼程序终结之前处理。法律和有关规定另有规定的除外。

权利人申请出售被扣押、冻结的股票、债券、基金、权证、期货、仓单、黄金等，不损害国家利益、被害人利益，不影响诉讼正常进行的，经检察长批准或者检察委员会决定，在案件终结前可以依法出售，所得价款由管理部门保管。

扣押、冻结汇票、本票、支票的，应当在有效期限内作出处理。经检察长批准或者检察委员会决定，在案件终结前依法变现的，所得价款由管理部门保管，并及时书面告知当事人或者其近亲属。

第三十三条 处理扣押、冻结的涉案款物，应当由办案部门提出意见，报请检察长决定。负责保管扣押、冻结涉案款物的管理部门会同办案部门办理相关的处理手续。

人民检察院向其他机关移送的案件需要随案移送扣押、冻结的涉案款物的，按照前款的规定办理。

第三十四条 决定撤销案件的，侦查部门应当在撤销案件决定书中写明对扣押、冻结的涉案款物的处理结果。扣押的违法所得需要没收的，应当提出检察意见，移送有关主管机关处理。需要返还原主或者被害人的，应当解除扣押、冻结，直接返还。

因犯罪嫌疑人死亡而撤销案件，被冻结的存款、汇款应当依法予以没收或者返还被害人的，可以申请人民法院裁定通知冻结犯罪嫌疑人存款、汇款的金融机构上缴国库或者返还被害人；因其他原因撤销案件的，直接通知冻结机构上缴国库或者返还被害人。需要返还犯罪嫌疑人的，应当解除冻结并返还犯罪嫌疑人或者其合法继承人。

第三十五条 侦查部门移送审查起诉时，应当在侦查终结报告、移送审查起诉意见书中提出对扣押、冻结的涉案款物的处理意见，并列明款物去向存入案卷。

公诉部门审查案件时，应当对随案移送的扣押、冻结涉案款物清单、处理意见进行审查。对账实不符的，应当要求侦查部门进行核实、更正。经审查认为不应当扣押、冻结的，公诉部门应当提出处理意见，报检察长批准后解除扣押、冻结，返还原主或者被害人。

第三十六条 决定不起诉的案件，公诉部门应当在不起诉决定书中写明对扣押、冻结的涉案款物的处理结果。需要没收被不起诉人违法所得的，应当提出检察意见，连同不起诉决定书一并移送有关主管机关处理。需要返还原主或者被害人的，应当解除扣押、冻结，直接返还。

第三十七条 提起公诉的案件，公诉部门应当在起诉书中写明对扣押、冻结的涉案款物的处理情况。对作为证据使用的扣押物品，应当随案移送。对不宜移送的，应当将其清单、照片或者其他证明文件随案移送。

人民检察院冻结的犯罪嫌疑人存在金融机构的款项，应当向人民法院随案移送该金融机构出具的证明文件。

扣押的涉案款物，对依法不移送的，应当待人民法院作出生效判决后，按照人民法院的通知上缴国库。

人民检察院应当严格按照人民法院的生效判决、裁定处理扣押、冻结的款物。对于起诉书中未认定的扣押、冻结款物以及起诉书中已经认定、但人民法院判决、裁定中未认定的扣押、冻结款物，参照本规定第三十六条、第四十条的规定处理。

第三十八条　犯罪嫌疑人在审查起诉中死亡，对其被冻结的存款、汇款应当依法予以没收或者返还被害人的，可以申请人民法院裁定通知冻结犯罪嫌疑人存款、汇款的金融机构上缴国库或者返还被害人。需要返还犯罪嫌疑人的，应当解除冻结并返还其合法继承人。

第三十九条　人民检察院作出撤销案件决定书、不起诉决定书或者收到人民法院生效判决、裁定书后，应当在三十日以内对扣押、冻结的款物依法作出处理，并制作扣押、冻结款物的处理报告，详细列明每一项款物的来源、去向并附有关法律文书复印件，报检察长审核后存入案卷。情况特殊的，经检察长决定，可以延长三十日。

第四十条　扣押、冻结的涉案款物，经审查属于被害人的合法财产，不需要在法庭出示的，人民检察院应当及时返还。诉讼程序终结后，经查明属于犯罪嫌疑人、被不起诉人以及被告人的合法财产的，应当及时返还。领取人应当在返还款物清单上签名或者盖章。返还清单、物品照片应当附入卷宗。

第四十一条　对于应当返还被害人的扣押、冻结款物，无人认领的，应当公告通知。公告满一年无人认领的，依法上缴国库。

无人认领的款物在上缴国库后有人认领，经查证属实的，人民检察院应当向人民政府财政部门申请退库或者返还。原物已经拍卖、变卖的，应当退回价款。

第四十二条　对于贪污、挪用公款犯罪案件中扣押、冻结的涉案款物，除法院判决上缴国库的以外，应当归还原单位。原单位已不存在或者虽然存在但对被贪污、挪用的款项已经作为损失核销的，应当上缴国库。

第四十三条　人民检察院处理扣押、冻结的款物，应当制作扣押、冻结款物处理决定书并送达当事人或者其近亲属，由当事人或者其近亲属在处理清单上签名或者盖章。当事人或者其近亲属不签名的，应当在处理清单上注明。处理扣押、冻结的单位款物，应当由单位有关负责人签名并加盖公章，单位负责人不签名的，应当在处理清单上注明。

第四十四条 扣押、冻结的涉案款物应当依法上缴国库或者返还有关单位和个人的，如果有孳息，应当一并上缴或者返还。

第四十五条 人民检察院纪检监察部门应当会同本院其他有关部门对本院的扣押、冻结、保管、处理涉案款物工作进行定期检查。每年至少检查一次。

人民检察院扣押、冻结、保管、处理涉案款物的相关法律文书送达或者制作完成后，办案部门应当在五日内将法律文书复印件送本院纪检监察部门。纪检监察部门应当及时进行审查，认为违法的，及时提出纠正意见；必要时报请检察长处理或者向上一级人民检察院纪检监察部门报告。

上级人民检察院纪检监察部门应当对下级人民检察院的扣押、冻结、保管、处理涉案款物工作进行监督，并适时会同有关部门进行检查。

第四十六条 人民检察院负有扣押、冻结、保管、处理涉案款物权限、职责的人员岗位变动时，其所在部门应当会同本院纪检监察、财务装备等部门对扣押、冻结的有关款物进行检查并办理工作交接手续。

第四十七条 人民检察院工作人员在扣押、冻结、保管、处理涉案款物工作中违反本规定的，应当区别情形，按照检察人员纪律处分规定追究责任；构成犯罪的，依法追究刑事责任。

因违反规定导致国家赔偿的，应当依照国家赔偿法的规定向有关责任人员追偿部分或者全部赔偿费用。

第四十八条 其他机关随案移送人民检察院的涉案款物的扣押、冻结、保管、处理，依照本规定执行。

第四十九条 对扣押、冻结款物的保管、鉴定、估价、公告等支付的费用，列入人民检察院办案经费，不得向当事人收取。

第五十条 设立案件管理部门的人民检察院，可以根据有关规定确定案件管理部门、纪检监察部门、财务装备部门在扣押、冻结款物的保管、处理、监督工作中的职责与分工。

第五十一条 本规定所称犯罪嫌疑人、被告人、被害人，包括自然人、单位。

第五十二条 本规定所称有关主管机关，是指对犯罪嫌疑人违反法律、法规的行为以及对有关违禁品、危险品具有行政管理、行政处罚、行政处分权限的机关和纪检监察部门。

第五十三条 本规定由最高人民检察院解释。

第五十四条 本规定自发布之日起施行。

4. 最高人民检察院《关于人民检察院办理直接受理立案侦查案件实行内部制约的若干规定》（2004 年 6 月 24 日 高检发〔2004〕12 号）（节录）

第十七条 人民检察院财务部门统一保管办案中扣押的款物。侦查、公诉部门在办案中扣押、查获的物品、物证，除入卷作为证据使用的扣押款物由办案部门妥善保管外，应当及时交由财务部门保管。财务部门应当实行账目与款物分人管理制度，健全出入库和收付手续。

扣押款物要按有关规定及时移交、上缴或者返还。任何部门和个人不得贪污、侵占、挪用、使用、私分、私存、调换、外借、压价收购或者擅自处理扣押、冻结款物及其孳息。

5. 最高人民法院《关于执行〈中华人民共和国刑事诉讼法〉若干问题的解释》（2013 年 1 月 1 日）（节录）

第三百五十九条 人民法院对查封、扣押、冻结的被告人财物及其孳息，应当妥善保管，并制作清单，附卷备查；对人民检察院随案移送的被告人财物及其孳息，应当根据清单核查后妥善保管。任何单位和个人不得挪用或者自行处理。

查封不动产、车辆、船舶、航空器等财物，应当扣押其权利证书，经拍照或者录像后原地封存，或者交持有人、被告人的近亲属保管，登记写明财物的名称、型号、权属、地址等详细情况，并通知有关财物的登记、管理部门办理查封登记手续。

扣押物品，应当登记写明物品名称、型号、规格、数量、重量、质量、成色、纯度、颜色、新旧程度、缺损特征和来源等。扣押货币、有价证券，应当登记写明货币、有价证券的名称、数额、面额等，货币应当存入银行专门账户，并登记银行存款凭证的名称、内容。扣押文物、金银、珠宝、名贵字画等贵重物品以及违禁品，应当拍照，需要鉴定的，应当及时鉴定。对扣押的物品应当根据有关规定及时估价。

冻结存款、汇款、债券、股票、基金份额等财产，应当登记写明编号、种类、面值、张数、金额等。

第三百六十条 对被害人的合法财产，权属明确的，应当依法及时返还，但须经拍照、鉴定、估价，并在案卷中注明返还的理由，将原物照片、清单和被害人的领取手续附卷备查；权属不明的，应当在人民法院判决、裁定生效后，按比例返还被害人，但已获退赔的部分应予扣除。

第三百六十一条 审判期间，权利人申请出售被扣押、冻结的债券、股票、基金份额等财产，人民法院经审查，认为不损害国家利益、被害人利益，不影响诉讼正常进行的，以及扣押、冻结的汇票、本票、支票有效期即将届满的，可以在判决、裁定生效前依法出售，所得价款由人民法院保管，并及时告知当事人或者其近亲属。

第三百六十二条 对作为证据使用的实物，包括作为物证的货币、有价证券等，应当随案移送。第一审判决、裁定宣告后，被告人上诉或者人民检察院抗诉的，第一审人民法院应当将上述证据移送第二审人民法院。

第三百六十三条 对不宜移送的实物，应当根据情况，分别审查以下内容：

（一）大宗的、不便搬运的物品，是否随案移送查封、扣押清单，并附原物照片和封存手续，注明存放地点等；

（二）易腐烂、霉变和不易保管的物品，查封、扣押机关变卖处理后，是否随案移送原物照片、清单、变价处理的凭证（复印件）等；

（三）枪支弹药、剧毒物品、易燃易爆物品以及其他违禁品、危险物品，查封、扣押机关根据有关规定处理后，是否随案移送原物照片和清单等。

上述不宜移送的实物，应当依法鉴定、估价的，还应当审查是否附有鉴定、估价意见。

对查封、扣押的货币、有价证券等未移送的，应当审查是否附有原物照片、清单或者其他证明文件。

第三百六十四条 法庭审理过程中，对查封、扣押、冻结的财物及其孳息，应当调查其权属情况，是否属于违法所得或者依法应当追缴的其他涉案财物。

案外人对查封、扣押、冻结的财物及其孳息提出权属异议的，人民法院应当审查并依法处理。

经审查，不能确认查封、扣押、冻结的财物及其孳息属于违法所得或者依法应当追缴的其他涉案财物的，不得没收。

第三百六十五条 对查封、扣押、冻结的财物及其孳息，应当在判决书中写明名称、金额、数量、存放地点及其处理方式等。涉案财物较多，不宜在判决主文中详细列明的，可以附清单。

涉案财物未随案移送的，应当在判决书中写明，并写明由查封、扣押、冻结机关负责处理。

第三百六十六条 查封、扣押、冻结的财物及其孳息，经审查，确属违法所得或者依法应当追缴的其他涉案财物的，应当判决返还被害人，或者没收上缴国库，但法律另有规定的除外。

判决返还被害人的涉案财物，应当通知被害人认领；无人认领的，应当公告通知；公告满三个月无人认领的，应当上缴国库；上缴国库后有人认领，经查证属实的，应当申请退库予以返还；原物已经拍卖、变卖的，应当返还价款。

对侵犯国有财产的案件，被害单位已经终止且没有权利义务继受人，或者损失已经被核销的，查封、扣押、冻结的财物及其孳息应当上缴国库。

第三百六十七条　判决生效后，随案移送的或者人民法院查封、扣押、冻结的财物及其孳息，由第一审人民法院负责处理。

涉案财物未随案移送的，人民法院应当在判决生效后十日内，将判决书、裁定书送达查封、扣押机关，并告知其在一个月内将执行回单送回。

第三百六十八条　对冻结的存款、汇款、债券、股票、基金份额等财产判决没收的，第一审人民法院应当在判决生效后，将判决书、裁定书送达相关金融机构和财政部门，通知相关金融机构依法上缴国库并在接到执行通知书后十五日内，将上缴国库的凭证、执行回单送回。

第三百六十九条　查封、扣押、冻结的财物与本案无关但已列入清单的，应当由查封、扣押、冻结机关依法处理。

查封、扣押、冻结的财物属于被告人合法所有的，应当在赔偿被害人损失、执行财产刑后及时返还被告人；财物未随案移送的，应当通知查封、扣押、冻结机关将赔偿被害人损失、执行财产刑的部分移送人民法院。

第三百七十条　查封、扣押、冻结财物及其处理，本解释没有规定的，参照适用法律、其他司法解释的有关规定。

6. 最高人民法院《关于人民法院扣押铁路运输货物若干问题的规定》
（1997年4月22日　法发〔1997〕8号）

根据《中华人民共和国民事诉讼法》等有关法律的规定，现就人民法院扣押铁路运输货物问题作如下规定：

一、人民法院依法可以裁定扣押铁路运输货物。铁路运输企业依法应当予以协助。

二、当事人申请人民法院扣押铁路运输货物，应当提供担保，申请人不提供担保的，驳回申请。申请人的申请应当写明：要求扣押货物的发货站、到货站，托运人、收货人的名称，货物的品名、数量、货票号码等。

三、人民法院扣押铁路运输货物，应当制作裁定书并附协助执行通知书。协助执行通知书中应当载明：扣押货物的发货站、到货站，托运人、收货人的名称，货物的品名、数量和货票号码。在货物发送前扣押的，人民法院应当将裁定书副本和协助执行通知书送达始发地的铁路运输企业由其协助执行；在货物发送后扣押的，应当将裁定书副本和协助执行通知书送达目的地或最近中转编组站的铁路运输企业由其协助执行。

人民法院一般不应在中途站、中转站扣押铁路运输货物。必要时，在不影响铁路正常运输秩序、不损害其他公民法人的合法权益的情况下，可在最近中转编组站或有条件的车站扣押。

人民法院裁定扣押国际铁路联运货物，应当通知铁路运输企业、海关、边防、商检等有关部门协助执行。属于进口货物的，人民法院应当向我国进口国（边）境站、到货站或有关部门送达裁定书副本和协助执行通知书；属于出口货物的，在货物发送前应当向发货站或有关部门送达，在货物发送后未出我国国（边）境前，应当向我国出境站或有关部门送达。

四、经人民法院裁定扣押的铁路运输货物，该铁路运输企业与托运人之间签订的铁路运输合同中涉及被扣押货物部分合同终止履行的，铁路运输企业不承担责任。因扣押货物造成的损失，由有关责任人承担。因申请人申请扣押错误所造成的损失，由申请人承担赔偿责任。

五、铁路运输企业及有关部门因协助执行扣押货物而产生的装卸、保管、检验、监护等费用，由有关责任人承担，但应先由申请人垫付。申请人不是责任人的，可以再向责任人追偿。

六、扣押后的进出口货物，因尚未办结海关手续，人民法院在对此类货物作出最终处理决定前，应当先责令有关当事人补交关税并办理海关其他手续。

7. 国家计划委员会、最高人民法院、最高人民检察院、公安部《扣押、追缴、没收物品估价管理办法》（1997 年 4 月 22 日 计办〔1997〕808 号）（节录）

第二条 人民法院、人民检察院、公安机关各自管辖刑事案件，对于价格不明或者价格难以确定的扣押、追缴、没收物品需要估价的，应当委托指定的估价机构估价。案件移送时，应当附有《扣押、追缴、没收物品估价鉴定结论书》。

第三条 公安机关移送人民检察院审查起诉和人民检察院向人民法院提起公诉的案件，对估价结论有异议的，应由提出异议的机关自行委托估价机构重新估价。

第四条 对于扣押、追缴、没收的珍贵文物，珍贵、濒危动物及其制品，珍稀植物及其制品，毒品、淫秽物品，枪支弹药等不以价格数额作为定罪量刑标准的，不需要估价。

第五条 国务院及地方人民政府价格主管部门是扣押、追缴、没收物品估价工作的主管部门，其设立的价格事务所是各级人民法院、人民检察院、公安机关指定的扣押、追缴、没收物品估价机构，其他任何机构或者个人不得对扣押、追缴、没收物品估价。

第六条　价格事务所出具的扣押、追缴、没收物品估价鉴定结论，经人民法院、人民检察院、公安机关确认，可以作为办理案件的依据。

第七条　各级人民法院、人民检察院、公安机关遇有本办法第二条所列情形时，应当委托同级价格部门设立的价格事务所进行估价。

第八条　委托机关在委托估价时，应当送交《扣押、追缴、没收物品估价委托书》。《扣押、追缴、没收物品估价委托书》应当包括以下内容：

（一）估价的理由和要求；

（二）扣押、追缴、没收物品的品名、牌号、规格、种类、数量、来源，以及购置、生产、使用时间；

（三）起获扣押、追缴、没收物品时其被使用、损坏程度的记录，重要的扣押、追缴、没收物品，应当附照片；

（四）起获扣押、追缴、没收物品的时间、地点；

（五）其他需要说明的情况。

委托机关送交的《扣押、追缴、没收物品估价委托书》须加盖单位公章。

第九条　价格事务所接到人民法院、人民检察院、公安机关的《扣押、追缴、没收物品估价委托书》时，应当认真审核委托书的各项内容及要求，如委托书所提要求无法做到时，应当立即与委托机关协商。

第十条　价格事务所在接受委托后，应当按照《扣押、追缴、没收物品估价委托书》载明的情况对实物进行查验如发现差异，应立即与委托机关共同确认。

价格事务所一般不留存扣押、追缴、没收物品，如确需留存时，应当征得委托机关同意并严格办理交接手续。

第十一条　价格事务所估价确实需要时，可以提请委托机关协助查阅有关的账目、文件等资料。可以向与委托事项有关的单位和个人进行调查索取证明材料。

第十二条　价格事务所应当在接受估价委托之日起七日内作出扣押、追缴、没收物品估价鉴定结论；另有约定的，在约定期限内作出。

第十三条　价格事务所办理的扣押、追缴、没收物品估价鉴定，应当由两名以上估价工作人员共同承办，出具的估价鉴定结论，必须经过内部审议。

价格事务所估价人员，遇到下列情形之一的，应当回避：

（一）与估价事项当事人有亲属关系或与该估价事项有利害关系的；

（二）与估价事项当事人有其他关系，可能影响对扣押、追缴、没收物品公正估价的。

第十四条　价格事务所在完成估价后，应当向委托机关出具《扣押、追缴、没收物品估价鉴定结论书》。《扣押、追缴、没收物品估价鉴定结论书》应当包括以下内容：

（一）估价范围和内容；

（二）估价依据；

（三）估价方法和过程要述；

（四）估价结论；

（五）其他需要说明的问题及有关材料；

（六）估价工作人员签名。

价格事务所出具的《扣押、追缴、没收物品估价鉴定结论书》必须加盖单位公章。

第十五条　委托机关对价格事务所出具的《扣押、追缴、没收物品估价鉴定结论书》有异议的，可以向原估价机构要求补充鉴定或者重新鉴定，也可以直接委托上级价格部门设立的价格事务所复核或者重新估价。

第十六条　接受委托的价格事务所认为必要时，在征得委托机关同意后，可以将委托事项转送上级部门设立的价格事务所进行估价，并将有关情况书面通知原委托估价机关。

第十七条　国家计划委员会直属价格事务所是扣押、追缴、没收物品估价的最终复核裁定机构。

第十八条　价格事务所必须按照国家的有关法律规定，以及最高人民法院、最高人民检察院制定的有关司法解释和各项价格法规，客观公正、准确及时地估定扣押、追缴、没收物品价格。

第十九条　扣押、追缴、没收物品估价的基准日除法律、法规和司法解释另有规定外，应当由委托机关根据案件实际情况确定。

第二十条　价格事务所对委托估价的文物、邮票、字画、贵重金银、珠宝及其制品等特殊物品，应当送有关专业部门作出技术、质量鉴定后，根据其提供的有关依据，作出估价结论。

第二十一条　按照国家有关价格工作管理规定，扣押、追缴、没收物品估价工作实行统一领导、分级管理。

第二十二条　国家计划委员会的主要职责：

（一）会同最高人民法院、最高人民检察院、公安部制定、解释扣押、追缴、没收物品估价工作的基本原则。

（二）确定划分国家和地方价格部门在扣押、追缴、没收物品估价工作中的主要职责。

（三）负责管理、指导、监督、检查全国扣押、追缴、没收物品估价工作。

（四）其设立的价格事务所办理最高人民法院、最高人民检察院、公安部委托的扣押、追缴、没收物品估价；协商或者办理跨地区（省、自治区、直辖市）、跨部门的扣押、追缴、没收物品估价业务；办理疑难、重大案件涉及的扣押、追缴、没收物品估价。

第二十三条　各省、自治区、直辖市价格部门的主要职责：

（一）贯彻执行最高人民法院、最高人民检察院、公安部和国家计委对估价工作制定的各项方针、政策和基本原则，会同同级司法机关制定本地区有关扣押、追缴、没收物品的具体规定。

（二）其设立的价格事务所办理同级人民法院、人民检察院、公安机关委托的扣押、追缴、没收物品及复核工作；协助上级价格部门设立的价格事务所进行扣押、追缴、没收物品估价工作。

第二十四条　地（市）县（市、区）价格部门的职责：

（一）贯彻执行估价工作的有关规定，协助上级价格部门做好扣押、追缴、没收物品估价工作。接受上级部门对扣押、追缴、没收物品估价的管理、指导、监督、检查。

（二）其设立的价格事务所办理同级人民法院、人民检察院、公安机关委托的扣押、追缴、没收物品估价，协助上级价格部门设立的价格事务所进行扣押、追缴、没收物品估价工作。

第二十五条　严禁估价人员虚假鉴定、徇私舞弊、玩忽职守、泄露涉案秘密。凡违反规定，造成估价失实，或者对办理案件造成不良影响的，对责任人员将视情节，给予处分；构成犯罪的，依法追究刑事责任。

第二十六条　价格事务所和鉴定人对出具的《扣押、追缴、没收物品估价鉴定结论书》的内容分别承担相应法律责任。

第二十七条　价格事务所及其工作人员对估价工作中涉及的有关资料和情况负责保密。

第二十八条　其他涉案物品的估价，以及行政执法有关提请价格部门设立的价格事务所对所收缴、罚没、扣押的物品的估价，可以参照本办法执行。

第二十九条　价格事务所在进行扣押、追缴、没收物品估价时，可以向委托估价机关收取合理的估价鉴定费。估价鉴定收费办法由国家计委会同最高人民法院、最高人民检察院、公安部并商有关部门另行制定。

8. 最高人民法院、最高人民检察院、公安部、国家计委《关于统一赃物估价工作的通知》（1994 年 4 月 22 日　法发〔1994〕9 号）

一、人民法院、人民检察院、公安机关在办理刑事案件过程中，对于价格不明或者价格难以确定的赃物应当估价。案件移送时，应附《赃物估价鉴定结论书》。

二、国家计委及地方各级政府物价管理部门是赃物估价的主管部门，其设立的价格事务所是指定的赃物估价机构。

三、人民法院、人民检察院、公安机关在办案中需要对赃物估价时，应当出具估价委托书，委托案件管辖地的同级物价管理部门设立的价格事务所进行估价。估价委托书一般应当载明赃物的品名、牌号、规格、数量、来源、购置时间，以及违法犯罪获得赃物的时间、地点等有关情况。

四、价格事务所应当参照最高人民法院、最高人民检察院 1992 年 12 月 11 日《关于办理盗窃案件具体应用法律的若干问题的解释》① 第三条的规定估价。价格事务所应当在接受估价委托后七日内作出估价鉴定结论，但另有约定的除外。

五、价格事务所对赃物估价后，应当出具统一制作的《赃物估价鉴定结论书》，由估价工作人员签名并加盖价格事务所印章。

六、委托估价的机关应当对《赃物估价鉴定结论书》进行审查。如果对同级价格事务所出具的《赃物估价鉴定结论书》提出异议，可退回价格事务所重新鉴定或者委托上一级价格事务所复核。经审查，确认无误的赃物估价鉴定结论，才能作为定案的根据。国家计委指定的直属价格事务所是赃物估价的最终复核裁定机构。

七、赃物估价是一项严肃的工作。各级政府价格主管部门及其价格事务所应积极配合人民法院、人民检察院、公安机关认真做好这项工作。一些尚未组建价格事务所的地区，赃物估价工作暂由物价管理部门承担。

八、关于赃物估价的具体规定和办法，另行制定。

本通知自下达之日起执行。

9. 国家发展计划委员会《涉案物品价格鉴定复核裁定管理办法》（1998 年 5 月 5 日 计价费〔1998〕775 号）（节录）

第二条 国家发展计划委员会是涉案物品价格鉴定复核裁定工作的主管部门，省、自治区、直辖市政府价格主管部门指定、经国家发展计划委员会指定机构审查合格的价格事务所是涉案物品价格鉴定的复核裁定机构，其他任何单位和个人不得进行涉案物品价格鉴定的复核裁定。

第三条 在国务院和各省、自治区、直辖市政府价格主管部门设立涉案物品价格鉴定复核裁定机构。上一级复核裁定机构可以对下一级复核裁定机构的

---

① 编者注：该《解释》现已失效。

价格鉴定结论进行复核裁定，国家发展计划委员会直属的价格鉴定复核裁定机构行使涉案物品价格鉴定的最终复核裁定职能。

第四条 各省、自治区、直辖市政府价格主管部门根据规定的条件，可以在本辖区内设立下级涉案物品价格鉴定的复核裁定分支机构。

第五条 政府价格主管部门指定的涉案物品价格鉴定的复核裁定机构应当同时具备下列条件：

（一）由政府价格主管部门设立并授权；

（二）具有法人资格；

（三）具有固定的工作场所；

（四）具有 5 名以上持有国家发展计划委员会核发的涉案物品价格鉴证人员资格证书的专业人员；

（五）国家发展计划委员会规定的其他条件。

第六条 涉案物品价格鉴定的复核裁定机构，必须获得国家发展计划委员会颁发的资质认证书后，方可行使对涉案物品价格鉴定的复核裁定职能。

第七条 涉案物品价格鉴定的复核裁定机构资质实行年检制度。年检由发证机构办理。

第八条 涉案物品价格鉴定复核裁定机构资质的审定，每两年进行一次。凡通过资质审定的价格事务所可行使复核裁定职能；凡审定未通过者暂停行使复核裁定职能，其该项职能由其上级价格主管部门设立的价格事务所行使。

第九条 凡未通过复核裁定资质审定的价格事务所，要进行内部整顿，加强管理，提高工作水平，在符合基本条件后，可重新申请复核裁定资格。

第十条 价格鉴定的复核裁定实行"统一领导、分级管理"的方式。各级涉案物品价格鉴定复核裁定机构要在规定的权限内进行复核裁定。

第十一条 复核裁定分支机构负责地（市）级地区内的涉案物品价格鉴定的复核裁定。

受理本行政区域内的刑事案件、纪检监察案件中涉案物品价格鉴定的复核裁定；受理双方当事人都同属本行政管理的经济、行政、民事案件中涉案物品价格鉴定的复核裁定。

第十二条 各省、自治区、直辖市涉案物品价格鉴定的复核裁定机构受理本行政区域内的刑事案件、纪检监察案件中涉案物品价格鉴定的复核裁定；受理双方当事人都同属本行政管理的经济、行政、民事案件中涉案物品价格鉴定的复核裁定。

第十三条 国家发展计划委员会设立的涉案物品价格鉴定机构负责最高人民法院、最高人民检察院、公安部及其他国家各部门对涉案物品价格鉴定提出的复核裁定；负责对各省、自治区、直辖市价格事务所作出的价格鉴定结论和复核结论的复核裁定。国家发展计划委员会设立的涉案物品价格鉴定机构的复核裁定为最终复核裁定。

第十四条　行政、司法机关对价格事务所出具的涉案物品价格鉴定结论提出异议的，可向原价格鉴定单位提出补充鉴定或者重新鉴定，也可以直接向其上一级政府价格主管部门设立的复核裁定机构提出复核裁定。案件当事人对价格事务所出具的涉案物品价格鉴定结论持有异议的，可向行政、司法机关提出要求复核裁定，由行政、司法机关根据具体情况决定是否提出补充鉴定、重新鉴定或者复核裁定。

第十五条　行政、司法机关在提出复核裁定时，应出具《涉案物品价格鉴定复核裁定委托书》，《委托书》应包括以下内容：

（一）提出复核裁定的主要理由；

（二）提出复核裁定主要理由和依据，以及收集依据及取证过程要述；

（三）收集依据及取证具体经办人签名。

《涉案物品价格鉴定复核裁定委托书》须加盖单位公章。

第十六条　价格鉴定的复核裁定机构接到《涉案物品价格鉴定复核裁定委托书》，并在了解委托复核裁定事项的基本情况后，即可受理委托。接受委托的机构在办理复核裁定的同时，应及时通知原作出价格鉴定结论的机构。

第十七条　价格鉴定的复核裁定机构遇下列情况应拒绝受理复核裁定：

（一）人民法院对案件已作出终审判决的；

（二）国家发展计划委员会价格鉴定复核裁定机构作出最终复核裁定的；

（三）司法机关按照当时法律已经结案的；

（四）按照有关规定，司法机关认为无需进行价格鉴定的。

第十八条　价格鉴定的复核裁定机构必须按照公平、公正、实事求是原则进行复核裁定。每项复核裁定工作必须由两名以上持证人员进行，一般应在接受委托后7日内完成，如另有约定的，从其约定。

第十九条　价格鉴定的复核裁定机构在完成涉案物品价格鉴定的复核裁定后，必须向委托人出具《涉案物品价格鉴定复核裁定书》或《涉案物品价格鉴定最终复核裁定书》，《复核裁定书》或《最终复核裁定书》应包括以下内容：

（一）接受复核裁定的理由；

（二）复核裁定使用的方法及使用该种方法的理由；

（三）复核裁定主要过程要述；

（四）复核裁定结论。

第二十条　价格鉴定的复核裁定机构按照规定日期完成复核裁定或最终复核裁定后应将《复核裁定书》或《最终复核裁定书》同时送往原作出价格鉴定结论的价格评估机构。

《复核裁定书》或《最终复核裁定书》要加盖单位公章，并应有具有复核裁定资格的工作人员签名。

第二十一条　价格鉴定的复核裁定机构的工作人员，在进行涉案物品价格鉴定的复核裁定时，如遇下列情况就应该回避：

（一）与复核裁定有关当事人有亲属关系的；

（二）与复核裁定有关当事人有利益关系可能影响复核裁定公正性的。

第二十二条　涉案物品价格鉴定的复核裁定工作政策性强，责任重大，价格鉴定的复核裁定机构应建立一整套复查、审核制度，力求复核裁定工作做到客观公正、准确无误。对工作人员利用工作之便徇私枉法，弄虚作假的，应给予行政处分，触犯法律的，送交司法机关处理。

10. 国家发展计划委员会《涉案物品价格鉴定分级管理实施办法》（1998年5月4日　计价费〔1998〕776号）（节录）

第二条　本《办法》适用于价格系统价格事务所受理的刑事、民事、经济、行政案件中各种涉案标的价格鉴定委托。

第三条　按照国家涉案物品价格鉴定工作的管理规定，价格事务所系统对接受涉案物品价格鉴定实行分级管理。

第四条　国家发展计划委员会直属价格事务所受理最高人民法院、最高人民检察院、公安部及中央、国务院和军队系统以及其他有关行政执法部门委托的涉案物品价格鉴定；受理跨地区（省、自治区、直辖市）、跨部门的各种涉案物品的价格鉴定；受理涉外当事人（包括法人）的案件中物品价格鉴定委托；受理疑难、重大案件涉及的物品价格鉴定。

第五条　各省、自治区、直辖市价格事务所直接受理省（自治区、直辖市）高级人民法院、人民检察院、公安机关及政府其他有关行政执法部门委托的涉案物品价格鉴定；受理本省（自治区、直辖市）内跨地市级行政区域的涉案物品价格鉴定。

第六条　各地（市、盟、自治州）价格事务所受理本地（市、盟、自治州）中级人民法院、人民检察院、公安机关及政府其他有关行政执法部门委托的涉案物品价格鉴定；受理本地（市、盟、自治州）内跨县级行政区域的涉案物品价格鉴定。

第七条　各县（市、旗）价格事务所直接受理本县（市、旗）人民法院、人民检察院、公安机关及政府其他有关行政执法部门委托的涉案物品价格鉴定。

第八条 各地价格事务所接到涉案物品价格鉴定委托后，按下列情况区别办理：

（一）刑事案件中涉及物品价格鉴定，一般应直接办理；其中案情重大、或者有疑难、或者价格鉴定标的数额巨大的，可移送上一级价格主管部门设立的价格事务所办理；

（二）其他案件的物品价格鉴定，涉及的当事人（包括法人、自然人，下同）双方均属于本行政区域管辖的，应直接办理；涉及的当事人有一方不属于本行政区域管辖的，应移送上一级价格主管部门设立的价格事务所，或者直接移送按分管权限受理价格鉴定的价格事务所；案件中涉及的当事人双方虽然均属于本行政区域管辖的，但案情重大有疑难的，可移送上一级价格主管部门设立的价格事务所，或者直接移送按分管权限受理鉴定的价格事务所。

第九条 接到移送委托的价格事务所，比照第八条的规定区别办理。在确定属于直接办理物品价格鉴定后，可以选择下列方法办理：

（一）委托移送的价格事务所办理；

（二）联合移送的价格事务所办理；

（三）联合案件双方当事人所在地的价格事务所办理；

（四）直接办理。

第十条 价格事务所移送委托时，要告知有关委托单位。

第十一条 价格事务所要严格执行国家的收费管理规定，不得对委托单位重复收费。

第十二条 在国家没有统一收费标准之前，按照直接办理价格鉴定的价格事务所所在地省级人民政府价格主管部门的规定执行。

第十三条 联合办理涉案物品价格鉴定的，费用由联合办理鉴定的有关单位协商，具体办法由国家发展计划委员会价格鉴定机构与各地价格事务所商定。

第十四条 违反本《办法》的价格事务所按照《价格法》的有关规定论处。

11. 铁道部《关于协助执行执法机关扣留铁路运输货物的通知》（1995 年 6 月 19 日　铁运函〔1995〕327 号）（节录）

一、按照国家法律、法规有物品扣押权的执法机关要求车站协助执行扣押铁路运输货物的，在货物发送前由发站，发送后由到站受理。除继续运输将危及铁路运输安全或对社会造成重大危害等特殊情况（如武器、弹药等），报请铁路分局批准的外，中途站不办理扣押货物事宜。

二、发站或到站接到协助执行扣押通知后，应立即将要求扣押的货物妥善保管。发站应立即通知托运人，到站应立即通知收货人和电告发站转告托运人，限期到车站处理，按规定办理货物交付或取消托运手续，同时由执法机关直接向托运人或收货人办理扣押货物手续；托运人或收货人逾期不来车站处理或通知不着的，执法机关又限期要将扣押货物转移的，凭县级以上执法机关出具的正式法律文书、办理货物移交，并通知发站或到站及托运人和收货人。对同一批货物有几家执法机关同时要求扣押的，应由其上级主管部门协调，按协调部门指示办理。铁路运输货物按法律、法规的规定移交执法机关后，运输合同终止履行。货物扣押期间的保管费用及因扣押产生的其他相关费用按规定核收。

三、中途站接到执法机关要求协助扣押通知的，应告知其在到站办理，并电告到站，以便到站提前做好准备，协助处理。

12. 财政部《罚没财物和追回赃款赃物管理办法》（1987 年 1 月 1 日〔86〕财预字第 228 号）（节录）

第二条　依法查处走私贩私、投机倒把、违反物价管理等违法犯罪案件的罚没款和没收物资，称"罚没财物"；依法查处追回贪污盗窃、行贿受贿等违法犯罪案件的财物，称"追回赃款赃物"。

第三条　本办法适用于：

一、海关、工商行政管理、物价管理等行政执法机关依法查处走私贩私、投机倒把、违反物价管理等违法、违章案件的罚没财物；

二、公安机关、人民检察院、人民法院等政法机关（均包括军事、铁道、交通等专门政法机关，下同），依法查处违反治安管理和各类违法案件的罚没财物和追回的赃款、赃物；

三、交通、林业、外汇、渔政、城建、土地管理、标准计量、烟草专营、医药卫生、劳动安全以及其他国家经济管理部门，依照有关法律、法规查处违法、违章案件的罚没财物；

四、国营企业、事业单位、机关团体内部查处的不构成刑事犯罪的贪污、盗窃等案件追回的赃款、赃物。

以上一、二、三款所列各行政执法机关、政法机关和国家经济管理部门统称执法机关。

第四条　违反财经纪律、税收法规、业务章程、合同协议的罚款处理，应执行有关的财政财务制度，不适用本办法。

第五条　各级执法机关应当加强对罚没财物（包括扣留财物）凭证的管理和会计核算工作。中央级执法机关的凭证，由海关总署、国家外汇管理局、铁道部等主管机关统一制发；地方各级执法机关的凭证，由省或县、市财政机关统一制发；要建立严格的凭证领用缴销制度，罚没财物的验收、保管制度，财物交接制度和结算对账制度。

第六条 各种罚没财物以及追回的赃款、赃物，任何部门、单位和个人，都不得挪用、调换、压价私分或变相私分。

第七条 执法机关依法追回贪污、盗窃等案件的赃款、赃物，按下列原则处理：

一、原属国营企业、事业单位、机关团体和城乡集体所有制单位的财物，除政法机关判归原单位者外，一律上缴国库。判决原则，由中央政法机关另定。

二、原属个人合法财物，单位的党费、团费、工会经费，以及职工食堂等集体福利事业单位的财物，均发还原主。

三、追回属于受贿、行贿的财物一律上缴国库。

第八条 国营企业、事业单位和机关团体内部查处的，不构成刑事犯罪的贪污、盗窃等案件追回的赃款、赃物，原则上报经上级主管部门审查核准后归原单位注销悬账；原单位已作损失核销了的，一律上缴国库。

第九条 罚没物资和追回应上缴国库的赃物，根据不同性质和用途，按下列原则处理：

一、属于商业部门经营的商品，由执法机关、财政机关、接收单位会同有关部门按质论价，交由国营商业单位纳入正常销售渠道变价处理。参与作价的部门，不得内部选购。

二、属于专管机关管理或专营企业经营的财物，如金银、外币、有价证券、文物、毒品等，应及时交由专管机关或专营企业收兑或收购。

三、属于政治性、破坏性物品，无偿交由专管机关处理。①

四、属于淫秽物品、吸毒用具等违禁品，以及其他无保管价值的物品，由收缴机关按有关规定处理。

第十条 收缴机关按规定核准处理的罚没物资和赃物，都要开列清单（必要时拍照），随缴库凭证存档备查。

第十一条 执法机关依法收缴的罚没款、赃款和没收物资、赃物的变价款

---

① 编者注：财政部1987年4月1日公布的《关于执法机关依法没收的国家禁止出口的文物无偿交由专管机关处理的通知》（〔1987〕财预字第53号）规定，根据《中华人民共和国文物保护法》第26条"……公安、海关、工商行政管理部门"的规定精神，我部〔86〕第228号《罚没财物和追回赃款赃物管理办法》第九条第三项属于"政治性、破坏性物品，无偿交由专管机关处理"一段，补充为"属于政治性、破坏性物品，以及国家禁止出口的文物，无偿交由专管机关处理"。

一律作为国家"罚没收入"或"追回赃款和赃物变价款收入",如数上缴国库。任何机关都不得截留、坐支。对截留、坐支或拖交的,财政机关有权扣发其机关经费或通知银行从其经费存款中扣交。除因错案可予以退还外,财政机关不得办理收入退库。

第十二条　海关、工商行政管理机关、物价管理机关和各国家经济管理部门,查处的罚没款和没收物资变价款,由查处机关依法上缴国库。

第十三条　公安机关、人民检察院、人民法院直接查处的罚没款和没收物资变价款,追回应上缴国库的赃款和赃物变价款,由查处机关依法上缴国库。

第十四条　国营企业、事业单位和机关团体内部查处追回应上缴国库的赃款和赃物变价款,由发案单位上缴国库;移送政法机关结案的,由政法机关上缴国库。

第十五条　上缴国库的罚没收入,按下列规定分别划归中央财政和地方财政:

一、海关、国家外汇管理局、铁道部等隶属中央的执法机关的罚没收入,50%上交中央财政,50%上交地方财政。

二、工商行政管理机关、公安机关、人民检察院、人民法院,以及隶属地方的国家经济管理部门查处或判处的罚没收入,全部上交地方财政。

第十六条　各政法机关判处和国营企业、事业单位、机关团体内部查处的上缴国库的赃款和赃物变价款,不论发案单位的财务隶属关系,一律上交地方财政。

第二十五条　各级财政机关,应当配备专人负责罚没财物和追回赃款、赃物的预算管理。

第五章　查询、冻结

渎职侵权犯罪侦查中的查询、冻结存款、汇款，是指人民检察院反渎职侵权部门根据侦查犯罪的需要，依法向银行或者其他金融机构、邮电机关查询犯罪嫌疑人的存款、汇款或者与案件有关单位的存款，并在必要时予以冻结的一种侦查活动。查询、冻结存款、汇款等财产，既可以了解犯罪嫌疑人的犯罪情况，有力地证实犯罪和惩罚犯罪，同时也可以为国家、集体和公民个人挽回经济损失，维护国家、集体利益和公民的合法利益不受侵犯。

一、主要程序

1. 查询、冻结犯罪嫌疑人的存款、汇款、债券、股票、基金份额或单位存款，应当经检察长批准。查询、冻结犯罪嫌疑人的存款、汇款、债券、股票、基金份额，办案人依照规定分别制作《查询犯罪嫌疑人金融财产通知书》、《冻结金融财产审批表》、《冻结犯罪嫌疑人金融财产通知书》；查询、冻结与案件有关的单位的存款，办案人依法分别制作《协助查询金融财产通知书》、《冻结金融财产审批表》、《协助冻结金融财产通知书》。查询、冻结时还应当出示办案人工作证，通知银行或者其他金融机构、邮电机关执行。

2. 对于确有可能携款潜逃的重大经济犯罪分子，检察机关应当及时向有关银行送达《冻结犯罪金融财产通知书》，通知银行立即冻结其存款。

3. 犯罪嫌疑人的存款、汇款、债券、股票、基金份额已经被冻结的，人民检察院不得重复冻结，但是应当要求有关银行或者其他金融机构、邮电机关在解除冻结或者作出处理前通知人民检察院。

4. 对于冻结的存款、汇款，经查明确实与案件无关的，应当制作《解除冻结金融财产审批表》，填写《解除冻结犯罪嫌疑人金融财产通知书》，在 3 日以内解除冻结。

5. 如果在侦查过程中犯罪嫌疑人死亡，对犯罪嫌疑人的存款、汇款、债券、股票、基金份额应当依法予以没收或者返还被害人的，可以申请人民法院裁定通知冻结犯罪嫌疑人存款、汇款的金融机构上缴国库或者返还被害人。

6. 冻结单位存款的期限不超过 6 个月。有特殊原因需要延长的，应当在冻结期满前办理继续冻结手续。每次续冻期限最长不超过 6 个月。逾期不办理继续冻结手续的，视为自动撤销冻结。

7. 上级侦查机关发现下级侦查机关冻结、解除冻结存款、汇款等财产有错误时，可以依法作出决定，责令下级侦查机关限期改正，下级侦查机关应当立即执行。对拒不改正的，上级侦查机关可以直接向有关银行或者其他金融机构、证券公司、邮电机关或企业发出法律文书，纠正下级侦查机关的错误决定，并通知原作出决定的侦查机关。

二、注意问题

1. 未经检察长批准，不得擅自查询、冻结犯罪嫌疑人存款、汇款或者与案件有关单位的存款。

2. 人民检察院不能扣划存款、汇款，需要没收犯罪嫌疑人的存款、汇款、债券、股票、基金份额或者返还被害人的，可以申请法院裁定通知冻结犯罪嫌疑人存款、汇款的金融机构上缴国库或者返还被害人。

3. 作出查询、冻结决定的人民检察院与协助执行的银行不在同一辖区的，可以直接到协助执行的银行办理查询、冻结，不受辖区范围的限制。

4. 查询与案件有关人员的存款、汇款，可以使用《调取证据通知书》，通知银行或者其他金融机构、邮电部门执行。如果需要冻结涉案土地使用权、房屋产权、房屋使用权等交易的，人民检察院可以制作相应的公函办理。

5. 查看现金日记账，看有无收入不入账或截留收入的情况。查现金日记账要结合文件资料以及该单位的现金来源，连续查看几年的账务，重点注意其他业务收入、营业外收入，结合开具的各种收入发票，查清发票有无头大尾小、收入不入账或少入账以及是否有账外账的情况。在查账时，应将所有已使用过的发票和收据的存根联都收集起来，检查号码是否连续，有无缺号、缺页以及作废的发票和收据的正联和入账联是否粘在存根联上，然后对发票和收据存根联的合计数同入账数进行核对，看是否相符。对于发票和收据不编号、收款不开具或少开具、截留不入账的情况，通常需要根据相关账目之间的内在联系，查明隐瞒收入的来龙去脉，与其他侦查手段配合起来判断，看是否有"小金库"或其他违法行为。

6. 审查支出，看有无虚报、冒领、重复报账等不合理支出。在审查原始单据时，可以从那些票号相连、开票日期跨度较大的发票入手，也可以从一些金额大的发票入手，审核其真实性、横向对比价格的合理性，从中发现问题，重点审查发票是否有伪造、盗用、涂改、重复报账和乱报费用等情况。伪造单据常见于白条发票或收据，遇此情况，应严格审查有无经手人、验收人和主管领导人的批准。盗用单据报销常见于盗用其他单位的发票或已废弃不用的单据，此种情况只需与对方单位通过核对验证即可查清问题。对那些有涂改痕迹、颜色深浅不一的发票要特别留意，这些发票极有可能存在问题。重复报账主要是供货单位不根据发票收款，而在收款时另出具收据，两张单据都做了支出，出现重复报账的情况；另外，对个别以拨代支的行政、事业单位转账付款，要注意审查是否转账支票做了支出，发票到了又做支出，形成重复报账。

7. 查看银行账，看有无挪用及过户转出款的现象。犯罪嫌疑人利用银行存款支付金额大、管理比现金松懈、转出款不易被马上发现、作案后想方设法进行平账等有利条件进行贪污和挪用公款。在实际工作中，主要查看有无利用过户转出套取资金情况，对支付金额较大、手续不齐全的资金流出要格外注意。要特别留意财会人员开具现金支票支取现金后是否入账，要核对开出的现金支票和已入账的现金支票有无缺号，要将银行存款日记账和总账与银行的对账单进行核对，如有出入则追查有无贪污、挪用情况；分析银行存款余额调节表未达账项的内容，审查是否有转移资金、多头开户、私设"小金库"等情况。

8. 查看单位往来账，审查往来款项目的真实性。在应收、应付货款等往来结算账户上，时常发生虚设账户从中侵吞公款的情况，如事先将一笔赊销的货款业务记入一个虚设的应收销货款账户上，而不以客户真实名称开立账户，该货款收到后，即将该笔货款侵吞，然后再采用坏账方法注销该账户。查往来账重点应从群众反映大、呆账时间较长、经济业务关系复杂混乱、无依据冲减应收款项、无法正常履行对账程序的往来账户入手，一方面清查应收货款账户上处理坏账损失的手续是否完备真实；另一方面可通过其他途径进行追查，从中查看是否有收回现金不入账、虚挂往来账贪污、挪用的情况。

9. 全面审查单位的账户，充分利用会计资料相互之间的平衡关系，从中发现问题。在查账时，要注意总账和明细账的对应关系，重点放在现金日记账、银行存款日记账、往来账、收入账、费用支出账上面，看账账、账表、账册是否相符。在查阅账簿时，要注意笔迹深浅、红字冲账、涂改、拼接、挖补和摘要的记载，要从审查会计核算资料的完整性入手，如发现装订成册的证、账、表有残缺破损，断号少页等情况，就应追查是否属于故意毁损所造成的。同时，可有目的地进行证账内容上的审查，使用核对验证法进行内查外调，查清变造、伪造或已被故意毁页的会计凭证、会计账簿的真实内容。要注意会计科目的使用是否正确，审查是否采用张冠李戴乱用科目进行贪污。要注意往来结算中发生错账、漏账或者原始凭证计算上发生的错误，一直挂在账上或者因长期无人过问，财会人员将该账户转入虚拟的暂付款科目后，再开具现金支票支出现金，落入私囊，并用以冲平该项虚拟的暂付款账户。

10. 加强检察机关与银行之间的沟通。检察机关应该与各银行之间建立较为顺畅的沟通机制。在日常工作中，检察机关可以派出专人与各银行的对口部门进行接触沟通，建立协商机制，解决查询账户过程中出现的问题；进而适时建立联席会议制度，确保准确有效地履行法律赋予的职责。

三、工作文书

（一）查询犯罪嫌疑人金融财产通知书

1. 查询犯罪嫌疑人金融财产通知书文书格式

××××人民检察院
查询犯罪嫌疑人金融财产通知书
（存　根）

×检××查询（冻）〔20××〕×号

案由：＿＿＿＿＿＿＿＿＿＿＿＿＿＿

犯罪嫌疑人的基本情况（姓名、性别、年龄、工作单位、住址、身份证号码、是否人大代表、政协委员）：＿＿＿＿＿＿＿＿

送达单位：＿＿＿＿＿＿＿＿＿＿

查询原因：＿＿＿＿＿＿＿＿＿＿

批准人：＿＿＿＿＿＿＿＿＿＿

承办人：＿＿＿＿＿＿＿＿＿＿

填发人：＿＿＿＿＿＿＿＿＿＿

填发时间：＿＿＿＿＿＿＿＿＿＿

第一联　统一保存

×××ד人民检察院
查询犯罪嫌疑人金融财产通知书
（副　本）

×检××查询〔20××〕×号

_____：

　　因_____，根据《中华人民共和国刑事诉讼法》第一百四十二条的规定，需向你单位查询_____的_____，特派本院工作人员_____前往你处查询，请予协助。

××年×月×日
（院印）

第二联　附卷

×××ד人民检察院
查询犯罪嫌疑人金融财产通知书

×检××查询〔20××〕×号

_____：

　　因_____，根据《中华人民共和国刑事诉讼法》第一百四十二条的规定，需向你单位查询_____的_____，特派本院工作人员_____前往你处查询，请予协助。

××年×月×日
（院印）

附：查询金融财产线索

第三联　送达金融机构或邮电部门

×××× 人民检察院
查询犯罪嫌疑人金融财产通知书
（回 执）

×检××查询〔20××〕×号

_____人民检察院：

你院_____号查询犯罪嫌疑人金融财产通知书收悉，现将_____

_____在我单位的_____情况提供如下_____

_____

×× 年 × 月 × 日
（单位公章）

第四联 退回后附卷

2. 文书制作说明

（1）本文书依据《中华人民共和国刑事诉讼法》第 142 条的规定制作。为人民检察院依法向银行或者其他金融机构、邮电部门查询犯罪嫌疑人存款/汇款/股票/债券/基金份额等金融财产时使用。

（2）本文书共四联，第一联统一保存备查，第二联附卷，第三联送达金融机构或邮电部门，第四联由送达单位填写，加盖公章退回后附卷。

（二）协助查询金融财产通知书

1. 协助查询金融财产通知书文书格式

×××× 人民检察院
协助查询金融财产通知书
（存 根）

×检××协查〔20××〕×号

送达单位_____

事　　由_____

查询单位（个人）_____

查 询 人_____

批 准 人_____

填 发 人_____

填发时间_____

第一联 统一保存

××××人民检察院
协助查询金融财产通知书
（副　本）

×检××协查〔20××〕×号

_____：

　　兹因_____，需向你行查询_____
_____单位（个人）的_____，特派
本院工作人员_____前往你处，请予协助查询为盼。

××年×月×日
（院印）

第二联　　附卷

××××人民检察院
协助查询金融财产通知书

×检××协查〔20××〕×号

_____：

　　兹因_____，需向你行查询_____
_____单位（个人）的_____，特派
本院工作人员_____前往你处，请予协助查询为盼。

××年×月×日
（院印）

第三联　　送达金融机构或者邮电部门

××××人民检察院
协助查询金融财产通知书
（回　执）

_____人民检察院：

你院_____号协助查询金融财产通知书收悉，现将_____单位（个人）的_____情况提供如下_____

_____。

×××年×月×日

（单位公章）

第四联　退回后附卷

2. 文书制作说明

（1）本文书依据《中华人民共和国刑事诉讼法》第 142 条的规定制作。为人民检察院在侦查中需要查询有关企业、事业、机关、团体以及除犯罪嫌疑人外其他涉案人员的存款/汇款/股票/债券/基金份额等金融财产时，通知银行或者其他金融机构协助查询时使用。人民检察院在案件初查工作中也可以使用该文书。

（2）本文书共四联，第一联统一保存备查，第二联附卷，第三联送达银行或金融机构，第四联由送达单位填写，加盖公章退回后附卷。

（三）冻结犯罪嫌疑人金融财产通知书

1. 冻结犯罪嫌疑人金融财产通知书文书格式

××××人民检察院
冻结犯罪嫌疑人金融财产通知书
（存　根）

×检××冻〔20××〕×号

案　　由＿＿＿＿＿＿＿＿＿＿＿＿＿＿＿＿＿＿＿＿＿

犯罪嫌疑人的基本情况（姓名、性别、年龄、工作单位、住址、身份证号码、是否人大代表、政协委员）＿＿＿＿＿＿＿＿＿＿＿

＿＿＿＿＿＿＿＿＿＿＿＿＿＿＿＿＿＿＿＿＿＿＿＿＿＿

＿＿＿＿＿＿＿＿＿＿＿＿＿＿＿＿＿＿＿＿＿＿＿＿＿＿

送达单位＿＿＿＿＿＿＿＿＿＿＿＿＿＿＿＿＿＿＿＿＿＿

冻结原因＿＿＿＿＿＿＿＿＿＿＿＿＿＿＿＿＿＿＿＿＿＿

批　准　人＿＿＿＿＿＿＿＿＿＿＿＿＿＿＿＿＿＿＿＿＿＿

承　办　人＿＿＿＿＿＿＿＿＿＿＿＿＿＿＿＿＿＿＿＿＿＿

填　发　人＿＿＿＿＿＿＿＿＿＿＿＿＿＿＿＿＿＿＿＿＿＿

填发时间＿＿＿＿＿＿＿＿＿＿＿＿＿＿＿＿＿＿＿＿＿＿

第一联　统一保存

××××人民检察院
冻结犯罪嫌疑人金融财产通知书
（副　本）

×检××冻〔20××〕×号

＿＿＿＿＿＿：

　　因＿＿＿＿＿＿，根据《中华人民共和国刑事诉讼法》第一百四十二条的规定，对＿＿＿＿＿＿在你单位的＿＿＿＿＿＿予以冻结，冻结期限自＿＿＿＿＿＿年＿＿月＿＿＿日至＿＿＿＿＿＿年＿＿＿月＿＿＿日止。

××年×月×日

（院印）

第二联　附卷

××××人民检察院
冻结犯罪嫌疑人金融财产通知书

×检××冻〔20××〕×号

＿＿＿＿＿＿：

　　因＿＿＿＿＿＿，根据《中华人民共和国刑事诉讼法》第一百四十二条的规定，对＿＿＿＿＿＿在你单位的＿＿＿＿＿＿予以冻结，冻结期限自＿＿＿＿＿＿年＿＿月＿＿日至＿＿＿＿＿年＿＿月＿＿日止。

　　附：需要冻结的金融财产清单

××年×月×日
（院印）

第三联　送达金融机构或邮电部门

××××人民检察院
冻结犯罪嫌疑人金融财产通知书
（回　执）

＿＿＿＿＿＿人民检察院：

　　你对＿＿＿＿＿＿号冻结犯罪嫌疑人金融财产通知书收悉。对＿＿＿＿＿＿在我单位的＿＿＿＿＿＿＿＿＿＿＿＿＿＿＿＿＿＿＿＿＿＿＿＿＿＿已冻结。

××年×月×日
（单位公章）

第四联　退回后附卷

2. 文书制作说明

（1）本文书依据《中华人民共和国刑事诉讼法》第 142 条的规定制作。为人民检察院在侦查中，依法向银行等金融机构或邮电部门发出冻结犯罪嫌疑人存款/汇款/股票/债券/基金份额通知时使用。

（2）本文书以犯罪嫌疑人为单位制作。

（3）本文书共四联，第一联统一保存备查，第二联附卷，第三联送达金融机构或邮电部门，第四联由送达单位填写，加盖公章退回后附卷。

（四）协助冻结金融财产通知书

1. 协助冻结金融财产通知书文书格式

×××× 人民检察院
协助冻结金融财产通知书
（存　根）

×检××协冻〔20××〕×号

事　　由＿＿＿＿＿＿＿＿＿＿＿＿＿＿＿＿＿＿＿＿＿＿＿＿
送达单位＿＿＿＿＿＿＿＿＿＿＿＿＿＿＿＿＿＿＿＿＿＿＿＿
批 准 人＿＿＿＿＿＿＿＿＿＿＿＿＿＿＿＿＿＿＿＿＿＿＿＿
填 发 人＿＿＿＿＿＿＿＿＿＿＿＿＿＿＿＿＿＿＿＿＿＿＿＿
填发时间＿＿＿＿＿＿＿＿＿＿＿＿＿＿＿＿＿＿＿＿＿＿＿＿

第一联　统一保存

×××× 人民检察院
协助冻结金融财产通知书
（副　本）

×检××协冻〔20××〕×号

＿＿＿＿＿＿：

　　兹因办理＿＿＿＿＿＿案需要，根据《中华人民共和国刑事诉讼法》第一百四十二条的规定，＿＿＿＿＿＿在你处的＿＿＿＿＿＿＿＿＿＿＿，请协助予以冻结。冻结期限自＿＿＿＿＿年＿＿月＿＿日至＿＿＿＿＿年＿＿月＿＿日止。

××年×月×日
（院印）

第二联　附卷

×××× 人民检察院
协助冻结金融财产通知书

×检××协冻〔20××〕×号

_____：

　　兹因办理_____案需要，根据《中华人民共和国刑事诉讼法》第一百四十二条的规定，_____在你处的_____，请协助予以冻结。冻结期限自_____年____月____日至_____年____月____日止。

×× 年 × 月 × 日
（院印）

第三联　送达金融机构或者邮电部门

×××× 人民检察院
协助冻结金融财产通知书
（回　执）

_____人民检察院：

　　你院_____号协助冻结金融财产通知书收悉，已将_____的_____予以冻结。

×× 年 × 月 × 日
（单位公章）

第四联　退回后附卷

2. 文书制作说明

（1）本文书依据《中华人民共和国刑事诉讼法》第 142 条的规定制作。为人民检察院在办理案件过程中，冻结与案件有关的单位在银行等金融机构的财物，通知银行等金融机构协助时使用。

（2）本文书共四联，第一联统一保存备查，第二联附卷，第三联送达银行等金融机构，第四联由送达单位填写，加盖公章退回后附卷。

（五）解除冻结犯罪嫌疑人金融财产通知书

1. 解除冻结犯罪嫌疑人金融财产通知书文书格式

××××人民检察院
解除冻结犯罪嫌疑人金融财产通知书
（存　根）

×检××解人冻〔20××〕×号

案　　由＿＿＿＿＿＿＿＿＿＿＿＿＿＿＿＿＿＿＿＿＿＿＿＿＿＿＿

犯罪嫌疑人的基本情况（姓名、性别、年龄、工作单位、住址、身份证号码、是否人大代表、政协委员长）＿＿＿＿＿＿＿＿＿＿＿

＿＿＿＿＿＿＿＿＿＿＿＿＿＿＿＿＿＿＿＿＿＿＿＿＿＿＿＿＿＿

＿＿＿＿＿＿＿＿＿＿＿＿＿＿＿＿＿＿＿＿＿＿＿＿＿＿＿＿＿＿

＿＿＿＿＿＿＿＿＿＿＿＿＿＿＿＿＿＿＿＿＿＿＿＿＿＿＿＿＿＿

送达单位＿＿＿＿＿＿＿＿＿＿＿＿＿＿＿＿＿＿＿＿＿＿＿＿＿＿

解除冻结原因＿＿＿＿＿＿＿＿＿＿＿＿＿＿＿＿＿＿＿＿＿＿＿＿

批　准　人＿＿＿＿＿＿＿＿＿＿＿＿＿＿＿＿＿＿＿＿＿＿＿＿＿

承　办　人＿＿＿＿＿＿＿＿＿＿＿＿＿＿＿＿＿＿＿＿＿＿＿＿＿

填　发　人＿＿＿＿＿＿＿＿＿＿＿＿＿＿＿＿＿＿＿＿＿＿＿＿＿

填发时间＿＿＿＿＿＿＿＿＿＿＿＿＿＿＿＿＿＿＿＿＿＿＿＿＿＿

第一联　统一保存

××××人民检察院
解除冻结犯罪嫌疑人金融财产通知书
（副　本）

×检××解人冻〔20××〕×号

＿＿＿＿＿＿：

我院＿＿＿＿年＿＿月＿＿日＿＿＿＿＿号冻结犯罪嫌疑人金融财产通知书通知你单位冻结＿＿＿＿＿＿的＿＿＿＿＿＿，根据《中华人民共和国刑事诉讼法》第＿＿＿＿条的规定，现决定解除冻结。

××年×月×日

（院印）

第二联　附卷

××××人民检察院
解除冻结犯罪嫌疑人金融财产通知书

×检××解人冻〔20××〕×号

_____：

　　我院_____年____月____日_____号冻结犯罪嫌疑人金融财产通知书通知你单位冻结_____的_____，根据《中华人民共和国刑事诉讼法》第_____条的规定，现决定解除冻结。

　　附：解除冻结的财产清单

××年×月×日
（院印）

第三联　　送达金融机构或邮电部门

××××人民检察院
解除冻结犯罪嫌疑人金融财产通知书
（回　执）

_____人民检察院：

　　你院_____号解除冻结犯罪嫌疑人金融财产通知书收悉。对_____在我单位的_____，已解除冻结。

××年×月×日
（单位公章）

第四联　　退回后附卷

2. 文书制作说明

（1）本文书依据《中华人民共和国刑事诉讼法》第 143 条、第 173 条的规定制作。为人民检察院对已冻结的犯罪嫌疑人存款/汇款/股票/债券/基金份额查明与案件无关，以及人民检察院决定不起诉的案件，对侦查中冻结的财物决定解除冻结时，通知有关金融机构、邮电部门解除冻结时使用。

（2）本文书以犯罪嫌疑人为单位制作。

（3）本文书共四联，第一联统一保存备查，第二联附卷，第三联磅送达金融机构或邮电部门，第四联由送达单位填写，加盖公章退回后附卷。

四、法律依据

1.《中华人民共和国刑事诉讼法》（2012 年修正）（2013 年 1 月 1 日）（节录）

第一百四十二条 人民检察院、公安机关根据侦查犯罪的需要，可以依照规定查询、冻结犯罪嫌疑人的存款、汇款、债券、股票、基金份额等财产。有关单位和个人应当配合。

犯罪嫌疑人的存款、汇款、债券、股票、基金份额等财产已被冻结的，不得重复冻结。

第一百四十三条 对查封、扣押的财物、文件、邮件、电报或者冻结的存款、汇款、债券、股票、基金份额等财产，经查明确实与案件无关的，应当在三日以内解除查封、扣押、冻结，予以退还。

2. 最高人民法院、最高人民检察院、公安部、国家安全部、司法部、全国人大常委会法制工作委员会《关于实施刑事诉讼法若干问题的规定》（2012年修正）（节录）

36. 对于依照刑法规定应当追缴的违法所得及其他涉案财产，除依法返还被害人的财物以及依法销毁的违禁品外，必须一律上缴国库。查封、扣押的涉案财产，依法不移送的，待人民法院作出生效判决、裁定后，由人民法院通知查封、扣押机关上缴国库，查封、扣押机关应当向人民法院送交执行回单；冻结在金融机构的违法所得及其他涉案财产，待人民法院作出生效判决、裁定后，由人民法院通知有关金融机构上缴国库，有关金融机构应当向人民法院送交执行回单。

对于被扣押、冻结的债券、股票、基金份额等财产，在扣押、冻结期间权利人申请出售，经扣押、冻结机关审查，不损害国家利益、被害人利益，不影响诉讼正常进行的，以及扣押、冻结的汇票、本票、支票的有效期即将届满的，可以在判决生效前依法出售或者变现，所得价款由扣押、冻结机关保管，并及时告知当事人或者其近亲属。

37. 刑事诉讼法第一百四十二条第一款中规定："人民检察院、公安机关根据侦查犯罪的需要，可以依照规定查询、冻结犯罪嫌疑人的存款、汇款、债券、股票、基金份额等财产。"根据上述规定，人民检察院、公安机关不能扣划存款、汇款、债券、股票、基金份额等财产。对于犯罪嫌疑人、被告人死亡，依照刑法规定应当追缴其违法所得及其他涉案财产的，适用刑事诉讼法第五编第三章规定的程序，由人民检察院向人民法院提出没收违法所得的申请。

38. 犯罪嫌疑人、被告人死亡，现有证据证明存在违法所得及其他涉案财产应当予以没收的，公安机关、人民检察院可以进行调查。公安机关、人民检察院进行调查，可以依法进行查封、扣押、查询、冻结。

人民法院在审理案件过程中，被告人死亡的，应当裁定终止审理；被告人脱逃的，应当裁定中止审理。人民检察院可以依法另行向人民法院提出没收违法所得的申请。

3. 最高人民检察院《人民检察院刑事诉讼规则（试行）》（2012 年修订）（1997 年 1 月 15 日）（节录）

第二百四十一条　人民检察院根据侦查犯罪的需要，可以依照规定查询、冻结犯罪嫌疑人的存款、汇款、债券、股票、基金份额等财产，并可以要求有关单位和个人配合。

第二百四十二条　查询、冻结犯罪嫌疑人的存款、汇款、债券、股票、基金份额等财产，应当经检察长批准，制作查询、冻结财产通知书，通知银行或者其他金融机构、邮电部门执行。

第二百四十三条　犯罪嫌疑人的存款、汇款、债券、股票、基金份额等财产已冻结的，人民检察院不得重复冻结，但是应当要求有关银行或者其他金融机构、邮电部门在解除冻结或者作出处理前通知人民检察院。

第二百四十四条　扣押、冻结债券、股票、基金份额等财产，应当书面告知当事人或者其法定代理人、委托代理人有权申请出售。

对于被扣押、冻结的债券、股票、基金份额等财产，在扣押、冻结期间权利人申请出售，经审查认为不损害国家利益、被害人利益，不影响诉讼正常进行的，以及扣押、冻结的汇票、本票、支票的有效期即将届满的，经检察长批准，可以在案件办结前依法出售或者变现，所得价款由检察机关指定专门的银行账户保管，并及时告知当事人或者其近亲属。

第二百四十五条　对于冻结的存款、汇款、债券、股票、基金份额等财产，经查明确实与案件无关的，应当在三日以内解除冻结，并通知被冻结存款、汇款、债券、股票、基金份额等财产的所有人。

第二百四十六条　查询、冻结与案件有关的单位的存款、汇款、债券、股票、基金份额等财产的办法适用本规则第二百四十一条至第二百四十五条的规定。

4. 最高人民检察院《关于人民检察院办理直接受理立案侦查案件实行内

部制约的若干规定》（2004 年 6 月 24 日　高检发〔2004〕12 号）（节录）

第十七条　人民检察院财务部门统一保管办案中扣押的款物。侦查、公诉部门在办案中扣押、查获的物品、物证，除入卷作为证据使用的扣押款物由办案部门妥善保管外，应当及时交由财务部门保管。财务部门应当实行账目与款物分人管理制度，健全出入库和收付手续。扣押款物要按有关规定及时移交、上缴或者返还。任何部门和个人不得贪污、侵占、挪用、使用、私分、私存、调换、外借、压价收购或者擅自处理扣押、冻结款物及其孳息

5. 最高人民法院《关于冻结、划拨证券或期货交易所、证券登记结算机构、证券经营或期货经纪机构清算账户资金等问题的通知》（1997 年 12 月 2 日　法发〔1997〕27 号）

一、证券交易所、证券登记结算机构及其异地清算代理机构开设的清算账户上的资金，是证券经营机构缴存的自营及其所代理的投资者的证券交易清算资金。当证券经营机构为债务人，人民法院确需冻结、划拨其交易清算资金时，应冻结、划拨其自营账户中的资金；如证券经营机构未开设自营账户而进行自营业务的，依法可以冻结其在证券交易所、证券登记结算机构及其异地清算代理机构清算账户上的清算资金，但暂时不得划拨。如果证券经营机构在法院规定的合理期限内举证证明被冻结的上述清算账户中的资金是其他投资者的，应当对投资者的资金解除冻结。否则，人民法院可以划拨已冻结的资金。

证券经营机构清算账户上的资金是投资者为进行证券交易缴存的清算备付金。当投资者为债务人时，人民法院对证券经营机构清算账户中该投资者的相应部分资金依法可以冻结、划拨。

人民法院冻结、划拨期货交易所清算账户上期货经纪机构的清算资金及期货经纪机构清算账户上投资者的清算备付金（亦称保证金），适用上述规定。

二、证券经营机构的交易席位系该机构向证券交易所申购的用以参加交易的权利，是一种无形财产。人民法院对证券经营机构的交易席位进行财产保全或执行时，应依法裁定其不得自行转让该交易席位，但不能停止该交易席位的使用。人民法院认为需要转让该交易席位时，按交易所的有关规定应转让给有资格受让席位的法人。

人民法院对期货交易所、期货经纪机构的交易席位采取财产保全或执行措施，适用上述规定。

三、证券经营机构在证券交易所、证券登记结算机构的债券实物代保管处托管的债券，是其自营或代销的其他投资者的债券。当证券经营机构或投资者为债务人时，人民法院如需冻结、提取托管的债券，应当通过证券交易所查明该债务人托管的债券是否已作回购质押，对未作回购质押，而且确属债务人所

有的托管债券可以依法冻结、提取。

四、交易保证金是证券经营机构向证券交易所缴存的用以防范交易风险的资金，该资金由证券交易所专项存储，人民法院不应冻结、划拨交易保证金。但在该资金失去保证金作用的情况下，人民法院可以依法予以冻结、划拨。

6. 最高人民法院、最高人民检察院、公安部《关于对冻结、扣划企业事业单位、机关团体在银行、非银行金融机构存款的执法活动加强监督的通知》（1996 年 8 月 13 日　法〔1996〕83 号）

一、最高人民法院、最高人民检察院、公安部发现地方各级人民法院、人民检察院、公安机关冻结、解冻、扣划有关单位在银行、非银行金融机构存款有错误时，上级人民法院、人民检察院、公安机关发现下级人民法院、人民检察院、公安机关冻结、解冻、扣划有关单位在银行、非银行金融机构存款有错误时，可以依照法定程序作出决定或者裁定，送达本系统地方各级或下级有关法院、检察院、公安机关限期纠正。有关法院、检察院、公安机关应当立即执行。

二、有关法院、检察院、公安机关认为上级机关的决定或者裁定有错误的，可在收到该决定或者裁定之日起 5 日以内向作出决定或裁定的人民法院、人民检察院、公安机关请求复议。最高人民法院、最高人民检察院、公安部或上级人民法院、人民检察院、公安机关经审查，认为请求复议的理由不能成立，依法有权直接向有关银行发出法律文书，纠正各自的下级机关所作的错误决定，并通知原作出决定的机关；有关银行、非银行金融机构接到此项法律文书后，应当立即办理，不得延误，不必征得原作出决定机关的同意。

7. 中国人民银行、最高人民法院、最高人民检察院、公安部《关于查询、冻结、扣划企业事业单位、机关、团体银行存款的通知》（1993 年 12 月 11 日　银发〔1993〕356 号）

一、关于查询单位存款、查阅有关资料的问题

人民法院因审理或执行案件，人民检察院、公安机关因查处经济违法犯罪案件，需要向银行查询企业事业单位、机关、团体与案件有关的银行存款或查阅有关的会计凭证、账簿等资料时，银行应积极配合。查询人必须出示本人工作证或执行公务证和出具县级（含）以上人民法院、人民检察院、公安局签发的"协助查询存款通知书"，由银行行长或其他负责人（包括城市分理处、农村营业所和城乡信用社主任。下同）签字后并指定银行有关业务部门凭此提供情况和资料，并派专人接待。查询人对原件不得借走，需要的资料可以抄录、复制或照相，并经银行盖章。人民法院、人民检察院、公安机关对银行提供的情况和资料，应当依法保守秘密。

二、关于冻结单位存款的问题

人民法院因审理或执行案件，人民检察院、公安机关因查处经济犯罪案件，需要冻结企业事业单位、机关、团体与案件直接有关的一定数额的银行存款，必须出具县级（含）以上人民法院、人民检察院、公安局签发的"协助冻结存款通知书"及本人工作证或执行公务证，经银行行长（主任）签字后，银行应当立即凭此并按照应冻结资金的性质，冻结当日单位银行账户上的同额存款（只能原账户冻结，不能转户）。如遇被冻结单位银行账户的存款不足冻结数额时，银行应在六个月的冻结期内冻结该单位银行账户可以冻结的存款，直至达到需要冻结的数额。

银行在受理冻结单位存款时，应审查"协助冻结存款通知书"填写的被冻结单位开户银行名称、户名和账号、大小写金额，发现不符的，应说明原因，退回"通知书"。

被冻结的款项在冻结期限内如需解冻，应以作出冻结决定的人民法院、人民检察院、公安机关签发的"解除冻结存款通知书"为凭，银行不得自行解冻。

冻结单位存款的期限不超过六个月。有特殊原因需要延长的，人民法院、人民检察院、公安机关应当在冻结期满前办理继续冻结手续。每次续冻期限最长不超过六个月。逾期不办理继续冻结手续的，视为自动撤销冻结。

人民法院、人民检察院、公安机关冻结单位银行存款发生失误，应及时予以纠正，并向被冻结银行存款的单位作出解释。

被冻结的款项，不属于赃款的，冻结期间应计付利息，在扣划时其利息应付给债权单位；属于赃款的，冻结期间不计付利息，如冻结有误，解除冻结时应补计冻结期间利息。

三、关于扣划单位存款的问题

人民法院审理或执行案件，人民检察院、公安机关对查处的经济犯罪案件作出免予起诉①不予起诉、撤销案件和结案处理的决定，在执行时，需要银行协助扣划企业事业单位、机关、团体的银行存款，必须出具县级（含）以上人民法院、人民检察院、公安局签发的"协助扣划存款通知书"（附人民法院发生法律效力的判决书、裁定书、调解书、支付令、制裁决定的副本或行政机关的行政处罚决定书副本，人民检察院的免予起诉决定书、不起诉决定书、撤销案件决定书的副本，公安机关的处理决定书、刑事案件立案报告表的副本）及本人工作证或执行公务证，银行应当凭此立即扣划单位的有关存款。

---

① 编者注：免予起诉已被修正后的刑事诉讼法取消，下同。

银行受理扣划单位存款时，应审查"协助扣划存款通知书"填写的被执行单位的开户银行名称、户名和账号、大小写金额、如发现不符，或缺少应附的法律文书副本，以及法律文书副本有关内容与"通知书"的内容不符，应说明原因，退回"通知书"和所附的法律文书副本。

为使银行扣划单位存款得以顺利进行，人民法院、人民检察院、公安机关在需要银行协助扣划单位存款时，应向银行全面了解被执行单位的支付能力，银行应如实提供情况。人民法院、人民检察院、公安机关在充分掌握情况之后，实事求是地确定应予执行的期限，对于立即执行确有困难的，可以确定缓解或分期执行。在确定的执行期限内，被执行单位没有正当理由逾期不执行的，银行在接到"协助扣划存款通知"后，只要被执行单位银行账户有款可付，应当立即扣划，不得延误。当日无款或不足扣划的，银行应及时通知人民法院、人民检察院、公安机关，待单位账上有款时，尽快予以扣划。

扣划的款项，属于归还银行贷款的，应直接划给贷款银行，用于归还贷款；属于给付债权单位的款项，应直接划给债权单位；属于给付多个债权单位的款项，需要从多处扣划被转移的款项待结案归还或给付的，可暂扣划至办案单位在银行开立的机关团体一般存款科目赃款暂收户或代扣款户（不计付利息）。待追缴工作结束后，依法分割返还或给付；属于上缴国家的款项，应直接扣划上缴国库。

四、关于异地查询、冻结、扣划问题

作出查询、冻结、扣划决定的人民法院、人民检察院、公安机关与协助执行的银行不在同一辖区的，可以直接到协助执行的银行办理查询、冻结、扣划单位存款，不受辖区范围的限制。

五、关于冻结、扣划军队、武警部队存款的问题

军队、武警部队一类保密单位开设的"特种预算存款"、"特种其他存款"和连队账户的存款，原则上不采取冻结或扣划等项诉讼保证措施。但军队、武警部队的其余存款可以冻结和扣划。

六、关于冻结、扣划专业银行、其他银行和非银行金融机构在人民银行存款的问题

人民法院因审理经济纠纷案件或经济犯罪案件，人民检察院、公安机关因查处经济违法犯罪案件，需要执行专业银行、其他银行和非银行金融机构在人民银行的款项，应通知被执行的银行和非银行金融机构自动履行。

七、关于冻结、扣划单位存款遇有问题的处理原则

两家以上的人民法院、人民检察院、公安机关对同一存款冻结、扣划时，

银行应根据最先收取的协助执行通知书办理冻结和扣划。在协助执行时，如对具体执行哪一个机关的冻结、扣划通知有争议，由争议的机关协商解决或者由其上级机关决定。

八、关于各单位的协调和配合

人民法院、人民检察院、公安机关、银行要依法行使职权和履行协助义务，积极配合。遇有问题或人民法院、人民检察院、公安机关与协助执行的银行意见不一致时，不应拘留银行人员，而应提请双方的上级部门共同协商解决。银行人员违反有关法律规定，无故拒绝协助执行、擅自转移或解冻已冻结的存款，为当事人通风报信、协助其转移、隐匿财产的，应依法承担责任。

以上各项规定，请认真贯彻执行。过去的规定与本文有抵触的，以本规定为准。

8. 最高人民检察院、公安部、中国人民银行、海关总署《关于查处携款潜逃的经济犯罪分子的通知》（1993 年 8 月 9 日　高检会〔1993〕17 号）（节录）

三、对于确有可能携款潜逃的重大经济犯罪分子，县级以上（含县级）检察机关、公安机关应当及时向有关银行制作《协助冻结存款通知书》。银行接到通知书后要立即冻结其存款。对于不需要继续冻结的存款，检察机关、公安机关要及时通知银行解冻。

第六章　鉴定

渎职侵权犯罪侦查中的鉴定，是指人民检察院指派或聘请具有专门知识的人，就案件中某些专门性问题进行鉴别判断并作出结论的一种侦查活动。鉴定的种类有：物证类鉴定，包括文书鉴定、痕迹鉴定和微量鉴定；声像资料鉴定，包括对录音带、录像带、磁盘、光盘、图片等载体上记录的声音、图像信息的真实性、完整性及其所反映的情况过程进行的鉴定，以及对记录的声音、图像中的语言、人体、物体作出种类或者同一认定；法医类鉴定，包括法医病理鉴定、法医临床鉴定、法医精神病鉴定、法医物证鉴定和法医毒物鉴定。对依法扣押的文物、金银、珠宝、名贵字画等以及违禁品，需要鉴定的，应及时鉴定（包括估价）。对于案件中的一般问题和法律问题，应由人民检察院反渎职侵权部门检察人员自行分析判断并作出结论，无须进行鉴定。

一、主要程序

1. 检察人员依据案情需要，提出委托或聘请鉴定意见，制作《委托鉴定书》或《聘请书》，列明鉴定要求，《聘请书》、《委托鉴定书》经部门负责人审核后报请检察长批准。

2. 办案人员将《委托鉴定书》以及为鉴定人进行鉴定所提供的必要资料，移送人民检察院技术部门，或委托其他具有鉴定资格的单位（人员），由有鉴定资格的人员进行鉴定。

3. 鉴定人应当按照鉴定规则，运用科学方法进行鉴定，写出鉴定意见并且签名。其中，几个鉴定人对同一专门性问题进行鉴定的，可以互相讨论，共同提出鉴定意见并且签名；若意见不一致时，则可以分别写出鉴定意见并且签名。在司法实践中，一般要求鉴定人鉴定后，应当写出鉴定意见，并由2名以上鉴定人签名。

4. 对于鉴定意见，办案人应当进行审查，必要的时候，可以提出补充鉴定或者重新鉴定的意见，报检察长批准后进行补充鉴定或者重新鉴定，检察长也可以直接决定进行补充鉴定或者重新鉴定。人民检察院决定重新鉴定的，应当另行指派或者聘请鉴定人。

5. 用做证据的鉴定意见，人民检察院反渎职侵权部门应当告知犯罪嫌人、被害人或被害人的法定代理人、近亲属、诉讼代理人。告知时，可以只告知其结论部分，不告知鉴定过程等其他内容。如果犯罪嫌疑人、被害人提出申请，经检察长批准，可以补充鉴定或者重新鉴定。其中，重新鉴定的，侦查机关应当另行指派或者聘请鉴定人。

6. 鉴定意见作为证据入卷。

二、注意问题

1. 向技术部门或其他具有鉴定资格的单位（人员）提供的鉴定资料应当全面。

2. 除对犯罪嫌疑人、被告人的精神病鉴定时间不计入办案期限外，其他鉴定时间都应当计入办案期限。因此，人民检察院反渎职侵权部门在将《委托鉴定书》等资料移送技术部门或其他具有鉴定资格的单位（人员）时，一般可以提出鉴定的时间要求。如果鉴定时间过长，根据需要，应当依法延长羁押期限或变更强制措施，避免超期羁押。

三、工作文书

（一）委托鉴定书

1. 委托鉴定书文书格式

××××人民检察院
委托鉴定书
（存　根）

　　　　　　　　　　　　　　　　　×检××委鉴〔20××〕×号

案　　由＿＿＿＿＿＿＿＿＿＿＿＿＿＿＿＿＿＿＿＿＿＿＿＿＿＿＿

涉案人基本情况（姓名、性别、年龄、身份证号码、工作单位、住址、是否人大代表、政协委员）＿＿＿＿＿＿＿＿＿＿＿＿＿＿＿＿＿＿

鉴定单位（人员）＿＿＿＿＿＿＿＿＿＿＿＿＿＿＿＿＿＿＿＿＿

送检材料＿＿＿＿＿＿＿＿＿＿＿＿＿＿＿＿＿＿＿＿＿＿＿＿＿＿

鉴定内容、目的＿＿＿＿＿＿＿＿＿＿＿＿＿＿＿＿＿＿＿＿＿＿

批　准　人＿＿＿＿＿＿＿＿＿＿＿＿＿＿＿＿＿＿＿＿＿＿＿＿

送　检　人＿＿＿＿＿＿＿＿＿＿＿＿＿＿＿＿＿＿＿＿＿＿＿＿

填　发　人＿＿＿＿＿＿＿＿＿＿＿＿＿＿＿＿＿＿＿＿＿＿＿＿

填发时间＿＿＿＿＿＿＿＿＿＿＿＿＿＿＿＿＿＿＿＿＿＿＿＿＿

第一联　　统一保存

×××人民检察院
委托鉴定书
（副　本）

×检××委鉴〔20××〕×号

_____：

　　本院办理的_____一案，需对_____进行鉴定，根据《中华人民共和国刑事诉讼法》第一百四十四条的规定，现委托_____按下列要求进行鉴定。鉴定内容、目的：_____

_____

_____。

×× 年 × 月 × 日
（院印）

第二联　附卷

×××人民检察院
委托鉴定书

×检××委鉴〔20××〕×号

_____：

　　本院办理的_____一案，需对_____进行鉴定，根据《中华人民共和国刑事诉讼法》第一百四十四条的规定，现委托_____按下列要求进行鉴定。鉴定内容、目的：_____

_____

_____。

×× 年 × 月 × 日
（院印）

第三联　送达受委托鉴定单位（人员）

2. 文书制作说明

（1）本文书的制作依据是《刑事诉讼法》第144条和《人民检察院刑事诉讼规则（试行）》第247条。为人民检察院为查明案情，就案件中的专门性问题，委托具有鉴定资格的单位（人员）进行鉴定时使用。

（2）本文书的鉴定要求，仅限于科学技术问题，必须具体明确填写。

（3）本文书共三联，第一联统一保存备查，第二联附卷，第三联送达受委托鉴定单位（人员）。

3. 制作文书需要注意的问题

（1）委托鉴定书一般适用于将有关问题委托有关单位或权威专家进行鉴定。

（2）"案由"一栏，可以填写"犯罪嫌疑人×××涉嫌×××（罪名）罪"，或"犯罪嫌疑人×××涉嫌职务犯罪"，或"犯罪嫌疑人×××涉嫌刑事犯罪"。

（二）鉴定聘请书

1. 鉴定聘请书文书格式

××××人民检察院
鉴定聘请书
（存　根）

　　　　　　　　　　　　　×检××鉴聘〔20××〕×号

案　　由＿＿＿＿＿＿＿＿＿＿＿＿＿＿＿＿＿＿＿＿＿＿＿＿＿

涉案人基本情况（姓名、性别、年龄、身份证号码、工作单位、住址、是否人大代表、政协委员）＿＿＿＿＿＿＿＿＿＿＿＿＿＿＿＿＿

＿＿＿＿＿＿＿＿＿＿＿＿＿＿＿＿＿＿＿＿＿＿＿＿＿＿＿＿＿＿

鉴定内容、目的＿＿＿＿＿＿＿＿＿＿＿＿＿＿＿＿＿＿＿＿＿＿＿

＿＿＿＿＿＿＿＿＿＿＿＿＿＿＿＿＿＿＿＿＿＿＿＿＿＿＿＿＿＿

被聘请人＿＿＿＿＿＿＿＿＿＿＿＿＿＿＿＿＿＿＿＿＿＿＿＿＿＿

单位及职务＿＿＿＿＿＿＿＿＿＿＿＿＿＿＿＿＿＿＿＿＿＿＿＿＿

鉴定意见提交时间＿＿＿＿＿＿＿＿＿＿＿＿＿＿＿＿＿＿＿＿＿＿

批　准　人＿＿＿＿＿＿＿＿＿＿＿＿＿＿＿＿＿＿＿＿＿＿＿＿＿

批准时间＿＿＿＿＿＿＿＿＿＿＿＿＿＿＿＿＿＿＿＿＿＿＿＿＿＿

办　案　人＿＿＿＿＿＿＿＿＿＿＿＿＿＿＿＿＿＿＿＿＿＿＿＿＿

办案单位＿＿＿＿＿＿＿＿＿＿＿＿＿＿＿＿＿＿＿＿＿＿＿＿＿＿

填　发　人＿＿＿＿＿＿＿＿＿＿＿＿＿＿＿＿＿＿＿＿＿＿＿＿＿

填发时间＿＿＿＿＿＿＿＿＿＿＿＿＿＿＿＿＿＿＿＿＿＿＿＿＿＿

第一联　统一保存

××××人民检察院
鉴定聘请书
（副　本）

×检××鉴聘〔20××〕×号

_____：

本院承办的_____一案，需要进行_____鉴定。根据《中华人民共和国刑事诉讼法》第一百四十四条的规定，特聘请你为本案鉴定人，请鉴定下列内容：_____。

请于_____年____月____日前将书面的鉴定情况和意见送交我院。

××年×月×日

（院印）

本聘请书已收到。

被聘请人：

××年×月×日

第二联　附卷

××××人民检察院
鉴定聘请书

×检××鉴聘〔20××〕×号

_____：

本院承办的_____一案，需要进行_____鉴定。根据《中华人民共和国刑事诉讼法》第一百四十四条的规定，特聘请你为本案鉴定人，请鉴定下列内容：_____。

请于_____年____月____日前将书面的鉴定情况和意见送交我院。

××年×月×日

（院印）

第三联　交被聘请人

2. 文书制作说明

（1）《鉴定聘请书》的制作依据是《刑事诉讼法》第 144 条和《人民检察院刑事诉讼规则（试行）》第 247 条。为人民检察院在办理案件过程中，需要聘请有专业知识的鉴定人，就案件中的专门性问题进行鉴定时使用。

（2）本文书共三联，第一联统一保存备查，第二联附卷，第三联送达被聘请人。

3. 制作文书需要注意的问题

（1）聘请对象一般是指本院检察技术人员以外的其他专业人员，也可以是上级人民检察院和其他人民检察院的刑事技术人员。

（2）《鉴定聘请书》与《委托鉴定书》不同，前者一般适用于聘请有关具有专门知识的人员参加鉴定小组或同时聘请多名专家进行鉴定，后者一般适用于将有关问题委托有关单位或权威专家进行鉴定。

四、法律依据

1.《中华人民共和国刑事诉讼法》（2012 年修正）（1979 年 7 月 1 日）（节录）

第一百四十四条　为了查明案情，需要解决案件中某些专门性问题的时候，应当指派、聘请有专门知识的人进行鉴定。

第一百四十五条　鉴定人进行鉴定后，应当写出鉴定意见，并且签名。

鉴定人故意作虚假鉴定的，应当承担法律责任。

第一百四十六条　侦查机关应当将用作证据的鉴定意见告知犯罪嫌疑人、被害人。如果犯罪嫌疑人、被害人提出申请，可以补充鉴定或者重新鉴定。

第一百四十七条　对犯罪嫌疑人作精神病鉴定的期间不计入办案期限。

2. 全国人民代表大会常务委员会《关于司法鉴定管理问题的决定》（2005 年 2 月 28 日）（节录）

一、司法鉴定是指在诉讼活动中鉴定人运用科学技术或者专门知识对诉讼涉及的专门性问题进行鉴别和判断并提供鉴定意见的活动。

二、国家对从事下列司法鉴定业务的鉴定人和鉴定机构实行登记管理制度：

（一）法医类鉴定；

（二）物证类鉴定；

（三）声像资料鉴定；

（四）根据诉讼需要由国务院司法行政部门商最高人民法院、最高人民检察院确定的其他应当对鉴定人和鉴定机构实行登记管理的鉴定事项。

法律对前款规定事项的鉴定人和鉴定机构的管理另有规定的，从其规定。

三、国务院司法行政部门主管全国鉴定人和鉴定机构的登记管理工作。省级人民政府司法行政部门依照本决定的规定，负责对鉴定人和鉴定机构的登记、名册编制和公告。

四、具备下列条件之一的人员，可以申请登记从事司法鉴定业务：

（一）具有与所申请从事的司法鉴定业务相关的高级专业技术职称；

（二）具有与所申请从事的司法鉴定业务相关的专业执业资格或者高等院校相关专业本科以上学历，从事相关工作五年以上；

（三）具有与所申请从事的司法鉴定业务相关工作十年以上经历，具有较强的专业技能。

因故意犯罪或者职务过失犯罪受过刑事处罚的，受过开除公职处分的，以及被撤销鉴定人登记的人员，不得从事司法鉴定业务。

五、法人或者其他组织申请从事司法鉴定业务的，应当具备下列条件：

（一）有明确的业务范围；

（二）有在业务范围内进行司法鉴定所必需的仪器、设备；

（三）有在业务范围内进行司法鉴定所必需的依法通过计量认证或者实验室认可的检测实验室；

（四）每项司法鉴定业务有三名以上鉴定人。

六、申请从事司法鉴定业务的个人、法人或者其他组织，由省级人民政府司法行政部门审核，对符合条件的予以登记，编入鉴定人和鉴定机构名册并公告。

省级人民政府司法行政部门应当根据鉴定人或者鉴定机构的增加和撤销登记情况，定期更新所编制的鉴定人和鉴定机构名册并公告。

七、侦查机关根据侦查工作的需要设立的鉴定机构，不得面向社会接受委托从事司法鉴定业务。

人民法院和司法行政部门不得设立鉴定机构。

八、各鉴定机构之间没有隶属关系；鉴定机构接受委托从事司法鉴定业务，不受地域范围的限制。

鉴定人应当在一个鉴定机构中从事司法鉴定业务。

九、在诉讼中，对本决定第二条所规定的鉴定事项发生争议，需要鉴定的，应当委托列入鉴定人名册的鉴定人进行鉴定。鉴定人从事司法鉴定业务，由所在的鉴定机构统一接受委托。

鉴定人和鉴定机构应当在鉴定人和鉴定机构名册注明的业务范围内从事司

法鉴定业务。

鉴定人应当依照诉讼法律规定实行回避。

十、司法鉴定实行鉴定人负责制度。鉴定人应当独立进行鉴定，对鉴定意见负责并在鉴定书上签名或者盖章。多人参加的鉴定，对鉴定意见有不同意见的，应当注明。

十一、在诉讼中，当事人对鉴定意见有异议的，经人民法院依法通知，鉴定人应当出庭作证。

十二、鉴定人和鉴定机构从事司法鉴定业务，应当遵守法律、法规，遵守职业道德和职业纪律，尊重科学，遵守技术操作规范。

十三、鉴定人或者鉴定机构有违反本决定规定行为的，由省级人民政府司法行政部门予以警告，责令改正。

鉴定人或者鉴定机构有下列情形之一的，由省级人民政府司法行政部门给予停止从事司法鉴定业务三个月以上一年以下的处罚；情节严重的，撤销登记：

（一）因严重不负责任给当事人合法权益造成重大损失的；

（二）提供虚假证明文件或者采取其他欺诈手段，骗取登记的；

（三）经人民法院依法通知，拒绝出庭作证的；

（四）法律、行政法规规定的其他情形。

鉴定人故意作虚假鉴定，构成犯罪的，依法追究刑事责任；尚不构成犯罪的，依照前款规定处罚。

十四、司法行政部门在鉴定人和鉴定机构的登记管理工作中，应当严格依法办事，积极推进司法鉴定的规范化、法制化。对于滥用职权、玩忽职守，造成严重后果的直接责任人员，应当追究相应的法律责任。

十五、司法鉴定的收费项目和收费标准由国务院司法行政部门商国务院价格主管部门确定。

十六、对鉴定人和鉴定机构进行登记、名册编制和公告的具体办法，由国务院司法行政部门制定，报国务院批准。

十七、本决定下列用语的含义是：

（一）法医类鉴定，包括法医病理鉴定、法医临床鉴定、法医精神病鉴定、法医物证鉴定和法医毒物鉴定。

（二）物证类鉴定，包括文书鉴定、痕迹鉴定和微量鉴定。

（三）声像资料鉴定，包括对录音带、录像带、磁盘、光盘、图片等载体上记录的声音、图像信息的真实性、完整性及其所反映的情况过程进行的鉴定和对记录的声音、图像中的语言、人体、物体作出种类或者同一认定。

3. 最高人民检察院《人民检察院刑事诉讼规则（试行）》（2012 年修订）（1997 年 1 月 15 日）（节录）

第二百四十七条　人民检察院为了查明案情，解决案件中某些专门性的问题，可以进行鉴定。

第二百四十八条　鉴定由检察长批准，由人民检察院技术部门有鉴定资格的人员进行。必要的时候，也可以聘请其他有鉴定资格的人员进行，但是应当征得鉴定人所在单位的同意。

具有刑事诉讼法第二十八条、第二十九条规定的应当回避的情形的，不能担任鉴定人。

第二百四十九条　人民检察院应当为鉴定人进行鉴定提供必要条件，及时向鉴定人送交有关检材和对比样本等原始材料，介绍与鉴定有关的情况，并明确提出要求鉴定解决的问题，但是不得暗示或者强迫鉴定人作出某种鉴定意见。

第二百五十条　鉴定人进行鉴定后，应当出具鉴定意见、检验报告，同时附上鉴定机构和鉴定人的资质证明，并且签名或者盖章。

多个鉴定人的鉴定意见不一致的，应当在鉴定意见上写明分歧的内容和理由，并且分别签名或者盖章。

第二百五十一条　鉴定人故意作虚假鉴定的，应当承担法律责任。

第二百五十二条　对于鉴定意见，检察人员应当进行审查，必要的时候，可以提出补充鉴定或者重新鉴定的意见，报检察长批准后进行补充鉴定或者重新鉴定。检察长也可以直接决定进行补充鉴定或者重新鉴定。

第二百五十三条　用作证据的鉴定意见，人民检察院办案部门应当告知犯罪嫌疑人、被害人；被害人死亡或者没有诉讼行为能力的，应当告知其法定代理人、近亲属或诉讼代理人。

犯罪嫌疑人、被害人或被害人的法定代理人、近亲属、诉讼代理人提出申请，经检察长批准，可以补充鉴定或者重新鉴定，鉴定费用由请求方承担，但原鉴定违反法定程序的，由人民检察院承担。

犯罪嫌疑人的辩护人或者近亲属以犯罪嫌疑人有患精神病可能而申请对犯罪嫌疑人进行鉴定的，鉴定费用由请求方承担。

第二百五十四条　人民检察院决定重新鉴定的，应当另行指派或者聘请鉴定人。

第二百五十五条　对犯罪嫌疑人作精神病鉴定的期间不计入羁押期限和办案期限。

第二百五十六条　对于因鉴定时间较长、办案期限届满仍不能终结的案件，自期限届满之日起，应当依法释放被羁押的犯罪嫌疑人或者变更强制措施。

4. 最高人民检察院《关于贯彻全国人民代表大会常务委员会〈关于司法鉴定管理问题的决定〉有关工作的通知》（2005 年 9 月 21 日　高检发办字〔2005〕10 号）（节录）

一、根据《决定》①的规定，自 10 月 1 日起，各级检察机关的鉴定机构不得面向社会接受委托从事鉴定业务，鉴定人员不得参与面向社会服务的司法鉴定机构组织的司法鉴定活动。

二、根据《决定》的有关规定，检察机关的鉴定机构和鉴定人员不得在司法行政机关登记注册从事面向社会的鉴定业务。已经登记注册的事业性质鉴定机构，如继续面向社会从事司法鉴定业务，要在 10 月 1 日前与人民检察院在人、财、物上脱钩，否则应办理注销登记。

三、检察机关鉴定机构可以受理下列鉴定案件：

1. 检察机关业务工作所需的鉴定；

2. 有关部门交办的鉴定；

3. 其他司法机关委托的鉴定。

四、各级检察技术部门要围绕"强化法律监督，维护公平正义"的检察工作主题，着眼于提高检察机关法律监督能力，加大对批捕、公诉工作中技术性证据的审查力度，积极开展文证审查工作，为检察机关履行法律监督职能提供技术保障。

五、检察机关内部委托的鉴定，仍实行逐级委托制度。其他司法机关委托的鉴定，实行同级委托制度，即进行鉴定前，需有同级司法机关的委托或介绍。

六、为贯彻落实《决定》，最高人民检察院将制定《人民检察院鉴定工作规则》、《人民检察院鉴定机构管理办法》、《人民检察院鉴定人管理办法》、《人民检察院文证审查工作规定》和各专业门类的工作细则等，进一步加强和规范人民检察院的鉴定工作。各级人民检察院要根据《决定》要求和精神，结合中央政法委关于开展"规范执法行为，促进执法公正"专项整改活动的要求，加强检察机关鉴定工作管理，规范工作程序，保证鉴定质量。

---

① 编者注：指 2005 年 2 月 28 日十届全国人大常委会第十四次会议通过的《全国人民代表大会常务委员会关于司法鉴定管理问题的决定》。

5. 最高人民法院、最高人民检察院、公安部、国家安全部、司法部、全国人大常委会法制工作委员会《关于实施刑事诉讼法若干问题的规定》（2012年修正）（节录）

40. 刑事诉讼法第一百四十七条规定："对犯罪嫌疑人作精神病鉴定的期间不计入办案期限。"根据上述规定，犯罪嫌疑人、被告人在押的案件，除对犯罪嫌疑人、被告人的精神病鉴定期间不计入办案期限外，其他鉴定期间都应当计入办案期限。对于因鉴定时间较长，办案期限届满仍不能终结的案件，自期限届满之日起，应当对被羁押的犯罪嫌疑人、被告人变更强制措施，改为取保候审或者监视居住

第七章 技术侦查措施

技术侦查是采取一定的科学技术手段获取案件信息、证据和缉拿犯罪嫌疑人等侦查行为的总称。我国修订后的刑事诉讼法在第二编第二章增加"技术侦查措施"一节（作为第八节），对特殊侦查措施作了明确规定，具体包括技术侦查、秘密侦查和控制下交付三种。三种技术侦查措施的主要程序特点有所不同。

随着科学技术的不断发展，危害国家安全犯罪、恐怖活动犯罪、黑社会性质的组织犯罪、毒品犯罪、贪污贿赂犯罪以及利用职权实施的侵犯公民人身权利的犯罪等许多犯罪行为越来越智能化、隐蔽化，不仅造成的社会危害日益严重，而且难以被发现和查处。为了与这些严重的犯罪行为进行有效的斗争，许多国家先后赋予侦查机关以秘密侦查权（包括监听、监视、秘密拍照、秘密录像、卧底侦查、化装侦查、诱惑侦查、控制下交付、特工行动等）。我国刑事诉讼法增加"技术侦查措施"一节，不仅有利于迅速及时地收集证据，查获犯罪分子，而且有利于震慑犯罪，有力地预防上述犯罪的发生，同时也符合国际刑事诉讼的发展规律和《联合国打击跨国有组织犯罪公约》等国际公约的要求，[①] 因而具有极其重要的意义。

一、主要程序

（一）技术侦查

所谓技术侦查，是指公安机关、人民检察院根据侦查犯罪的需要，在经过严格的批准手续后，运用技术设备收集证据或查获犯罪分子的一种特殊侦查措施。根据侦查实践，技术侦查措施包括监听、监视、密取、网络监控、截取电子邮件、秘密拍照、秘密录像、电子通讯定位等。显然，这些侦查措施必须依

---

① 《联合国打击跨国有组织犯罪公约》第 20 条规定："特殊侦查手段包括控制下交付，以及其他特殊侦查手段，如电子或其他形式的监视和特工行动。"《联合国反腐败公约》第 50 条规定："为有效地打击腐败，各缔约国均应当在其本国法律制度基本原则许可的范围内并根据本国法律规定的条件在其力所能及的情况下采取必要措施，允许其主管机关在其领域内酌情使用控制下交付和在其认为适当时使用诸如电子或者其他监视形式和特工行动等其他特殊侦查手段，并允许法庭采信由这些手段产生的证据。"

赖高科技设备或手段方能进行，因而具有高度的技术性。

根据《刑事诉讼法》第148条、第149条、第150条的规定，技术侦查应当符合以下程序和要求：

1. 技术侦查的主体

在我国，只有公安机关、人民检察院等侦查机关有权采取技术侦查措施，其他任何机关、团体、个人均无权采取。

2. 技术侦查的适用范围

技术侦查的适用范围包括两个方面：（1）案件范围。公安机关采取技术侦查措施的案件仅限于危害国家安全犯罪、恐怖活动犯罪、黑社会性质的组织犯罪、重大毒品犯罪或者其他严重危害社会的犯罪案件；人民检察院采取技术侦查措施的案件仅限于重大的贪污、贿赂犯罪案件以及利用职权实施的严重侵犯公民人身权利的重大犯罪案件。法律之所以作上述限制，主要是为了防止技术侦查措施的滥用，有效保护公民的隐私权、居住安全权等宪法性权利不受侵犯。（2）对象范围。对于追捕被通缉或者批准、决定逮捕的在逃的犯罪嫌疑人、被告人，公安机关、人民检察院可以采取追捕所必需的技术侦查措施（如电子通讯定位）。

3. 技术侦查的批准

公安机关、人民检察院对规定的案件和对象采取技术侦查措施，必须经过严格的批准手续。但到底是何种批准手续，刑事诉讼法未作具体规定。从《刑事诉讼法》第148条的文字表述看，这种严格的批准手续应当是指在公安机关、人民检察院系统内部经过严格的批准手续，例如经过上一级公安机关、人民检察院或省级公安机关、人民检察院批准，但不太可能是公安机关采取技术侦查措施需要经过同级人民检察院或上一级人民检察院批准。我们认为，刑事诉讼法对此采用笼统的用语，不符合法律规定必须明确、具体和具有可操作性的特点，应当适时加以修改和明确。

有关机关作出批准决定，应当根据侦查犯罪的需要，确定采取技术侦查措施的种类和适用对象（即对何人采取何种技术侦查措施）。批准决定自签发之日起3个月以内有效。对于不需要继续采取技术侦查措施的，应当及时解除；对于复杂、疑难案件，期限届满仍有必要继续采取技术侦查措施的，经过批准，有效期可以延长，每次不得超过3个月。

4. 技术侦查措施的执行

有关机关作出批准决定后，公安机关可以自己采取技术侦查措施；人民检察院不能自己采取技术侦查措施，而必须按照规定交有关机关（通常是公安机关）执行。公安机关采取技术侦查措施，必须严格按照批准的措施种类、适用对象和期限执行。侦查人员对采取技术侦查措施过程中知悉的国家秘密、商业秘密和个人隐私，应当保密；对采取技术侦查措施获取的与案件无关的材料，必须及时销毁。公安机关依法采取技术侦查措施，有关单位和个人应当配合，并对有关情况予以保密。

此外，采取技术侦查措施获取的材料，只能用于对犯罪的侦查、起诉和审判，不得用于其他用途。根据《刑事诉讼法》第152条的规定，对于通过实施技术侦查措施收集的证据，如果使用该证据可能危及有关人员的人身安全，或者可能产生其他严重后果的，应当采取不暴露有关人员身份、技术方法等保护措施，必要时可以由审判人员在庭外对证据进行核实。

（二）秘密侦查

所谓秘密侦查，是指公安机关基于侦查的必要性，经过公安机关负责人决定，指派有关人员隐瞒身份进行的侦查活动，主要有卧底侦查、化装侦查和诱惑侦查三种形式。

卧底侦查，是指侦查人员隐藏真实身份，虚构另一种身份进入犯罪组织当中，成为其成员，暗中收集情报或犯罪证据。通常，卧底侦查人员需要较长时间地隐藏身份，与侦查对象进行多次接触，并且往往需要在一定程度上参与犯罪，扮演犯罪者的角色。

化装侦查，是指侦查人员以便装或异装进行侦查，目的是为了隐去真实身份，诱使对方上钩，以获取情报或犯罪证据。乔装侦查人员一般不长期隐藏身份，侦查活动具有临时性，而且乔装侦查人员一般也不参与犯罪。

诱惑侦查，是指侦查人员设下圈套诱使犯罪嫌疑人实施犯罪行为，然后将其抓获。诱惑侦查又称"诱饵侦查"、"侦查陷阱"。

根据《刑事诉讼法》第151条第1款的规定，秘密侦查应当符合以下要求和程序：

1. 采取秘密侦查措施只能是基于查明刑事案件案情的需要，而不能用于查明案情以外的目的。

2. 采取秘密侦查措施必须是基于侦查的必要性。换言之，在没有其他更好的替代性措施的情况下，才能采取秘密侦查措施；如果使用其他侦查措施可以实现同样的目的时，则不应采取秘密侦查措施。

3. 采取秘密侦查措施必须经公安机关负责人决定，并指派有关人员实施。这里的"有关人员"主要是指侦查人员，即在公安机关从事侦查工作的刑事警察。当然，基于侦查工作的需要，公安机关有时也会指派非侦查人员实施秘密侦查行为。这时，该人员属于侦查机关的代理人，其行为视同侦查人员的行为。

4. 进行秘密侦查不得诱使他人犯罪，不得采用可能危害公共安全或者发生重大人身危险的方法。所谓"诱使他人犯罪"，是指对方没有犯罪意图而引诱使之产生犯罪意念并实施犯罪行为，包括渲染犯罪的益处、打消对方的顾虑、为对方提供犯罪条件等，从而使没有犯罪意图的人产生犯罪意图。这是实施秘密侦查中绝对不允许的。① 同时，只要秘密侦查存在危害公共安全或者发生重大人身危险的可能性，就不得采用。

（三）控制下交付

"控制下交付"是国际上常用并且行之有效的侦破毒品等违禁品案件的侦查手段，是指侦查机关发现有关线索或查获毒品等违禁品，在保密的前提下对毒品等违禁品或有关人员进行严密监视、控制，按照犯罪分子事先计划或约定的方向、路线、地点和方式，顺其自然，将毒品等违禁品"交付"给最终接货人，使侦查机关能够发现和将涉案的所有犯罪分子一网打尽的整个侦查过程。

根据《刑事诉讼法》第 151 条第 2 款的规定，控制下交付应当遵守以下程序和要求：

1. 控制下交付只能由公安机关依照规定实施，其他侦查机关（如海关缉私部门）需要采取控制下交付措施的，应当商请公安机关采取。而且，公安机关采取控制下交付措施，应当由公安机关负责人决定。

2. 控制下交付只适用于涉及给付毒品等违禁品或者财物的犯罪活动。换言之，控制下交付只能适用于非法买卖枪支弹药、贩毒、走私、出售或购买假币、倒卖文物等涉及给付毒品等违禁品或者财物的犯罪案件。对于不涉及给付毒品等违禁品或者财物的犯罪案件，公安机关不得采取控制下交付措施。

二、注意问题

1. 检察机关有权采取技术侦查手段的案件范围，包括两类：一是重大的贪污、贿赂犯罪案件，即对于涉案数额在 10 万元以上、采取其他方法难以收集证据的重大贪污、贿赂犯罪案件，包括刑法分则第八章规定的贪污罪、受贿罪、单位受贿罪、行贿罪、对单位行贿罪、介绍贿赂罪、单位行贿罪、利用影响力受贿罪。二是利用职权实施的严重侵犯公民人身权利的重大犯罪案件，即利用职权实施的严重侵犯公民人身权利的重大犯罪案件，包括有重大社会影响

---

① 陈光中主编：《〈中华人民共和国刑事诉讼法〉修改条文释义与点评》，人民法院出版社 2012 年版，第 224 页。

的、造成严重后果的或者情节特别严重的非法拘禁、非法搜查、刑讯逼供、暴力取证、虐待被监管人、报复陷害等案件。

2. 人民检察院办理直接受理立案侦查的案件，需要追捕被通缉或者批准、决定逮捕的在逃的犯罪嫌疑人、被告人的，经过批准，可以采取追捕所必需的技术侦查措施，不受上述两类案件范围的限制。

3. 人民检察院采取技术侦查措施应当根据侦查犯罪的需要，确定采取技术侦查措施的种类和适用对象，按照有关规定报请批准。批准决定自签发之日起 3 个月以内有效。对于不需要继续采取技术侦查措施的，应当及时解除；对于复杂、疑难案件，期限届满仍有必要继续采取技术侦查措施的，应当在期限届满前 10 日以内制作呈请延长技术侦查措施期限报告书，写明延长的期限及理由，经过原批准机关批准，有效期可以延长，每次不得超过 3 个月。这是由于技术侦查容易侵犯侦查对象甚至其他人的隐私权、居住安全等宪法性权利，因此，实施技术侦查的同时必须加以严格控制，做到慎重使用，以避免公权力无限扩张，使个人的自由权利暗中受到恣意侵犯。

4. 采取技术侦查措施收集的材料作为证据使用的，批准采取技术侦查措施的法律决定文书应当附卷，辩护律师可以依法查阅、摘抄、复制。

5. 采取技术侦查措施收集的物证、书证及其他证据材料，侦查人员应当制作相应的说明材料，写明获取证据的时间、地点、数量、特征以及采取技术侦查措施的批准机关、种类等，并签名和盖章。

6. 检察人员对采取技术侦查措施过程中知悉的国家秘密、商业秘密和个人隐私，应当保密；对采取技术侦查措施获取的与案件无关的材料，应当及时销毁，并对销毁情况制作记录。

7. 采取技术侦查措施获取的证据、线索及其他有关材料，只能用于对犯罪的侦查、起诉和审判，不得用于其他用途。

8. 公安机关通常是具体承担技术侦查的机关。有些技术侦查措施，公安机关可以独立实施，不必假手于他人，但也有些技术侦查措施，需要其他有关部门积极配合，使公安机关的技术侦查措施得以顺利实施。为此，修改后的《刑事诉讼法》第 150 条明确了有关单位和个人承担协助技术侦查的义务，对于依法采取技术侦查措施的，有关单位和个人承担积极配合的义务；不过，对于违法技术侦查，并无此项义务。有关单位在配合公安机关技术侦查的时候，对于获知的有关情况承担保密义务，不得泄露，以免干扰侦查活动的进行和损害国家利益、商业利益或者个人隐私。

三、法律依据

1.《中华人民共和国刑事诉讼法》（2012 年修正）（1979 年 7 月 1 日）（节录）

第一百四十八条　公安机关在立案后，对于危害国家安全犯罪、恐怖活动犯罪、黑社会性质的组织犯罪、重大毒品犯罪或者其他严重危害社会的犯罪案件，根据侦查犯罪的需要，经过严格的批准手续，可以采取技术侦查措施。

人民检察院在立案后，对于重大的贪污、贿赂犯罪案件以及利用职权实施的严重侵犯公民人身权利的重大犯罪案件，根据侦查犯罪的需要，经过严格的批准手续，可以采取技术侦查措施，按照规定交有关机关执行。

追捕被通缉或者批准、决定逮捕的在逃的犯罪嫌疑人、被告人，经过批准，可以采取追捕所必需的技术侦查措施。

第一百四十九条　批准决定应当根据侦查犯罪的需要，确定采取技术侦查措施的种类和适用对象。批准决定自签发之日起三个月以内有效。对于不需要继续采取技术侦查措施的，应当及时解除；对于复杂、疑难案件，期限届满仍有必要继续采取技术侦查措施的，经过批准，有效期可以延长，每次不得超过三个月。

第一百五十条　采取技术侦查措施，必须严格按照批准的措施种类、适用对象和期限执行。

侦查人员对采取技术侦查措施过程中知悉的国家秘密、商业秘密和个人隐私，应当保密；对采取技术侦查措施获取的与案件无关的材料，必须及时销毁。

采取技术侦查措施获取的材料，只能用于对犯罪的侦查、起诉和审判，不得用于其他用途。

公安机关依法采取技术侦查措施，有关单位和个人应当配合，并对有关情况予以保密。

第一百五十一条　为了查明案情，在必要的时候，经公安机关负责人决定，可以由有关人员隐匿其身份实施侦查。但是，不得诱使他人犯罪，不得采用可能危害公共安全或者发生重大人身危险的方法。

对涉及给付毒品等违禁品或者财物的犯罪活动，公安机关根据侦查犯罪的需要，可以依照规定实施控制下交付。

第一百五十二条　依照本节规定采取侦查措施收集的材料在刑事诉讼中可以作为证据使用。如果使用该证据可能危及有关人员的人身安全，或者可能产生其他严重后果的，应当采取不暴露有关人员身份、技术方法等保护措施，必要的时候，可以由审判人员在庭外对证据进行核实。

2. 最高人民法院、最高人民检察院、公安部、国家安全部、司法部、全国人大常委会法制工作委员会《关于实施刑事诉讼法若干问题的规定》（2012年修正）（节录）

20. 刑事诉讼法第一百四十九条中规定："批准决定应当根据侦查犯罪的需要，确定采取技术侦查措施的种类和适用对象。"采取技术侦查措施收集的材料作为证据使用的，批准采取技术侦查措施的法律文书应当附卷，辩护律师可以依法查阅、摘抄、复制，在审判过程中可以向法庭出示。

3. 最高人民检察院《人民检察院刑事诉讼规则（试行）》（2012年修订）（1997年1月15日）（节录）

第二百六十三条 人民检察院在立案后，对于涉案数额在十万元以上、采取其他方法难以收集证据的重大贪污、贿赂犯罪案件以及利用职权实施的严重侵犯公民人身权利的重大犯罪案件，经过严格的批准手续，可以采取技术侦查措施，交有关机关执行。

本条规定的贪污、贿赂犯罪包括刑法分则第八章规定的贪污罪、受贿罪、单位受贿罪、行贿罪、对单位行贿罪、介绍贿赂罪、单位行贿罪、利用影响力受贿罪。

本条规定的利用职权实施的严重侵犯公民人身权利的重大犯罪案件包括有重大社会影响的、造成严重后果的或者情节特别严重的非法拘禁、非法搜查、刑讯逼供、暴力取证、虐待被监管人、报复陷害等案件。

第二百六十四条 人民检察院办理直接受理立案侦查的案件，需要追捕被通缉或者批准、决定逮捕的在逃的犯罪嫌疑人、被告人的，经过批准，可以采取追捕所必需的技术侦查措施，不受本规则第二百六十三条规定的案件范围的限制。

第二百六十五条 人民检察院采取技术侦查措施应当根据侦查犯罪的需要，确定采取技术侦查措施的种类和适用对象，按照有关规定报请批准。批准决定自签发之日起三个月以内有效。对于不需要继续采取技术侦查措施的，应当及时解除；对于复杂、疑难案件，期限届满仍有必要继续采取技术侦查措施的，应当在期限届满前十日以内制作呈请延长技术侦查措施期限报告书，写明延长的期限及理由，经过原批准机关批准，有效期可以延长，每次不得超过三个月。

采取技术侦查措施收集的材料作为证据使用的，批准采取技术侦查措施的法律决定文书应当附卷，辩护律师可以依法查阅、摘抄、复制。

第二百六十六条 采取技术侦查措施收集的物证、书证及其他证据材料，侦查人员应当制作相应的说明材料，写明获取证据的时间、地点、数量、特征以及采取技术侦查措施的批准机关、种类等，并签名和盖章。

对于使用技术侦查措施获取的证据材料，如果可能危及特定人员的人身安全、涉及国家秘密或者公开后可能暴露侦查秘密或者严重损害商业秘密、个人隐私的，应当采取不暴露有关人员身份、技术方法等保护措施。在必要的时候，可以建议不在法庭上质证，由审判人员在庭外对证据进行核实。

第二百六十七条　检察人员对采取技术侦查措施过程中知悉的国家秘密、商业秘密和个人隐私，应当保密；对采取技术侦查措施获取的与案件无关的材料，应当及时销毁，并对销毁情况制作记录。

采取技术侦查措施获取的证据、线索及其他有关材料，只能用于对犯罪的侦查、起诉和审判，不得用于其他用途。

4. 公安部《公安机关办理刑事案件程序规定》（2012年修订）（节录）

第二百五十四条　公安机关在立案后，根据侦查犯罪的需要，可以对下列严重危害社会的犯罪案件采取技术侦查措施：

（一）危害国家安全犯罪、恐怖活动犯罪、黑社会性质的组织犯罪、重大毒品犯罪案件；

（二）故意杀人、故意伤害致人重伤或者死亡、强奸、抢劫、绑架、放火、爆炸、投放危险物质等严重暴力犯罪案件；

（三）集团性、系列性、跨区域性重大犯罪案件；

（四）利用电信、计算机网络、寄递渠道等实施的重大犯罪案件，以及针对计算机网络实施的重大犯罪案件；

（五）其他严重危害社会的犯罪案件，依法可能判处七年以上有期徒刑的。

公安机关追捕被通缉或者批准、决定逮捕的在逃的犯罪嫌疑人、被告人，可以采取追捕所必需的技术侦查措施。

第二百五十五条　技术侦查措施是指由设区的市一级以上公安机关负责技术侦查的部门实施的记录监控、行踪监控、通信监控、场所监控等措施。

技术侦查措施的适用对象是犯罪嫌疑人、被告人以及与犯罪活动直接关联的人员。

第二百五十六条　需要采取技术侦查措施的，应当制作呈请采取技术侦查措施报告书，报设区的市一级以上公安机关负责人批准，制作采取技术侦查措施决定书。

人民检察院等部门决定采取技术侦查措施，交公安机关执行的，由设区的市一级以上公安机关按照规定办理相关手续后，交负责技术侦查的部门执行，并将执行情况通知人民检察院等部门。

第二百五十七条　批准采取技术侦查措施的决定自签发之日起三个月以内有效。

在有效期限内，对不需要继续采取技术侦查措施的，办案部门应当立即书面通知负责技术侦查的部门解除技术侦查措施；负责技术侦查的部门认为需要解除技术侦查措施的，报批准机关负责人批准，制作解除技术侦查措施决定书，并及时通知办案部门。

对复杂、疑难案件，采取技术侦查措施的有效期限届满仍需要继续采取技术侦查措施的，经负责技术侦查的部门审核后，报批准机关负责人批准，制作延长技术侦查措施期限决定书。批准延长期限，每次不得超过三个月。

有效期限届满，负责技术侦查的部门应当立即解除技术侦查措施。

第二百五十八条　采取技术侦查措施，必须严格按照批准的措施种类、适用对象和期限执行。

在有效期限内，需要变更技术侦查措施种类或者适用对象的，应当按照本规定第二百五十六条规定重新办理批准手续。

第二百五十九条　采取技术侦查措施收集的材料在刑事诉讼中可以作为证据使用。使用技术侦查措施收集的材料作为证据时，可能危及有关人员的人身安全，或者可能产生其他严重后果的，应当采取不暴露有关人员身份和使用的技术设备、侦查方法等保护措施。

采取技术侦查措施收集的材料作为证据使用的，采取技术侦查措施决定书应当附卷。

第二百六十条　采取技术侦查措施收集的材料，应当严格依照有关规定存放，只能用于对犯罪的侦查、起诉和审判，不得用于其他用途。

采取技术侦查措施收集的与案件无关的材料，必须及时销毁，并制作销毁记录。

第二百六十一条　侦查人员对采取技术侦查措施过程中知悉的国家秘密、商业秘密和个人隐私，应当保密。

公安机关依法采取技术侦查措施，有关单位和个人应当配合，并对有关情况予以保密。

第二百六十二条　为了查明案情，在必要的时候，经县级以上公安机关负责人决定，可以由侦查人员或者公安机关指定的其他人员隐匿身份实施侦查。

隐匿身份实施侦查时，不得使用促使他人产生犯罪意图的方法诱使他人犯罪，不得采用可能危害公共安全或者发生重大人身危险的方法。

第二百六十三条 对涉及给付毒品等违禁品或者财物的犯罪活动，为查明参与该项犯罪的人员和犯罪事实，根据侦查需要，经县级以上公安机关负责人决定，可以实施控制下交付。

第二百六十四条 公安机关依照本节规定实施隐匿身份侦查和控制下交付收集的材料在刑事诉讼中可以作为证据使用。

使用隐匿身份侦查和控制下交付收集的材料作为证据时，可能危及隐匿身份人员的人身安全，或者可能产生其他严重后果的，应当采取不暴露有关人员身份等保护措施。

第八章　辨认

刑事辨认是指在刑事诉讼中，为查明案情，在侦查人员主持下由犯罪嫌疑人、被害人或证人凭借记忆信息对犯罪嫌疑人或可能与犯罪有关的场所、物品、文件等进行再识别的一种侦查措施。

一、主要程序

我国刑事诉讼法对辨认没有作出规定。根据侦查实践经验，辨认应当符合以下程序和要求：

1. 辨认应当由 2 名以上侦查人员主持进行。其中对犯罪嫌疑人进行辨认，应当经侦查机关或其侦查部门的负责人批准。为保证辨认的客观性和合法性，侦查人员应当聘请见证人参加辨认活动。

2. 组织辨认前，侦查人员应当向辨认人详细询问辨认对象的具体特征，禁止辨认人见到辨认对象，以防止辨认人无根据地进行辨认和先入为主。同时，应当告知辨认人有意作假辨认应负的法律责任。

3. 几名辨认人对同一辨认对象进行辨认时，应当由辨认人个别进行，以防止辨认人之间互相影响，作出错误的辨认。

4. 辨认时，侦查人员应当将辨认对象混杂在其他对象中让辨认人辨认，同时不得给予辨认人任何暗示。其中，辨认犯罪嫌疑人时，被辨认的人数应不少于 5 人；对犯罪嫌疑人的辨认，辨认人不愿意公开进行时，可以在不暴露辨认人的情况下进行，而且侦查人员应当为其保守秘密。对犯罪嫌疑人照片进行辨认时，所提供的照片应不少于 5 张。

5. 辨认经过和结果，应当制作笔录，由侦查人员、辨认人、见证人签名或盖章，并注明时间。

二、注意问题

1. 侦查人员在组织辨认前，应当向辨认人就有关辨认对象的具体特征和情况进行认真详细的询问并记录在卷，以便与辨认结果核对查证。完善严禁暗示规则，明确界定什么是暗示、暗示的形式、影响暗示效果的因素等。全程录音录像规则，在辨认过程中，对辨认过程进行全程录音录像，对规范辨认既是一种有效的监督，也可以帮助侦查人员分析辨认时辨认人、被辨认人的心理以及有无其他干扰因素。

2. 侦查活动中以照片静态辨认为主要辨认方式。因此，要建立照片数据库，实现资源共享。实践中，由于管理上的落后和不科学，想要找到符合要求的陪衬者的照片往往很难，而随意找来做陪衬的照片会大大增加错误辨认的可能性。基于此，应利用现代技术条件，整合各地区的照片资源，建立照片档案库，实现网络化管理和资源共享。

3. 制定科学合理的辨认操作程序。首先，辨认的审批主体，可规定为负责审查批捕的检察官，且任何参与案件调查的人员应回避，不得担任辨认的主持人和参与辨认程序。其次，完善辨认的监督和保密程序。应明确规定见证人的监督权及担任见证人的资格，同时规定侦查人员应当在辨认中和辨认后为辨认人保守秘密，对于参加辨认的人进行适当的保护措施。

4. 辨认应当实行混杂辨认规则，其要求将辨认对象混杂在大概相似的陪衬对象之中。混杂对象在数量上要求一般为 8 人至 12 人，特殊情况下可超过12 人（如一个案件中有两名犯罪嫌疑人且该两人有着大致相似的外表），在质量上要求混杂对象在年龄、身高、体态外表及生活地位等方面与犯罪嫌疑人大致相似。在我国的辨认实践中，严禁暗示和诱导规则未能被很好地遵守，侦查人员的诱导和暗示行为有时很明显，较常见的是语言暗示。我国法律法规对两名以上团伙作案的案犯如何进行混杂辨认也没有具体规定，实践中侦查人员大多数情况下同时将团伙中的这些案犯与混杂对象混在一起，而不是将案犯一一与混杂对象混在一起提供给辨认人辨认。

5. 对场所辨认不规范，没有明确区分辨认和指认的不同。实践中，无论是已知的还是未知的犯罪场所，侦查人员往往带犯罪嫌疑人去现场进行辨认，同时附上犯罪嫌疑人在案发现场的照片予以说明；甚至在有些案件中是侦查人员把犯罪嫌疑人带到现场去，而非犯罪嫌疑人主动带着侦查人员去现场进行辨认，这些做法实际上混淆了辨认和指认的区别。

三、工作文书

1. 辨认笔录文书格式

××市人民检察院
辨认笔录

时间：二〇××年×月×日×时

地点：××市××博物馆 2 号展厅

辨认对象：汉代瓷器

辨认人：龙××

性别：男

年龄：54 岁

工作单位、职务：××市××博物馆馆长

主持人：单××

记录人：欧阳××

辨认情况：（略）

辨认人（签字）：龙××

2. 文书制作说明

（1）本文书为对与犯罪有关的物品、文件、尸体或者犯罪嫌疑人等进行辨认时使用，以人次为单位填写制作。

（2）"辨认情况"应详细写明辨认的组织形式，辨认的目的与要求，辨认的结果，并由辨认人签名。

（3）笔录一式二份（可复印一份），存检察正卷、内卷各 1 份。

3. 制作文书需要注意的问题

（1）要客观、全面、详细地记录如下内容：辨认的组织情况，询问辨认人和向其交代法律责任的情况，辨认实施的具体情况。

（2）数人辨认的，应当分别填制辨认笔录。

（3）如果对辨认人有暗示的，或者未先询问辨认人即辨认的，也应载明。因为这些辨认笔录，将证明辨认结果无效。

四、法律依据

1. 最高人民法院、最高人民检察院、公安部、国家安全部、司法部《关于办理死刑案件审查判断证据若干问题的规定》（2010 年）（节录）

第三十条 侦查机关组织的辨认，存在下列情形之一的，应当严格审查，不能确定其真实性的，辨认结果不能作为定案的根据：

（一）辨认不是在侦查人员主持下进行的；

（二）辨认前使辨认人见到辨认对象的；

（三）辨认人的辨认活动没有个别进行的；

（四）辨认对象没有混杂在具有类似特征的其他对象中，或者供辨认的对象数量不符合规定的；尸体、场所等特定辨认对象除外；

（五）辨认中给辨认人明显暗示或者明显有指认嫌疑的。

有下列情形之一的，通过有关办案人员的补正或者作出合理解释的，辨认结果可以作为证据使用：

（一）主持辨认的侦查人员少于二人的；

（二）没有向辨认人详细询问辨认对象的具体特征的；

（三）对辨认经过和结果没有制作专门的规范的辨认笔录，或者辨认笔录没有侦查人员、辨认人、见证人的签名或者盖章的；

（四）辨认笔录过于简单，只有结果没有过程的；

（五）案卷中只有辨认笔录，没有被辨认对象的照片、录像等资料，无法获悉辨认的真实情况的。

2. 最高人民检察院《人民检察院刑事诉讼规则（试行）》（2012 年修订）（1997 年 1 月 15 日）（节录）

第二百五十七条　为了查明案情，在必要的时候，检察人员可以让被害人、证人和犯罪嫌疑人对与犯罪有关的物品、文件、尸体或场所进行辨认；也可以让被害人、证人对犯罪嫌疑人进行辨认，或者让犯罪嫌疑人对其他犯罪嫌疑人进行辨认。

对犯罪嫌疑人进行辨认，应当经检察长批准。

第二百五十八条　辨认应当在检察人员的主持下进行，主持辨认的检察人员不得少于二人。在辨认前，应当向辨认人详细询问被辨认对象的具体特征，避免辨认人见到被辨认对象，并应当告知辨认人有意作虚假辨认应负的法律责任。

第二百五十九条　几名辨认人对同一被辨认对象进行辨认时，应当由每名辨认人单独进行。必要的时候，可以有见证人在场。

第二百六十条　辨认时，应当将辨认对象混杂在其他对象中，不得给辨认人任何暗示。

辨认犯罪嫌疑人、被害人时，被辨认的人数为五到十人，照片五到十张。

辨认物品时，同类物品不得少于五件，照片不得少于五张。

对犯罪嫌疑人的辨认，辨认人不愿公开进行时，可以在不暴露辨认人的情况下进行，并应当为其保守秘密。

第二百六十一条　辨认的情况，应当制作笔录，由检察人员、辨认人、见证人签字。对辨认对象应当拍照，必要时可以对辨认过程进行录音、录像。

第二百六十二条　人民检察院主持进行辨认，可以商请公安机关参加或者协助。

3. 公安部《公安机关办理刑事案件程序规定》（2012 年修订）（节录）

第二百四十九条 为了查明案情，在必要的时候，侦查人员可以让被害人、证人或者犯罪嫌疑人对与犯罪有关的物品、文件、尸体、场所或者犯罪嫌疑人进行辨认。

第二百五十条 辨认应当在侦查人员的主持下进行。主持辨认的侦查人员不得少于二人。

几名辨认人对同一辨认对象进行辨认时，应当由辨认人个别进行。

第二百五十一条 辨认时，应当将辨认对象混杂在特征相类似的其他对象中，不得给辨认人任何暗示。辨认犯罪嫌疑人时，被辨认的人数不得少于七人；对犯罪嫌疑人照片进行辨认的，不得少于十人的照片；辨认物品时，混杂的同类物品不得少于五件。

对场所、尸体等特定辨认对象进行辨认，或者辨认人能够准确描述物品独有特征的，陪衬物不受数量的限制。

第二百五十二条 对犯罪嫌疑人的辨认，辨认人不愿意公开进行时，可以在不暴露辨认人的情况下进行，并应当为其保守秘密。

第二百五十三条 对辨认经过和结果，应当制作辨认笔录，由侦查人员、辨认人、见证人签名。必要时，应当对辨认过程进行录音或者录像。

第九章　通缉与上网追逃、边控、境外缉捕和引渡

通缉，是指公安机关发布通缉令并采取有效措施，将应当逮捕而在逃的犯罪嫌疑人追捕归案的一种侦查活动。人民检察院侦查直接受理的案件，应当逮捕的犯罪嫌疑人如果在逃，或者已被逮捕的犯罪嫌疑人脱逃的，经检察长批准，可以作出通缉的决定，商公安机关发布通缉令予以缉捕。

一、主要程序

（一）通缉

1. 决定通缉。人民检察院侦查直接受理的案件，应当逮捕的犯罪嫌疑人如果在逃，或者已被逮捕的犯罪嫌疑人脱逃的，办案人应制作《通缉通知书》，经检察长批准，作出通缉决定，通知执行机关发布通缉令予以追捕。各级人民检察院需要在本辖区内通缉犯罪嫌疑人的，可以直接决定通缉，将《通缉通知书》等材料送达同级公安机关发布通缉令；需要在本辖区外通缉犯罪嫌疑人的，应当由立案侦查的人民检察院提出通缉令发送范围，报请上级人民检察院批准后，交由上级人民检察院同级的公安机关发布通缉令。需要在全国范围内通缉的，应填写《在逃人员登记表》，先在当地公安机关上网，然后将报请进行全国通缉的报告等材料，由省级人民检察院呈报最高人民检察院批准后，商公安部办理。

2. 发布通缉令。商请公安机关发布通缉令，人民检察院应提供下列材料：《通缉通知书》、《逮捕证》复印件、《在逃人员登记表》、《立案决定书》及犯罪嫌疑人近期1寸至2寸清晰照片2张、身份证号码、指纹、体貌特征、携带物品和注意事项等情况及简要案情。

（二）上网追逃

承办案件的人民检察院发现犯罪嫌疑人潜逃后，应制作《在逃人员登记表》，经检察长审批，连同犯罪嫌疑人1寸照片2张，交同级公安机关，商请同级公安机关将被通缉人信息上网，利用公安系统计算机网络追逃。对于案情重大、情况紧急来不及办理逮捕手续的在逃犯罪嫌疑人，经检察长批准，并与

公安机关协商，可先上网，然后在 7 日内补办相关手续。

（三）边控

1. 对犯罪嫌疑人持有出国护照或港澳通行证可能逃往境外，需在边防口岸阻止出境的，立案侦查的人民检察院应当制作《边控对象通知书》，由申请边控的人民检察院领导审批，盖院印。申请边控的人民检察院向省级人民检察院提交边控请求函，并提供被控对象的姓名、性别、出生年月日、出入境证件种类、号码等材料，以及申请边控期限和起止时间，呈报省级人民检察院批准后，由省级人民检察院出具公函向省公安厅交控。在紧急情况下，县、市人民检察院来不及向省级人民检察院呈报而在当地边防检查站临时交控的，应在交控后的 7 日内按规定补办手续。

2. 对需要办理边控的犯罪嫌疑人，应当根据案件的需要按公安部《关于公安机关办理边控有关问题的通知》要求，同公安机关明确对边控对象的控制办法和期限。需要扣留人员的，人民检察院应同时出具《逮捕证》或《拘留证》等有关法律文书，交控的人民检察院应提供 24 小时联系电话和联系人。

3. 对没有办理出入境证件、需要限制其出境的犯罪嫌疑人和案件其他重要关系人，立案侦查的人民检察院可以出具公函通报同级公安机关，不予为其办理出入境证件。

（四）境外缉捕、引渡

对于应当逮捕的犯罪嫌疑人，如果潜逃出境，需要通过国际刑警组织缉捕的，在商当地公安机关上网后，由省级人民检察院按规定办理有关手续，填写《红色通缉令申请表》，连同犯罪嫌疑人在境外所持证件种类、号码、所往国家或地区以及在这些国家或地区居住地、工作地或经常活动地、电话号码等材料，呈报最高人民检察院商请国际刑事警察组织中国国家中心局办理。对已与我国签订引渡条约的国家，依法通过引渡途径引渡逃到该国的犯罪嫌疑人。

（五）补发通报

人民检察院应当积极配合公安机关上网追逃、边控、通缉工作，及时了解执行情况，发现新的重要情况，应当及时移送公安机关补发通报。

（六）其他措施

立案侦查的人民检察院对已经抓获的被通缉犯罪嫌疑人，以及已办理拘留、逮捕等强制措施手续的被控犯罪嫌疑人，已被出入境口岸扣人扣证的，应及时派员交接并办理有关手续。检察机关撤销案件、犯罪嫌疑人自首或经核实确已被抓获，不再需要上网追逃、通缉或边控的，应当在 48 小时内向当地公安机关通报并办理相关手续。

二、注意问题

1. 通缉的对象是应当逮捕而在逃的犯罪嫌疑人，立案侦查的人民检察院反渎职侵权部门应当凭《逮捕证》等手续办理通缉。人民检察院决定通缉的，均应商同级公安机关上网追逃。

2. 对于情况紧急，来不及办理逮捕手续的犯罪嫌疑人，可以凭《拘留证》等手续商公安机关先行上网追逃，然后再补办有关手续。

三、法律依据

1.《中华人民共和国刑事诉讼法》（2012 年修正）（1979 年 7 月 1 日）（节录）

第一百五十三条　应当逮捕的犯罪嫌疑人如果在逃，公安机关可以发布通缉令，采取有效措施，追捕归案。

各级公安机关在自己管辖的地区以内，可以直接发布通缉令；超出自己管辖的地区，应当报请有权决定的上级机关发布。

2.《中华人民共和国引渡法》（2000 年 12 月 28 日）（节录）

第二条　中华人民共和国和外国之间的引渡，依照本法进行。

第三条　中华人民共和国和外国在平等互惠的基础上进行引渡合作。

引渡合作，不得损害中华人民共和国的主权、安全和社会公共利益。

第四条　中华人民共和国和外国之间的引渡，通过外交途径联系。中华人民共和国外交部为指定的进行引渡的联系机关。

引渡条约对联系机关有特别规定的，依照条约规定。

第五条　办理引渡案件，可以根据情况，对被请求引渡人采取引渡拘留、引渡逮捕或者引渡监视居住的强制措施。

第六条本法下列用语的含义是：

（一）"被请求引渡人"是指请求国向被请求国请求准予引渡的人；

（二）"被引渡人"是指从被请求国引渡到请求国的人；

（三）"引渡条约"是指中华人民共和国与外国缔结或者共同参加的引渡条约或者载有引渡条款的其他条约。

第七条　外国向中华人民共和国提出的引渡请求必须同时符合下列条件，才能准予引渡：

（一）引渡请求所指的行为，依照中华人民共和国法律和请求国法律均构成犯罪；

（二）为了提起刑事诉讼而请求引渡的，根据中华人民共和国法律和请求国法律，对于引渡请求所指的犯罪均可判处一年以上有期徒刑或者其他更重的刑罚；为了执行刑罚而请求引渡的，在提出引渡请求时，被请求引渡人尚未服完的刑期至少为六个月。

对于引渡请求中符合前款第一项规定的多种犯罪，只要其中有一种犯罪符合前款第二项的规定，就可以对上述各种犯罪准予引渡。

第八条 外国向中华人民共和国提出的引渡请求，有下列情形之一的，应当拒绝引渡：

（一）根据中华人民共和国法律，被请求引渡人具有中华人民共和国国籍的；

（二）在收到引渡请求时，中华人民共和国的司法机关对于引渡请求所指的犯罪已经作出生效判决，或者已经终止刑事诉讼程序的；

（三）因政治犯罪而请求引渡的，或者中华人民共和国已经给予被请求引渡人受庇护权利的；

（四）被请求引渡人可能因其种族、宗教、国籍、性别、政治见解或者身份等方面的原因而被提起刑事诉讼或者执行刑罚，或者被请求引渡人在司法程序中可能由于上述原因受到不公正待遇的；

（五）根据中华人民共和国或者请求国法律，引渡请求所指的犯罪纯属军事犯罪的；

（六）根据中华人民共和国或者请求国法律，在收到引渡请求时，由于犯罪已过追诉时效期限或者被请求引渡人已被赦免等原因，不应当追究被请求引渡人的刑事责任的；

（七）被请求引渡人在请求国曾经遭受或者可能遭受酷刑或者其他残忍、不人道或者有辱人格的待遇或者处罚的；

（八）请求国根据缺席判决提出引渡请求的。但请求国承诺在引渡后对被请求引渡人给予在其出庭的情况下进行重新审判机会的除外。

第九条 外国向中华人民共和国提出的引渡请求，有下列情形之一的，可以拒绝引渡：

（一）中华人民共和国对于引渡请求所指的犯罪具有刑事管辖权，并且对被请求引渡人正在进行刑事诉讼或者准备提起刑事诉讼的；

（二）由于被请求引渡人的年龄、健康等原因，根据人道主义原则不宜引渡的。

第十条 请求国的引渡请求应当向中华人民共和国外交部提出。

第十一条 请求国请求引渡应当出具请求书，请求书应当载明：

（一）请求机关的名称；

（二）被请求引渡人的姓名、性别、年龄、国籍、身份证件的种类及号码、职业、外表特征、住所地和居住地以及其他有助于辨别其身份和查找该人的情况；

（三）犯罪事实，包括犯罪的时间、地点、行为、结果等；

（四）对犯罪的定罪量刑以及追诉时效方面的法律规定。

第十二条 请求国请求引渡，应当在出具请求书的同时，提供以下材料：

（一）为了提起刑事诉讼而请求引渡的，应当附有逮捕证或者其他具有同等效力的文件的副本；为了执行刑罚而请求引渡的，应当附有发生法律效力的判决书或者裁定书的副本，对于已经执行部分刑罚的，还应当附有已经执行刑期的证明；

（二）必要的犯罪证据或者证据材料。

请求国掌握被请求引渡人照片、指纹以及其他可供确认被请求引渡人的材料的，应当提供。

第十三条 请求国根据本节提交的引渡请求书或者其他有关文件，应当由请求国的主管机关正式签署或者盖章，并应当附有中文译本或者经中华人民共和国外交部同意使用的其他文字的译本。

第十四条 请求国请求引渡，应当作出如下保证：

（一）请求国不对被引渡人在引渡前实施的其他未准予引渡的犯罪追究刑事责任，也不将该人再引渡给第三国。但经中华人民共和国同意，或者被引渡人在其引渡罪行诉讼终结、服刑期满或者提前释放之日起三十日内没有离开请求国，或者离开后又自愿返回的除外；

（二）请求国提出请求后撤销、放弃引渡请求，或者提出引渡请求错误的，由请求国承担因请求引渡对被请求引渡人造成损害的责任。

第十五条 在没有引渡条约的情况下，请求国应当作出互惠的承诺。

第十六条 外交部收到请求国提出的引渡请求后，应当对引渡请求书及其所附文件、材料是否符合本法第二章第二节和引渡条约的规定进行审查。

最高人民法院指定的高级人民法院对请求国提出的引渡请求是否符合本法和引渡条约关于引渡条件等规定进行审查并作出裁定。最高人民法院对高级人民法院作出的裁定进行复核。

第十七条 对于两个以上国家就同一行为或者不同行为请求引渡同一人的，应当综合考虑中华人民共和国收到引渡请求的先后、中华人民共和国与请求国是否存在引渡条约关系等因素，确定接受引渡请求的优先顺序。

第十八条 外交部对请求国提出的引渡请求进行审查，认为不符合本法第二章第二节和引渡条约的规定的，可以要求请求国在三十日内提供补充材料。经请求国请求，上述期限可以延长十五日。

请求国未在上述期限内提供补充材料的，外交部应当终止该引渡案件。请求国可以对同一犯罪再次提出引渡该人的请求。

第十九条 外交部对请求国提出的引渡请求进行审查，认为符合本法第二章第二节和引渡条约的规定的，应当将引渡请求书及其所附文件和材料转交最高人民法院、最高人民检察院。

第二十条 外国提出正式引渡请求前被请求引渡人已经被引渡拘留的，最高人民法院接到引渡请求书及其所附文件和材料后，应当将引渡请求书及其所附文件和材料及时转交有关高级人民法院进行审查。

外国提出正式引渡请求前被请求引渡人未被引渡拘留的，最高人民法院接到引渡请求书及其所附文件和材料后，通知公安部查找被请求引渡人。公安机关查找到被请求引渡人后，应当根据情况对被请求引渡人予以引渡拘留或者引渡监视居住，由公安部通知最高人民法院。最高人民法院接到公安部的通知后，应当及时将引渡请求书及其所附文件和材料转交有关高级人民法院进行审查。

公安机关经查找后，确认被请求引渡人不在中华人民共和国境内或者查找不到被请求引渡人的，公安部应当及时通知最高人民法院。最高人民法院接到公安部的通知后，应当及时将查找情况通知外交部，由外交部通知请求国。

第二十一条 最高人民检察院经审查，认为对引渡请求所指的犯罪或者被请求引渡人的其他犯罪，应当由我国司法机关追诉，但尚未提起刑事诉讼的，应当自收到引渡请求书及其所附文件和材料之日起一个月内，将准备提起刑事诉讼的意见分别告知最高人民法院和外交部。

第二十二条 高级人民法院根据本法和引渡条约关于引渡条件等有关规定，对请求国的引渡请求进行审查，由审判员三人组成合议庭进行。

第二十三条 高级人民法院审查引渡案件，应当听取被请求引渡人的陈述及其委托的中国律师的意见。高级人民法院应当在收到最高人民法院转来的引渡请求书之日起十日内将引渡请求书副本发送被请求引渡人。被请求引渡人应当在收到之日起三十日内提出意见。

第二十四条 高级人民法院经审查后，应当分别作出以下裁定：

（一）认为请求国的引渡请求符合本法和引渡条约规定的，应当作出符合引渡条件的裁定。如果被请求引渡人具有本法第四十二条规定的暂缓引渡情形的，裁定中应当予以说明；

（二）认为请求国的引渡请求不符合本法和引渡条约规定的，应当作出不引渡的裁定。

根据请求国的请求，在不影响中华人民共和国领域内正在进行的其他诉讼，不侵害中华人民共和国领域内任何第三人的合法权益的情况下，可以在作出符合引渡条件的裁定的同时，作出移交与案件有关财物的裁定。

第二十五条　高级人民法院作出符合引渡条件或者不引渡的裁定后，应当向被请求引渡人宣读，并在作出裁定之日起七日内将裁定书连同有关材料报请最高人民法院复核。

被请求引渡人对高级人民法院作出符合引渡条件的裁定不服的，被请求引渡人及其委托的中国律师可以在人民法院向被请求引渡人宣读裁定之日起十日内，向最高人民法院提出意见。

第二十六条　最高人民法院复核高级人民法院的裁定，应当根据下列情形分别处理：

（一）认为高级人民法院作出的裁定符合本法和引渡条约规定的，应当对高级人民法院的裁定予以核准；

（二）认为高级人民法院作出的裁定不符合本法和引渡条约规定的，可以裁定撤销，发回原审人民法院重新审查，也可以直接作出变更的裁定。

第二十七条　人民法院在审查过程中，在必要时，可以通过外交部要求请求国在三十日内提供补充材料。

第二十八条　最高人民法院作出核准或者变更的裁定后，应当在作出裁定之日起七日内将裁定书送交外交部，并同时送达被请求引渡人。

最高人民法院核准或者作出不引渡裁定的，应当立即通知公安机关解除对被请求引渡人采取的强制措施。

第二十九条　外交部接到最高人民法院不引渡的裁定后，应当及时通知请求国。

外交部接到最高人民法院符合引渡条件的裁定后，应当报送国务院决定是否引渡。

国务院决定不引渡的，外交部应当及时通知请求国。人民法院应当立即通知公安机关解除对被请求引渡人采取的强制措施。

第三十条　对于外国正式提出引渡请求前，因紧急情况申请对将被请求引渡的人采取羁押措施的，公安机关可以根据外国的申请采取引渡拘留措施。

前款所指的申请应当通过外交途径或者向公安部书面提出，并应当载明：

（一）本法第十一条、第十四条规定的内容；

（二）已经具有本法第十二条第一项所指材料的说明；

（三）即将正式提出引渡请求的说明。

对于通过外交途径提出申请的，外交部应当及时将该申请转送公安部。对于向公安部提出申请的，公安部应当将申请的有关情况通知外交部。

第三十一条　公安机关根据本法第三十条的规定对被请求人采取引渡拘留措施，对于向公安部提出申请的，公安部应当将执行情况及时通知对方，对于通过外交途径提出申请的，公安部将执行情况通知外交部，外交部应当及时通知请求国。通过上述途径通知时，对于被请求人已被引渡拘留的，应当同时告知提出正式引渡请求的期限。

公安机关采取引渡拘留措施后三十日内外交部没有收到外国正式引渡请求的，应当撤销引渡拘留，经该外国请求，上述期限可以延长十五日。

对根据本条第二款撤销引渡拘留的，请求国可以在事后对同一犯罪正式提出引渡该人的请求。

第三十二条　高级人民法院收到引渡请求书及其所附文件和材料后，对于不采取引渡逮捕措施可能影响引渡正常进行的，应当及时作出引渡逮捕的决定。对被请求引渡人不采取引渡逮捕措施的，应当及时作出引渡监视居住的决定。

第三十三条　引渡拘留、引渡逮捕、引渡监视居住由公安机关执行。

第三十四条　采取引渡强制措施的机关应当在采取引渡强制措施后二十四小时内对被采取引渡强制措施的人进行讯问。

被采取引渡强制措施的人自被采取引渡强制措施之日起，可以聘请中国律师为其提供法律帮助。公安机关在执行引渡强制措施时，应当告知被采取引渡强制措施的人享有上述权利。

第三十五条　对于应当引渡逮捕的被请求引渡人，如果患有严重疾病，或者是正在怀孕、哺乳自己婴儿的妇女，可以采取引渡监视居住措施。

第三十六条　国务院作出准予引渡决定后，应当及时通知最高人民法院。如果被请求引渡人尚未被引渡逮捕的，人民法院应当立即决定引渡逮捕。

第三十七条　外国撤销、放弃引渡请求的，应当立即解除对被请求引渡人采取的引渡强制措施。

第三十八条　引渡由公安机关执行。对于国务院决定准予引渡的，外交部应当及时通知公安部，并通知请求国与公安部约定移交被请求引渡人的时间、地点、方式以及执行引渡有关的其他事宜。

第三十九条　对于根据本法第三十八条的规定执行引渡的，公安机关应当根据人民法院的裁定，向请求国移交与案件有关的财物。

因被请求引渡人死亡、逃脱或者其他原因而无法执行引渡时，也可以向请求国移交上述财物。

第四十条　请求国自约定的移交之日起十五日内不接收被请求引渡人的，应当视为自动放弃引渡请求。公安机关应当立即释放被请求引渡人，外交部可以不再受理该国对同一犯罪再次提出的引渡该人的请求。

请求国在上述期限内因无法控制的原因不能接收被请求引渡人的，可以申请延长期限，但最长不得超过三十日，也可以根据本法第三十八条的规定重新约定移交事宜。

第四十一条　被引渡人在请求国的刑事诉讼终结或者服刑完毕之前逃回中华人民共和国的，可以根据请求国再次提出的相同的引渡请求准予重新引渡，无需请求国提交本章第二节规定的文件和材料。

第四十二条　国务院决定准予引渡时，对于中华人民共和国司法机关正在对被请求引渡人由于其他犯罪进行刑事诉讼或者执行刑罚的，可以同时决定暂缓引渡。

第四十三条　如果暂缓引渡可能给请求国的刑事诉讼造成严重障碍，在不妨碍中华人民共和国领域内正在进行的刑事诉讼，并且请求国保证在完成有关诉讼程序后立即无条件送回被请求引渡人的情况下，可以根据请求国的请求，临时引渡该人。

临时引渡的决定，由国务院征得最高人民法院或者最高人民检察院的同意后作出。

第四十四条　外国之间进行引渡需要经过中华人民共和国领域的，应当按照本法第四条和本章第二节的有关规定提出过境请求。

过境采用航空运输并且在中华人民共和国领域内没有着陆计划的，不适用前款规定；但发生计划外着陆的，应当依照前款规定提出过境请求。

第四十五条　对于外国提出的过境请求，由外交部根据本法的有关规定进行审查，作出准予过境或者拒绝过境的决定。

准予过境或者拒绝过境的决定应当由外交部通过与收到请求相同的途径通知请求国。

外交部作出准予过境的决定后，应当将该决定及时通知公安部。过境的时间、地点和方式等事宜由公安部决定。

第四十六条　引渡的过境由过境地的公安机关监督或者协助执行。

公安机关可以根据过境请求国的请求，提供临时羁押场所。

第四十七条　请求外国准予引渡或者引渡过境的，应当由负责办理有关案件的省、自治区或者直辖市的审判、检察、公安、国家安全或者监狱管理机关分别向最高人民法院、最高人民检察院、公安部、国家安全部、司法部提出意见书，并附有关文件和材料及其经证明无误的译文。最高人民法院、最高人民检察院、公安部、国家安全部、司法部分别会同外交部审核同意后，通过外交部向外国提出请求。

第四十八条　在紧急情况下，可以在向外国正式提出引渡请求前，通过外交途径或者被请求国同意的其他途径，请求外国对有关人员先行采取强制措施。

第四十九条　引渡、引渡过境或者采取强制措施的请求所需的文书、文件和材料，应当依照引渡条约的规定提出；没有引渡条约或者引渡条约没有规定的，可以参照本法第二章第二节、第四节和第七节的规定提出；被请求国有特殊要求的，在不违反中华人民共和国法律的基本原则的情况下，可以按照被请求国的特殊要求提出。

第五十条　被请求国就准予引渡附加条件的，对于不损害中华人民共和国主权、国家利益、公共利益的，可以由外交部代表中华人民共和国政府向被请求国作出承诺。对于限制追诉的承诺，由最高人民检察院决定；对于量刑的承诺，由最高人民法院决定。

在对被引渡人追究刑事责任时，司法机关应当受所作出的承诺的约束。

第五十一条　公安机关负责接收外国准予引渡的人以及与案件有关的财物。

对于其他部门提出引渡请求的，公安机关在接收被引渡人以及与案件有关的财物后，应当及时转交提出引渡请求的部门；也可以会同有关部门共同接收被引渡人以及与案件有关的财物。

第五十二条　根据本法规定是否引渡由国务院决定的，国务院在必要时，得授权国务院有关部门决定。

第五十三条　请求国提出请求后撤销、放弃引渡请求，或者提出引渡请求错误，给被请求引渡人造成损害，被请求引渡人提出赔偿的，应当向请求国提出。

第五十四条　办理引渡案件产生的费用，依照请求国和被请求国共同参加、签订的引渡条约或者协议办理。

3. 最高人民检察院《人民检察院刑事诉讼规则（试行）》（2012 年修订）（1997 年 1 月 15 日）（节录）

第二百六十八条　人民检察院办理直接受理立案侦查的案件，应当逮捕的犯罪嫌疑人如果在逃，或者已被逮捕的犯罪嫌疑人脱逃的，经检察长批准，可以通缉。

第二百六十九条　各级人民检察院需要在本辖区内通缉犯罪嫌疑人的，可以直接决定通缉；需要在本辖区外通缉犯罪嫌疑人的，由有决定权的上级人民检察院决定。

第二百七十条　人民检察院应当将通缉通知书和通缉对象的照片、身份、特征、案情简况送达公安机关，由公安机关发布通缉令，追捕归案。

第二百七十一条　为防止犯罪嫌疑人等涉案人员逃往境外，需要在边防口岸采取边控措施的，人民检察院应当按照有关规定制作边控对象通知书，商请公安机关办理边控手续。

第二百七十二条　人民检察院应当及时了解通缉的执行情况。

第二百七十三条　对于应当逮捕的犯罪嫌疑人，如果潜逃出境，可以按照有关规定层报最高人民检察院商请国际刑警组织中国国家中心局，请求有关方面协助，或者通过其他法律规定的途径进行追捕。

4. 公安部《公安机关办理刑事案件程序规定》（2012 年修订）（节录）

第二百六十五条　应当逮捕的犯罪嫌疑人如果在逃，公安机关可以发布通缉令，采取有效措施，追捕归案。

县级以上公安机关在自己管辖的地区内，可以直接发布通缉令；超出自己管辖的地区，应当报请有权决定的上级公安机关发布。

通缉令的发送范围，由签发通缉令的公安机关负责人决定。

第二百六十六条　通缉令中应当尽可能写明被通缉人的姓名、别名、曾用名、绰号、性别、年龄、民族、籍贯、出生地、户籍所在地、居住地、职业、身份证号码、衣着和体貌特征、口音、行为习惯，并附被通缉人近期照片，可以附指纹及其他物证的照片。除了必须保密的事项以外，应当写明发案的时间、地点和简要案情。

第二百六十七条　通缉令发出后，如果发现新的重要情况可以补发通报。通报必须注明原通缉令的编号和日期。

第二百六十八条　公安机关接到通缉令后，应当及时布置查缉。抓获犯罪嫌疑人后，报经县级以上公安机关负责人批准，凭通缉令或者相关法律文书羁押，并通知通缉令发布机关进行核实，办理交接手续。

第二百六十九条　需要对犯罪嫌疑人在口岸采取边控措施的，应当按照有关规定制作边控对象通知书，经县级以上公安机关负责人审核后，层报省级公安机关批准，办理全国范围内的边控措施。需要限制犯罪嫌疑人人身自由的，应当附有关法律文书。

紧急情况下，需要采取边控措施的，县级以上公安机关可以出具公函，先向当地边防检查站交控，但应当在七日以内按照规定程序办理全国范围内的边控措施。

第二百七十条　为发现重大犯罪线索，追缴涉案财物、证据，查获犯罪嫌疑人，必要时，经县级以上公安机关负责人批准，可以发布悬赏通告。

悬赏通告应当写明悬赏对象的基本情况和赏金的具体数额。

第二百七十一条 通缉令、悬赏通告应当广泛张贴，并可以通过广播、电视、报刊、计算机网络等方式发布。

第二百七十二条 经核实，犯罪嫌疑人已经自动投案、被击毙或者被抓获，以及发现有其他不需要采取通缉、边控、悬赏通告的情形的，发布机关应当在原通缉、通知、通告范围内，撤销通缉令、边控通知、悬赏通告。

第二百七十三条 通缉越狱逃跑的犯罪嫌疑人、被告人或者罪犯，适用本节的有关规定。

5. 最高人民检察院、公安部《关于适用刑事强制措施有关问题的规定》（2000 年 8 月 28 日　高检会〔2002〕2 号）（节录）

第三十三条 人民检察院直接立案侦查的案件，需要通缉犯罪嫌疑人的，应当作出逮捕决定，并将逮捕决定书、通缉通知书和犯罪嫌疑人的照片、身份、特征等情况及简要案情，送达同级公安机关，由公安机关按照规定发布通缉令。人民检察院应当予以协助。

各级人民检察院需要在本辖区内通缉犯罪嫌疑人的，可以直接决定通缉；需要在本辖区外通缉犯罪嫌疑人的，由有决定权的上级人民检察院决定。

6. 最高人民检察院、公安部、中国人民银行、海关总署《关于查处携款潜逃的经济犯罪分子的通知》（1993 年 8 月 9 日　高检会〔1993〕17 号）（节录）

一、对携款潜逃的经济犯罪分子，检察机关、公安机关应当根据分工迅速立案，及时通报有关部门，并由公安机关发布通缉令。对重大案犯，要向上一级检察机关、公安机关报告，上级检察机关、公安机关要做好组织缉捕工作。对于已经逃往境外的犯罪分子，应通过国际刑警组织和其他途径予以缉捕；对于通缉在案的犯罪分子，检察机关、公安机关要及时组织力量进行缉捕，可能逃往境外需要边防检查站阻止出境的，应填写《边控对象通知书》。

二、海关在监管工作中发现国内人员非法携带大量现金出境，并有携款潜逃嫌疑的，应采取监控措施，并及时将有关情况通报海关所在地的检察机关和公安机关。

7. 外交部、最高人民法院、最高人民检察院、公安部、司法部《关于办理引渡案件若干问题的规定》（1992 年 4 月 23 日　外发〔1992〕13 号）（节录）

第二条 外国向我国请求引渡的案件和我国向外国请求引渡的案件，适用本规定。

我国缔结或者参加的国际引渡条约或者载有引渡条款的其他国际条约同本规定有不同规定的，适用国际条约的规定，但是我国声明保留的条款除外。

我国与外国相互协助以非引渡方式移交罪犯或者犯罪嫌疑人，参照本规定办理。

第三条 本规定下列用语的含义是：

（一）"请求国"是指向我国提出引渡请求的任何外国；

（二）"被请求国"是指我国向其提出引渡请求的任何外国；

（三）"主管机关"是指中华人民共和国外交部、中华人民共和国最高人民法院、中华人民共和国最高人民检察院、中华人民共和国公安部和中华人民共和国司法部；

（四）"司法机关"是指在刑事案件中有权进行侦查、检察、审判、执行刑罚或者其他司法程序的机关；

（五）"逮捕证"是指我国或者外国司法机关签发的宣布限制罪犯或者犯罪嫌疑人人身自由并对之予以羁押的法律文书。

第四条 根据我国缔结或者参加的国际引渡条约或者载有引渡条款的其他国际条约，或者按照对等原则，我国可以与外国在引渡方面开展下列合作：

（一）相互协助把在本国境内发现而在对方境内被指控犯罪的人移交给该对方，以便对该人追究刑事责任；

（二）相互协助把在本国境内发现而在对方境内被定罪判刑的人移交给该对方，以便对该人执行刑罚。

第五条 办理引渡案件，不得损害我国的主权、安全和社会公共利益。

任何外国对于我国提出的引渡请求附加额外限制的，我国在处理该国提出的引渡请求时，实行对等原则。

第六条 对于外国向我国提出的引渡请求，只在该项请求所依据的行为依照该国法律和我国法律均构成犯罪，并且符合下列条件之一的，方可同意：

（一）对于旨在对犯罪嫌疑人追究刑事责任的引渡请求，请求国法律和我国法律就该项请示所依据的犯罪所规定的法定最高刑至少为两年有期徒刑；

（二）对于旨在对罪犯执行刑罚的引渡请求，按照请求国法院所作判决，对该罪犯尚未执行的刑期至少为六个月有期徒刑。

我国缔结或者参加的国际条约就特定犯罪规定缔约国有"或者引渡，或者起诉"义务的，该犯罪被视为符合前款规定的条件。

第七条 有下列情形之一的，应当拒绝引渡：

（一）请求国提出的引渡请求所依据的犯罪属于因为政治原因的犯罪；

（二）请求国提出的引渡请求旨在对被要求引渡人因其种族、宗教、国籍、政治见解等原因而追究刑事责任或者执行刑罚，或者被要求引渡人在司法程序中的地位将会因上述原因受到损害；

（三）请求国提出的引渡请求所依据的犯罪只是请求国军事法规中所规定的犯罪，而依照该国普通刑法不构成犯罪；

（四）被要求引渡人依照《中华人民共和国国籍法》具有中华人民共和国国籍；

（五）被要求引渡人依照中华人民共和国法律或者公认的国际法享有刑事管辖豁免；

（六）我国司法机关对被要求引渡人在该请求提出前已就同一犯罪作出最终决定，或者正在进行诉讼或者其他司法程序；

（七）依照请求国法律，请求国司法机关对请求引渡所依据的犯罪不具有管辖权。

第八条 有下列情形之一的，可以拒绝引渡：

（一）我国司法机关对引渡请求所依据的犯罪具有管辖权，并且准备提起诉讼或者进行其他司法程序；

（二）依照我国法律或者请求国法律，对被要求引渡人因追诉时效已过或者赦免等原因而可以不予起诉或者处罚；

（三）旨在对被要求引渡人执行刑罚的引渡请求是基于一项缺席判决提出的，除非请求国保证引渡后将重新进行审理；

（四）由于被要求引渡人的年龄、健康或者其他原因，引渡不符合人道主义精神。

第九条 外国从我国引渡罪犯或者犯罪嫌疑人后，未经我国同意，不得对该被引渡人引渡前的并非引渡请求所依据的犯罪进行侦查、起诉、审判或者执行刑罚，也不得因上述犯罪将其再引渡给第三国。

请求国不承诺遵守前款规定的，我国应当拒绝该国提出的引渡请求；请求国在执行引渡后不遵守前款规定的，我国有权向该国提出交涉。

第十条 我国缔结或者参加的国际条约就特定犯罪规定缔约国有"或者引渡，或者起诉"义务的，如果我国对于被指控或者被判定有该项犯罪的人决定不予引渡，应当依照有关国际条约的规定，将该人移送有关司法机关追究其刑事责任。

我国拒绝向外国引渡具有中华人民共和国国籍的人，而该人的犯罪符合本规定第六条所列条件之一的，我国司法机关可以根据请求国的请求，依照我国法律规定的程序，对该人依法追究刑事责任；也可以按照对等原则，根据与该国商定的条件，执行该国司法机关对该人所判处的刑罚。

第十一条　外国请求我国引渡须通过外交途径书面提出请求。引渡请求应当包括下列内容或者材料：

（一）提出引渡请求的机关的名称；

（二）被要求引渡人的身份情况，包括姓名、性别、国籍、外表特征及其在中华人民共和国境内的住所或者居所；

（三）证明被要求引渡人身份的证件；

（四）引渡请求所依据的犯罪事实的概述和必要的证据；

（五）请求国法律中规定该行为构成犯罪的条文，以及在必要时对该条文所作的解释；

（六）旨在对犯罪嫌疑人追究刑事责任而向我国提出的引渡请求，必须附有逮捕证副本；旨在对罪犯执行刑罚而向我国提出的引渡请求，必须附有已经发生法律效力的判决书或者裁定书的副本，以及该国法院判决时所适用的法律条文文本。如果对罪犯已经执行部分刑期，还应当附有有关证明材料。

引渡请求及所附材料应当经提出请求的机关签署或者盖章，并附有中文译文。

第十二条　两个以上的外国对同一人向我国提出引渡请求的，由我国依照本规定决定是否接受其中一个国家的请求。

第十三条　我国收到外国提出的引渡请求后，认为尚缺乏必要的材料的，可以通过外交途径要求请求国在指定的期限内提交补充材料。请求国不能在该期限内提交补充材料的，视为自动放弃请求，但是不妨碍该国就同一事项再次提出请求。

第十四条　我国收到外国提出的引渡请求后，认为该项请求符合本规定第十一条的要求的，由最高人民法院、最高人民检察院或者公安部通知被要求引渡人所在地的中级人民法院、人民检察院分院（市、州的人民检察院）或者同级公安机关对被要求引渡人采取《中华人民共和国刑事诉讼法》规定的必要的强制措施，以避免被要求引渡人脱逃。采取强制措施的条件、程序以及对被要求引渡人的权利保障等，适用《中华人民共和国刑事诉讼法》的规定。

第十五条　在紧急情况下，请求国有关机关在正式向我国提出引渡请求之前，可以通过外交途径或者国际刑警组织，或者通过邮寄、电报、电传等联系方式，向我国书面提出对被要求引渡人采取临时强制措施的请求，并告知即将提出正式引渡请求。采取临时强制措施的请求应当包括提出请求的机关名称、被要求引渡人的姓名、性别、国籍、外表特征及其在中华人民共和国境内的住所或者居所以及有关犯罪事实的概述，并应当提交逮捕证或者已经发生法律效力的判决书或者裁定书的副本。

我国收到外国有关机关提出的采取临时强制措施的请求后，认为该项请求符合前款规定的要求的，由最高人民法院、最高人民检察院或者公安部通知被要求引渡人所在地的中级人民法院、人民检察院分院（市、州的人民检察院）或者同级公安机关依照《中华人民共和国刑事诉讼法》规定的程序对被要求引渡人采取临时强制措施。

我国司法机关在作出采取临时强制措施的决定后，应当立即就这一情况向有关主管机关提交书面报告。

我国司法机关对被要求引渡人采取临时强制措施后一个月内，请求国尚未提出正式引渡请求的，应当立即撤销对被要求引渡人采取的临时强制措施。上述期限可以应请求国的请求予以延长，但是延长期不得超过一个月。

第十六条　如果我国司法机关对被要求引渡人予以羁押，而该人不是请求国国民，也不是无国籍人，我国有关机关应当依照我国与该被要求引渡人本国缔结的领事条约或者依照国际惯例以及我国有关规定，将羁押该人的理由及羁押地点通知其本国驻我国的大使馆或者领事馆。

第十七条　我国司法机关对被要求引渡人予以羁押后，请求国撤销或者放弃引渡请求的，应当立即将该人释放，并不再受理请求国对该人就同一犯罪再次提出的引渡请求。该人因其被羁押所产生的一切损害后果应当由请求国负责。

第十八条　被要求引渡人在其被告知该项引渡请求之日起十五天内，有权自行或者委托中国律师向主管机关提出反对引渡的理由。

第十九条　对于外国向我国提出的引渡请求，由外交部与其他有关主管机关商议后，可以作如下处理：

（一）决定同意引渡的，应当通过外交途径将决定通知请求国，与请求国协商约定执行引渡的有关事宜；

（二）决定拒绝引渡的，应当通过外交途径将决定通知请求国，说明拒绝的理由；

（三）我国收到外国提出的引渡请求时，我国司法机关正在对被要求引渡人因其并非引渡请求所依据的犯罪追究其刑事责任或者执行刑罚的，可以在对该被要求引渡人的司法程序进行完毕或者该被要求引渡人服刑期满之前，暂缓对该项引渡请求作出决定，并通过外交途径通知请求国。

暂缓引渡可能导致被要求引渡人因丧失时效等原因逃脱处罚的，可以应请求国的请求，对该项引渡请求进行审查，并在认为可以引渡的情况下决定对该人予以临时引渡。临时引渡后，请求国一旦结束对被引渡人的刑事司法程序，应当立即将该人送回我国，以便我国有关司法机关继续对其完成司法程序。

第二十条　请求国无正当理由，在约定的执行引渡之日起十五天内不接受被要求引渡人的，视为请求国放弃引渡请求，我国有关主管机关应当立即通知有关司法机关撤销对该人采取的强制措施。

第二十一条　在同意引渡的案件中，我国可以应请求国的请求，在不违反我国法律的前提下，向请求国移交已查获的被引渡人在引渡请求所依据的犯罪中的犯罪工具和非法所得等财物。

如果上述财物对审理我国境内的其他未决刑事诉讼案件是不可缺少的，可以暂缓移交，并通过外交途径将此项决定通知请求国。

移交上述财物不得违反我国有关法律规定，不得侵害我国境内与上述财物有关的任何第三人的合法权益。

第二十二条　我国引渡给外国的人在其被外国司法机关追究刑事责任或者服刑期间逃回我国的，可以根据该外国重新提出的引渡请求予以引渡，无须对该请求作重新审查。

第二十三条　外国之间进行引渡需经过我国国境的，除其搭乘的飞越我国领空的班机不在我国境内着陆外，有关国家应当依照本规定第十一条的规定事前向我国提出过境请求。过境请求必须附有对被引渡过境人的卫生检疫证明。

外国提出的过境请求有本规定第七条所列情形之一的，或者被引渡过境人属于我国有关卫生检疫方面的法律、法规或者规章禁止入境或者过境的，应当拒绝该项过境请求。

第二十四条　在办理引渡、过境和依照本规定第二十一条规定移交财物等事宜的过程中所产生的费用，除另有协议外，应当由请求国负担。我国有关机关需要请求国偿付有关费用的，应当将出具的付费通知单及付费方式，通过外交途径通知请求国结算。

第二十五条　我国审判机关、检察机关、公安机关或者司法行政机关向外国提出引渡请求，应当分别通过最高人民法院、最高人民检察院、公安部或者司法部将请求书以及有关材料转交外交部，由外交部向被请求国提出。

在紧急情况下，有关机关可以在正式提出引渡请求前，分别由最高人民法院、最高人民检察院、公安部或者司法部通过外交途径或者国际刑警组织，或者通过邮寄、电报、电传等联系方式，请求外国司法机关对被要求引渡人采取临时强制措施。不是通过外交途径发出请求的，发出请求的机关应当在发出请求的同时将情况告知外交部。

上述请求书以及所附材料应当依照本规定第二章第二节的有关规定提出；被请求国另有特殊要求的，由外交部负责通知有关机关。

第二十六条　我国有关机关接受外国引渡给我国的罪犯或者犯罪嫌疑人

后，未经被请求国同意，不得对该被引渡人在引渡前的并非引渡请求所依据的犯罪追究其刑事责任或者执行刑罚，也不得因上述犯罪将其再引渡给第三国。

被引渡人在我国允许其离开中国境内之日起十五天内有机会离境而不离境的，或者离境后又自愿返回的，即丧失前款规定给予的保护。

我国请求引渡时已经就被要求引渡人的定罪、量刑或者执行刑罚等事项向被请求国作出承诺的，我国司法机关在对该人追究刑事责任或者执行刑罚时应当受该项承诺的约束。

8. 公安部《关于实行对法定不批准出境人员通报备案制度的规定》（1998年5月15日）（节录）

二、人民法院、人民检察院、公安机关、国家安全机关和司法行政机关，部队军以上单位、国务院有关主管机关对须限制出境的对象应当及时向公安机关通报备案。公安机关出入境管理部门依据法律规定不批准限制对象出境。

三、通报备案对象必须是具有法定不准出境情形之一的下列人员：

（一）刑事案件的被告人和公安机关、国家安全机关或者人民检察院认定的犯罪嫌疑人；

（三）被判处刑罚正在服刑的；

四、通报备案对象的管理分工和通报备案程序：

（二）人民检察院认定的犯罪嫌疑人，刑事案件的被告人，未了结民事案件的当事人，经人民法院判处缓刑、宣告假释或者单处罚金、没收财产、剥夺政治权利等刑罚正在执行的，或者有其他违反法律行为尚未处理并需要追究法律责任的，其限制出境的决定由县（市）级以上人民检察院或者人民法院作出，向所在地地（市）级以上公安机关通报备案；

（五）通报备案机关以外的单位或者个人，发现需要通报备案的人员，应当通过有权管理的相应的机关实施通报备案；

（六）需要跨地区通报备案的人员，由接受通报备案的公安机关上报省级公安机关通报有关地区。

五、通报备案机关应当填写"法定不批准出境人员通报备案通知书"（式样附后，自行印制），通知书须加盖通报备案机关公章；如需撤销通报备案，由原通报备案机关填写"撤销法定不批准出境人员通报备案通知书"（式样附后，自行印制），同时加盖原通报备案机关公章；

六、限制出境期限一年以上五年以下，由省级通报备案机关或者国务院有关主管机关决定；限制出境期限三个月以上一年以下，由地（市）级以上通报备案机关决定；限制出境期限三个月以下（含三个月）的，由县（市）级以上通报备案机关决定。期限届满后需继续限制出境的，须于到期前一个月内续报（续报方法同前）。到期不续报的自动解除出境限制。如需提前解除出境限制，原通报备案机关应当及时办理撤销通报备案手续（撤销通报备案手续同前）。

七、通报备案机关和接受通报备案的公安机关需根据通报备案对象的不同情况采取相应的禁止、限制、控制措施。

（一）未持有护照或者其他出入境证件的，公安机关自按到法定不批准出境人员通报备案通知书之日起，在通报备案限制出境期限内不予批准通报备案对象的出国（境）申请；

（二）已持有有效护照或者出入境证件的，公安机关应当依法予以收缴、吊销，不能收缴、吊销的由省级公安机关报公安部出入境管理局宣布作废；

（三）不需收缴、吊销护照证件或者宣布作废，但需临时控制出境的，有关单位应当按照边防查控工作的有关规定，向省级公安机关办理边控手续。